Georges Vermard

LE PRINCIPE CRÉATEUR
dans la
TRADITION PRIMORDIALE

GEORGES VERMARD

Le Principe Créateur dans la Tradition Primordiale

Publié par
Omnia Veritas Ltd

www.omnia-veritas.com

© Omnia Veritas Ltd – Georges Vermard – 2019

Tous droits réservés. Aucune partie de cette publication ne peut être reproduite par quelque moyen que ce soit sans la permission préalable de l'éditeur. Le code de la propriété intellectuelle interdit les copies ou reproductions destinées à une utilisation collective. Toute représentation ou reproduction intégrale ou partielle faite par quelque procédé que ce soit, sans le consentement de l'éditeur, de l'auteur ou de leur ayants cause, est illicite et constitue une contrefaçon sanctionnée par les articles L-335-2 et suivants du Code de la propriété intellectuelle.

DU DOUTE À LA RÉALITÉ	11
LE LIEN TERRE - CIEL	14
LES ANCIENS ÉGYPTIENS	18
DES ÉDIFICES ÉNIGMATIQUES	21
ESTIMATIONS DES PREMIERS PRINCIPES :	23
PREMIER REGARD SUR LE MONUMENT :	25
LE SOLEIL AU CENTRE DE L'ÉNIGME :	28
LA LUNE ET LA TERRE	31
L'ARC-EN-CIEL	34
LA CLÉ PYRAMIDE	39
LA TERRE ET LE CARRÉ	42
LA GRANDE PYRAMIDE	45
TERRE – LUNE ET GRANDE PYRAMIDE	51
LA STRUCTURE SCHÉMATIQUE	54
LA SYMBOLIQUE DU SCHÉMA	57
LE CYCLE D'ORION	62
LE FACTEUR TEMPS ET LA PYRAMIDE	66
LE PIED DU GRAAL ET LA CIRCONFÉRENCE DU SOLEIL	67
LA CHRONOLOGIE ET LA RACINE DE DEUX	69
LA RÉVÉLATION ASTRALE	71
LA CONSTELLATION D'ORION	73
LA PRÉCESSION ET LES ASTRES	86
LA PRÉCESSION DES ÉQUINOXES	90
LA BEAUTÉ EST L'APANAGE DE LA TRADITION	95
SIRIUS OU LA BEAUTÉ FAITE ÉTOILE !	100
LE GRAAL, VASE MYTHIQUE DE LA TRADITION PRIMORDIALE	105
LA RÉALITÉ COGNITIVE :	116
LA GÉOMÉTRIE SUBTILE	119
GÉOMÉTRIE ABSTRAITE DE L'ŒUVRE PYRAMIDALE :	128
LES MYSTÈRES NE SONT QUE NOS MÉCONNAISSANCES	132

LE NOMBRE D'OR ET LA GRANDE PYRAMIDE	**139**
LE BAUDRIER D'ORION	**155**
La ceinture du carré base :	173
LES PYRAMIDIONS	**181**
Semmout XVIIIe dynastie :	190
LA TRADITION PRIMORDIALE	**197**
MORPHOLOGIE DE LA SYMBOLIQUE	**207**
Avec Orion une autre réalité	213
Des preuves dissimulées en la disposition des choses	219
HATHOR, DÉESSE DES CYCLES	**236**
Sekhmet Bastet la menât les deux sistres	238
LES CONDUITS ET LEURS RAMIFICATIONS	**241**
LA TERRE ET LA LUNE	**249**
LE SYSTÈME SOLAIRE ET LA GRANDE PYRAMIDE	**254**
LA NASA ET LA TRADITION PRIMORDIALE	**260**
ONDES ET PYRAMIDE	**270**
La clé chronologique	271
LE NOMBRE EST DANS L'ADN, L'ADN EST DANS LE NOMBRE	**279**
LES RELIGIONS ET LEURS MYSTÈRES	**291**
Le Christ et ses supports chronologiques	300
L'avènement christique	319
LA RIGUEUR DES DONNÉES NUMÉRIQUES	**334**
DISPOSITION ET DISTANCES DES MONUMENTS	**350**
L'IMAGERIE ÉGYPTIENNE	**362**
PSYCHOTHÉRAPIE DE LA QUESTION CHRISTIQUE	**378**
ORIGINES DES TROIS RELIGIONS	**392**
La religion hébraïque	397

    La Gnose chrétienne... 401
    L'Islam et son prophète Mahomet 404

LE BIEN, LE MAL ET LA PRIMOSOPHIE...408

CONCLUSION 416

DÉJÀ PARUS 439

Du doute à la réalité

Les trois pyramides sur le plateau de Gizeh ne représentent pas simplement un attrait touristique. En leurs figures allégoriques elles démontrent les notions d'une pensée supérieure. Si nous considérons ces concepteurs édificateurs comme étant nos semblables, autrement exprimés, des êtres humains à part entière, il nous faut alors reconsidérer les périodes chronologiques de l'histoire qui nous est enseignée. Si nous refusons cette alternative, il nous faut donner d'intelligibles éclaircissements, pour tenter d'expliquer un niveau cognitif de perception, d'applications et de savoirs technologiques que la population d'alors n'était pas censée posséder.

S'il s'agissait d'hypothèses plus ou moins cohérentes, basées sur des faits invérifiables, la question ne se poserait pas, elle s'auto diluerait dans l'évocation même. En l'occurrence, il s'agit de faits concrets, vérifiables, d'une prégnance qui ne peut qu'interpeller le raisonnement et conduire à des déductions, qu'une certaine opiniâtreté académique excluait jusque-là. Les configurations que nous exposons prouvent que trois critères ont motivé ces « façonneurs d'éternités » que nous présumons avoir été à l'origine de ce concept :

Les Nombres – la Géométrie – l'Astronomie

D'autres considérations impliquent la mythologie, de même que la symbolique hermétique et ce qui lui est corollaire, l'alchimie.

En tant que chercheurs, il ne nous appartient pas d'échafauder des hypothèses sur l'origine des faits que nous révélons. Nous nous limiterons à une présentation factuelle de nos découvertes. Si cinquante années d'études nous permettent de fournir les preuves de ce que nous avançons, en ce qui concerne les origines ethniques de ces constructeurs, nous ne pouvons rien démontrer du lieu de leur provenance, mais les faits parlent d'eux-mêmes et ils sont authentifiés par les preuves. Une seule certitude, mais elle est de taille, au sortir du paléolithique, cohabitaient avec les créatures inférieures que nous étions censés être d'omniscientes entités. Les trois pyramides de Gizeh prouvent que celles-ci étaient capables de concrétiser leurs idées monumentales et d'utiliser pour cela des moyens technologiques hautement élaborés. Il ne se présente pas d'autres hypothèses, si ce n'est bien évidemment « la manifestation miraculeuse du hasard », auquel nous n'accordons que peu de crédit, lorsque celui-ci se divertit à ce stade d'évolution !

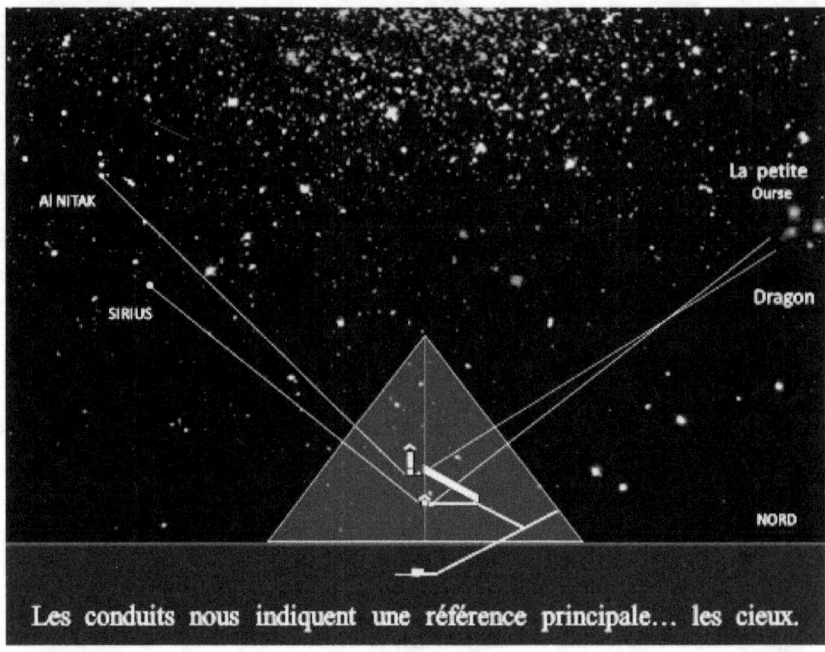

Les conduits nous indiquent une référence principale... les cieux.

Cela étant, félicitons-nous de l'intérêt croissant que ne cesse de susciter le site de Gizeh et la Grande Pyramide en particulier. Cette dernière n'obtient-elle pas, en tant que thème, le record des parutions littéraires ? La chose n'est pas anodine. Cela prouve, qu'en dehors de sa notoriété et du caractère pharaonique de l'œuvre, ces monuments dévoilent peu à peu ce que des générations ont pressenti de leur étrangeté. Les chercheurs que nous sommes se trouvent à l'opposé de toutes accointances médiatiques, ce n'est donc pas de profitabilité ou de célébrité dont il peut être question. Ce dont il est question, c'est d'informer nos contemporains sur les prodigieuses connaissances cachées qui se trouvent insérées à dessein dans ces édifices.

À dessein, parce que nous subodorons que ces mystères enfouis des millénaires durant, modifieront profondément l'aspect sociétal du monde de demain où nous aurons, pour vivre, davantage besoin de philologies éducatives que de technologies pédagogiques. La Grande Pyramide et le site de Gizeh dans son ensemble n'appartiennent pas aux égyptologues, archéologues, paléontologues ou autres ethnologues. Ce lieu est placé en tant qu'éden de la connaissance au « Patrimoine de l'Humanité ». À ce titre, nous nous devons de défendre les vérités qui en émanent contre toutes autres formes de consensus à caractère privilégié, chose commune en nos modes combinatoires de démocratie.

En ce XXIe siècle de la libre information « sic », la dissimulation, la duplicité constitue une offense envers ceux qui nous ont précédés sur les sentiers de la connaissance et envers les populations non informées en légalisation d'héritage. Il est en effet urgent pour l'humanité de réanimer le lien « **Terre - Ciel** » égaré par nos inconséquences parapsychiques. L'homme d'aujourd'hui, saturé de technologies, s'estime supérieur, alors qu'il véhicule sans même le pressentir, les syndromes perfides de la déchéance ! Il est donc primordial que se présente à nous un support d'harmonie qui rétablisse une relation cognitive entre le temporel et ce que nous réfutons par totale méconnaissance, **la spiritualité universaliste**. Elle est le lègue archétypale d'une **Tradition Primordiale** totalement absente de notre enseignement. L'enseignement dispensé à notre époque est conventionnel, il est adapté à des situations politiques qui ne relèvent pas de la probité mais des exigences de conformités en usage. Toutes modifications prétendant aller dans le sens d'une évolution de pensée ne peut qu'entraîner des perturbations d'esprits, allant jusqu'à déconsidérer la sacralisation de ce qu'il ne faut pas toucher… l'acquis.

Georges Vermard

Le lien TERRE - CIEL

En matière de découverte, celui d'entre nous qui s'estime néophyte se doit d'extraire de " **La Tradition Primordiale** " les vérités cryptographiées qu'elle recèle. Les Mages et autres grands adeptes ont, de tout temps, puisé en cet hermétisme, car il est à la fois prégnant et intemporel.

Au cours des âges, les travaux de ces entités d'exception que nous invoquons ont alimenté la source des connaissances cachées. Leur perception intuitive gérait l'ordonnance des rites, elle illuminait les mythologies, étayait légendes et contes, abreuvait les philosophies, insufflait le respect des arts et esquissait sur les stèles le profil des dieux. Si pour beaucoup d'entre nous, aujourd'hui, ésotérisme et charlatanisme ont une certaine concomitance, c'est que notre société déliquescente a altéré nos facultés de discernement et que l'époque en laquelle nous vivons édulcore la dissemblance quand elle n'en associe pas les faits. Les institutions médiatiques à la solde des puissants de ce monde sont devenues les instruments de leurs desseins. C'est ainsi que les peuples s'abêtissent dans la matérialité, les jeux, la drogue, la rentabilité monétaire au détriment d'une raison de vivre. Nous avons perdu le lien Terre – Ciel des anciennes civilisations. Il nous faut donc en tant que chercheur tenter de retrouver une partie de ces valeurs égarées. Pour cela il est engageant de se laisser porter par les ressentis de sa conscience.

Un hermétiste, sensible à cette réalité, ne saurait tolérer comme fruit de ses recherches des résultats équivoques ou probables. Sachant pertinemment qu'à l'inverse des mots, les nombres eux, refusent toute interprétation. Une mythologie peut être irréaliste, improbable, plausible, vraisemblable ou admissible, alors que les résultats numériques, eux… **« sont ou ne sont pas »**. Toute translation pour aider le processus dans le sens souhaité par l'opérant, ne ferait que l'éloigner de son but. Très vite, il se perdrait dans les dédales d'un obscurantisme infécond et dégradant. Ce soi-disant hermétiste serait assimilable à ces légions d'écervelés que la lumière brûle sans éclairer, dont les fallacieuses tentatives contribuent à semer le trouble parmi la gent crédule ou non informée.

Celui que la lumière pénètre se doit d'être modeste. C'est la qualité requise chez l'initié *(du latin : initium = commencement)*. C'est le souverain principe de " l'adepte ", non parce qu'il s'efforce d'être humble, mais bien parce qu'il ne peut avoir une autre attitude devant le spectacle suprême que lui offre la symphonie universelle qu'il apprend à découvrir.

« Lorsque l'on sait, on admire plus que l'on ne prouve, et l'on prouve moins que l'on ne sait. »

Un magma rocheux est à la base des monuments pyramidaux. Il s'accommode par fragmentation des blocs, au mot « cailloux » en latin *calculus*, le mot évoque **le nombre**. Prenons l'exemple de « l'Apocalypse de Jean », il est dit :

" Au vainqueur, je lui donnerai de la manne cachée, je lui donnerai un caillou blanc, et écris sur ce caillou un nom nouveau. "

Nous pourrions retenir, *manne cachée dans un caillou blanc comportant un nom nouveau* qui n'est pas celui d'un « tombeau », mais celui d'un « **réceptacle scientifique de conception universelle** », selon toute vraisemblance la Grande Pyramide de Gizeh.

Pour les Anciens, le nom que l'on donnait aux choses et aux êtres avait une importance capitale. Le Père du judaïsme, Abraham, marque de son sceau les mystères de la langue hébraïque. La racine **Ab** a pour signification « le désir d'avoir un père », mais aussi ce qui est plus subtil, un fruit, une germination, il est la gloire du Shin (caractère hébraïque). De souche indienne, **Râma**, valeur « 3 » signifie « la droiture, la sérénité », **Abram,** Père élevé de la droiture humaine. **Ham** en égyptien « peuple ». Par le fait même, il est reconnu par le judaïsme, l'islamisme et le christianisme, ce qui est à la fois un exemple et une preuve de son caractère universel vénérable et secret. Comprenons-nous bien. Que ce personnage ait ou non existé n'est pas important. Ce qui est important c'est la symbolique du mythe qu'il véhicule. Ajoutons que certaines racines « indo-européennes » que l'on retrouve dans les idiomes celtiques viennent jeter le doute sur les véritables origines de la langue hébraïque, deux références originelles l'Égypte et l'Inde. En sanskrit, le mot **Brahman** (Dieu souverain) a une troublante similitude avec **Abraham** (Père élevé de la multitude). Il en est de même d'une série de termes à consonances évocatrices. Il faut donc nécessairement remonter à ces filiations pour en percevoir le sens étymologique caché.

En Français, le mot " **mer** " désigne un espace globulaire en forme de cavité remplie d'eau. Cette " **mer** " pense-t-on, contenait à l'origine les éléments vitaux de la planète. Son homophone " **mère** " évoque la femme qui donne la vie, en sa situation première l'enveloppe placentaire, puis par extension, le liquide amniotique à l'intérieur duquel se tient l'embryon. La transformation de celui-ci s'effectue au sein de la sphéricité abdominale que caractérise l'état

de grossesse. En égyptien, le mot « **mer** » signifie « pyramide » laquelle est un volume de connaissances cachées, un réceptacle « **mer,** c'est aussi aimer et aimant ». Le terme même provoque l'intelligence, entendons, la coopération de l'intuitif et du discursif. Les découvertes cher lecteur, que nous allons effectuer ensemble, sont les fruits de cette association philosophique. Trop d'individus défendent obstinément parfois jusqu'à l'absurde les idées reçues. Ils les incorporent tels des pilastres identitaires à leur personnalité. Ils ne peuvent alors s'en défaire sans un drame lié à l'égotisme. Gardons notre sens critique, pensons par nous-mêmes en toute indépendance d'esprit. Et maintenant, puisque nous sommes prévenus et sensibilisés, tentons de percevoir si ce site de Gizeh est un lien métaphysique, une sorte de cordon ombilical liant **le Ciel à la Terre**, ainsi que le prétendaient, jusqu'à l'ère romaine, les milliers de Sabéens qui venaient en pèlerinage pour aduler la mémoire de ces concepteurs de pyramides. Notre société matricide, qui ne veut voir en ces édifices que d'irrévérencieux sépulcres, se fourvoie tragiquement. Oublie-t-on en notre rationalisme débridé que l'histoire a ses cycles ? Si nous devons dénigrer aujourd'hui ce que des êtres appartenant à d'autres civilisations ont encensé hier, soyons suffisamment informés, pour ne pas risquer de souiller leur jugement. Sommes-nous présentement certains de notre évolution psychique ? Pouvons-nous sans hésitations, nous prêter des qualités d'esprit supérieur, alors même que nos sentiments mutent avec la nature des découvertes ? Dans l'absolu, ces qualités dépendent moins de nos capacités cognitives que de notre état de **conscience**, lequel est conditionné par la civilisation dont nous avons résulté, aujourd'hui passablement mise à mal.

Mais, voilà que l'enfant paraît.

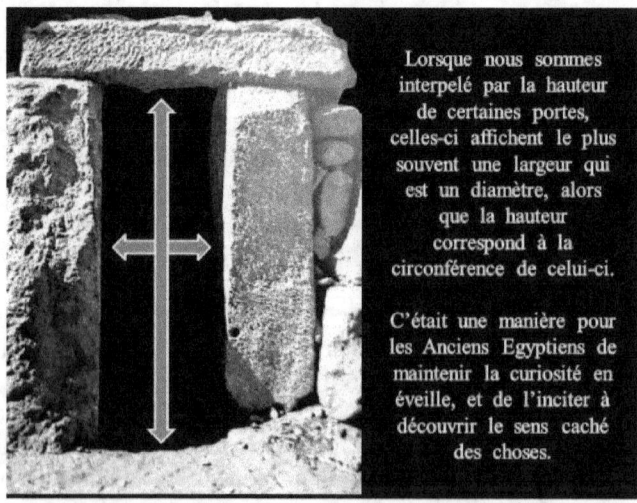

Lorsque nous sommes interpelé par la hauteur de certaines portes, celles-ci affichent le plus souvent une largeur qui est un diamètre, alors que la hauteur correspond à la circonférence de celui-ci.

C'était une manière pour les Anciens Egyptiens de maintenir la curiosité en éveille, et de l'inciter à découvrir le sens caché des choses.

Nous allons tenter de capter son cheminement symbolique parmi les thématiques de connaissances que nous offre le site de Gizeh où se trouvent exposés les trois monuments pyramidaux et le Sphinx. « Nous êtres humains d'un certain niveau de conscience, face à l'argent corrupteur, face à la déchéance généralisée de nos sociétés, face à la soumission involutive média-fédérative, nous nous devons de recouvrer une dignité humaine. » Si nous sommes des gens sensibilisés, cherchons et trouvons les preuves de notre raison d'être. Cette image toute simple nous donne un exemple de ce que nous devons chercher, pour comprendre ce qui nous est dissimulé au regard et ce qu'il convient de découvrir pour que nous puissions évoluer dans le sens dans lequel on nous invite à le faire. À l'époque que nous nous apprêtons à dépeindre, ces nilotes, que nous appelons Égyptiens étaient considérés parmi les humains rescapés du dernier déluge, comme étant des êtres évolués. Toute proportion gardée avec ce qu'étaient les homos sapiens de l'Europe réputée archaïque. Il n'est donc pas étonnant qu'ils aient été choisis par ces visiteurs exogènes pour être les héritiers d'une connaissance particulière qui était d'ordre **psychique**. Les Sumériens ainsi que d'autres peuples avaient été soumis beaucoup plus tôt à une **sélectivité physiologique**, mais ce n'est pas là notre sujet de dissertation.

Les Anciens Égyptiens

Face à une réalité autant indiscrète que nébuleuse, amusons-nous à relever les épithètes dont certains esprits autoproclamés gratifient de nos jours encore les anciens Égyptiens : de " mystico obsédés, des zoolâtres hallucinés, de mytho maniaques extravertis " et bien d'autres coquetteries à l'échelle de déduction de certains diplômés. Pour ces esprits médiocres, un procédé incompris est une insulte à leur mental imbibé de fatuité, c'est donc l'insulte qui devient l'apagogie de leur raisonnement. Mais en faisant appel au bon sens, affubler ces illustres anciens de tels qualificatifs est tellement burlesque que ça ne peut que dévaloriser ces injurieux ! Avec un soupçon de culture, les insulter, ce serait plutôt insinuer que leurs enseignements prétendus secrets n'étaient qu'un spécieux sophisme au profit des prêtres dans le but d'exploiter la naïveté populaire.

Les insulter, ce serait affirmer que leurs prêtres ne connaissaient pas la roue et qu'ils ne supposaient d'aucune façon la sphéricité des astres !

Les insulter, ce serait soutenir que leurs personnages affichés de profil établissent la preuve manifeste qu'ils ne savaient pas les dessiner de face.

Les insulter, ce serait alléguer qu'ils avaient peine à compter, ignoraient le mètre et le nombre pi, qu'ils se servaient de mesures rudimentaires telles que la coudée.

Les insulter, ce serait avancer que les pyramides ont été érigées par des centaines de milliers d'esclaves sous la houlette démoniaque d'une monarchie mégalomaniaque, qu'ils déifiaient un bestiaire immonde et que leur polythéisme était une innocente crétinerie !

Les insulter, ce serait énoncer que les Sémites, employés chez eux à titre de manutentionnaires rétribués, étaient soumis à l'esclavage et flagellés pour assumer les tâches qu'on leur confiait ! Que le clergé opprimait le peuple avec la scélératesse que l'on prête aux tyrans ! Qu'ils construisaient des pyramides pour permettre à leurs défuntes célébrités de gagner les régions étoilées où se trouvaient les dieux, leurs pairs !

Les insulter, ce serait prétendre qu'il n'y avait nulle évolution avant les premières dynasties recensées et que les connaissances qu'on leur attribue proviennent de plagiats de civilisations plus avancées.

Voilà qui serait gravement les insulter, mais fort heureusement peu d'êtres honnêtes ayant étudié cette civilisation sont amenés à l'envisager. Nous serions moins affirmatifs si ces reproches concernaient ces longs siècles de déchéance provoquée par les invasions et les apports allogènes, ce qui serait en partie crédible, car tout dégénère dans la nature des choses. Notre civilisation occidentale n'en est telle pas aujourd'hui un édifiant exemple ?

Il est vrai qu'à notre époque, en notre psychopathologie de croissance exaltée, nous ne saurions concevoir une évolution de la pensée sans une profitabilité palpable. De surcroît, en ce qui concerne les Égyptiens, si les raisons évoquées se trouvent être spirituelles, la chose alors ne se contente pas de surprendre. Elle stupéfie, elle atterre, elle confond la logique par son aberrance. Ce fut pourtant le cas, les pyramides furent érigées à la gloire de **l'harmonie universelle** et qui plus est, furent construites sans l'apport de la roue. Nonobstant, la roue avec ses degrés, ses effets spiralés, ses décuplements et autres agencements occupent toutes les structures.

Il y a là deux conceptions irréfragables qui nous séparent radicalement de ces Grands Anciens. Ils ne se contentaient pas d'observer la création, ils la disséquaient pour tenter d'en percevoir les ramifications et en admirer les raisons profondes. Ce n'était pas pour en tirer un parti hédoniste sans bornes décentes, mais bien pour rendre hommage à ses harmonieux principes qu'ils voyaient finalisés en la nature humaine. Ils avaient compris très tôt qu'il fallait du temps, beaucoup de temps, pour pressentir la subtilité des choses et en mesurer les conséquences. Aussi, exploitaient-ils dans le plus grand secret les arcanes issus de la nuit des temps. Ils considéraient que la vie était un passage, un test, une épreuve, une expérience, une investigation du soi que l'on devait engager dans le principe de création. Contrairement à une pensée très répandue, les anciens Égyptiens ne sont pas à l'origine des sentiments que nous soulignons, mais ils en sont les dignes et fidèles héritiers. Ce que nous tentons de faire valoir, c'est que leur civilisation a bénéficié d'un apport exogène issu d'une prodigieuse entreprise cosmologique, venant on ne sait d'où, pour on ne sait qu'elle raison, vers on ne sait quel destin. Les Égyptiens eurent des millénaires durant, le mérite de souffler sur les braises de ce qui leur fut confié, pour faire de cette connaissance une révélation salutaire dont nous devrions bénéficier.

Aujourd'hui, leur flambeau éteint se trouve entre nos mains. À nous d'en raviver la flamme pour éclairer de leur système de valeur notre société humaine engagée dans le productivisme labyrinthique de la déchéance. Les données officielles dépeignent une civilisation de surface aux mœurs altérées par les millénaires, mais l'Égypte était avant tout secrète. Elle considérait que tous êtres humains n'étaient pas aptes à recevoir l'esprit de connaissance et qu'il fallait effectuer une sélection parmi le peuple. L'animal à deux pattes existe, n'en avons-nous pas la preuve en nos plus hautes instances institutionnelles ? Réfléchir sur sa condition humaine, se singulariser ce n'est pas s'isoler de la population, c'est l'accepter pour l'aider à évoluer en lui faisant comprendre qu'elles sont ses oppresseurs et parallèlement qu'elles sont ses sources d'évolutions.

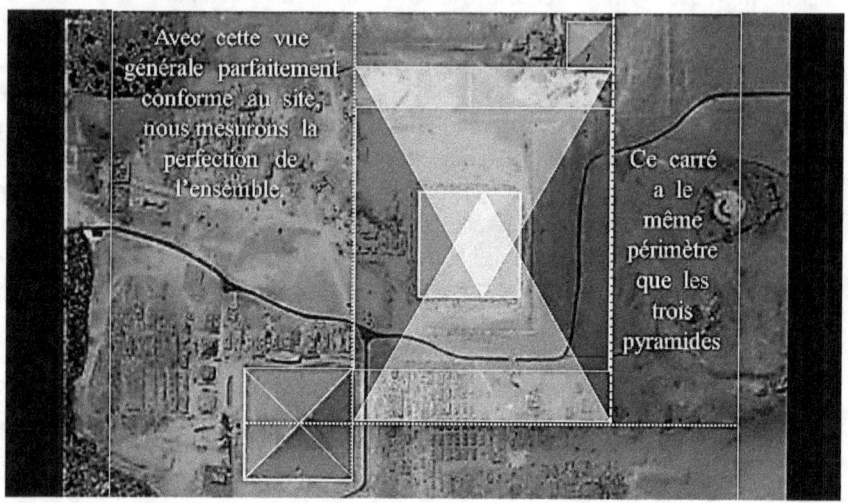

Des édifices énigmatiques

Imprégnions-nous de ces mystérieux agencements qui émanent des trois monuments, et s'il nous paraît judicieux de les situer dans leur contexte, laissons aux nombreux spécialistes le soin d'en décrire la situation topographique et l'aspect figuratif.

Cela étant, nous ne pouvons ignorer la vaste nécropole qui peuple de ses ruines l'étendue du plateau. À n'en point douter, celle-ci doit son existence à la proximité de ces trois monuments prétendument funéraires qui font la réputation du site. Ce qui nous incline à penser qu'au fil des siècles, la noblesse en approche de son devenir post mortem, n'avait d'autres préoccupations que de réaliser de son vivant ce que devait être ses inspirations sur un plan mystique. Il va de soi que les trois pyramides sur le plateau de Gizeh symbolisaient cette vision des choses. Elles figuraient les mystères empruntés à la Tradition Primordiale, ceux-là mêmes qui orientaient les mœurs des anciens Égyptiens et les incitaient naturellement à côtoyer les notions d'une eschatologique appropriée aux mythes. De fabuleuses légendes suggestionnaient les esprits dévots. Elles influaient sur le respect inné et les craintes ataviques qu'inspiraient ces monuments. Lorsque des privilèges hiérarchiques le permettaient, ces édifices convenaient aux références post-mortem que l'on espérait salutaires. C'est donc le plus naturellement du monde que l'on trouve, disséminés aux pieds des pyramides, les mastabas de ces défunts admirateurs et non pour le révérencieux voisinage d'une dépouille royale, comme on nous l'enseigne avec conviction.

Des découvertes plus récentes font mention d'une nécropole octroyée aux maîtres d'œuvre et chefs de chantier censés être les constructeurs de la Grande Pyramide. Il s'agit bien selon nous de l'époque de Kheops sous la IVe dynastie, mais, en ce qui concerne le motif, il est question de l'ultime grande restauration de la pyramide et non pas de son édification. Ceux qui se basent sur les dires d'Hérodote devraient considérer que la mémoire s'émousse en 2000 ans de souvenances. C'est l'espace-temps qui sépare l'enquête menée par ce chroniqueur en 450 av. J.-C. sur la construction « supposée » de la Grande Pyramide 2 000 ans plutôt.

Des papyrus découverts en 2017 nous précisent que sous la IVe dynastie à l'époque de Kheops, ont été transportés de nombreux blocs de pierre. Mais aucun signe hiéroglyphique ne précise qu'il s'agit là d'une construction, ce qui aurait dû apparaître à plusieurs reprises dans le texte. Ce sont les journaux de bord d'Ouadi el-Jarf ou journaux de Morer. Nous pouvons raisonnablement penser que l'on procédait là à des restaurations avec la pose d'un revêtement d'albâtre. Il ne fallait pas moins de 115 000 blocs entre 4 et 16 tonnes pour envisager de refaire le parement. Il n'est alors pas exagéré d'admettre que les 20 à 30 ans de labeur, envisagés par Hérodote, furent nécessaires pour mener à bien cette restauration, surtout si la pyramide se trouvait en l'état où elle se trouve actuellement. Une telle entreprise, sans l'apport de la roue, constitue une prouesse en un temps aussi restreint, ce qui, peut-être, justifiait les reproches que le peuple proférait à l'adresse de Kheops, mais ce n'était manifestement pas pour avoir conceptualisé et érigé la pyramide ! Selon nous, ce roi obtempérait aux recommandations des devins hiérarques pour qui l'heure était venue des grandes restaurations. Cela eut été un sacrilège à peine concevable que d'entreprendre à des fins personnelles, la construction d'un sépulcre dont la majesté estompait tous les temples des dieux, auprès desquels le roi se prétendait « serviteur » (*hem neter*). Il y a là des incohérences qui font que seule une scotomisation orchestrée en consensus peut parvenir à conditionner une population afin que cette duperie devienne avec le temps une vérité incontestable. Ce qu'elle est aujourd'hui auprès de ces milliers de touristes qui viennent visiter ces tombeaux, œuvre exécrable d'un despotisme seigneurial que désormais nous ne voyons plus se manifester en nos démocraties exemplaires.

Les assertions que nous formulons n'émanent pas d'un esprit anticonformiste. Elles sont le fruit d'études documentées, de comparaisons, d'inspirations et de réflexions. En vertu de quoi nous nous devons d'affirmer qu'en des temps immémoriaux, les pyramides de Gizeh ont fait l'objet d'études extrêmement élaborées.

Les égyptologues orthodoxes, spécialistes de ces structures prétendument mortuaires, peuvent toujours ironiser sur de telles « hypothèses », d'autres temps viendront éclipser leurs certitudes conventionnelles. Il s'avère bien difficile aujourd'hui de contredire des révélations qui se réfèrent au nombre et à la géométrie. S'il est aisé de mettre les résultats obtenus sur le compte toujours approvisionné du « hasard », il est tout aussi ambigu d'attribuer à celui-ci une intervention maligne propre à duper la pensée humaine.

La « Terre de Sokar » des légendes anciennes se trouve bien sur le plateau de Gizeh. Écartons respectueusement les voiles qui nous dissimulent les mystères des origines et tentons de comprendre comment et pourquoi ces « bâtisseurs d'éternité » donnaient à leurs œuvres qu'ils projetaient dans le cycle du temps, le caractère particulier que nous dépeignons. Nous sommes à l'orée de la plus inimaginable aventure humaine que le monde n'ait jamais connue, un changement intégral de l'état de pensée. C'est pour cela qu'il est très difficile de le faire admettre à une généralité assujettie au matérialisme jusqu'à l'engouement.

La génération technologique dont dépend notre époque est formatée pour raisonner en symbiose avec les congruences médiatiques. Lorsqu'un rédacteur en chef s'estime incompétent à exprimer un avis sur l'information qu'il perçoit, il se réfère aux élites diplômées susceptibles d'avoir une opinion. Lesquelles dûment retranchées derrière leur confort institutionnel, rejettent le plus souvent sans consultation, tout ce qui pourrait susciter une controverse à leurs engagements professionnels. Ne dit-on pas que la médiocrité est la plus déterminée des puissances, car elle recourt à l'ostracisme pour toutes ascendances en lesquelles elle n'est pas conviée. Il en est ainsi de beaucoup de disciplines. S'il n'existait pas ce type d'obstruction, il y a longtemps que nous guéririons le cancer et que nos voitures à pétrole auraient pour exemple la charrette à bœufs. Mais à la réflexion, l'homme n'aurait-il pas besoin de temps pour assimiler la nature des choses, ce qui signifierait avec plus de recul, que ces augustes crapules sont peut-être des philanthropes, méprisé par des gens de petites réflexions, tels que nous.

Estimations des premiers principes :

Soyons plus concrets et voyons comment se compose le socle de la Grande Pyramide en ce qui concerne le passage des méridiennes. Pour que les choses soient simples, nous afficherons l'étendue de ces valeurs non en coudées, mais en mesures décimales.

Les méridiennes d'Égypte, mesurées sous l'angle de la ½ minute sexagésimale, passent par le périmètre du socle. Celui-ci s'étale de 921,1662872 m à 925,570224 m. À titre d'exemple, en ce qui concerne l'axe Méroé - Philae, le degré est égal à 110,7252 m, pas très éloigné de la circonférence aux pôles ! Nous mentionnons cela à titre d'exemple, pour souligner l'indéniable correspondance qui existe entre les mesures inhérentes à la Grande Pyramide et l'aspect géophysique de la Terre.

La base sur le roc de la Grande Pyramide est égale à 231,1140418 m, multipliés par les 4 faces, cela nous donne **924,4567671 m**. Cette valeur est celle de la demi-minute :

x 2 = 1 848,912 x 60 = 110 934,7401 m divisés par 1 000 = 110,934740.

La latitude de Gizeh est de **110,935** km. Voilà une belle coïncidence, c'est l'axe de rotation de la Terre. Cela nous donne **12 712,2146 km** de Ø ou pour le plaisir d'affiner, la moyenne de l'épaisseur des glaces aux pôles, il y a plus de 12 000 ans.

Cette arithmétique ne peut pas tenir compte des faibles différences existantes entre les faces nord, sud, est, ouest. Nous présumons que ce sont les centaines de petites secousses sismiques que la Grande Pyramide ne manqua pas d'encaisser durant des millénaires qui ont sensiblement dissocié les valeurs à l'origine semblable de ses quatre côtés-bases. Nous pouvons en effet constater de légers tassements ou de légères expansions du volume pyramidal en des points prévisibles, notamment en ce qui concerne la face sud dont l'ensoleillement supérieur est une composante de dilatation. En admettant que l'édifice ait été voulu « asymétrique » par les Maîtres d'œuvre, une telle option aurait entraîné des mesures de rattrapages insensées. Par voie de conséquences, ces dissimilitudes auraient rompu l'harmonie de l'ensemble. Et si l'on admet que la Grande Pyramide aurait été édifiée avec des valeurs approximatives, elle n'aurait plus été digne des horlogers carriers qu'étaient ses constructeurs. Dans la perspective d'une asymétrie volontaire de la part des maîtres d'œuvre, leurs sciences atteindraient un tel niveau que nous-mêmes n'oserions l'envisager par absence totale de critères de raisonnement.

Reste l'erreur conceptuelle de base, si tant est que la chose soit envisageable, nous avons de bonnes raisons d'en douter. De toute façon, si erreur il y a, elle s'avère insignifiante. Prenons pour exemple la mesure sur le socle inhérente à la base Nord, adopté actuellement par les services archéologiques égyptiens. Cette mesure est considérée comme étant la seule valeur approchant la réalité. Il est vrai, que la distance en question diffère de nos calculs de "38 millimètres" soit, pour nous **230,2915718** m. Si nous prenons la base officielle moyenne, la différence est de 8 cm sur plus de 230 m. Débattre de cette disparité tendrait à signifier que le temps a peu d'influence, ce qui est en marge de la logique existentielle et nous ne saurions adhérer à ce point de vue. Quoi qu'il en soit, nous conviendrons que pour un charme antique le cumul de « 32 centimètres sur 921 mètres de tour de hanche ne font pas craquer une fermeture séculaire ».

Le merveilleux, comme toujours, se cache sous le boisseau. Nous avons ici, avec une évocation de **l'ennéade égyptienne** 0,0-1-2-3-4-5-6-7-8-9, la valeur géophysique la plus importante, celle de l'axe de la Terre. Nous voyons là une première référence à ce qui devrait constituer, pour nous, le parangon de toutes les démarches de connaissances.

115,5570209 m la demi-base sur le roc + **0,0.1.2.3.4.5.6.7.8.9** =

115,5693666 x par les 8 demi-bases de la pyramide = 924,5549326 m

Il nous faut comme il se doit, multiplier cette valeur par deux afin d'obtenir

1 849,109865 secondes sexagésimales x 0,060 ou minutes sexagésimales

= 110,9465919 km x 360° degrés du cercle terrestre = **39 940,77309** km.

La circonférence exacte de la Terre aux pôles.

Premier regard sur le monument :

Khéops était un Grand Initié. À son époque, les Rois que l'on ne nommait pas encore « Pharaon » étaient élevés dans les jupes des grands hiérarques. Imaginons que ce monarque, parvenu au fait de cette soi-disant théocratie, ait eu subitement le désir de se faire ériger un gigantesque tombeau de forte altitude. Cette détermination à n'en point douter ne pouvait avoir pour dessein que de glorifier son ego, et les hiérophantes, ses pairs, auraient été au comble du désarroi. Ceci pour plusieurs raisons :

La première étant qu'un jeune monarque ne pouvait être relapse à l'esprit de tradition tout en étant légitimé en sa fonction par la haute prêtrise. La foi, la constance, la rigueur, la simplicité, la probité étaient des valeurs inhérentes à celui ou celle qui était élevé dans les cercles rigoureux de l'initiation. À cette époque de la IVème dynastie, les sujets royaux recevaient une connaissance éminente, afin d'être imprégnés du rôle temporel qu'il se devait de remplir au cours de leur existence.

D'autre part, le degré de spiritualité acquis et la notion de devoir envers les dieux, envers les prêtres et la population, rendaient une telle démarche tout simplement inconcevable. Le roi n'était-il pas, le « *hem neter* » le premier serviteur des dieux ? Ce privilège ne lui permettait pas de se placer plus haut que les dieux qu'il adorait et dont les monuments étaient plus modestes que celui qu'il aurait ambitionné de construire pour sa gloire personnelle. Au pire de cette hypothèse, si Khéops s'était montré obstiné au point de mettre en pratique un projet aussi démentiel, les Grands Prêtres auraient pour le moins douté de sa santé mentale et des mesures discrètes d'antisepsies neuronales auraient été envisagées bien avant que ne se pose la pierre d'angle. Troisièmement, si Khéops avait, envers et contre toute logique, toutes mises en garde et tous interdits, réussi à mener à bien un tel projet, nous ne pourrions actuellement le qualifier de tombeau, mais de **cénotaphe,** car son corps n'aurait jamais été inhumé en ce lieu.

Instruit des valeurs spirituelles de son époque, Khéops ne pouvait donc ambitionner d'accéder aux étoiles par le biais de son corps putrescible, aussi momifié soit-il comme on s'ingénie à nous le faire croire. Ce qui revient à dire que cette pyramide ne saurait être son tombeau qu'il aurait fait ériger à sa gloire post mortem. Cela, nous avons vu que c'est non seulement ubuesque, mais totalement inconcevable. Sauf, lorsqu'un tel consensus est fomenté afin de rendre cette entreprise titanesque d'un simpliste condamnable ! Cette vision des choses est conforme à celle de nos maîtres à penser d'aujourd'hui, lesquels pour juger d'un événement ne nous invitent pas à l'examiner et à l'approfondir, mais à nous conformer aux avis officiels qu'il est amoral de reconsidérer.

En cas de doute, il est en permanence sur le terrain des experts stipendiés qui disséminent leurs concordances de penser à la crédulité touristique. À Gizeh ce sont des chantiers de proximité réputés être ceux des constructeurs de l'édifice. Nous concédons volontiers que ceux-ci puissent dater de l'époque IVe dynastie, chantier envisageable pour le ravalement des faces. Cela aurait le mérite de coïncider avec les 20 ans de construction d'Hérodote. Nous sommes loin de cette évidence, avec des autorités de terrain impliquées dans des situations personnelles. Le point de vue qu'émettent ces meneurs de jeu devient à force de redondances d'indéracinables vérités. N'ont-ils pas le mérite de protéger l'histoire consensuelle et par effet de réciprocité les diplômés, les enseignants, les historiens, les éditeurs tout un monde en inspiration de quiétude d'esprit. Ne devons-nous pas par idéologie, argumenter que nos démocraties sont le couronnement de l'esprit sociétal ? Démontrer par le verbe que notre société est la plus équilibrée, la plus juste, la plus logique, la plus équitable des civilisations que nous offre l'Histoire ? Affirmer que nous avons beaucoup de chance de ne pas avoir vécu sous ces régimes despotiques, sous la férule de ces princes sacrificateurs à l'ego démesuré, imbus de pouvoir aux croyances démentielles ? C'est ainsi que Khéops est devenu avec le temps, le bouc émissaire idéal que l'on désigne aux touristes avec un soupire exulté devant ce monstrueux témoignage de la vanité humaine. Alors qu'en toute logique, ériger un tel monument su été rendre un pays exsangue en sacrifiant plusieurs générations à la gloire d'un sujet mortel, valorisé certes, mais non déifier, on ne déifiait que les dieux. Cela n'aurait été rien de moins qu'une ineptie alors que temples et sanctuaires souffraient d'un manque d'entretien et de restauration. Voilà bien qui montre peu d'entendement pour ce glorieux passé de l'Égypte. Cette civilisation n'a jamais été, à l'index de la nôtre à certaines époques, animée de la foi du charbonnier. L'Égypte de la IVe dynastie était encore imprégnée de l'esprit de connaissance, directement issue de **la Tradition Primordiale**.

Cette foi aux implications temporelles conditionnait son comportement dans les moindres actions de la vie courante. Il s'agissait d'une conviction intérieure qui ne laissait nulle place à la divagation mystique, au culte de l'instinct primaire et moins encore à la démesure sans vergogne. Surtout lorsque de tels égarements sont prêtés à un être qui avait pour charge d'être un exemple pour son peuple, le Roi.

En une note d'humour bien intentionné, imaginons ce qu'aurait pu écrire Khéops au Doyen maître pour lui communiquer sa royale décision :

« Cher grand prêtre et vénéré hiérarque, j'ai décidé ce matin de me faire construire un tombeau en forme de pyramide pour gagner au plus vite, lors de mon décès, les régions étoilées où se tiennent les dieux, mes pairs. Je veux qu'il ait 280 coudées de haut sur son socle et que ma chambre sépulcrale tienne plus de 8000 fois dans la structure générale. Faites-moi donc, je vous prie, quelques plans pour alimenter ce projet. »

Merci pour votre compréhension.

Roi Khéops, humble serviteur des dieux.

Imaginons que le vénérable Grand Hiérarque laissa chuter le papyrus de ses mains :

« *Mes frères, nous n'avons pas une minute à perdre...* » Aurait-il dit d'une voix chevrotante, sans préciser toutefois... pour quelle raison... il n'avait plus une minute à perdre !

Georges Vermard

Le Soleil au centre de l'énigme :

Pour beaucoup d'individus, l'acquisition d'un savoir est comparable à des matériaux de construction que l'on accumulerait patiemment au cours de son existence. L'âge venu, l'habitation considérée achevée, il ne serait plus question de déplacer le moindre motif rentrant dans la composition de « l'œuvre ». Pour la raison que cela ferait douter des certitudes que procure l'apparence quand elle devient une parure garante de l'estime des autres. L'erreur précisément, consiste à s'identifier à une construction, quelle qu'elle soit. La vie devrait être un parcours, une édification permanente, une réflexion que seule la mort interrompt. Les anciens compagnons du devoir ne l'ignoraient pas, eux qui considéraient que l'ouvrage est une borne que l'on se doit de dépasser sur le chemin du labeur. Seul compte, non la maison qui fixe, mais le parcours qui instruit. Ce diable de chemin passe par monts et ravins, par sueurs et larmes. Néanmoins, il a pour avantage de placer l'œil dans le cœur et la cervelle au bout des doigts, ce qui, somme toute, n'est pas sa plus mauvaise place. « Jean Rostand nous incite à remarquer qu'*il est souvent plus facile de mourir pour ce que l'on croît, que d'y renoncer* ». Nous qui avons eu le privilège de connaître ce personnage remarquable, sommes heureux de véhiculer ces pensées comme des sources de bon sens et de vérités. En tant qu'auteur, l'indignation que nous laissons paraître se trouve le plus souvent motivée par les excès immatures de notre civilisation. Cette attitude pourrait laisser supposer un parti pris rétrograde, une sorte de nihilisme qui se voudrait salvateur. Nous pourrions donner à penser que nous œuvrons pour un millénarisme justicier ou que nous idéalisons la condition adamique avec ou sans feuille de vigne ! Il n'en est rien. Nous considérons que l'homme a été créé pour chercher à améliorer sa condition primaire, à préserver son patrimoine et à élargir ses qualités d'esprit au gré de ses conquêtes. Le développement scientifique a une place expérimentale que nous estimons et ne saurions contester. Ce que nous cherchons à faire valoir, c'est que les disciplines pratiquées de nos jours ont perdu leur motivation première. Les technologies sont tributaires des impératifs économiques, géopolitiques, démographiques et elles ne peuvent se soustraire aux pressions contraignantes d'un devenir que la science sait... ne plus pouvoir maîtriser.

Serions-nous coupables de ne pas dénoncer de tels excès alors même qu'il en va de l'intérêt de tous ? Gageons qu'il serait bon, si ce n'est urgent, de positionner fanal sur le rocher de la fatalité. N'a-t-on pas vu d'insubmersibles bâtiments, impeccablement orchestrés, aller par le fond, toute lumière dehors ? Ce n'est pas l'apparence de l'iceberg qui est dangereux, c'est sa masse immergée que l'on contourne en flânant, comme si son évaluation à vue était maîtrisable.

Éloignons-nous de l'iceberg et dirigeons-nous vers la Grande Pyramide, source de vérité voilée aux dévoyés de la condition humaine. Parmi les premières valeurs que les Anciens se devaient de faire figurer au sein de la masse architecturale étaient celles qui avaient trait au Soleil, à la Terre, à la Lune. Leurs diamètres et circonférences, les distances de séparations, les temps de révolutions et bien d'autres choses portées à notre connaissance. L'ensemble de ces données s'avère si précis, les valeurs qui gouvernent cette géométrie si cohérente les unes par rapport aux autres, qu'il ne peut être question d'agencements fortuits ou de paramètres hypothétiques. On peut raisonnablement en déduire que la Grande Pyramide est une œuvre missionnée, une réalité mathématique, un microcosme, un ordinateur céleste, une anthologie des valeurs universelles et en conclusion un réceptacle scientifique. Les données incluses ont le mérite de se recouper à l'infini. Elles ne peuvent avoir été élaborées au hasard des lignes et pentes. Si tel était le cas, le concept se révélerait d'intellection commune, les mesures actuelles seraient entachées d'erreurs, d'imprécisions et d'omissions, termes désobligeants pour la découverte d'une telle réalisation. Le résultat ne manquerait pas de se répercuter sur l'harmonie générale, et ce fatras d'incohérences n'aurait jamais motivé nos recherches. Il nous faut donc envisager tout autre chose et en premier que la Grande Pyramide est la première merveille du monde. Elle a su se protéger des hommes, plus que les hommes ont su la protéger. Elle se positionne aujourd'hui comme le lien, si ce n'est l'ultime espoir de l'humanité montante. Son charme le plus évident tient à ce qu'elle recèle en sa parure, constituée de géométrie, de nombres et de critères astronomiques. Elle nous inspire alors une évasion mythique dans les domaines d'une science universelle, aussi, nous est-il plus raisonnable d'accepter ce qu'elle est, plutôt que de chercher à interpréter les raisons de sa conception.

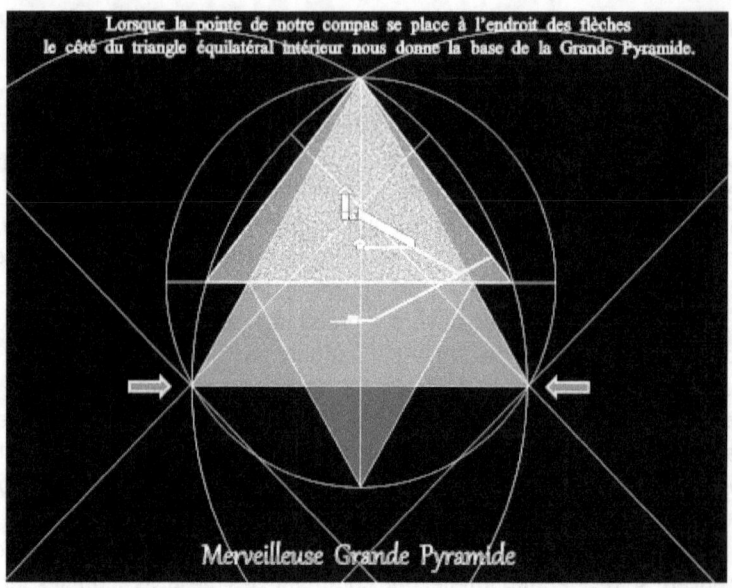

En écriture égyptienne le mot « mer » a pour significations **Amour** et **Pyramide**. Est-il nécessaire d'ajouter quoi que ce soit à cela, puisque le terme nous vient d'un « ailleurs » qui attend patiemment que nous dimensionnions nos capacités évolutives ? Il est dans l'histoire du monde de dangereuses étapes, celle que nous vivons l'est particulièrement, cela signifie que la population mondiale doit-être à la hauteur de ce qui l'attend. Être démuni de toutes fraternités spirituelles peut au cours d'évènements dramatiques nous faire envisager le pire. Seules les preuves que nous exposons peuvent générer un comportement plus digne que celui que nous pourrions supposer après la chute brutale du matérialisme. Pourquoi y aurait-il une focalisation spirituelle sur le site de Gizeh alors qu'il nous est donné d'avoir des religions qui remplisse cet office ? Pour la raison la plus essentielle qui soit, laquelle n'est pas animée par la foi, mais par la déduction psychologique. La foi n'exige aucune preuve, elle n'en a nul besoin et c'est bien ainsi. Mais des temps nouveaux sont venus où il est indispensable d'effectuer un choix, celui de persévérer dans le matérialisme à outrance ou celui d'être persuadé de l'existence d'une culture spirituelle universelle. Il est des êtres agnostiques qui sont moralement très bien, mais qui n'ont jamais été interpellés par la foi religieuse. Si ceux-là avaient la preuve absolue d'un Principe Créateur ce serait le plus beau cadeau de leur vie. Les temps derniers sont venus, il nous faut choisir.

La Lune et la Terre

Il y a « **32** voies qui mènent à la sagesse » sur lesquelles Dieu aurait appliqué son sceau. Ce qui fait que, dans la tradition hébraïque, il y a 32 règles appelées « Baraïta ». On dit de ces 32 règles qu'elles sont aptes à servir d'interprétation aux aspects secrets de la Torah. Parallèlement, il y a « 10 séphiroth » correspondant aux dix chiffres. Ceux-là sont comparés à des niveaux, des phases ou des saphirs. Ils sont étroitement liés aux « 22 caractères » qui composent les lettres de l'alphabet.

Ajoutons qu'il y a 22 polygones réguliers correspondant aux 22 diviseurs entiers de 360°. + 10 + 22 = 32. Ce dernier nombre est assimilable aux deux fois 32 cases du jeu d'échecs. Ce jeu n'est pas si innocent qu'il y paraît, puisque le nombre de cases est comparable aux 64 hexagrammes du livre des changements.

Les 4 lettres du Tétragramme יהוה forment le nom YHWH (Yahvé). Rappelons que pour les Hébreux, le nom divin est réputé imprononçable. Conscients de cet impératif de tradition, nous codifierons les quatre caractères par « 4 zéros » en remplacement des lettres, soit : 0 0 0 0 le sifr latin ou le shûnya sanskrit le vide qui peut être un plein. Ajoutés au nombre 32, cela nous donne **320 000**, **a**utrement dit : la valeur du verbe + les nombres + la référence à Dieu. Par ailleurs, nous avons découvert que le chiffre « 4 » se situe à la base de la création, c'est le chiffre de la connaissance.

Les 4 zéros représentent « la clé numérale de la Grande Pyramide » $4 \div \pi$ = 1,273239544 la clé. Sur le plan de la symbolique, voyons ce qu'il en est lorsque ce nombre se manifeste dans l'analyse structurelle suivante : **Le triangle circonscrit en la circonférence de « 4 » a pour côtés les décimales de la $\sqrt{3}$ soit 1,102657791** :

1,102657791 x 3 = 3,307973372 x 0,523598774 la coudée ésotérique =

1,7320508080

DIEU = Le Principe Créateur en 4 éléments chiffrés 0000.

Le verbe = Les 22 lettres avec lesquelles Dieu a créé le monde.

Le nombre = Les 10 séphiroth ou chiffres : 0-1-2-3-4-5-6-7-8-9.

La géométrie = Le triangle circonscrit dans la circonférence du « 4 ».

Tentons maintenant d'interpréter le prolongement logique, mais extraordinairement hermétique, du nombre **320 000**. En ce qui concerne les rapports avec la Grande Pyramide, nous pouvons considérer que les 4 faces visualisées génèrent 8 demi-faces. Par leurs dispositions, les demi-faces sont garantes d'un phénomène d'ombre et de lumière aux périodes des équinoxes.

Rappelons que le creusement des faces, avec l'étoile Saïph, se révèle consubstantiel à l'angle de 90° du plan structurel de la base, que nous donne la constellation d'Orion.

320 000 ÷ π = 101 859,1635 ÷ 8 demi-faces = 12 732,39544 x 1,273239544 clé numérale de la Grande Pyramide = **16 211,38935 km**, la hauteur de l'édifice symbolisé. Ce total est représentatif des diamètres moyens de la Terre et de la Lune. Ces deux astres devraient être les références primordiales de notre axe d'évolution, alors que nous subissons moult divergences « didactiques » qui font que nous n'en tenons aucun compte.

12 734,94192 km : ∅ moyen de la **Terre**.

<u>3 476,44743</u> km : ∅ moyen de la **Lune**.

16 211,38935 km : ∅ Diamètre moyen de la Terre et de la Lune.

Cela signifie en clair, que, sans modifier les données générales de la pyramide, en conservant les angles de 51° 51' 14" 31 pour la base et de 76°17'31"39 pour le sommet, nous avons les valeurs réunies des 2 astres. Ils réalisent ainsi une immense pyramide virtuelle de 16 211 km de haut. Avec un périmètre à la base équivalant à 80 000 fois la clé numérale, ce qui nous permet son déchiffrement ! La pente serait alors de 20 613,66245 km pour chacun des quatre côtés. Divisée par la demi-base, elle nous procurerait une approche correcte du « Nombre d' Or ».

20 613,66245 ÷ 12 732,39544 = **1,618** 993264.

Si la hauteur de la Grande Pyramide était égale au rayon de la circonférence Terre Lune, chaque face nous donnerait 12 732,39544 km. Il nous suffirait alors d'ajouter deux fois la valeur de la clé, question de virgules, pour obtenir la valeur moyenne de la Terre, soit :

12 732,39544 + 1,273239544 + 1,273239544 = **12 734,94192**

base clé ∅ Terre

En admettant que les deux pyramides réelles et virtuelles ainsi réunies impliquent la longueur totale du cycle précessionnel, elles formeraient un losange. La hauteur de ces pyramides constituerait deux rayons unifiés, établissant un diamètre de 16 211,38935 km, chaque côté-base afficherait alors la clé de 12 732,39544. Multiplié par « 4 » pour avoir le périmètre nous aurions en valeur la circonférence de la Terre et de la Lune 50929,58176.

Conclusions identiques avec la tradition chrétienne, les 3 jours de construction du temple christique ainsi que du nombre **320 000** qui en résulte. Une interprétation logique de ces structures pyramidales nous procure des données mathématiques transcendantales. Elles unissent leurs aspects à des valeurs philosophiques non négligeables sur un plan spirituel. Il va de soi que ces agencements ont été voulus et qu'ils ne peuvent résulter d'un concours de circonstances. Allons plus loin, le Soleil ne saurait être hors-jeu dans ces conventions chiffrées :

Ø **Soleil 1 392 571,259** km ÷ 100 000 = 13,92571259 ÷ 0,523598774 la coudée ésotérique = 26,59615202 X^2 = 707,3553022 x 72 les 72 acolytes de Seth qui ont enfermé Osiris dans un coffre avec l'intention de le priver de la lumière de Rê, mais aussi les 72 ans pour les 360° du cercle précessionnel. Total = **50 929,58176** km la circonférence Terre – Lune.

Sur un plan mathématique, on peut donc déjà en déduire qu'il y a un rapport direct entre **le Soleil, la Terre, la Lune**. Au début de ce troisième millénaire, ces nombres avancés par l'immuable « **Tradition Primordiale** » seront-ils demain à l'origine de l'éveil que nous espérons chez nos contemporains ? Hélas, la tentation matérielle est si forte, le pouvoir médiatique si grand, les meneurs de jeu si corrompus, que la moindre considération pour ce type de raisonnement tiendrait du miracle ! Aujourd'hui, un establishment omnipotent, imbu de toutes les diableries du pouvoir, dirige un monde imprégné d'une addiction au profit qui annihile toute forme d'évolution de la pensée. Ainsi avons-nous graduellement altéré, puis rompu « **le lien Terre – Ciel** », gage du souverain équilibre. Celui-là même, que nos anciens avaient patiemment entretenu des millénaires durant à travers la symbolique offerte par l'héritage égyptien. Tentons courageusement de renouer les liens ancestraux d'ordre spirituel évoqués au cours de ces pages ou assumons les affres de notre inconséquence. La Grande et mystérieuse Égypte n'a pas fini de nous étonner. À l'orée des temps nouveaux, elle était détentrice de cette **Tradition Primordiale** hautement élaborée. Celle-ci dispensait chez ses adeptes une déontologie favorable à l'équilibre du genre humain.

Georges Vermard

L'arc-en-ciel

Parmi la pluralité des énigmes qu'il nous importe de citer, figure en bonne place « **l'Arc-en-ciel** ». Les relevés scientifiques prêtent à ce dernier des propriétés d'angle identique à ceux que nous découvrons sur la Grande Pyramide, ce qui confirme que nous demeurons sur le chemin fécond de « La Connaissance ancestrale ». Pour assister à ce troublant et magnifique spectacle offert par la nature, il faut réunir deux conditions préalables : la première, qu'il ait plu en l'environnement et que le Soleil ait la possibilité de filtrer à travers les nuages. La seconde, que l'observateur soit orienté par rapport à la lumière étant donné qu'il est impossible de voir un arc-en-ciel de profil. Pour que cette lumière effectue sa réfraction sur la molécule d'eau en sustentation, il faut que l'angle formé, entre la vision et le rayonnement, soit de « 42° », précisément de 41° 59' 50'', soit l'angle de l'arête, propre à la Grande Pyramide. Nous allons tenter de regrouper les documents iconographiques indispensables pour bien comprendre cette relation mirifique et malheureusement insoupçonnable que nous avons avec le Ciel.

« L'arc était dans le Ciel et je pressentais se mouvoir en lui l'esprit de l'univers. »

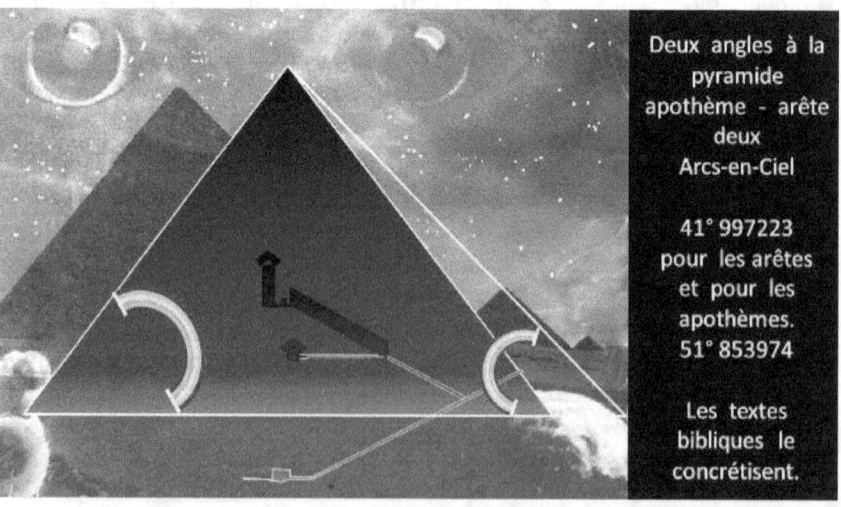

Deux angles à la pyramide apothème - arête deux Arcs-en-Ciel

41° 997223 pour les arêtes et pour les apothèmes. 51° 853974

Les textes bibliques le concrétisent.

Il se forme parfois sur le fond du Ciel, derrière le premier, un second Arc-en-ciel. Il est proportionnellement plus grand, plus diffus et surtout il ne possède pas, scientifiquement parlant, le même indice de réfraction.

Le second arc-en-ciel affiche une valeur proche de 52°, ce qui revient à dire qu'il est à 51°,51'14''. Cette dernière valeur, nous le savons, est celle de l'angle de pente des apothèmes de la Grande Pyramide. Il nous est donc possible d'exposer des conditions techniques inhérentes à une manifestation naturelle, tout en prenant conscience d'une réalité supérieure en rapport avec les épiphénomènes de caractère énigmatique que nous dépeignons. Les deux ne sont pas incompatibles lorsque nos facultés sont en état d'éveil et à hauteur de déduction. Car cette révélation est l'une des plus importantes qui soient.

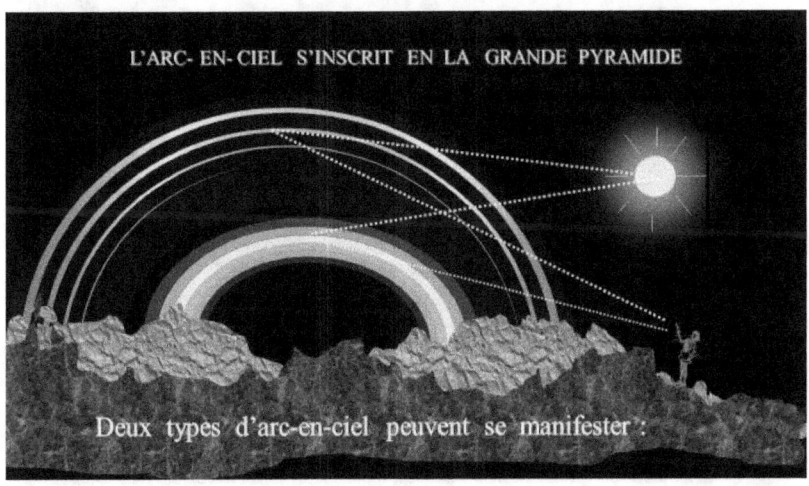

L'ARC-EN-CIEL S'INSCRIT EN LA GRANDE PYRAMIDE

Deux types d'arc-en-ciel peuvent se manifester :

L'homme pour évoluer a nécessairement besoin d'évasions spirituelle et culturelle. La Grande Pyramide semble être là pour nous rappeler la voie du bon sens que tôt ou tard devra suivre l'humanité. Celle qui consiste à développer ses qualités individuelles, afin que celle-ci ait des prolongements holistiques plus évocateurs que ces influences pernicieuses que nous subissons. C'est bien autre chose que prônaient au sein des temples les anciennes civilisations en maintenant efficient le lien Terre - ciel. Ils voyaient là un passage obligé pour accéder à une autre réalité que celle vers laquelle aujourd'hui nous inclinons, en cultivant jusqu'à l'obsession ce matérialisme destructeur.

Hélas, constater une telle calamité ce n'est point la guérir. Revenons à l'Arc-en-ciel et à son message à travers le temps pour tenter de sensibiliser ceux qui peuvent l'être. Nous observons deux critères : le premier concerne l'angle des apothèmes inhérent à la Grande Pyramide. Il se situe juste à l'intersection de l'ultraviolet et de la lumière visible. Cet arc qualifié de « secondaire » effleure les 51° 674 dans le violet alors que l'angle réel que nous estimons affiche lui 51° 853974.

L'indice est donc au seuil de la lumière visible. Nous devons rappeler que sur l'échelle des ondes répertoriées, la plage réservée à la lumière visible ne représente qu'un espace restreint dans l'étendue des ondes. Le second phénomène d'importance a trait à l'arc « primaire » dont beaucoup d'entre nous ont été témoins au cours de leur vie. Cet arc se situe au milieu du spectre visible, dans la zone du bleu vert, entre 42°078 et 41°933.

INDICE DE RÉFRACTION	ARC PRIMAIRE	ARC SECONDAIRE	ANGLE DE L'ARÊTE	ANGLE DE L'APOTHÈME
1,330 rouge	42°,516	50°,101		
1,331 orange	42°,370	50°,365		
1,332 jaune	42°,224	50°,628		
1,333 vert	42°,078	50°,891		
g - pyramide	→		41°,9972	
1,334 bleu	41°,933	51°,153		
1,335 indigo	41°,788	51°,414		
1,336 violet	41°,644	51°,674		
g - pyramide		→		51°,8539

Nous remarquons avec émerveillement que l'angle de l'arête pyramide s'ajuste à **41°99722395** (degrés décimaux), autrement dit dans le vert bleu en les prairies de la vache Hathor. L'éventail scientifique des angles de réfraction est spécifique au spectre de la lumière visible. En gris la valeur des deux angles que nous décrivons : le bleu vert osirien et le début du violet.

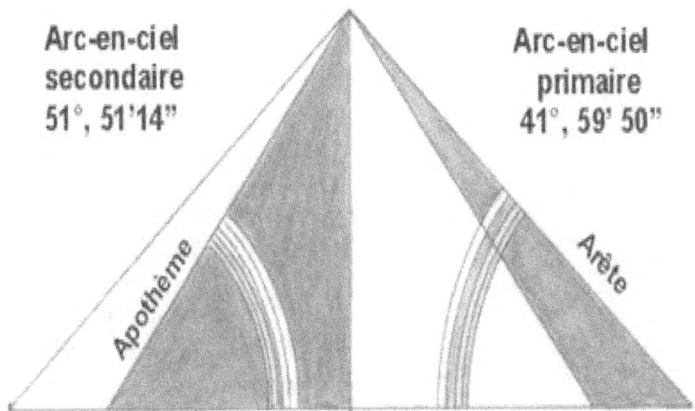

L'Arche des Hébreux avait sans nul doute un dispositif qui provoquait l'Arc-en-ciel avec une sublimation de vapeur d'eau, autrement dit, un procédé de pompage par succion et diffusion. Il y a là une logique effective d'apparition et de dispersion de l'effet qui tient à la nature des choses. Mais dans un conteste épistémologique l'arche de couleurs pouvait apparaître comme une manifestation spirituelle à inhérence spectrale parfaitement crédible et enthousiasmante. Ce phénomène était connu et apprécié des hiérarques hébreux qui vécurent en Égypte. Comment donc ne pas établir une analogie entre « le dieu vert » de la mythologie égyptienne (Osiris) à qui la Grande Pyramide est dédiée, zone centrale de couleur verte dans l'indice spectral ? Sur le plan symbolique traditionnel, cela signifie que la lumière manifeste sa beauté en épousant le volume de la structure pyramidale. Ces indices sont issus de références scientifiques, nous constatons qu'ils se transcrivent à la perfection avec les données d'angles de la Grande Pyramide. Le plus étonnant est leurs emplacements au sein de ce dispositif des couleurs. Ce tracé est validé par un second phénomène qui se positionne **au centre** de la lumière visible, là où s'opère la consomption de l'ombre équinoxiale. Avec ces deux angles, notre pyramide est construite. Les gouttelettes d'eau agissent comme le feraient des prismes. Elles différent et répartissent la vitesse des ondes colorimétriques. C'est grâce à cela que nous pouvons être les spectateurs d'un **arc-en-ciel**. Dans l'Ancien Testament, DIEU nous informe :

« Voici le signe de l'alliance que je place entre moi et vous, **et tout être vivant qui est avec vous**, pour les générations à jamais : je place mon arc dans les nuées, et ce sera le signe de l'alliance entre moi et la Terre. » Genèse 9/12

Quel serait donc ces « **êtres vivants** » qui devrait être avec nous, qui plus est, **censés pouvoir admirer un arc-en-ciel** si ce ne sont les exogènes dont nous avons déjà évoqués l'existence au côté des hiérarques, pour effectuer la conception des pyramides ?

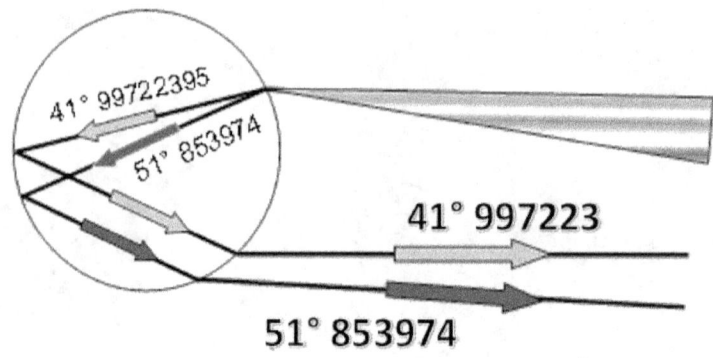

La Grande Pyramide témoignerait-elle d'un message divin ? Oui, nous avons d'excellentes raisons de le penser, prenons conscience que désormais elle ouvre la voie d'un futur aux espérances salvatrices. Alors que si nous persistons à chevaucher nos propulseurs matériels, craignons l'irrémédiable. L'homme n'est pas seulement constitué de substances décelables et quantifiables, il est doté de subtils ressentis dont il a un besoin vital pour évoluer dignement. Si l'état de conscience individuel est primordial, celui-ci n'est pas interdépendant de la communauté humaine en laquelle il prospère. Nos couleurs en tant qu'individus peuvent êtres différentes, mais l'arche d'alliance nous unit. La Grande pyramide est un monument fédérateur de l'esprit, elle n'a pas d'appartenance, pas d'histoire, pas d'âge, pas d'inscription, pas d'indice générateur, elle pourrait n'être rien, elle est tout, sauf... le tombeau imaginaire des agnostiques !

La clé pyramide

Envisagez, ne serait-ce qu'un instant, que le Soleil – la Lune – la Terre ne sont pas le produit du hasard cosmogonique, mais l'ordonnance délibérée d'une **conscience universelle**. Cette éventualité devient, pour tout darwinien viscéral soumis à l'acquis conventionnel une aberration mentale. Il faut donc que ce que nous faisons figurer ici soit simple, évident et digne d'intérêt. L'emploi des nombres, de la géométrie et de l'astronomie nous permet d'être précis et affirmatifs en nos démonstrations. Prenons l'exemple de la Lune. Comment expliquer que si nous divisons par « **400** » sa circonférence, nous avons en jour sa période de révolution sidérale : Circonférence moyenne de la Lune 10 921,58174 km ÷ **400** = **27,3039**.

Si avec ce fameux « **400** » descendant du « **4** » nous divisons **le diamètre du soleil**, nous obtenons **le diamètre de la Lune**. Il pourrait apparaître un peu plus haut que le diamètre « moyen » que nous utilisons, mais si nous considérons la valeur des sommets les plus élevés de cet astre, ils le sont d'environ 4 000 mètres au-dessus, cela nous donne :

Diamètre du Soleil 1 392 571,262 km divisés par **400** = 3481,428155 km moins sa valeur moyenne de 3476,44744 km = 4,980715 km ce qui devient une évaluation raisonnable à quelques dizaines de mètres près. S'il vient à nos esprits devenus féconds de procéder de même pour la circonférence moyenne de la Terre, nous avons :

40 008 km ÷ **400** = 100,02 moins **127,3239544** la référence Lune période 27,3039.

Les décimales de la clé pyramide nous restituent la période de révolution sidérale. Le lien que nous pouvons faire avec la Grande Pyramide est alors le suivant :

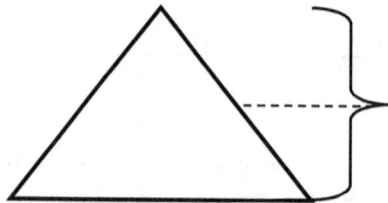

3 476,44744 km de hauteur ÷ 1,273239544 clé

= 2 730,395436 km de demi-base à diviser par 100.

1, 2 3 4 5 6 7 8 9

÷ 1, 273239544 la  numérale

= 0, 969627354 X 2 = 1, 939254708 √²

= 1, 392571258 x 1 000 000 = en kilomètres

1, 392 571, 258 le Ø du ☼

Le Soleil ne saurait se soustraire à cette harmonie numérique. En utilisant la clé pyramidale et les chiffres de 1 à 9, nous obtenons son diamètre. Que les inconditionnels du savoir acquis mettent un instant leurs diplômes au portemanteau pour s'asseoir en notre compagnie et réfléchir à la portée de ces arguments millénaires. Une question se pose : que voulaient-ils nous signifier ces concepteurs, avec cette pléthore d'imbrications numériques, avec ces concordances, ces ramifications hors sujet, avec ces étranges rapports d'harmonies ? Ne nous inviteraient-ils pas à franchir une étape psychologique, laquelle ne serait pas entièrement tributaire de ce mécanisme neuronal que nous pensons être la source de toutes nos idées ? N'envisageraient-ils pas que nous pourrions enfin considérer que la conscience intemporelle est dominante et que c'est elle qui détermine notre personnalité ?

« Nul jamais n'a soulevé mon voile… » Clame toujours la belle Isis.

Le désir doit précéder la révélation sur le sentier étroit et toujours obscur de la connaissance. Puis un jour, la lumière jaillit de la nuit intérieure et inonde de sa parfaite équité… la persévérance. Pourrions-nous, l'espace d'un instant, tenter de percevoir le degré d'altruisme de cet équipage exogène, venu des espaces stellaires, pour inciter nos états de conscience à s'éveiller, alors que nous sommes conditionnés par la matière sans un soupçon de réactivité. Ces entités se seraient fixées pour dessein de nous instruire d'une manière fort singulière, car l'époque est venue où notre société se désagrège physiquement et dégénère psychiquement. Il est donc indispensable qu'elle ait une réaction de survie. Cela ne signifie aucunement que nous aurons ce réflexe, mais la perche aura été tendue vers cette main lasse de l'homme, que celle de Dieu sollicite, mais ne trouve pas.

Il existe une science universelle qui n'est nullement expérimentale, elle est née du Big Bang créateur et son influence est déterminante dans la cohérence de l'eurythmie cosmique. Elle se trouve impliquée à chaque étage dans les 281 coudées de la Grande Pyramide. Le temps de son approbation est arrivé, c'est pour l'être humain un changement d'orbite évolutive et nous nous devons d'en exposer les rudiments.

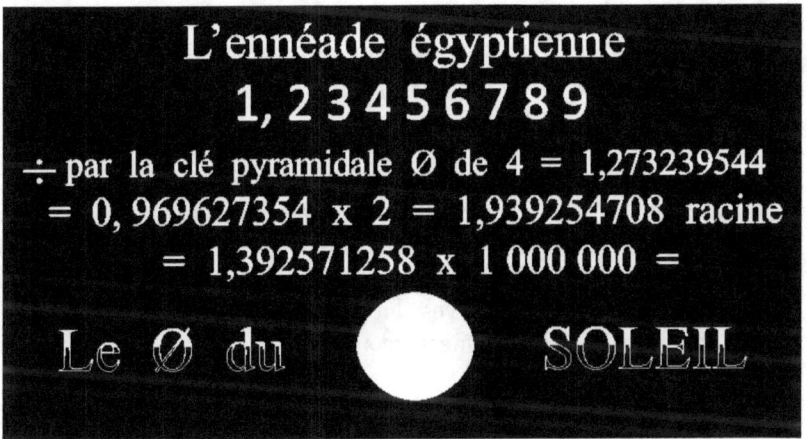

La Terre et le Carré

Opérons une petite escapade humoristique. Il est vrai que pour un esprit qui se veut dans le vent, fût-il délétère, souscrire aux sottises d'un symbolisme archaïque s'avère passablement régressif, pourtant... ! Observons le hiéroglyphe « Oupet-Râ », il signifie « premier jour ». Si les belles cornes de ce premier jour « de 24 heures » prenaient la liberté de se rejoindre au-dessus du cercle qu'elles soutiennent, ce « premier jour » pourrait alors se métamorphoser en une géométrie qui aurait tendance à nous rappeler quelque chose : « Oup » (c'est son nom égyptien). Il en résulte l'esquisse d'une tête de bovidé, . N'est-ce pas tirer un peu le taureau par les cornes et prêter à ces « arriérés » d'Égyptiens une imagination qu'ils n'ont jamais eue ?

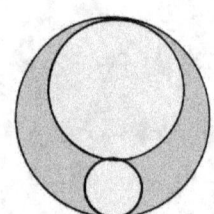

« Mais bien évidemment... Nous dira le diplômé de service. Ils vénéraient le taureau parce c'est un animal puissant, affublé d'un énorme pénis. Ce symbole priapique obnubilait leurs pensées primitives, il n'y a là aucun message... » ! Vous avez dit « message » ?

Il se trouve que le mot « **messager** » s'écrit avec une belle paire de cornes. Ainsi que le nom du dieu qui est appelé : « **l'ouvreur des chemins** ». Nous remarquerons que ce hiéroglyphe est composé de « **9 triangles** » comme les 9 sages, les 9 dieux primordiaux et les 9 chiffres aptes à composer tous les nombres. De cornes de lyre en délire de cornes, il n'y aurait qu'un pas que nous devrions franchir ! L'union des cornes symbolise **la Terre** et **la Lune**, l'épaisseur représente le Ø lunaire et le volume intérieur le Ø terrestre. La tête de l'animal évoque le triangle équilatéral (la vache céleste). Et maintenant, tentons de redonner la vue aux aveugles, espérons que certains la recouvreront. Pour pleinement saisir l'importance des tableaux qui suivent, procédons à un récapitulatif des valeurs impliquées :

Est-ce possible de justifier cela, en « 7 » opérations, tenant sur cinq lignes ? Oui, le tout, à partir du chiffre « 4 ». Sur un plan de pures logiques, ces formules simples et potentiellement subversives, devraient bouleverser le monde en lequel nous vivons.

Le Ø du Soleil : 1 392 571,26 km. Le Ø moyen de la Terre : 12 734,9419 km. Le Ø moyen de la Lune : 3 476,4474 km. La clé numérique de la Grande Pyramide :

1,273239544. L'ennéade de la Genèse égyptienne : 1,2.3.4.5.6.7.8.9. Ce sont là « 5 » références mathématiques et astronomiques pour les terriens que nous sommes.

Le mot égyptien « **mr** (aimant) = **aimer** » sur un plan Primosophique **123**, n'est pas le produit de ce fameux hasard que nous ne cessons de parodier. Tel « **l'aimant** » qui la définit, la Grande Pyramide rallie autour de son socle millénaire les bribes de la sagesse traditionnelle. Ce prestigieux monument du passé s'impose comme le vaisseau allégorique du futur, à bord duquel les plus lucides d'entre nous se doivent d'embarquer. C'est un réceptacle scientifique.

La Grande Pyramide est « **l'arche de la nouvelle alliance** ». Elle est le lien, l'élément rassembleur entre ce qui a été et ce qui sera. Tronquée par l'ignorance, spoliée par les uns, souillée par les autres, sous-estimée par l'ensemble, mais aimée des dieux, la Grande Pyramide a été érigée en tant que symbole de l'harmonie universelle. Elle n'est pas le tombeau de Kheops, mais bien le tombeau de notre « sensibilité réceptive », face à une réalité transcendantale dont l'éthique cartésienne se défie par principe, imprégnée qu'elle est du conformisme judéo-chrétien. En langue sumérienne, le « **A** » en forme de Pyramide signifie « **eau** » ou onde dont les orbes contiennent la première forme du monde.

Elles sont, ces ondes, perpétuellement renouvelées, car la vie est une naissance de tous les instants. O Toi pur hasard, sais-tu que « **ha oh** » était le dieu de « **la sagesse** » chez les Assyriens ? Le hasard hélas fuit la logique et va fréquemment solliciter les esprits façonnés par « le savoir » où il trouve une audition complaisante. Car il est bien difficile de se remettre en question, d'effectuer un retour sur soi, parmi les sentes encombrées de la désillusion. Il le faut cependant. L'homme a les capacités pour cela. Être digne de son humanité, c'est à la fois être humble et responsable. De cette prise de position naîtront les générations futures que l'on aura aidées à aller plus loin.

Quittons cette illusion qui consiste à passer son temps à être plus talentueux que l'autre pour être admiré par lui. La notion nietzschéenne qui consiste à bouter l'homme au-dessus de sa condition, vise la collectivité humaine et non le misérable agrément de l'ego. Ne cherchons pas à élever la marche. Elle ne serait que platitude vis avis de l'autre. Élevons l'escalier.

Réalisons que nous sommes collectivement assujettis à notre environnement. Nous pouvons agir sur lui, comme lui sur nous. Nous pouvons faire en sorte qu'il nous soit profitable par un effet de symbiose et non de rivalité dominatrice. Nous sommes en rupture d'harmonie avec la nature des choses et c'est là notre drame. Faisons naître en nous la curiosité, d'elle paraîtra l'observation et de cette dernière naîtra l'amour de la vie.

La Grande Pyramide

Avec cette translation cognitive que nous procure la symbolique, nous pourrions faire resurgir cet apport archétypal que sont censés détenir nos chromosomes mémoires. Placée sur un axe plus prosaïque, cette relation apparaît comme un lien préétabli entre **le Ciel et la Terre**. Sans doute est-ce là l'authentique **sema–taouy** de l'Égypte ancienne et non l'union simpliste des « Deux Terres – haute et basse Égypte ». Cette hypothèse n'a d'autre réalité que d'être l'objet concret d'une allégorie qu'il nous est indispensable de transcender.

« Laisse-moi parcourir l'orbite circulaire d'Osiris, seigneur de la vie des deux terres. » *Livre des morts*, chapitre CLXXVIII

La Grande Pyramide aujourd'hui à son revêtement ruiné par l'effet du temps et l'inconséquence des pratiques humaines. Il nous aura fallu procéder à de nombreux recoupements pour parvenir aux résultats de synthèse que nous exposons. Nous fûmes aidés par les rapports scientifiques que nous donnèrent les géo-radars, les lasers, les relevés satellitaires ou les logiciels d'astronomie. D'autres résultats ne sauraient être portés intégralement à notre mérite. Ce sont ceux que véhiculent depuis toujours les religions à travers leurs écrits mythologiques ou eschatologiques, altérés certes, mais fragmentairement présents. C'est ce que nous nommons « **la Tradition Primordiale** » celle que nous trouvons aux origines de la connaissance humaine.

En ce concept pyramidal que nous décrivons, aucune projection géométrique, aucune valeur numérique ne se trouve désolidarisée du contexte universel. Ses données architecturales se recoupent sur des kyrielles de paramètres avec la rigueur théorique que nous prêtons au dixième, voire au centième de millimètre. Certains points cruciaux, tels que l'extrémité du toit de la chambre de la Reine, le centre structurel, le point christique que nous étudierons, ou encore le point de croisement des étoiles cadres, centralisent en leurs arcanes une pluralité de faisceaux concordants lesquels sont autant de pieds de nez à l'immuable hasard dissimulé en l'incompréhension.

À ce stade de nos recherches, il va de soi que le concept envisagé par les constructeurs ne peut pas être assimilé aux amoncellements sépulcraux que les officiels prétendent. L'idée simpliste du « tombeau » aura certes participé au confort professionnel de plusieurs générations d'enseignants. Mais le temps est venu de combler cette grave lacune, afin de procurer aux générations futures le plaisir de puiser la vérité où elle se trouve. Sur un plan strictement structurel, nous ne pouvons qu'être interpelés par les apports dominants que sont le Soleil, la Terre et la Lune. Il en est de même de la mystérieuse constellation d'Orion où chacune des sept étoiles traditionnelles affiche sa raison d'être au sein de l'édifice. Il en résulte que ce « sanctuaire des âges » est un corps vivant, une puissance à l'état latent qui régénérera demain les potentialités de la raison humaine. Il n'y a que les preuves d'un Principe Créateur qui peuvent édulcorer notre inexorable déchéance, en motivant la résurgence d'une raison d'être.

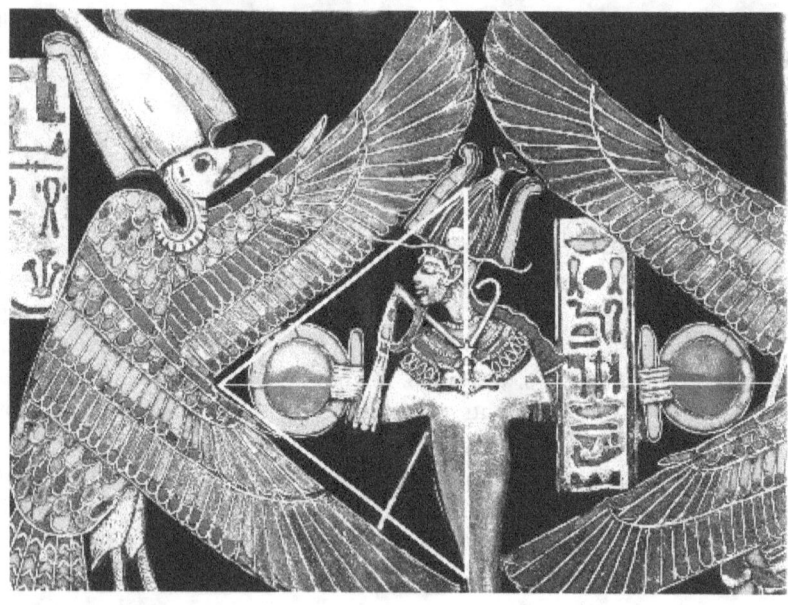

« **Nekhabit** ou **Nekhbet** » la déesse vautour à la tiare blanche représente la Haute-Égypte, alors que la femelle cobra « **Ouadjet** ou **Edjïo** » à la tiare rouge est l'emblème du Nord. Ces deux effigies tutélaires sont considérées comme « Les Mères primordiales », mères que nous pourrions écrire « **mr** » puisqu'à l'origine il s'agit des deux pyramides que nous étudions (la réelle et la virtuelle) : l'air-feu et l'eau-terre ou encore l'authentique et son reflet. La seconde ne peut différer de la première si ce n'est par les subtils apports que la Tradition de connaissance place en ces deux structures symboliques. Où le vautour se pose, le cobra se love ! Nous pouvons constater de la façon la plus simple, mais aussi la plus logique que les ailes en forme d'angle que déploient les deux divinités autour d'Osiris sont la représentation cachée de la Grande Pyramide qui lui est dédiée. L'assemblage de la croix ansée rappelle « la ligature » réalisée par les deux génies du Nil. La célèbre « **ligature** » unit la « **Boucle** » au « **Tau** », le haut Nil au delta, la pyramide à son reflet, la vie terrestre au monde divin. Quant aux coupelles, elles matérialisent les puissances donatrices et réceptrices de l'univers. Les triangles équilatéraux étaient en Égypte ancienne la manifestation du divin. Ses figures étaient rarement exposées dans les fresques ou autres bas reliefs, du fait de la préciosité qui leur était accordée. On les retrouve plus aisément sur certains papyrus ou pectoraux de facture artistique.

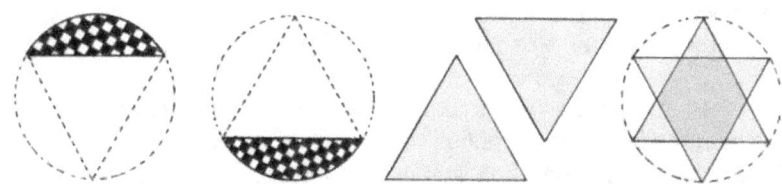

Schéma du Pectoral funéraire de Toutankhamon (Musée du Caire) avec le double « chen » du « Soleil horizon » cher à Osiris. Ce fut aussi « l'horizon de Khéops » lequel vénérait particulièrement le divin Thot, dieu de la connaissance dont il rechercha toute sa vie les arcanes cachés. L'oiseau Bennou est représentatif de la rigueur géométrique que nous devons faire figurer pour souligner la perfection de l'œuvre pyramidale. En Mésopotamie, chez les Kassites, un oiseau des fleuves le Papsukkal était réputé gardien de **la constellation d'Orion**. L'oiseau aux pattes créatrices du monde se trouvait représenté en Égypte ancienne sur un socle en forme de Tau à la verticale duquel se discernaient emblématisées les trois pyramides de Gizeh. La figuration allégorique de l'oiseau fabuleux des légendes est ici schématisée par les 7 étoiles d'Orion. Les références 45°-18°-117° de la tête sont évocateur du demi-cercle de 180° le ciel.

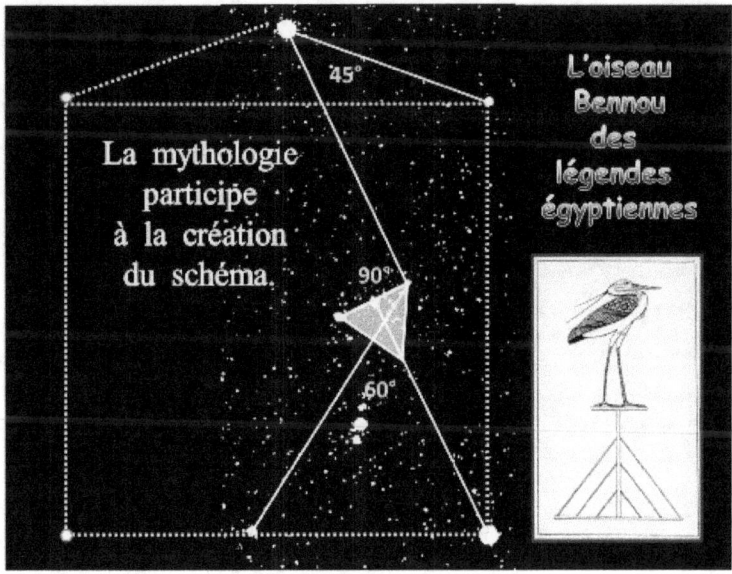

Le corps est de lumière avec la présence du triangle équilatéral tête en bas, ce qui signifie qu'il est réceptif à la lumière du haut, l'angle de 90° affirme cette volonté dans l'accomplissement de la tâche. Ses deux jambes ont 60° c'est l'empattement d'un autre triangle équilatéral tête en haut en fidélité à la source créatrice. Au milieu se trouve la nébuleuse d'Orion dont la célèbre tête de cheval est peut-être le signe porteur de la cabale, avec le mot « qabbala » en hébreu « tradition » ce qui trouve ici sa signification.

Les lettrés la traduisent comme étant une science occulte cherchant la communication avec le monde extérieur. Nous réalisons que certaines illustrations, à priorie sans grandes importances, se révèlent à l'étude hautement significatives. Leur singularité retient la curiosité. C'est en chevauchant ces critères que nous devrions aller plus loin dans la déduction. Le fabuleux réside dans la diversité des cheminements qui mènent à la raison. Les anciens Égyptiens étaient maîtres en la matière. Nous devons donc, comme la fait naguère Schwaller de Lubicz ou l'archéologue Alexandre Varille, savoir interpréter les messages cachés, débordants de bons sens qui attendent depuis des millénaires l'éveil humain.

« Il saute aux yeux que ces textes analysent la correspondance d'un programme royal déterminé avec **les phases caractéristiques d'une genèse cosmique**, dans laquelle se plaçait la structure dynastique. **Les inscriptions dédicatoires d'un temple n'ont pas seulement un sens historique, leur intention est de donner, par la symbolique, un enseignement.** » Alexandre Varille.

Nous comprenons pourquoi Alexandre Varille n'était pas apprécié des égyptologues orthodoxes dont il devait considérablement gêner la somnolence conventionnelle.

Le Ciel et le Désert	La Terre et la Mer
L'air et le feu :	La terre et l'eau :
Nekhbet, la déesse vautour est placée sous l'influence de Shou.	Ouadjet, la déesse cobra est placée sous l'influence de Tefnut
L'oiseau se vêt de plumes, il marche et vole.	Le serpent se vêt d'écailles, il rampe et nage.
La fleur de lys accompagne l'emblème du Sud, l'air y est sec.	La fleur de papyrus accompagne l'emblème du Nord, l'air y est humide
Le milieu que survole l'oiseau est composé de sable ou de roches d'où jaillit la source.	Le milieu que côtoie le serpent est jonché de marais où s'égare le fleuve.
L'horizon de l'oiseau est fait de vallée aride et de dunes.	L'horizon du serpent est fait de terre limoneuse et d'eau.
Sa forme s'élance et se déploie.	Sa forme s'enroule et se dresse.
Elle est l'A (air) de l'O qui se déploie vers le Ciel.	Elle est l'O (l'eau) de l'A, qui cerne le Delta.
La vision interpelle et provoque.	La vision confond et trouble.
Nekhbet conduit ses ailes de lumière vers les berges ombrageuses de la Terre.	Ouadjet élève son corps rachidien vers la lumineuse pureté du Ciel.

Entre la base du monument et son reflet se trouve une bande étroite de végétation que nous étudierons bientôt. Le rôle imparti aux deux génies du fleuve, « les Apis », est de ligaturer les berges de la raison discursive (réalisation concrète, démarche intellectuelle) et de la perception intuitive (ressenti de la voie à suivre à l'opposé de l'aveuglement conventionnel). Les longues tiges du lys et du papyrus matérialisent cette union, c'est le **sema-taouy**, l'union des 2 terres, « Ciel - Terre. » Lorsque cette connexion est prétendue être celle du Nord et du Sud géographique, ce n'est point faux, mais c'est là un des aspects corollaires propres à occulter l'essentiel. Nous savons qu'en ce domaine, les Anciens Égyptiens excellaient. Aussi ont-ils obombré par leurs cryptographies l'esprit de nombreux égyptologues.

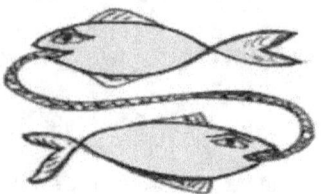

Le sexe d'Osiris (emblème de propagation et retransmission de la connaissance) n'a pas été retrouvé par son épouse Isis, il a été, dit-on, avalé par un poisson. C'est le quatorzième morceau du corps osirien qui est identifiable au Soleil. Nous sommes à la fin de l'ère des Poissons, nous sommes saturés d'un savoir relatif et nous manquons cruellement de connaissance. Face à cette constatation, ne faut-il pas puiser le poisson dans l'O de la tradition pour mieux pouvoir le régurgiter. Seulement voilà, la vérité n'est pas une quête facile.

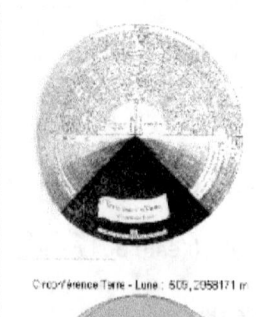

Fludd, image du haut, l'avait pressenti, il y a une relation Terre - Lune qui n'est pas à l'échelle d'une coïncidence.

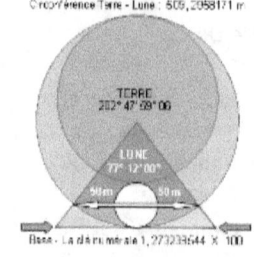

Les recherches d'Horizon 444 ne laisse plus aucun doute sur cette réalité. La Lune, la Terre et la Grande Pyramide forment un ensemble géométrique relevant de la perfection.

Méfions-nous des trois têtes du Cerbère, **pouvoir-argent-sexe**. Ces trois fléaux ensorceleurs inhibent toute aspiration vers une réalité transcendantale à laquelle il est de notre devoir d'aspirer. « *Sapiens nihil affirmât quod non probet* ». Le sage n'affirme rien qu'il ne prouve.

Terre – Lune et Grande Pyramide

C'était un thème alchimique qui venait tout droit de l'Égypte ancienne et qui tenta en vain de s'imposer dans l'Europe du XVe siècle. Pourtant, aborder les rudiments d'une connaissance par les deux supports qui nous sont plus communs, était loin d'être absurde.

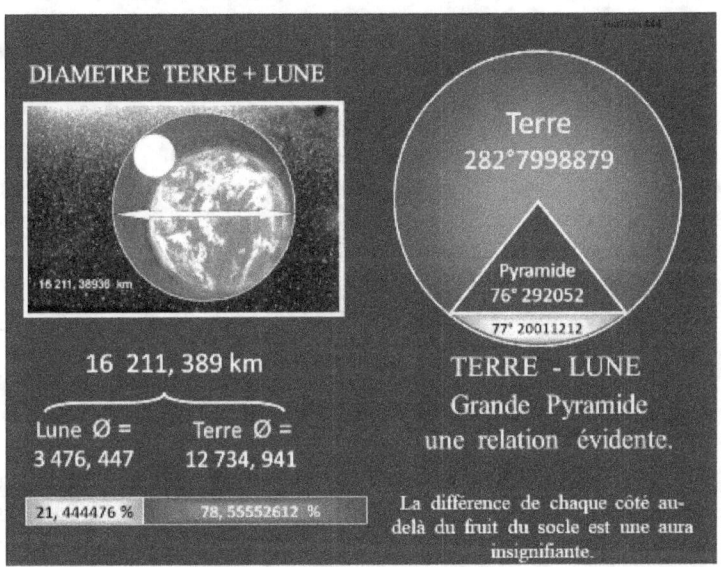

Le dieu **Thot** est porteur d'une tiare en forme de disque lunaire (Reflet de **Râ** roi des dieux, dont il est le Vizir). C'est le magicien maître du Secret et de l'écriture. À l'orée des temps, le dieu aurait-il souhaité que « **Iâh** » la Lune nous montre le chemin de la raison ? **Thot** aurait-il misé sur les capacités de déduction des êtres humains ? En cette hypothèse, il n'y a rien d'étonnant à ce qu'il nous ait abandonnés, bouleversés de désespoir ! Demeurent peut-être en chacun de nous les fragrances évanescentes de sa sélène sagesse, hélas jusque-là inexprimables sur un plan réceptif !

Nous avons pu voir comment une structure telle que la Grande Pyramide peut insérer un écrin de Lune, symbole humain de tous les mystères. Nous pouvons voir maintenant comment la pyramide est alors protégée par le toit bulleux de la Terre qui vient l'auréoler comme le ferait une céleste demeure, comparable au bétyle des dieux. L'esprit de la « **Tradition Primordiale** » est donc inséparable des réalités universelles insérées au sein de ce prodigieux édifice. Ses secrètes ramifications sont codées pour se révéler à l'intelligence lorsqu'elle est étroitement associée à l'intuitif, guide suprême de la science universelle.

À la lumière de ce que nous avançons, il impossible de concevoir qu'un monarque ait pu édifier à sa gloire personnelle une œuvre aussi complexe, sans autre objectif qu'une ambition post mortem de domination, ce qui va à l'encontre de toute démarche à caractère spirituel. Alors même que cette structure architectonique relève indubitablement des plus grands mystères et que ceux-ci ne peuvent qu'astreindre l'adepte à la simplicité. Aussi, clamons-nous, haut et fort, qu'en aucun cas ce pactole de prodiges n'a pu être destiné à la dépouille d'une humaine nature, fût-elle pharaonique. Ce qui n'exclut nullement le fait que le lieu ait pu être usurpé au cours des millénaires, appropriation indigne à une échelle humaine, mais qui ne saurait abuser l'initié aux mystères.

Par honnêteté intellectuelle, trois éventualités sont à examiner : Kheops était dûment instruit par les Hiérarques omniscients du caractère sacré de cet exceptionnel édifice. En cette hypothèse, il est le dernier grand restaurateur d'un parement malmené par les millénaires. En toute connaissance de cause, il n'a donc jamais envisagé de s'attribuer ce monument à des fins sépulcrales. Cette attribution blasphématoire aurait outragé son intégrité et mis en cause son loyalisme envers les déités du panthéon, ce qui aurait représenté le pire des anathèmes pour un grand initié. Kheops alors, se sera fait inhumer ailleurs par profond respect pour cette œuvre sans âge, inspirée par « les dieux ».

Ce monument, tardivement nommé « L'horizon de Kheops », était connu dans les siècles comme étant « l'Horizon de Rê », dédié à Osiris, dont Isis était « maîtresse ». Ce n'est qu'après l'importante restauration effectuée sous la quatrième dynastie que l'édifice, par ignorance, stratégie, accord ou dérision, eut à subir ce genre d'interpolation identitaire. En seconde analyse, il serait injurieux de considérer Kheops comme un mécréant ayant usurpé un patrimoine universel qu'il se serait attribué dans le dessein éhonté d'éblouir le cénacle divin. L'éventualité nous paraît odieuse en vertu de ce que nous savons de l'enseignement dispensé à cette époque aux monarques. Il ne nous faut surtout pas confondre les obligations de (Kheops) IVe dynastie et celles de Thoutmosis III de la XVIIIe dynastie. Si, à l'encontre de la logique dogmatique de la gouvernance, une idée aussi impudente avait pris forme en l'encéphale devenu halluciné de Kheops, il y a fort à parier qu'elle n'aurait pu se concrétiser. Compte tenu du fait que la prêtrise d'alors exerçait un réel pouvoir, tant occulte que temporel, sous-jacent certes, mais formel, notre « **Khou… devenu fou** » n'aurait sans doute pas eu le plaisir de voir son œuvre s'ébaucher, (**Khoufou** est le nom égyptien de Kheops).

La troisième hypothèse, qui n'en est plus une pour une majorité malléable, est répandue à profusion sans preuve aucune. Elle se trouve hélas abondamment diffusée dans tous les manuels scolaires. N'affirme-t-elle pas avec un aplomb de coquin que Kheops a contraint son peuple à élever la Grande

Pyramide par abus de pouvoir en raison de ses travers mégalomaniaques ? C'est attribuer à ce personnage éminent une conduite blâmable sans preuve aucune, alors qu'il n'a fait que suivre les prémonitions de la prêtrise.

Par crainte de nous laisser envahir par des ressentiments, nous ne ferons pas état de ce que nous pensons sur un plan moral de cette convention d'agrément. Dès lors, nous réalisons que la source de vérité est si petite, si fragile, si insignifiante même par rapport aux péroraisons académiques de « l'intelligentsia instituée », que les preuves les plus nombreuses, les plus flagrantes, n'ont aucune chance d'être prises en considération. Il en est ainsi des choses de ce monde, il tourne dans le sens où les magistères du profit l'incitent à tourner. Ce n'est point de l'amertume d'auteur, celui-ci a largement passé le cap des incidences. C'est une triste constatation d'un pouvoir technocratique politiquement correct, face à la souveraine vérité, laquelle à n'en point douter, n'est pas de ce monde !

« *On a la gueule que l'on mérite...* » Notifiait Édouard Herriot !

Serait-il outrageant d'attribuer cet adage à notre société d'individus conditionnés ?

Georges Vermard

La structure schématique

Le lièvre Austral Wn-Oun-Ounas « **Osiris-Ounen-Nefer** », cet être bon, cet être parfait, passe de la lumière à l'obscurité, de l'immobilité absolue caractérisant la mort à une vélocité stupéfiante, preuve patente de la vie. L'animal est à l'écoute permanente du monde, il boude les manifestations par trop bruyantes. Aussi est-il capable de voyager loin et d'apparaître à l'endroit où on s'y attend le moins, ardent à exprimer sa joie, mais le plus souvent sous les étoiles dans la solitude de la nuit. Bien que voilée, la mythologie nous rapporte qu'**Osiris-Ounas**, par la voie de son terrier, franchit une ligne imaginaire et ressurgit en un autre univers, plus boréal celui-là.

La constellation du **Lièvre** se situe sous la constellation d'**Orion**. Là encore, ne croyons pas un seul instant qu'il s'agit du hasard. Les omniscientes entités qui ont conceptualisé les pyramides de Gizeh connaissaient pertinemment les ramifications symboliques qu'il était bon de faire valoir pour souligner le merveilleux. Les mythologies, les exploits des dieux, les valeurs numériques, les indices attribués au corps humain avant et après la mort ont une réalité métapsychique évidente qu'il est essentiel de connaître et de faire valoir. Nous ne pouvons, bien évidemment, attribuer les éléments de cette organisation universelle aux concepteurs exogènes des pyramides de Gizeh. Comment ces entités auraient-elles pu ordonnancer les étoiles d'une galaxie ou disposer dans le Soleil des valeurs numériques prépondérantes. Leurs mérites c'est de les avoir découvertes et de les avoir portées à notre connaissance. Cela ne pouvait se faire qu'en un parfait état psycho-intuitif avec les impératifs spirituels de l'ailleurs, auxquels ces êtres étaient dignement attachés.

Ce qui laisse supposer le caractère souverain et décisionnel de cette intervention.

Le lièvre se métamorphose. Il devient, par l'effet de la volonté divine, le principe de résurgence, le principe de résurrection, Osiris-Sah, Osiris-Saou, **Osiris-Orion**, premier enfant du Ciel et de la Terre. Grâce à sa maturité et sa connaissance, il est alors en mesure d'affirmer son droit d'aînesse auprès du Panthéon divin. Râ, cédant aux instances des dieux, lui octroie le port de la couronne, mais **Osiris** a deux frères, prétendants potentiels au trône. **Haroéris**, son frère puîné, fait aussitôt allégeance, tandis que l'autre, **Seth**, met en cause le choix légitime de l'assemblée des dieux, ce qui ne manquera pas de provoquer le drame que l'on sait. Emporté par sa frénésie meurtrière, **Seth** va ensuite jeter le coffre contenant **Osiris** dans les eaux du Nil (fleuve céleste-voie lactée). Notons au passage qu'**Orion** est à proximité de la Voie lactée. **Isis**, symbolisée par l'étoile **Sirius**, récupère le corps et parvient à se faire féconder. Il est précisé dans le texte des Pyramides : » *Le dieu place la déesse sur son phallus !* »

Cette position élevée décroît quelque peu en sa gaillarde apparence, si nous acceptons de considérer que le membre viril dont il est question est l'allégorique barre d'étoiles appelée « **Ceinture d'Orion.** » Quant à la région pubienne féminine, en l'occurrence celle d'**Isis**, elle est représentée par l'angle sacré du triangle équilatéral inversé (effet miroir) formé par **Bellatrix - Al Nilam – Rigel** 30° + 30° = 60°. Les 3 étoiles centrales en alignement ne pénètrent-elles pas le triangle par son milieu ? Ce même triangle se referme alors comme une boîte (évocation du cube) avec **Bellatrix – Rigel - Saïph** « 90° ».

Ce qui pourrait passer pour des distorsions crypto linguistiques est en fait un langage que quelques-uns considèrent être celui des oiseaux. Nous l'apprécions en tant que souffle d'éveil de la pensée, peut-être parce qu'il a aussi les capacités d'endormir les inopportuns.

Le carré cube générera 9 mois plus tard, le pentagone étoilé d'Horus, **Bellatrix, Rigel, s**ommet de la Pyramide (angle 108°). Horus est décrit dans les textes des Pyramides comme étant « *Celui qui se trouve en Sirius* ». Il naîtra dans le delta du Nil, « *Delta et eaux* ou ∇ et O ». Les textes précisent que le dieu vint au monde dans un faisceau de papyrus.

Est-il besoin de rappeler que les tiges de papyrus ont pour caractéristique de ne pas être circulaires, mais triangulaires ? À peine né, échappant à l'emprise du coffre génésiaque, **Horus** émerge vers les sommets, « *… sur les remparts* » précise le mythe. Rappelons que sa représentation stellaire est « **Aldébaran** » étoile de la Constellation du Taureau.

Nous constaterons bientôt qu'il existe un alignement stellaire avec Sirius (Isis) - Al Nitak (Osiris) - Aldébaran (Horus). **Seth**, le Prince du désert, que favorise on ne peut mieux la ligne équatoriale, va devoir toujours aller plus loin, dévoué à ce rôle que lui assigne le destin. Aussi, entreprend-il de découper (peut-être avec l'aide de ce tranchant improvisé qu'est cette ligne) le corps de son frère **Osiris**. Mais **Isis** (Sirius A) veille. En dehors de la peine qu'elle éprouve, la déesse mesure les difficultés qu'auront désormais les hommes pour suivre la voie spirituelle.

Elle se lamente et entreprend avec l'aide de sa sœur **Nephtys** (Sirius B), son inséparable compagne, de regrouper les 14 parties du corps de connaissance. Autrement dit, d'intégrer les éléments d'une symbolique numérique appropriée à la pyramide. Nous allons voir que les 7 étoiles dédoublées, soit 14, forment l'ensemble du schéma structurel.

14 morceaux du corps osirien, multiplié par PI, divisés par (3) et multipliés par (10), représentent la hauteur de la Grande Pyramide sur son socle.

Les deux sœurs se feront alors un devoir de répartir l'essentiel de cette symbolique dans les 42 nomes d'Égypte. **Le corps de connaissance** devrait être ainsi soustrait à **Seth**, dieu vindicatif, dont l'unique but est d'accéder au pouvoir. Voyons là une humaine conception des choses qui est plus que jamais d'actualité. Hier c'était la cruauté, aujourd'hui c'est la rouerie. Ne pensons pas avoir gagné au change. Si dans la cruauté il n'est nul besoin de rouerie, c'est aujourd'hui dans la rouerie que se dissimule la cruauté.

14 morceaux ÷ 42 nomes d'Égypte = 0,3333333333 $\sqrt{}$² = 0,577350269 x 2 = 1,154700538 décimales du Graal que nous verrons bientôt ÷ 66,6666666 = $\sqrt{3}$ 1,732050807 ou **la lumière** par la racine du nombre.

Ce 42 aurait-il une relation avec les 42° d'ouverture de l'arc-en-ciel et l'arête de la Grande Pyramide ? La déesse du Ciel, **Nout**, déesse de la géométrie paraît devoir nous le confirmer :

« **Orion**, fils de Râ, et **Nout**, la mère des dieux, ces deux grandes divinités du Ciel ». Chapitre CLXXII - VI- Livre des morts égyptien.

42 ÷ 3 = **14** (les 14 morceaux et leur double réalisent les 28 ans du règne d'Osiris).

Prenons connaissance de cette mise en garde de Plutarque dans son traité « **Isis et Osiris** » : « Lors donc que vous entendez toutes les fables que les Égyptiens racontent des dieux, qu'on vous dira qu'ils ont erré sur la terre et qu'ils ont été coupés par morceaux, et qu'ils ont éprouvé beaucoup d'autres accidents semblables, souvenons-nous de ce que je viens de vous dire, et ne pensez point que tout cela soit effectivement arrivé ».

C'est semble-t-il sur « le mont primordial », le tertre des origines, que fut construite la Grande Pyramide. Elle fut élaborée par « 7 Sages » inspirés, sans doute par les 7 étoile de la constellation d'Orion. Aussi ne fait-il de doute que la sagesse est dans les étoiles, ces étoiles étaient au commencement, elles seront à la fin de notre aventure humaine.

La symbolique du schéma

Il y a plus de 12 000 ans, alors que l'on parvenait à la fin du paléolithique, la constellation d'Orion avait atteint la situation minimale en sa perte d'altitude. Les trois étoiles centrales dites du « **Baudrier** » ou « Ceinture d'Orion » se situaient à environ 9° au-dessus de l'horizon Sud de Gizeh. C'est l'instant crucial de cette période de temps éloigné que nous avons choisi pour positionner la constellation à gauche de notre schéma. Les traits horizontaux de longueurs décroissantes correspondent à l'éloignement des 7 étoiles traditionnelles. La colonne de chiffres placée à l'extrême droite de « **l'oiseau phénix** » nous donne les distances en années-lumière par rapport à notre système solaire. Avec un petit effort d'imagination, nous voyons là un oiseau en train de poser sa patte sur le sol mythologique.

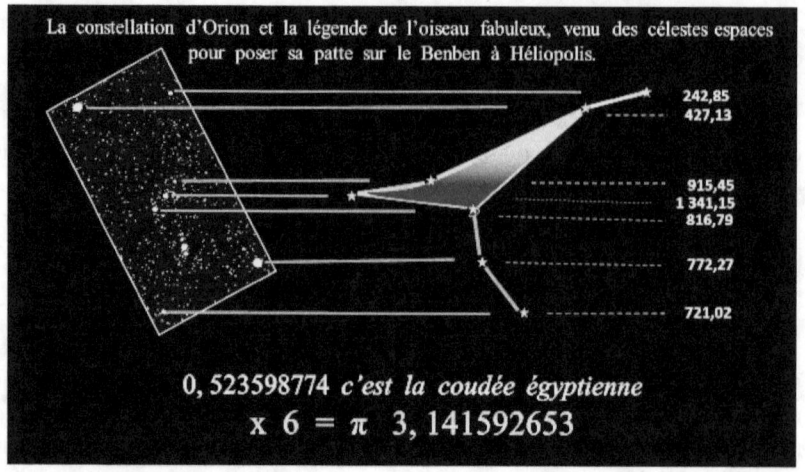

Devant cette manifestation à l'orée de la métaphysique, les humbles chercheurs que nous sommes pardonnons volontiers aux astrophysiciens d'avoir fait cette légère erreur de décimales, exprimées en poussières d'années-lumière. D'autant que la moyenne de ces états numériques est bien de 5 236 années.

Al Nilam : 1 341,15 – Mintaka : 915,45 – Al Nitak : 816,19 – Rigel : 772,27 – Saïph : 721,02 – Bételgeuse : 427,13 – Bellatrix : 242,85 Totaux : **5 236,66 années-lumière**.

Divisées par 10 000, nous avons **la coudée égyptienne** de **0,5236 m** ayant servi à la construction de la Grande Pyramide.

Compte tenu des distances et du pouvoir limité des instruments d'analyses, les résultats obtenus constituent une indéniable prouesse scientifique. Voilà qui nous réconcilie merveilleusement avec la science, en laissant un instant de côté les tendances mercantiles de certaines disciplines pour ne voir que le résultat, car le total laisse pantois :

Rappelons que : **0,5236006** (la coudée de la Grande Pyramide) multiplié par les 6 jours de la création nous donne **3,1416** (le PI simplifié) dont le diamètre est égal à **un mètre**. Nous avons de bonnes raisons de penser à une coudée encore plus précise, celle de 0,523598774 qui nous donnerait le PI réel de 3,141592654 limité bien évidemment à ces 10 décimales.

Nous verrons bientôt que **le mètre placé en relation avec la coudée** était une mesure hautement appréciée. Elle a été employée à toutes époques par les hiérarques imprégnés de l'esprit de la Tradition Primordiale. Certains exégètes avancent que la signification ésotérique du mot Bereschit

Le Principe Créateur dans la Tradition Primordiale

בראשית (premier mot de la Bible) pourrait avoir comme signification, « bra-shith ou bara-schith », le créateur de l'hexade ou « il créa 6 ». Plus simplement et sans trop extrapoler, Dieu donna la juste mesure aux choses et après « 6 jours » de labeur, il jugea bon de se reposer. Vrai ou faux, mirifique ou naïf, nul ou rusé, crédule ou perfide, peu importe les mots et le sens qu'on leur donne ! C'est dans la Bible ou non, ces « 6 jours » ? Oui, alors tenons compte de ce qu'on comprit ou cru comprendre ces êtres d'un lointain passé, témoins de phénomènes qu'aujourd'hui même nous aurions des difficultés à traduire !

Sur notre illustration, la distance des étoiles est figurée par la situation qu'elles occupent au sein de la constellation d'Orion, cela par rapport au système solaire, que nous situons implicitement à droite de la page. L'oiseau est stylisé en sept points, sept étoiles. Nous observons que l'astre central **Al Nilam** se trouve être l'étoile d'Orion, **la plus éloignée de la Terre.** Elle forme la queue de l'oiseau à 1 341,15 années-lumière. À l'inverse, l'étoile **Bellatrix**, la plus proche de notre système solaire, est à l'extrémité de son bec, alors que la patte de ce volatile se pose sur **Saïph** (l'étoile la plus basse de la constellation). **Bételgeuse,** étoile sommitale, représentative de ce complexe, occupe l'œil de l'oiseau. Les autres étoiles forment la structure simplifiée de l'animal. Elles sont réparties selon leur distance d'éloignement.

Une étoile voisine appelée **Meïssa** n'appartient pas aux 7 étoiles traditionnelles de la constellation. Les instances astrophysiciennes de notre époque, ignorant ce genre de constatations ébouriffantes, estiment de nos jours qu'elle adhère à la composition. Mais, pour l'observateur attentif, elle rompt nettement avec l'homogénéité de l'ensemble. Il suffit de regarder la constellation, étincelante dans le Ciel d'hiver, pour en être convaincu. Nous avons toutefois fait choix de maintenir la position de cette étoile, compte tenu du fait que bizarrement son emplacement décrit une sorte de houppe, de plumet caractérisant la nature de certains volatiles, notamment de l'oiseau **Bennou**, dont nous allons en quelques mots évoquer la légende.

Dans la mythologie égyptienne ayant trait à la genèse, il est dit qu'un **oiseau fabuleux** (le plus souvent illustré par **un héron cendré**) est venu un jour des régions éloignées du Ciel, poser sa patte sur « **Le Benben** » (pierre réputée du site d'Héliopolis). Était-il alors question d'un pyramidion, d'une montagne de pierres, d'un tumulus originel, d'un substratum initial émergé des eaux primordiales ou plus prosaïquement d'une énorme météorite.

Nous retiendrons tout de même qu'il est question d'un dôme élevé que le Soleil naissant illumine de ses feux, un pilastre ou un gnomon juché au faîte d'une forme qui pourrait être pyramidale. Les légendes sont formelles, le lieu se trouvait à Héliopolis-Gizeh, au nord de l'ancienne Memphis. Suivant les nombreux écrits recueillis dans l'enceinte du temple d'Edfou, il est une autre interprétation de la légende. Il s'agit d'un livre ouvert descendu du Ciel. À l'endroit du célèbre site, un temple, Hout-Neter (la demeure du dieu) fut édifié sous les directives des Ancêtres.

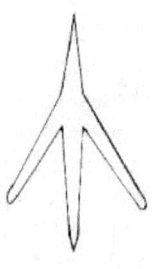

Il est dit également que « **l'Oiseau Bennou** » se mutait en un **phénix** par immolation dans le feu du naos (lieu sacré de l'espace triangulaire). De là, l'animal renaissait de ses cendres, pour engendrer un nouveau cycle précessionnel. Signalons que ce cycle équivaut à la hauteur de notre schéma pyramidal. Ce pourrait-il que ce soit l'alcyon archétypal, cet oiseau fabuleux chanté par les ménestrels :

L'œil rond, le ventre blanc d'écume,
Ébouriffé par mille dérisions,
Mes ailes aux rémiges de brumes,
Sont arcane de la tradition,
Œuf de pierre sur les eaux primordiales,
Je suis l'Alcyon des légendes oubliées,
Mon esprit est de feu, mon corps de cristal
J'endors, lorsque je ne peux éveiller.

G-V

L'oiseau dont le domaine est le ciel a toujours été envié par l'homme. Il est aussi porteur de message, sa parure est une séduction, son chant une oraison et ses envols un langage à qui la liberté donne son nom.

Dans les textes des pyramides, il est encore précisé qu'au premier temps « Zep Tepi », ceux que l'on nommait : « **Les suivants d'Horus** » ou « **Les Pères divins du céleste cercle** », auraient assisté à l'atterrissage de l'oiseau fabuleux, dont Plutarque affirme dans ses écrits qu'il apparaissait à la communauté des prêtres tous les 500 ans ou demi-millénaire. D'autres légendes précisent que l'impact de sa patte aurait provoqué le déroulement d'une période de temps, laquelle ne serait pas encore achevée, mais sur le point de l'être. Ce cycle serait directement associé au cycle précessionnel qu'illustre **la constellation d'Orion** en son mouvement ascendant et descendant.

« Le Ciel t'a conçu avec Orion... » Texte des pyramides 442

Les textes des pyramides ne datent pas de la VIe dynastie, comme certains le prétendent. Ce sont des copies de copies, ils sont donc beaucoup plus anciens et considérés sacrés.

« Ô Roi, le Ciel nous a conçus comme Orion, l'étoile de l'aube, et vous monterez comme Orion, depuis l'Est du Ciel et descendrez vers l'Ouest ».

Il est évident que les Égyptiens de la IVe dynastie gardaient une idée confuse des évènements censés s'être déroulés 8 000 ans plutôt. Les grands hiérarques, les écrits mythologiques, la tradition inscrite au cœur des naos entretenaient le souvenir d'un « **premier temps** » où les demi-dieux vivaient parmi les hommes. Le peuple d'Égypte était conscient de détenir un héritage que les hiérarques avaient juré de transmettre de génération en génération jusqu'à la transfiguration du message mythique, en un codex initial de la pensée, un abécédaire vectoriel des principes évolutifs du genre humain.

Hélas, l'outrage du temps exerce son œuvre sur les plus nobles choses, les millénaires ont altéré la raison fondamentale de l'œuvre pour ne laisser que la fragrance impalpable d'un souvenir dunaire et muet.

Souhaitons que ce précieux legs puisse ne jamais être enseveli, plutôt demeure-t-il à l'état de veille au profond de nos consciences, comme le substrat latent d'une résurgence native de corrélation universelle. Les mystères que recèlent les flancs pierreux du premier monument au monde témoignent de ce que nous avançons. Ils sont comme l'esprit en la boîte crânienne, le chirurgien archéologue ouvre, mais ne voit pas cette pensée qui a jailli sous la doloire de ses certitudes.

Le cycle d'Orion

Le départ du cycle précessionnel de la constellation d'Orion se trouve à **10 434,73897 années av J-C.** Sa position (ascendante observable) se situe alors entre 8° et 9° au-dessus de la ligne d'horizon ou, selon les étoiles 8° 08' 45''69, niveau estimé sur le plateau de Gizeh. La constellation gagnera en altitude pendant **12 926,47452 ans**, jusqu'à voisiner l'indice de 60°, selon les étoiles à 58° 08' 45''. Après quoi, cette même constellation redescendra pendant 12 926,47452 ans. Soit un cycle complet de **25 852,94904 années** ou en étant reconvertie, **304,679926 m**. Cette valeur regroupe la hauteur des deux pyramides réelles et virtuelles. Rappelons que « la virtuelle » est le reflet dans l'eau de « la réelle » ce qui devait être le cas concret en des époques proche de l'érection de ces monuments. Une berge séparait la réelle de la virtuelle, en notre schématique cet espace est appelé : « la ceinture ». Elle a une épaisseur de 10,4163888 m soit environs 20 coudées. Nous verrons que cette ceinture a un rapport analogique important sur un plan cosmogonique. Le point central au milieu de la ceinture symbolise le départ de la constellation d'Orion.

À l'époque du Roi Kheops, l'altitude au méridien du baudrier d'Orion réalisait environ 45° d'élévation. Ce qui signifie que le conduit sud de la chambre du Roi était orienté sur le baudrier d'Orion, plus précisément, sur l'étoile Al Nitak (demeure d'Osiris). Ce canal qui s'élève à 45° 01' 13" 57 par rapport à l'horizontale, rejoint l'angle gauche du schéma, là où la ligne déterminant la plate-forme de la pyramide s'ajuste avec la verticale du carré base. Le prolongement de cette ligne vers le bas (en direction droite du schéma) passe par le toit de la Reine, puis sur le centre de l'étoile Al Nitak, pour aller rejoindre le milieu (ligne hors cadre) de l'allée processionnaire.

Alors que le conduit nord de la chambre du Roi aurait été, sous Kheops, axé sur l'étoile Alpha du Dragon. Le canal sud de la chambre de la Reine, 360 années plus tôt, était dirigé lui, sur l'étoile Sirius (Isis maîtresse de la pyramide).

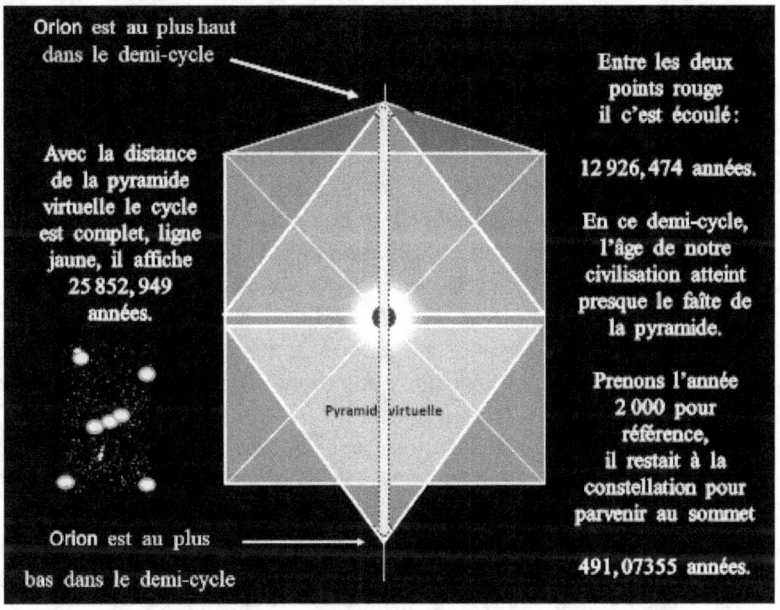

Sur un plan structurel, il atteint l'angle gauche en haut du carré base. Son prolongement rejoint l'angle de la pyramide céleste, illustré par l'étoile Sirius que symbolise Isis virtuelle. Le canal nord de la chambre de la Reine aurait été, à l'époque, guidé vers Beta de la Petite Ourse. À l'inverse, son prolongement vers le sud atteint l'angle gauche de la pyramide céleste, emplacement réel de Sirius. Il ne fait aucun doute que chaque étoile ici mentionnée apportait son lot de références et de spécificités. Chacune d'elle n'avait-elle pas déjà contribué à tisser la trame des mythes traditionnels à caractère hermétique ? Nous avons de bonnes raisons de penser qu'à l'époque de Kheops, la haute prêtrise était encore en mesure de décrypter ce type de références. Comment y parvenait-elle ? C'est ce que nous allons tenter de déterminer. Hormis l'agencement des canaux, la seconde constatation qui nous semble intéressante de mentionner, est que l'étoile **Sirius** apparaissait à l'Est, juste au-dessus de la ligne d'horizon. Alors qu'à l'opposé, à l'Ouest et à la minute précise, s'abîmait en ses brumes ocrées le disque solaire.

Si de nos jours une situation similaire se manifestait, elle laisserait indifférents la plupart de nos contemporains. Il n'en était pas de même en ces temps lointains où le moindre phénomène céleste était commenté du plus sommital colloque au foyer le plus humble. La troisième observation est connexe à la seconde. Si nous prenons en compte que 8 000 ans plus tôt le point vernal se trouvait dans le signe du Lion, nous serons surpris de constater qu'il était décalé de **111°,1111** vers l'Ouest. Qui plus est, ce point de référence se trouvait au-dessus des Hyades en direction de la tête du taureau, emplacement que l'on attribue à Horus fils d'Osiris. Si nous oublions les degrés mentionnés et que nous nous en tenons seulement au nombre, nous constatons que 111,11111111 x 360 = 40 000, une simplification honorable de la circonférence moyenne de notre planète ou une solide implication du « 4 », chiffre clé de la Grande Pyramide. Une quatrième considération porte sur une relation, involontaire ou non, d'un décompte du temps calendaire. Il serait assez normal de s'étonner de ce que nous allons décrire : à partir d'un fait déterminé, un certain nombre d'années déplacé en aval ou en amont de cette date engendre un événement marquant, sans qu'il y ait de raisons logiques à ce que s'exerce une telle singularité. Nous allons en donner la preuve :

Imaginons-nous un instant à l'époque de Kheops, sur un promontoire quelconque, au nord d'un point que nous allons considérer être le départ du demi-cycle précessionnel. Notre regard est orienté vers le Sud. À notre droite se trouve le coucher de **Soleil** que nous avons dépeint, à notre gauche apparaît une étincelante étoile, **Sirius** (Spd l'étoile d'Isis). À partir de l'horizon déterminé par ces deux astres, traçons à droite et à gauche, des angles de 45° avec la base horizontale. Puis, veillons à crayonner les lignes des apothèmes pour qu'elles rejoignent le point de jonction vertical à la hauteur de **7 984,267406 années**. Un tel espace-temps se serait écoulé entre le départ du demi-cycle précessionnel et l'époque du Roi Kheops.

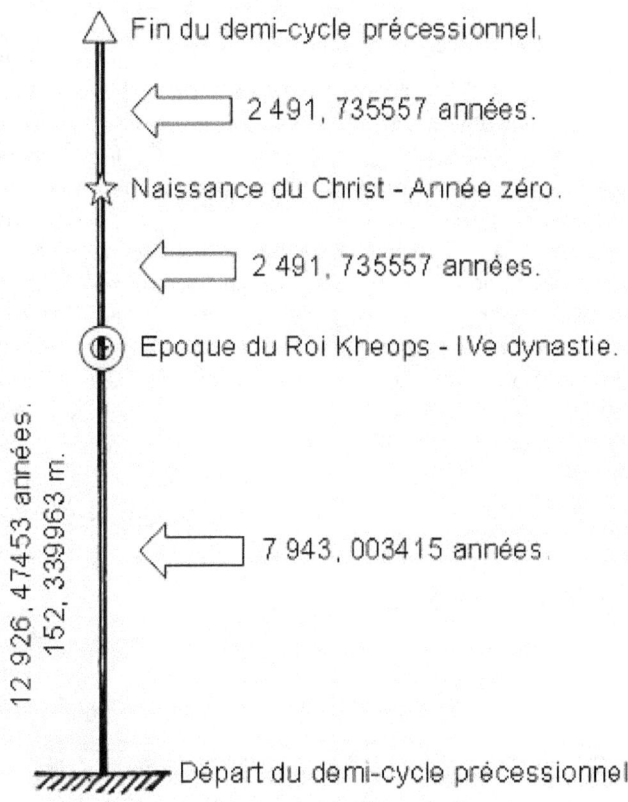

Ce qu'il y a d'étrange, pour ne pas dire prodigieux, c'est que 2 491,734411 ans séparent la fin du demi-cycle du début de notre ère et pratiquement autant 2 450,472714 ans de la restauration de la pyramide sous Kheops. La moyenne des deux périodes de temps nous donne 2 471,103563 années. C'est peut-être lors de cette différence insignifiante de ces 41,261697 années de vie, que Khéops acheva ses restaurations. Ce qui déplace l'index en la vie de Jésus à l'âge de 28 ans. Osiris a régné 28 ans et ce pourrait être le retour d'Égypte de Jésus. Certes, nous n'avons pas de date précise pour l'avènement de Kheops, autour de 2 528 années nous disent « les experts », mais quelques années de plus ou de moins ne changeraient rien à l'affaire. La relation est flagrante entre l'apparition du **Christ** à cette date déterminée et la chronologie de la Grande Pyramide. À preuve, l'année zéro de notre ère (départ de notre civilisation) impose une ligne horizontale virtuelle. Il y a nul besoin d'être grand clerc, pour pressentir en cette verticale l'aspect fictif d'une croix.

Nous avons là, croyons-nous chers lecteurs, matière à argumenter ! Le cœur christique n'était-il pas placé sur l'époque même de cette remise en état ? **2 491,734411** années (théoriques) avant Jésus Christ, avait lieu, selon nous, la restauration de la Grande Pyramide et **2 491,734411** années après cette date aura lieu **la fin de la montée en altitude** de la constellation d'Orion. Dire que la concomitance est surprenante est un euphémisme de prof de math allaité au cartésianisme, si nous réalisons qu'un nombre semblable d'années 2 545 sépare la base de la pyramide du socle tourmenté de la chambre souterraine et celui-ci de Kheops au Christ. Le hasard de l'orthodoxie risque d'être ébranlé. Peut-être devrions-nous voir là l'authentique inspiration de la grotte de la nativité ? Notre vieille Europe se meurt, ankylosée par ses principes doctrinaux qu'elle n'a pas su adapter à la situation évolutive d'un monde en aspiration philosophique. Nous demeurons roides en nos académies du passé comme si le génie du siècle des Lumières était un insatiable reconstituant paroxysmique. Si cette condition demeure, demain, nous risquons de nous éveiller avec quelques idéologies étrangères à nos convictions. Émergeons de la multitude pour retrouver notre individualité qui est le seuil de notre évolution.

Le facteur temps et la pyramide

À ce stade, nous sommes convaincus que des rapports d'harmonie unissent la constellation d'Orion, le Soleil, le mètre, la coudée, le cercle, le triangle équilatéral, le carré, le pentagone, le nombre d'OR, le nombre Pi, les racines $\sqrt{2}$ et $\sqrt{3}$, le nombre 360, l'arc-en-ciel et le cycle processionnel à la Grande Pyramide, réceptacle de sciences et univers de connaissance.

Si vous le voulez bien, embarquons-nous sur la nef égyptienne. Elle vogue depuis des millénaires sur l'océan des nombres. Voyons comment se nouent et se dénouent les choses aux frontières du tangible. Nous le savons, les grands nombres dévorent « l'esprit » des machines à calculer, il nous faut donc les ramener à une notion fonctionnelle beaucoup plus simple. C'est alors que nous pénétrons le merveilleux !

Les 696 285,631 km de rayon du Soleil deviennent, divisés par 10 millions, 0,069628563 m. Ce dernier nombre étant évalué en mètres, multiplions-le par notre prodigieux 36. Nous constatons qu'il est égal à **2,506628272 m**. Plaçons ce nombre au carré x^2 = 6,283185292 ÷ 2 = **3,14159265** = π. Ceci, avec simplement un petit rayon du Soleil.

Puisque nous ne sommes plus à un miracle près, imaginons qu'avec ces **2,506628272** nous nous trouvons en présence de la circonférence d'un cercle. Le plus troublant, c'est que le carré de même surface qui accompagne ce cercle a pour diagonale **le mètre juste**. Si cette diagonale est tenue pour être le diamètre d'un cercle, il va de soi que sa circonférence affiche « pi ». Si le schéma représente un carré dont la diagonale est « 1 », le périmètre de celui-ci est égal à deux fois $\sqrt{2}$ = **2,82842724 m**. Chaque côté a donc **0,707106781** m d'un bord à l'autre. Ce dernier nombre divisé par 60 (angle symbolique du triangle équilatéral) nous révèle la valeur de **0,011785113** m c'est **la clé chronologique** de l'ensemble pyramidal, réel – virtuel ou cycle processionnel. L'année référentielle de **0,01178511** m divisée par le nombre Primosophique de « **102** » = **Dieu** = 0,000115540 m. Multipliée par 1 million, cette suite de décimales est sensiblement égale à l'une des demi-bases de la Grande Pyramide sur le roc. Multiplions cette valeur 0,011785113 par le **108** indien de la Grande Tradition. En divisant le résultat par $\sqrt{2}$, nous obtenons 0,9 x 4 = **3,6**.

Le pied du Graal et la circonférence du Soleil.

Nous pouvons ne pas être très conscients de ces ramifications chiffrées et ne pas saisir le sensationnel qui en découle pour la raison suivante : en ces domaines que nous traitons, « la conscience » est beaucoup plus concernée que ne peut l'être l'esprit. Notre cérébralité évalue rapidement si ce qui vient d'être présenté est intéressant pour elle ou pour le corps qui la supporte. Si ce n'est pas le cas ou qu'elle n'en saisit pas l'intérêt, elle tourne la page en toute indifférence. Si à l'inverse de cette attitude la conscience est interpelée, elle influe sur le cérébral pour qu'il y ait une prise en considération des révélations figurées, car si les données sont justes, les nombres ne peuvent tromper. L'esprit évolue ou non avec l'expérience de la vie en cours, la conscience évolue avec les réincarnations successives qui affinent sa sensibilité, c'est cette différence qui motive ses choix.

L'année pyramidale que nous avons par ailleurs définie n'a rien de chimérique. S'il fallait en souligner la transcendance, nous suggérerions le triangle solaire pris dans le contexte thématique de l'illustration. Imaginons le diamètre d'un cercle de quadrature ayant pour référence 1 178 511,3 km, ou si vous préférez, l'année pyramidale convertie en une distance kilométrique. 1 178 511,3 ÷ 2 = 589 255,6 x^2 = 3,4722222 x π = 1,090830779 $\sqrt{2}$ = **1 044 428,444,** c'est également la hauteur du triangle équilatéral circonscrit dans le cercle solaire. Ce qui signifie que le temps est extrait du Soleil.

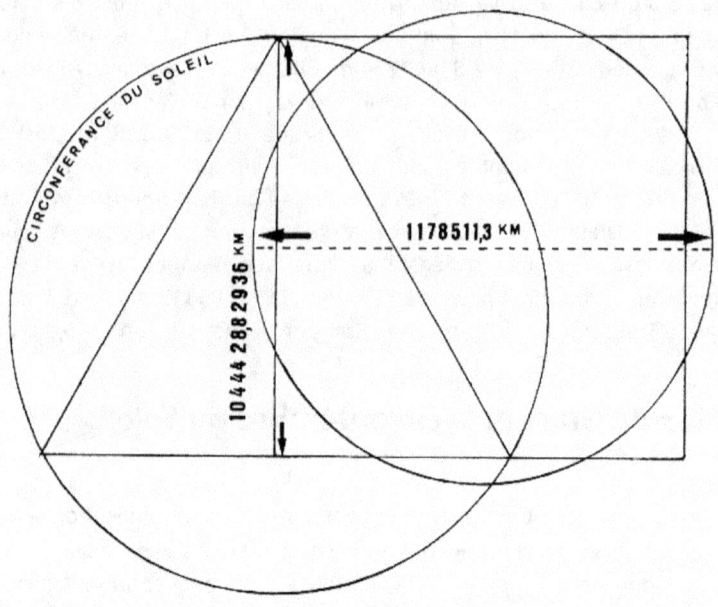

Ce graphique est à lui seul une infinie merveille, qui devrait nous inciter à franchir un seuil, celui d'une autre conception de l'existence terrestre que nous vouons sans réserve à la matérialité, aux finances, à la rentabilité des affaires, en étant obnubilés par les médias en ne tenant aucun compte de ces réalités parallèles, source de vie, d'une évidence absolue.

Ce dernier nombre inscrit représente le côté d'un carré de même surface que le cercle inscrit de 1 178 511,3 km de diamètre. Le diamètre théorique du **Soleil, 1 392 571,259 km** divisés par 4 et multipliés par 3 = **1 044 428,444 km.** Cette valeur a pour résultat la hauteur du triangle équilatéral solaire, ou pour notre alchimie interne, la hauteur du pied du Graal redimensionnée à l'échelle pyramidale, soit 104,4428444 m.

Ces subtils rapports ont les facultés de modifier profondément la psychologie d'un être intelligent et de le conduire vers la spiritualité universelle, en ce lieu même où nous puisons nos sources. La vie de ce personnage sera dès lors étonnamment modifiée et le monde matériel qui l'entoure sera à reconsidérer. Car on ne peut pas admettre autant d'engendrement numérique, sans qu'il soit à la base un **Principe Créateur**.

L'audacieux Icare de la mythologie est là pour nous rappeler que la façon la plus noble de « s'envoyer en l'air » ne consiste nullement à utiliser les ailes des sybarites, fussent-elles de plumes, mais bien celles on ne peut plus subtiles de la Connaissance. Ces ailes-là sont sustentées par la lumière, et leurs indicibles effluves ont la faculté de nous éclairer sans nous brûler. Cette approche est particulièrement significative dans les rapports de nombres ayant trait à la clé pyramidale et à l'ennéade des « 9 » dieux de la Genèse. Sinon c'est la chute icarienne dans les 4 éléments : feu solaire - air - eau - terre.

1,2.3.4.5.6.7.8.9 ÷ 1,273239544 la clé = 0,969627354 x 2 = 1,9392547708 $\sqrt{2}$ 1,392571259 x 1 000 000 = considéré en kilomètres : **1 392 571,259 km Ø du Soleil.**

Ce qui revient à dire que les « 9 » premiers chiffre sont des signes de lumière choisis par Atoum-ré, et que ce nombre relatif à l'année pyramidale est parfaitement adapté à notre quête : $\sqrt{2}$ = 0,1414213562 x 3 = 0,424264068 ÷ 36 = **0,011785113 m**. C'est précisément ce nombre que nous allons utiliser pour tenter de décrypter l'échelle chronologique de la Grande Pyramide. Soulignons-en ce qui concerne ce monument qu'il n'y a aucune insignifiance opérative, les options de recherches sont déterminées par la suite successive des opérations. Cette pyramide est détentrice d'un pactole d'une valeur insoupçonnée par la gent monopoliste du site de Gizeh. On en mesurera l'ampleur et le bien-fondé dans quelques décennies ou au pire à la fin de l'ère des Poissons. Plus prosaïquement lorsque les leaders opportunistes qui ne considèrent que leurs intérêts particuliers au détriment de l'élévation spirituelle de l'humanité auront définitivement disparu. Alors commencera peut-être, sur les souvenirs vestiges de leurs spéculations, l'ère symbiotique des valeurs existentielles.

La chronologie et la racine de deux

À l'échelle pyramidale, une année = **0,011785113 m** ou la $\sqrt{2}$ **1.414213562** ÷ **120** tiers de **360** et côté du triangle équilatéral.

Il est généralement admis dans les milieux de l'astrophysique (parmi les spécialistes des radiotélescopes), que l'exploitation du nombre ($\sqrt{2}$) 1,414213562 génère une expression symphonique des plus harmonieuses, en ce que l'on nomme en mémoire de Pythagore :

« Le chant des sphères ».

Pour un triangle $\sqrt{2}$ de 1,414213562 m de côté, le diamètre du cercle en lequel il serait circonscrit ferait 1,63299316 m. Les côtés d'un carré qui se trouverait alors inclus en celui-ci mesureraient chacun 1,154700537 m. Multiplié par 100, ce dernier nombre est égal à demi-longueur du rebord du calice Graal. Nous aurons l'occasion de le dépeindre bientôt car la tradition n'est qu'une, sous plusieurs aspects. La hauteur du socle de la Grande Pyramide est estimée à une coudée pyramidale de 0,5236006 m, mais pour la perfection des calculs, nous la prendrons ici à **0,523598774** m (coudée ésotérique).

Lorsque cette valeur est divisée par **0,011785113**, elle nous donne : 44,42882936 ÷ π = 14. 14213562 ÷ 10 = √2.

44,42882936 x 4 = **177,7153174.** Ce nombre est comparable aux 177,7086049 m qui s'étalent du sol de la chambre souterraine au sommet de la pyramide sur le roc. Ce ne peut être un hasard, nous verrons pourquoi. Souvenons-nous que la Grande Pyramide est dédiée au dieu **Osiris.** Celui-ci se disperse volontiers en **14 morceaux.** Or, si nous prélevons ces **14 années symboliques** du cycle précessionnel regroupant, nous l'avons vu **25 852,94904** années, il nous reste 25 838,94904 années. Divisé par 20 000 et ensuite par « **pi** » = 0,411239646 x 280 coudées pyramidales = 115,147101 x 1,273239544 (la clé pyramidale) = **146,6098424 m**. Ce nombre total d'années nous restitue la valeur du rebord du socle, la demi-base, la hauteur sur le socle et enfin la coudée pyramidale. Devons-nous accepter sans réticence ces 2 m/m de différence sur 146 m ? Bien évidemment, regardez !

146,608168 m (la hauteur véritable sur le socle) ÷ 14 = 10,47201204 ÷ 20 = 0,5236006 (la coudée qui servit à la construction de la Grande Pyramide). Il existe bien d'autres « coïncidences », mais pour que ce mot garde un sens, nous nous limiterons donc à quelques opérations banalisées. Avant tout, apprêtons-nous à prendre en compte l'unité de « **l'échelle métrique** » correspondant au cycle précessionnel. Pour cela, il nous suffit au gré de nos intentions de diviser la hauteur recherchée par **0,011785113** pour obtenir en années, une date précise.

Afin de préserver la clarté des documents nous avons fait choix de simplifier au mieux les tracés géométriques. Nonobstant, ceux-ci sont des repères chronologiques qu'il est indispensable d'utiliser. Soulignons que les datations que nous sommes appelés à mentionner au cours des pages suivantes ne peuvent concerner que les êtres sensibilisés par l'évolution « spirituelle » de l'humanité, à défaut de toute autre inspiration.

Au Premier Temps » Zep Tepi » étaient les Nétérou (êtres mystérieux, précurseurs de la civilisation égyptienne), ainsi que « les Shemsou-Hor - les Suivants d'Horus ». Nous subodorons que ceux-là ont eu une prédilection enjouée pour « **la constellation d'Orion** ». Aussi l'ont-ils adoptée très tôt, en tant que symbole du cycle précessionnel. Longtemps le mystère a demeuré sur la précellence de ce choix. Aujourd'hui nous savons qu'elle recèle des milliers de concordances géométriques et numériques qui, vus de la Terre, placent ce regroupement stellaire en tête de l'harmonie cosmique. Force-nous est d'admettre que pour les terrestres que nous sommes, « **la constellation d'Orion** » devient dès lors, et de manière incontestable : « La porte des dieux ». Si nous, êtres humains, n'avons pas pour prétention de la franchir, ayons à cœur de la considérer.

La révélation astrale

Hormis le crédit que l'on peut accorder à l'art mantique, nous pouvons nous demander, quelles motivations amenèrent la restauration des monuments pyramidaux sous les IIIe, IVe et V^e dynasties ? Aux trois époques considérées, les Devins hiérarques délégués auprès du pouvoir royal avaient encore une audience prépondérante, laquelle était souvent plus proche du dictat que du conseil. Cette autorité n'était pas apparente, elle s'exerçait de manière informelle sur la personne de Pharaon et de sa hiérarchie, jamais il n'en était fait mention auprès du peuple. Les sciences astrales communément pratiquées faisaient de ces Maîtres à penser des êtres à l'écoute des dieux dont le Roi et le peuple redoutaient les ordonnances. La haute prêtrise ne prédisait-elle pas les éclipses de Lune ou de Soleil, les périodes de disette, de sécheresse ou d'inondation ? Ne renseignaient-elles pas sur l'opportunité ou non des conflits, sur l'orientation spirituelle ainsi que sur les dates de construction ou de restauration des édifices religieux ?

Il est plus que probable qu'à la faveur de consultations assidues des astres, ces Devins Prêtres s'interrogèrent pour entreprendre un vaste programme de rhabillage. Il s'agissait de remettre en état les 14 pyramides traditionnelles disséminées sur les lieux qu'avaient indiqués les dieux exogènes en leur temps. Il est fort envisageable que, déjà, ces monuments affichaient un piteux état et que les divinités mythologiques à qui ils pouvaient être dédiés demandaient réparation. Il est bien difficile aujourd'hui de faire un récapitulatif des conjonctures qui motivèrent de telles décisions. Toutefois, parmi les circonstances plausibles, quelques-unes nous sont révélées par l'étude de certains documents.

Notamment « le journal de Morer » texte de la IVème dynastie inscrit sur papyrus de Toura découvert en 2017. Ses hiéroglyphes expliquent l'acheminement de blocs de pierre jusqu'au plateau de Gizeh à l'époque de Khéops. Mais à aucun moment il n'est question de la construction de la Grande Pyramide, il ne peut s'agir que d'une rénovation.

Tentons de recenser quelques concordances à seule fin de justifier les critères de choix qui firent que cette époque fut définie parmi d'autres, comme étant celle appropriée à une restauration générale des édifices pyramidaux de Gizeh. Plusieurs points peuvent être retenus comme facteurs de concordances.

En ce qui concerne le plus important des trois édifices, c'est d'abord en matière de structure, l'orientation dans le volume de pierre des conduits prétendument d'aérations (sic). Ce ne saurait-être là leur rôle principal. Ces conduits participent par leurs angles et directions à une vocation didactique de l'édifice vers des régions stellaires. Aussi devient-il évident que pour avoir été ainsi dirigés d'assise en assise, au cours de l'élévation du monument, ils devaient-être l'objet d'une réflexion calculée et non d'une fantaisie de maîtres d'œuvres en mal d'originalités téléologiques.

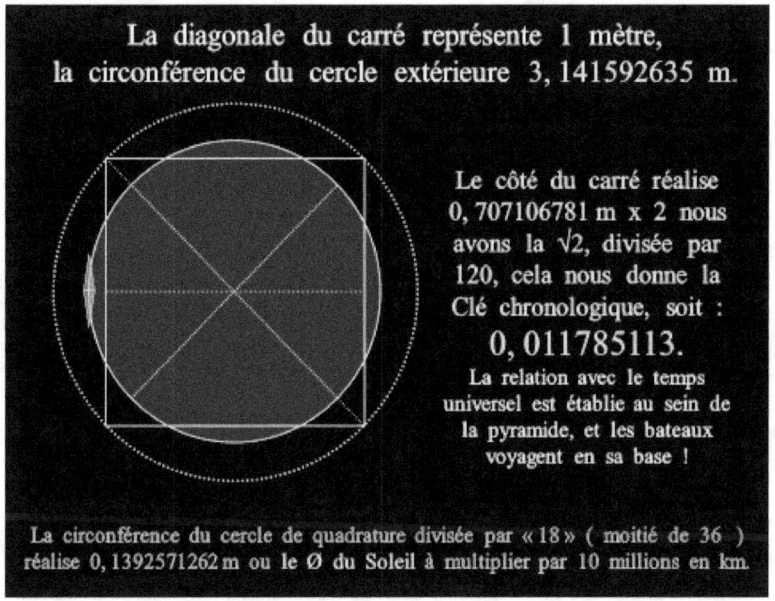

Si nous considérons que le carré représente la base pyramide, nous avons là matière à nous émerveiller. Le cercle de même surface nous donne l'emplacement de la fameuse barque royale, laquelle aurait servi à transporter le corps du défunt Khéops lors de son dernier voyage. L'ensemble de ces ramifications nous prouve que chaque disposition était pensée. C'est le cumul de celle-ci qui témoigne du fait que cela ne peut être une conception terrestre. Il est déjà difficile au sein d'une structure chiffrée d'imaginer quelques dizaines de correspondances, mais des centaines voire des milliers n'est pas crédible.

La constellation d'Orion

À Saqqarah se situe la pyramide d'**Ounas** dernier roi de la Ve dynastie. Ce monument n'est pas très éloigné de la pyramide à degrés de Djoser. La partie externe de la pyramide d'Ounas est passablement ruinée, mais à l'intérieur, les appartements prétendus funéraires, détiennent d'authentiques trésors archéologiques. Des textes hiéroglyphiques couvrent la totalité des murs. Ils sont connus sous l'appellation de **textes des pyramides**.

Ces textes sont probablement parmi les plus anciens écrits répertoriés à ce jour. Leur traduction offre des difficultés du fait que, selon toute vraisemblance, ce sont des copies de textes antiques dont les graveurs accrédités n'ont pas été autorisés à modifier l'ordonnance picturale. Ce qui fait qu'aujourd'hui, les « experts orthodoxes » ont de grandes difficultés à les traduire. Ils ne voient là, pour la plupart, que des litanies permettant à l'âme royale de gagner plus aisément les régions célestes. Nous ne ferons pas de commentaires, mais en ce qui concerne notre démarche, nous retiendrons les abondantes mentions hiéroglyphiques (une vingtaine) qui ont trait à **la constellation d'Orion, au dieu Osiris, à la déesse Isis**. Le plan général est empreint de mystères mythologiques qu'ils seraient utiles de replacer dans le contexte de l'époque. Nous insistons sur ces références afin que le lecteur se dissuade des choix plus ou moins abusifs que nous aurions pu faire en matière de preuves. Nous n'avons fait que puiser dans les textes existants. Que nous disent-ils ?

Textes des pyramides

« Tu es jeune, à côté de ton père, à côté d'ORION au Ciel. »

« Tu es la grande étoile qui porte ORION, qui parcourt le Ciel, avec ORION avec Osiris. »

« Le Roi est mort (Osiris), il devient ORION et sa soeur est Sothis (Sirius - Isis). »

« Il est venu, ORION, il guide Osiris et place les dieux sur leur trône. »

« Regarde-le, il arrive comme ORION, comme Osiris qui vient avec ORION

Nous constatons qu'en des époques éloignées, la constellation d'Orion était non seulement présente dans les esprits, mais qu'elle servait de référence tant à la mythologie qu'aux sciences d'alors. C'était la résultante d'états d'esprit antérieurs, résolument orientés vers la **Tradition Primordiale**, laquelle avait pour base dans le double sens du terme la constellation d'Orion.

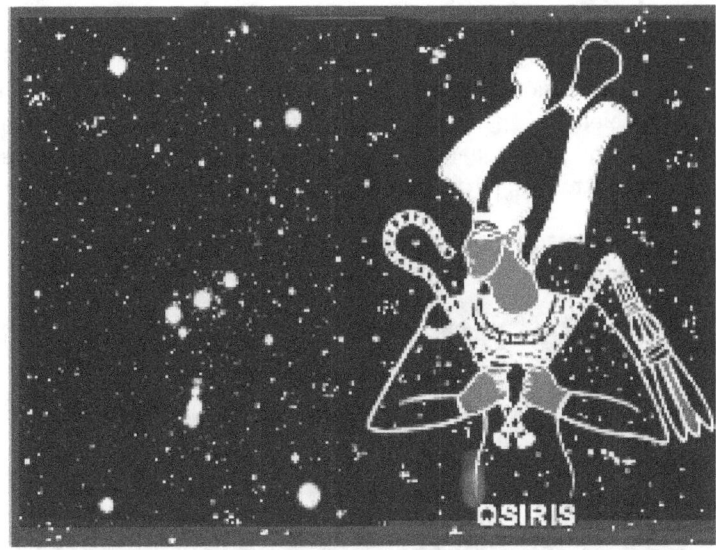

Le dieu Osiris est au cœur de la situation, il est directement impliqué dans le contexte stellaire, figuré par la constellation d'Orion, depuis son décès tragique il a donc pour résidence l'étoile Al Nitak. Nous aurons l'occasion de voir combien sa présence est judicieuse en ce lieu. À sa mort, son épouse Isis est devenue maîtresse de la pyramide.

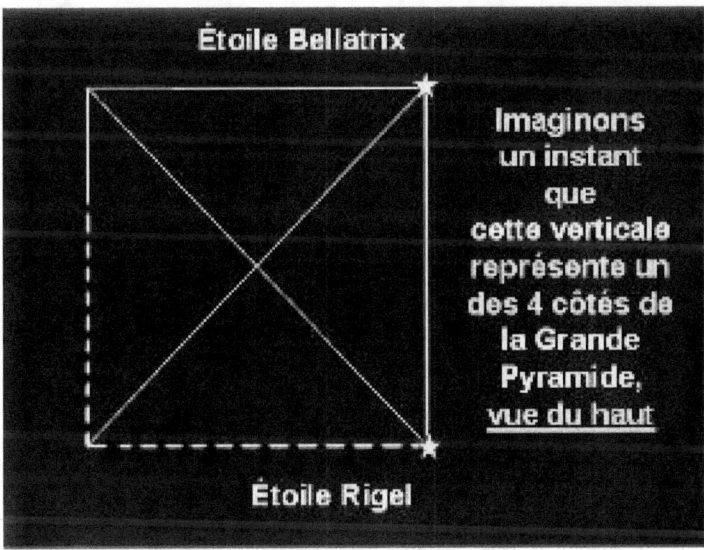

Avec **la géométrie**, nous avons vu comment s'élaborait le schéma de base, et nous savons que cette structure simplifiée va s'enrichir d'une belle expansion.

L'**aspect numérique** nous a permis de valider cette approche, avec la précision et la rigueur des nombres. La constellation d'Orion donne à la Grande Pyramide la dimension universelle qui est la sienne. Il convient au premier abord de bien se pénétrer des données graduelles qui viendront progressivement s'imbriquer sur le module de base. Elles enrichissent sa représentativité tout en lui procurant un aspect synoptique de référence.

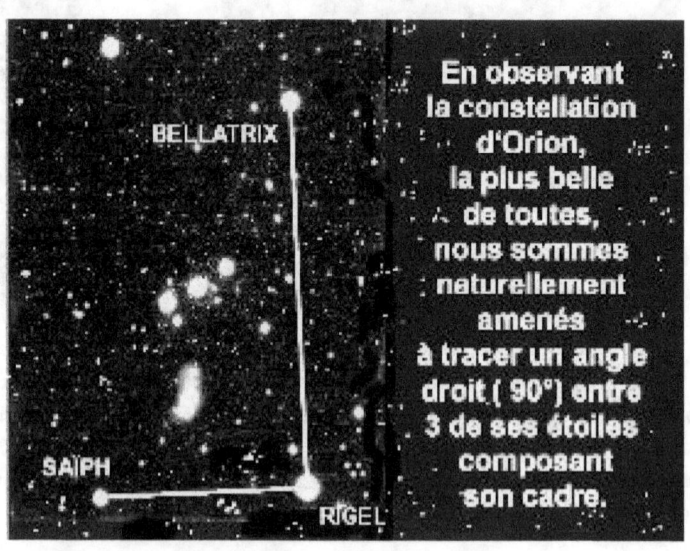

Nous comprenons que si nous réunissons par une ligne verticale deux des quatre étoiles-cadres, en l'occurrence Bellatrix et Rigel, nous procédons à un transfert de valeurs que nous allons faire figurer en tant que **base de la pyramide**. Sur les 7 étoiles traditionnelles de la constellation d'Orion, 4 sont considérées « cadres » alors que 3 forment « le baudrier ». Sur les 4 étoiles cadre, 3 constituent l'angle droit qui nous permet de tracer un carré, lequel est assimilable à la base de la pyramide.

Nous retrouvons abondamment dans les images alchimiques du moyen-âge les critères égyptiens que nous dépeignons. Les personnages sont adaptés à leur époque, mais les références cognitives sont les mêmes. Ce roi de lumière, dont le corps émerge du Soleil irradiant, est implicitement cerné en sa demeure spatiale par le contexte étoilé qui nous est devenu familier. L'impression que l'on a, c'est qu'il tend la main vers une valeur comparable à la sienne ou complémentaire de lui-même.

Le thème Roi et Reine est à l'origine de la mythologie égyptienne. Il s'agit donc là d'éléments de référence, dont on doit découvrir le sens caché. Nous saisissons immédiatement que pour le Roi, Soleil, il s'agit de son complément naturel la Reine, donc la Lune. Celle-là lui renvoie sous une forme différente sa propre image, parfaitement additionnelle, autant dire sa complétude. L'effet miroir est donc parfaitement envisageable, il nous trace implicitement **la schématique d'Orion**.

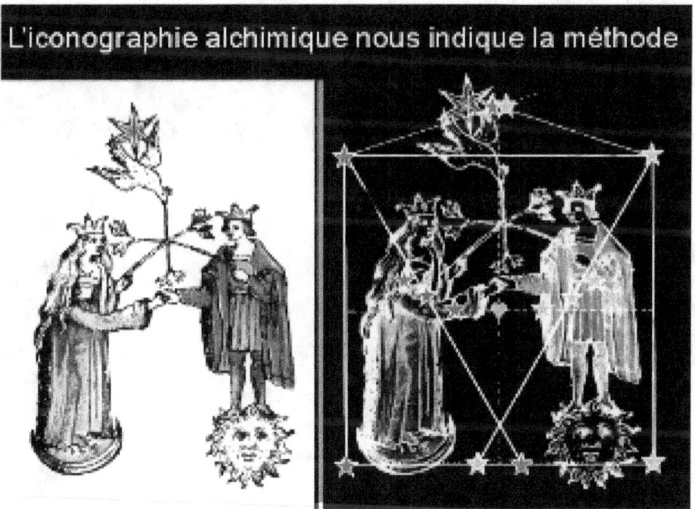

La Lune sous les pieds de la Reine, représente **l'effet miroir** de ce contexte. Si nous poussons plus loin l'analyse, nous constatons qu'un phénix d'aspect divin descend des étoiles pour valider cette harmonie. L'aboutissement de ces échanges est tout à la fois **astronomique**, **géométrique** et **numérique**. Nous passons de **7** étoiles à **14**, le Roi Osiris symboliquement découpé en **14** morceaux par son frère Seth. Le **Roi et la Reine** croise les rameaux en une étoile à **6** branches, celle du Soleil. C'est sans doute là que se tient la clé de l'œuvre et sa sublimité dans les âges. Le croisement des étoiles-cadres de la constellation d'Orion nous est ici évoqué de manière suggestive, mais évidente dans le contexte de l'iconographie alchimique. À l'époque où la constellation d'Orion atteignait son point le plus bas sur l'horizon, moins 10 435 années avant notre ère, l'étoile Sirius (Isis) se trouvait dans le prolongement du carré. Soulignerait-elle ainsi la pertinence de l'œuvre ? Bien d'autres aspects propres à **la Connaissance Primordiale** occupent l'espace pyramidal et leurs troublantes réalités nous interpellent. Hélas, toute cette argumentation ne trouve pas place parmi les disciplines scientifiques actuelles. Aussi, est-il nécessaire d'aller puiser de tels exemples au sein d'une métaphysique redoutée par notre culture pour son anticonformisme. Au XIXe siècle, le mathématicien J. L. Lagrange démontra une suite de théorèmes perturbants pour la science. Il plaçait des triangles dont l'un des côtés unissait le Soleil à la Terre, alors que la troisième pointe regroupait les débris de météorites se trouvant dans notre système solaire. Les triangles équilatéraux jouent donc un rôle que la science ne peut expliquer, si ce n'est par des équations différentielles de gravitation et de force centrifuge qui n'explique en rien la raison d'une triangulation. C'est pourquoi le découvreur est quelque peu embrumé, Lagrange ne figure que très rarement dans de l'orthodoxie astronomique si ce n'est pour ces recherches sur la Lune.

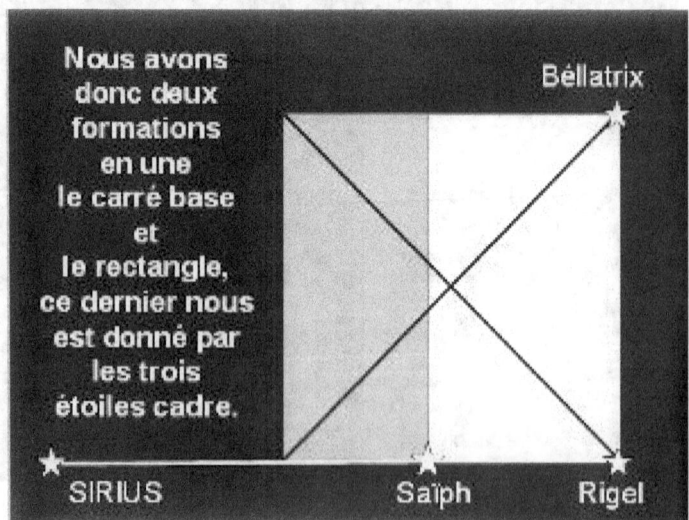

Puisque l'iconographie alchimique concrétise la logique d'un effet miroir, revenons à notre schéma principal. À ce stade, le tracé n'est point tout à fait achevé. Cependant, nous pouvons d'ores et déjà établir le rapport qu'il y a entre les étoiles-cadres et l'architecture pyramidale, chaque détail revêt une importance déterminante. La partie étoilée, à droite, nous l'appelons **réelle**, la partie étoilée à gauche (effet miroir), nous l'appelons **virtuelle**. Pour les anciens Égyptiens, les deux étaient indissociables, comme l'homme peut l'être de la femme et inversement.

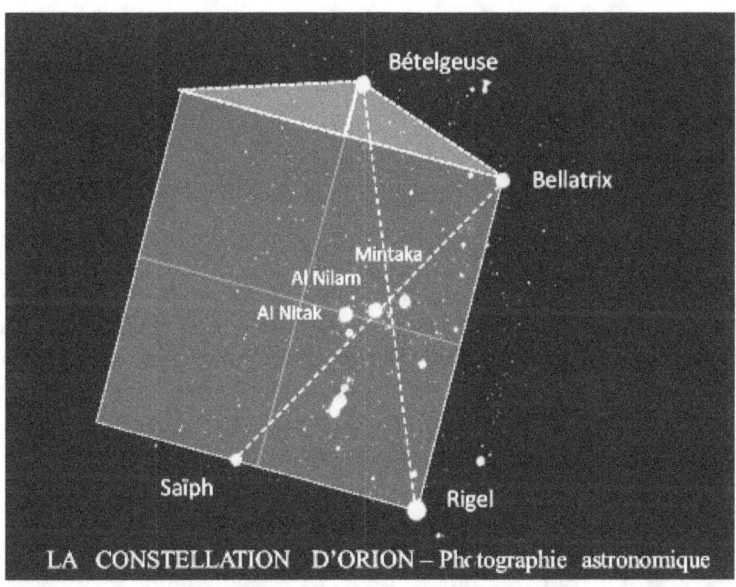

LA CONSTELLATION D'ORION – Photographie astronomique

L'aspect que nous avons ici est celui d'une demeure simplifiée, sur un plan mythologique, c'est **le bétyle du dieu Osiris,** le prestigieux locataire de la constellation d'Orion. Nous avons ostensiblement séparé la parité Bételgeuse (réelle – virtuelle) afin de rendre ces deux positions plus apparentes, car dans la réalité, nous le verrons, elles ne sont pas tout à fait sur la ligne verticale. La raison, cher lecteur, est beaucoup plus belle que si elles y figuraient. Souvenons-nous que le Roi et la Reine croisent les rameaux, est-ce là un geste anodin ou est-il facteur de connaissance ? Le croisement est celui des étoiles cadre.

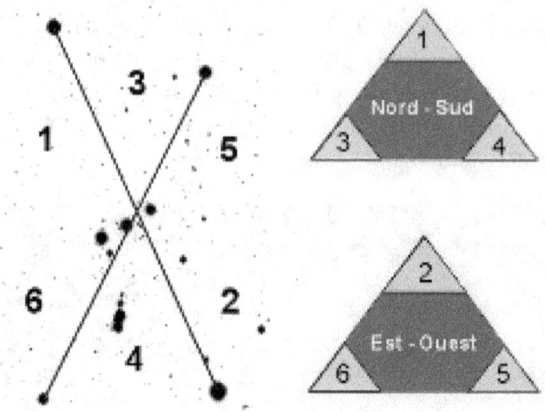

L'emplacement qu'ont ces étoiles dans le ciel ne peut que nous laisser perplexes. Nous pouvons toujours extrapoler ou douter, chercher la coïncidence ou l'erreur d'appréciation pour nous réfugier en notre scepticisme chronique. Mais au-delà de toutes tergiversations, le fait demeure : Orion a un rapport direct avec la Grande Pyramide et au-delà, avec le site de Gizeh pour les trois étoiles faisant références aux monuments.

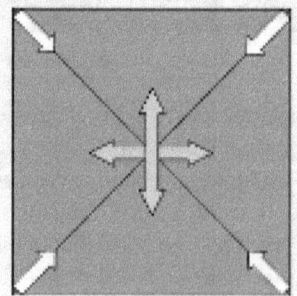

Nous avons deux fois le sommet de l'édifice, ce qui est logique, puisque les 4 pentes sont couvertes et quatre fois les angles du carré base.

La Grande Pyramide est construite, en vertu de ces données, nous n'avons plus qu'a calculer hauteur, base et périmètre.

Pyramide en plan

Le sommet et les angles
■ 2 fois : 76° 17' 31"
□ 4 fois : 51° 51' 14"

Les anciennes civilisations du proche Orient vénéraient la constellation d'Orion. La plupart l'assimilaient à l'habitat des dieux. En Akkadien, Orion se dit « Uru-Anna », cela signifie : « **La lumière des Cieux** ».

Le croisement des rameaux avec le Phénix messager le chiffre 4 et la pyramide au loin.

Les sourires condescendants que l'on peut avoir sur l'alchimie sont comme les tatouages sur le corps : ils suggèrent qui nous sommes au premier coup d'œil. Les angles formés par le croisement des étoiles-cadres d'Orion ont alloué aux concepteurs de l'édifice les valeurs inhérentes à la Grande Pyramide. La croix de Saint-André telle qu'elle figure en Orion, constitue le symbole par excellence. Que ses quatre plages soient indicatrices des degrés de la Grande Pyramide est un fait qui relève d'une intervention surnaturelle. Le dernier clin d'œil nous est donné par cette image alchimique où la **pyramide se trouve au loin**, comme si nous avions de réelles difficultés à envisager de quel teneur est le message qui nous est adressé. Le phénix, oiseau astral, indique le croisement aux deux principes dans l'eau du bain qui n'est autre que « l'eau miroir ». L'image est porteuse du chiffre « 4 » de la connaissance que semble porter l'aigle royale représentant du Ciel. Les deux personnages tiennent les rameaux qui se croisent de la façon dont se croisent les degrés d'Orion. Une telle image est loin de révéler l'Or vénal de l'alchimie réputée classique, s'il y a OR c'est celui qu'il importe de découvrir en ce que nous démontrons et c'est sans doute ce qui inspirait les connaissants du moyen-âge, pénétrer le sens caché des choses.

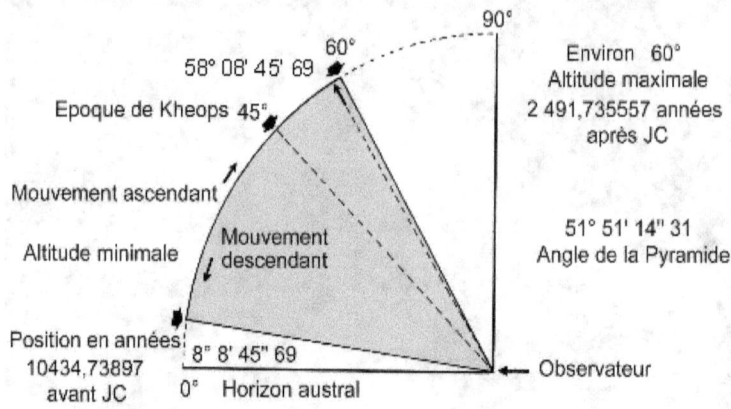

Nous verrons plus tard que la Lune, le Soleil et la Terre sont à la base des recherches dissimulées en la Grande Pyramide. Le message est constitué de preuves mathématiques irréfutables, mais il implique une autre conception sociétale que celle que nous connaissons. Sur cette illustration nous pouvons voir comment s'effectue la prise d'altitude de la constellation d'Orion à Gizeh. Elle a pour référence la position de l'étoile Al Nitak légèrement en dessous de la ligne médiane du carré base. Nous avons 8° ou 9° d'altitude au départ de la constellation, car les degrés dépendent des étoiles prises en considération (généralement le baudrier et plus précisément l'étoile Al Nitak).

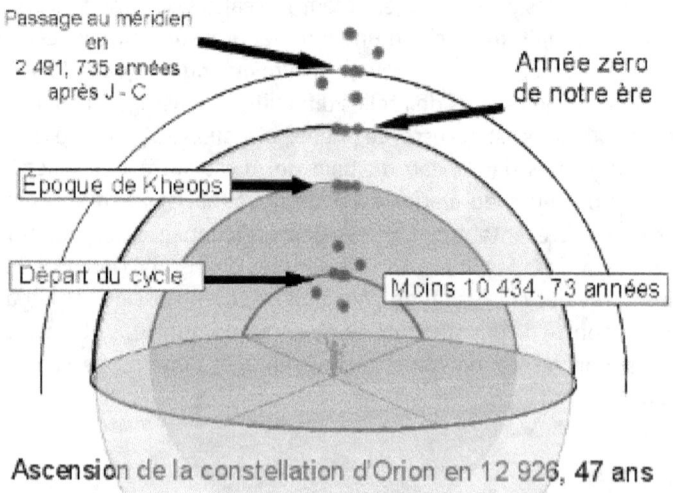

Nous voyons que la constellation atteint 45° 01' 13'' 57 sous le règne du Roi Kheops à **l'époque de la restauration**. Plaçons un observateur perpétuel au sein de notre schéma général, sur la position même du **point de croisement des étoiles-cadres**. Incitons ce personnage à tourner son regard vers le Sud, là où la constellation d'Orion s'élève au méridien ou plus précisément nous subodorons qu'elle s'élève, car c'est la Terre qui toupille, ne l'oublions pas. L'illustration nous montre la constellation d'Orion à son plus bas niveau un instant seulement avant sa reprise d'altitude. Nous percevons que pendant quelques minutes elle s'harmonise avec Sirius et trace un rectangle d'OR avant de s'élancer vers son demi-cycle de 12 926 années. C'est sans doute le canal sud qui débouche dans la chambre du Roi qui révéla la décision impérative de rénovation du site. Elle fut prise par les Hiérarques à l'époque de la IVe dynastie. Nous avons vu par ailleurs que si nous prolongeons le canal Sud vers le bas, celui-ci passe par le toit de la Reine, puis par l'étoile avant de gagner la ligne horizontale dite du Graal. Nous conviendrons que le hasard ne peut être tenu pour maître d'œuvre en cette situation, elle est trop précise pour que nous lui en attribuions un aussi grand mérite. Le sud a été choisi pour le passage de la constellation au méridien, alors qu'au Nord s'ouvre l'entrée du monument, comme s'il s'agissait d'une porte (Seba = porte ou étoile) donnant sur une autre forme de connaissance. Nous verrons plus tard, que dans l'étoile hexagonale qui se trouve dans le Soleil, se dessine une porte qui a exactement la valeur d'un rectangle d'Or. Cela justifie, s'il en était besoin, la double signification que les Égyptiens accordaient à ce mot (seba).

Puisqu'il est question de rectangle d'OR, voyons en image cette absolue merveille que représente la constellation d'Orion lorsqu'elle se trouvait à son plus bas niveau au-dessus de l'horizon de Gizeh, il y a de cela 10 435 années avant notre ère. L'étoile Sirius sa compagne de toujours, se place miraculeusement sur la même ligne horizontale pendant une vingtaine de minutes. Ce document comme beaucoup d'autres est soutiré de logiciels d'astronomie très précis, il est donc relativement facile de remonter le temps et d'évaluer le moment précis que nous cherchons à déterminer. Il va de soi que lorsque la date qui est définie par des formules mathématiques distinctives concorde à la perfection avec une telle figuration, le cœur bondit en la poitrine et il nous faut un certain temps pour s'en remettre, tellement ses découvertes sont merveilleuses.

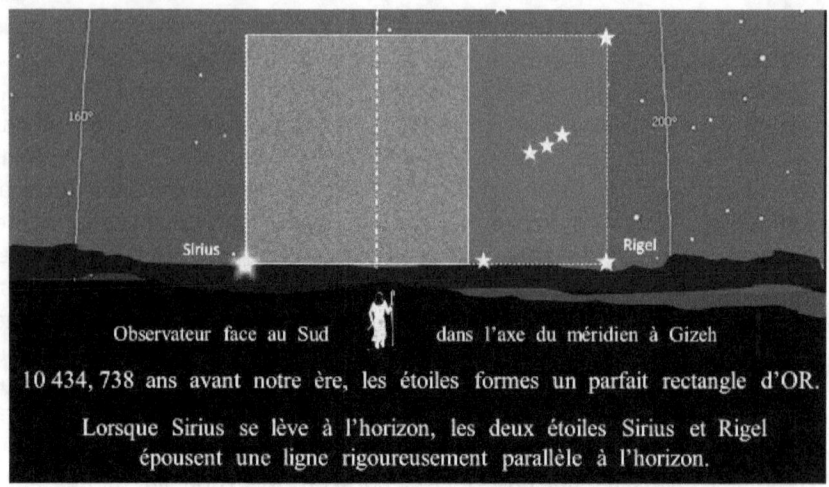

Observateur face au Sud dans l'axe du méridien à Gizeh
10 434, 738 ans avant notre ère, les étoiles formes un parfait rectangle d'OR.
Lorsque Sirius se lève à l'horizon, les deux étoiles Sirius et Rigel épousent une ligne rigoureusement parallèle à l'horizon.

Que pourrait-il constater cet observateur avec le défilement des millénaires ?

En premier lieu que le baudrier d'Orion affiche à Gizeh à son point le plus bas et selon les étoiles, entre 8° et 9° par rapport au zéro horizon donné par le méridien. In situ, cette altitude est théoriquement confirmée par sa jonction au centre du cercle de quadrature avec la ligne verticale de base. Que ce soit à partir du point de croisement des étoiles-cadres ou celui de l'étoile Al Nitak, nous observons que les « 60° » du triangle équilatéral sont proches d'être couverts par l'ascension de la constellation. L'élévation s'évade graduellement vers le haut au cours des millénaires, en direction du méridien céleste. Avec le point de départ situé sur le croisement des étoiles-cadre, nous sommes en relation avec le carré base et le cercle de quadrature. Cet emplacement engendre une ligne horizontale qui passe précisément par le croisement des conduits situés sous la chambre du Roi. Quant à la diagonale de départ, elle atteint le milieu de la chambre de la Reine. Nous constatons que deux points de référence sont à retenir, l'un concerne l'étoile **Al Nitak,** l'autre le point de croisement des étoiles-cadres. Tous deux nous donnent des indices différents, mais complémentaires, prouvant le bien-fondé de leurs positions respectives. Un autre examen corrobore le chapitre abordé, c'est le plus significatif. En partant toujours du point de **croisement des étoiles-cadres** et en considérant la ligne d'élévation horizontale à « 0° », lorsque nous atteignons (à gauche en haut) le sommet du schéma, l'élévation est alors de « 45° ». Autrement dit, l'époque de Khéops est indiquée par le conduit sud du Roi.

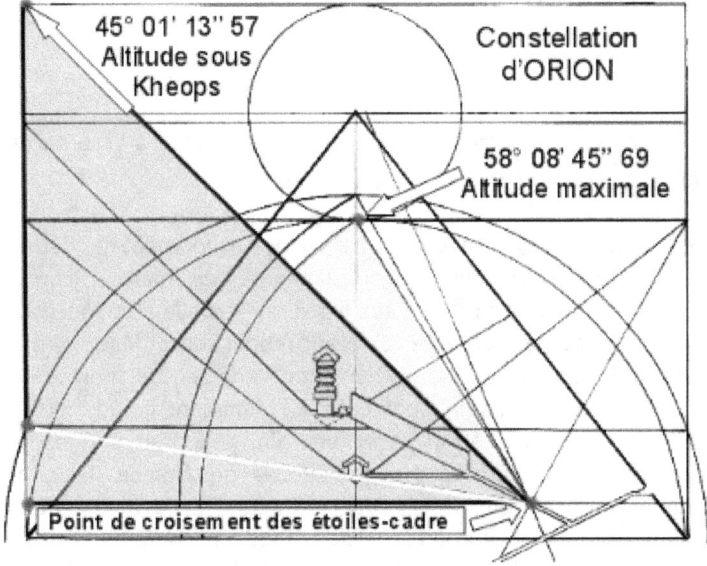

C'était précisément l'altitude au méridien atteint sous Kheops, par l'étoile Al Nitak de la constellation d'Orion, en l'année **2 450,472715** av. J.-C. Ce qui est troublant, c'est qu'il y a **2 491,743002 années** qui séparent l'année zéro de notre ère de la fin du demi-cycle. Les devins maîtres étaient fort inspirés, les faits décrits justifient amplement **la restauration** de ce qu'il était convenu d'appeler en Égypte ancienne » les pyramides des dieux ».

Si « pur hasard », ce compagnon infatigable de notre quête réalise de tels liens spirituels, c'est que peut-être pur hasard devient conscient ! Curieusement, le mot « nazar » proche du nôtre signifie en hindoustani *« vision surnaturelle »* ou *« se vouer au service de Dieu »*. Voilà au moins phonétiquement un « n'azar » heureux. Ce terme ne peut être approprié aux recherches que nous poursuivons, car elles sont nécessairement étayées par des nombres et les valeurs géométriques qui les prescrivent sont insoumises aux implications du hasard.

Georges Vermard

La précession et les astres

La première interrogation qui devrait se présenter à l'esprit des grands sceptiques en voie de prolifération est celle-ci :

Selon les critères établis de notre science expérimentale, l'être humain fait partie intégrante d'un univers composé de matière corpusculaire répertoriée, répondant en partie aux lois d'une échelle atomique prédéfinie. Cette matière est organisée en ces différences pour constituer un œuf de poule, une paramécie, un nuage, un être humain ou une constellation. À l'instar de tout ce qui existe, de l'infiniment petit à l'infiniment grand, cette matière composée à un commencement et une fin, cela tant sur les plans de l'agencement, de l'extension que celui de la persistance. Tout, oui tout, absolument tout, sauf une seule chose, une seule, le vide, le néant en lequel cette matière se tient, vide qu'il ne nous faut pas confondre avec l'espace interstellaire, meublé, lui, de nombreuses particules en sustentation.

Ce vide, que certains qualifient de trans-sidéral, est réputé ne pas avoir eu de commencement, aussi est-il naturel de supposer qu'il n'a pas de fin. Si nous pensons que ce vide n'est rien et que l'on ne peut même pas évoquer sa nature, c'est un non-sens ! Car si ce rien n'était rien en quel support se tiendrait la matière ? Nous sommes alors tenus de constater qu'il est une réalité indéniable, mais que paradoxalement, il n'est pas à l'échelle de nos capacités de déduction. N'est-il pas vide de sens que de remarquer qu'un vide est vide par définition et que de ce fait se dissolvent en lui toute appréciation ou définition ?

Mais si Dieu peut être évincé de la logique humaine, le vide non ! Il nous faut alors humblement reconnaître que notre mental n'est pas formaté pour envisager une déduction raisonnable sur le sujet. Nous sommes placés devant cette évidence : le vide trans-sidéral qui englobe la création est pourvu d'une double réalité, concrète par le fait qu'il existe et incognoscible par le fait que notre cérébralité ne peut le concevoir. Bien que dérangeante à plus d'un titre, cette constatation serait somme toute relativement assimilable, si elle n'engendrait une question plus pertinente. Si nous admettons que cette vérité est incontestable, mais que par définition il n'y a nul discernement qui peut la définir en tant que réalité tangible, nous abordons en toute logique l'existence d'un **Principe Créateur Universel**. La seule différence réside dans le fait que le rien qui n'est rien ne peut être éliminé, alors que le tout qui est tout peut être rejeté. N'est ce point-là l'écueil primordial d'un système cérébral inapproprié à formuler des évidences qui dépassent ses fonctionnalités. Il nous apparaît que là où les capacités cognitives trouvent leur limite, il serait logique que la conscience qui réceptionne l'intuitif, puisse suggérer aux neurones quel devrait être en l'occurrence leur comportement. La « conscience » en Égypte ancienne n'était pas un attribut du cerveau et moins encore une exhalaison.

La conscience pour l'égyptien se situait au centre de la poitrine là où se trouve le plexus solaire. Aussi évident que peut l'être « la pensée » aucun chirurgien jamais, n'a trouvé la « conscience » sous son scalpel. Pour l'être humain les capacités intellectuelles peuvent être brillantes au sortir même de l'animalité, mais la conscience elle, ne se développe qu'à la suite de nombreuses réincarnations. Elle influence alors positivement l'intellect pour qu'il ait une vision plus clairvoyante et moins égotiste de l'existence.

Comme nous sommes dans l'incapacité de répondre à la première question, qui consiste à savoir ce qu'est l'espace intersidéral, comment pourrions-nous avec assurance, répondre à la seconde, celle de la réalité d'un principe créateur ? Seuls les athées notoires ont cette affligeante impudence qu'ils se plaisent à prôner tel un accessit à la raison. Raison supra mentale que n'aurait pas le vulgum pecus et dont eux, les athées, seraient amplement pourvus. À moins que ce ne soit là que coquetterie de dandy ou bravade de neurones immatures, car il est bien connu que peu de science éloigne de Dieu et que beaucoup en rapproche ?

Le monde scientifique nous relate allégrement un Big-Bang, certes remarquable, mais nous parlent-ils de ce vide en lequel celui-ci se déploie ? Peut-on négliger le vide sous prétexte qu'il est naturel, au point de l'annihiler telle une non-existence ? La matière fait l'objet d'une remarquable analyse, surtout si nous parvenons comme cela semble être le cas, à définir l'instant de cette expansion. Mais d'où est venue cette étincelle première qui consista à projeter autant de matières potentiellement organisées ? Le logiciel cérébral fait défaut, pis, il est évincé de l'interrogation savante pour cause de contestation, c'est le temps des conventions universitaires, des consensus scientifiques. Comme s'il était possible que de telles décisions soient scientifiques, n'est-ce point là une sorte de négation de la science expérimentale ?

À l'éclairage de ces simples réflexions, l'athéisme prôné par certains pourrait devenir une option imprégnée de gratuité qui ne revêt même pas la perspective d'une hypothèse. Mais, me direz-vous, l'option inverse qui consiste à croire en une intelligence créatrice n'a pas d'aspect plus déductible ! C'est là précisément que s'ouvrent les perspectives de l'intelligence. Ne nous contentons pas de commenter ce truisme :

« Pourquoi y-a-t-il quelque chose plutôt que rien ? »

S'il n'y avait rien, nous ne serions pas à même de poser cette question ! Si nous sommes en mesure de nous la poser, c'est qu'il y a quelque chose. Toutefois, ce « quelque chose » en sa banalisation n'indique nullement son caractère. Qui plus est, il ne nous donne aucun indice sur sa nature. Il nous est donc nécessaire de procéder par comparaison avec les moyens qui nous sont donnés d'observer. Pour ce faire, la notion « bien-mal », issue croit-on du manichéisme et tant récriée par les émancipateurs du déterminisme, devrait nous imposer une logique près conditionnelle. Ce qu'il nous faut percevoir de sa réalité, c'est que cette notion duale se meut sur une échelle de perception relevant sans ambages de la maturité intellectuelle.

Pour simplifier à l'extrême, si l'un de ces deux postulats que nous cherchons à analyser « bien-mal » cessait d'exister, nos critères neuronaux, responsables de l'état de déduction ne pourraient suggérer un choix au mental. Il ne pourrait alors s'établir de comparaison et de décisions donc de conclusion. Le cérébral demeurerait en une extase léthargique improductive et parfaitement stérile. Le fait que nous ayons la possibilité de penser oblige l'être non instinctif à des analyses subjectives des phénomènes existentiels propres à son environnement. Nuit-jour, chaud-froid, bon-mauvais, c'est l'impressionnante liste de ces alternatives combinées au volume de ses nuances qui conduisent nos appréciations. Ces comparaisons vont du noir au blanc et reviennent en sens inverse en passant par une infinité de gris.

C'est ainsi que nous ne pouvons aborder l'avenir immédiat ou lointain qu'en vertu de deux modes subjectifs d'appréciation que nous nommons, pour faire cours : « bien ou mal ». Il va de soi que selon les motivations dont on les affuble, ils adoptent les termes qui conviennent, mais l'essence reste la même « bien ou mal ». Sans le choix implicite de ces deux options, tout pas vers l'avant n'aurait plus belle alternative qu'un pas vers l'arrière. L'un et l'autre ne pourraient s'apparenter à un défi, mais à une innocence. Le facteur temps nous impose donc des réflexes d'accoutumances qui conditionnent notre évolution. Sans ces réflexes, la vie ne serait qu'une errance empreinte d'hésitations aux attributs stériles, en un mot, ce serait là... sa négation.

Nous avons évoqué le vide insondable, l'étincelle du big-bang, la réalité d'une matière pensante investie du poncif, « je pense, donc je suis », les possibilités qu'a cette matière d'utiliser l'alternance bien-mal afin d'attester la crédibilité du phénomène existentiel et les aptitudes du mental à pouvoir déterminer des probabilités en fonction d'observations soumises à des choix. En résumé, par une analyse objective de la matière organisée, nous nous sommes constitués une panoplie d'outils de bases. Ceux-ci devraient nous permettre de corroborer la réalité ou non d'un **Principe Créateur Universel**. Pour ce faire, il nous faut puiser dans le vaste champ des comparaisons et utiliser les probabilités.

Je ne puis que conseiller de lire le remarquable ouvrage de Jean Guitton « Dieu et la science » éditions Livre de poche qu'il a réalisé avec le concours de ces deux scientifiques hors-norme que sont Igor et Grichka Bogdanov. Nous relevons de simples détails semblables à ceux-ci :

« Prenons un cas concret : une cellule vivante est composée d'une vingtaine d'acides aminés formant une chaîne compacte. La fonction de ces acides aminés dépend, à son tour, d'environ 2000 enzymes spécifiques. Poursuivant le même raisonnement, les biologistes sont ainsi amenés à calculer que la probabilité pour qu'un millier d'enzymes différentes se rapprochent de manière ordonnée jusqu'à former une cellule vivante (cela au cours d'une évolution de plusieurs millions d'années) est de 10 puissances 1000 contre un. »

« Pour que l'assemblage des nucléotides conduise « par hasard » à l'élaboration d'une molécule d'ARN utilisable, il aurait fallu que la nature multiplie à tâtons les essais durant au moins 10 puissances 15 années, soit cent mille fois plus longtemps que l'âge total de notre univers. »

« Un exemple frappant nous est donné par la densité initiale de l'univers : si cette densité s'était écartée un tant soit peu de la valeur critique qui était la sienne dès 10 puissances 35 secondes après le big-bang, l'univers n'aurait pas pu se constituer. »

À notre niveau de recherche, nous avons des points d'interrogation tout aussi pertinents. Ils font appel à l'espace-temps, aux nombres, à la géométrie, à l'astronomie. Prenons un exemple : la Terre et la Lune sont censées être des astres qui se sont formés avec des agrégats rocheux échappés de quelques agglomérats célestes indéterminés. Le hasard, instruit des lois de la gravitation, a maintenu ces deux débris devenus sphériques l'un soumis à l'orbite de l'autre. Toutes deux ont des spécificités qui les caractérisent, mais rien ne laisse supposer scientifiquement une harmonie numérique parfaite répondant aux plus hauts critères de la symbolique universelle. Cependant, il est indéniable que ces sphères émergent toutes deux de la matrice originelle du chiffre « 4 », relevant ainsi d'un concept métaphysique élaboré avec des centaines de formules semblables à celle-ci :

Circonférence « 4 » = Ø 1.273239544 X^2 = 1,621138939 x 10 000 = en kilomètres, **la Terre et la Lune en leurs diamètres**. Ou encore ceci :

3,141592653 ÷ 2 = 1,570796327 $\sqrt{}$ = 1,253314137 x 1111111,1111 = **1 392 571,262 km Ø du Soleil...**

Si la lumière est à l'intérieur de nous, nous apprécierons les agencements métapsychiques qui animent la réalité de ces énoncés, elles nous émerveilleront. Mais si ce n'est pas le cas, nous ne verrons là qu'un alignement de chiffres abscons en faisant même abstraction de la première syllabe pour commodité de langage. Nous marchons tous sur deux pattes, c'est pourquoi nous sommes qualifiés d'êtres humains et cela va apparemment bien à une société qui ne vit que d'apparences. L'être a nécessité de se connaître lui-même plus que d'être classifié par ses semblables. Il se doit d'évoluer sans tuteur d'apparat par la seule aspiration de son état de conscience. Alors que le plus souvent l'individu se détermine en fonction du jugement des autres. Il est vrai que si cela porte sur son aspect physique il peut l'améliorer, si cela porte sur sa façon de se comporter avec son entourage il se doit de rectifier sa conduite, mais si cela concerne sa façon de penser et d'évoluer cela ne doit aucunement atteindre son intimité. Afin de ne pas rentrer en conflit et de ne pas souffrir de perturbations, il serait plus confortable d'évincer certaines relations.

La précession des équinoxes

Il n'est pas très aisé de dépeindre d'une manière immédiatement perceptible les différents mouvements des corps célestes observables. Lorsque nous levons le regard vers le ciel de nuit, planètes, étoiles ou galaxies revêtent pour l'observateur la même uniformité à quelques intensités près. Une attention soutenue sur une période de temps donnée nous ferait déceler des parcours horaires, des mouvements tournants, un point axial et les trajectoires parallèles des astres. Graduellement nous serions à même de repérer les planètes, de distinguer l'astérisme de certains groupes d'étoiles. Toutefois, il nous faudrait beaucoup plus de temps et quelques repères techniques pour envisager **la précession des équinoxes**, le déplacement du point vernal ou l'inclinaison de la Terre sur son axe.

Équinoxes et solstices prennent naturellement leur place en forme de croix sur ce déplacement légèrement elliptique de la sphère terrestre. Nous avons vu par ailleurs que le schéma losangé de **la Grande Pyramide** nous dévoile avec précision ce tracé. 147 millions de kilomètres au périhélie et 152 millions à l'aphélie. **Moyenne** 149,6 millions, le nombre est une constante astronomique UA = 149 597 870 km = 449 secondes-lumière, curieuse coïncidence entre la distance aux équinoxes et la vitesse de la lumière.

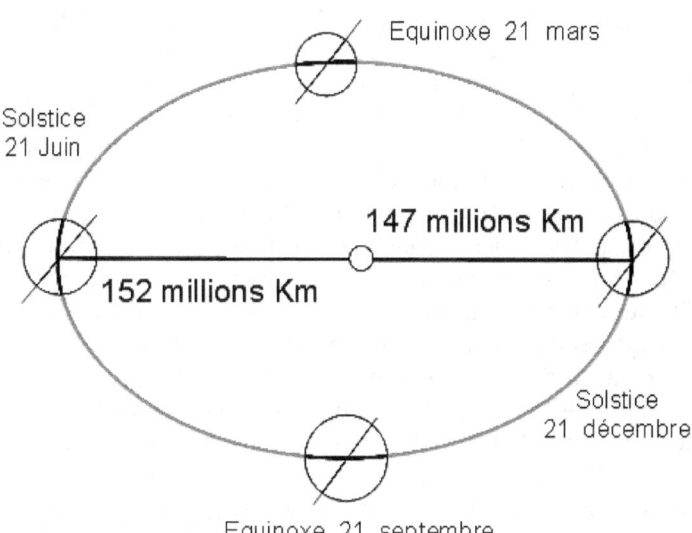

Il nous serait utile de pouvoir différencier deux valeurs annuelles du parcours de notre planète autour du Soleil.

L'une s'effectue en

365,2422 jours, c'est l'année tropique.

L'autre, en 365,25637

C'est l'année sidérale.

Dans notre schématique pyramidal, les équinoxes de printemps et d'automne se situent aux extrémités des bases alors que les solstices d'hiver et d'été impliquent les sommets réels et virtuels du concept. À partir de cette constatation, il est important de définir la position qu'occupe l'observateur sur la sphère planète, car le mouvement des astres, la durée des jours et des nuits se trouvent modifiés en vertu de ce critère déterminant.

Il va de soi que nos observations étant axées sur le site de Gizeh, cela nous oblige à considérer une situation pérenne pour notre observateur. Rappelons que la latitude du site de Gizeh se situe sur le 30ᵉ parallèle Nord. Par définition, le point autour duquel tournent les étoiles, se trouve en ce lieu, à environ 30° degrés au-dessus de la ligne d'horizon. La ligne fictive que nous nommons équateur céleste a la même inclinaison.

L'observateur constate alors que, d'année en année, il s'effectue un léger effet rétrograde de 50,256 secondes d'arc par an, valeur scientifique admise de nos jours, alors que la véritable nutation de l'axe de rotation en inclinaison est de **0,013 92571°** par années, **les décimales du diamètre solaire.** Les résultantes de nos recherches personnelles nous donnent un temps hermétique de 25 852,94906 ans, soit 1° tous les 71,813747 ans. Ces décalages d'espace-temps sont d'environ 150 ans, ils engendrent un cycle moyen variable. Il semblerait que les Anciens n'ignoraient rien de ce phénomène et cela bien avant Hipparque en moins 129 av. J.-C, la disposition de certains sites mégalithiques tendrait à le prouver. La division du cercle en 360° joue un rôle déterminant. Il suffit pour cela d'examiner un cycle effectif de 25 920 ans et de considérer qu'un degré représente 72 ans d'effet rétrograde. Pour évaluer grosso modo « ce 1° » en question, il nous faut tendre le bras en direction de l'horizon, la largeur de l'extrémité de notre auriculaire nous indique alors de façon approximative ce décalage. Ainsi pouvons-nous évaluer le déplacement de ce qu'il est convenu d'appeler le **point vernal.**

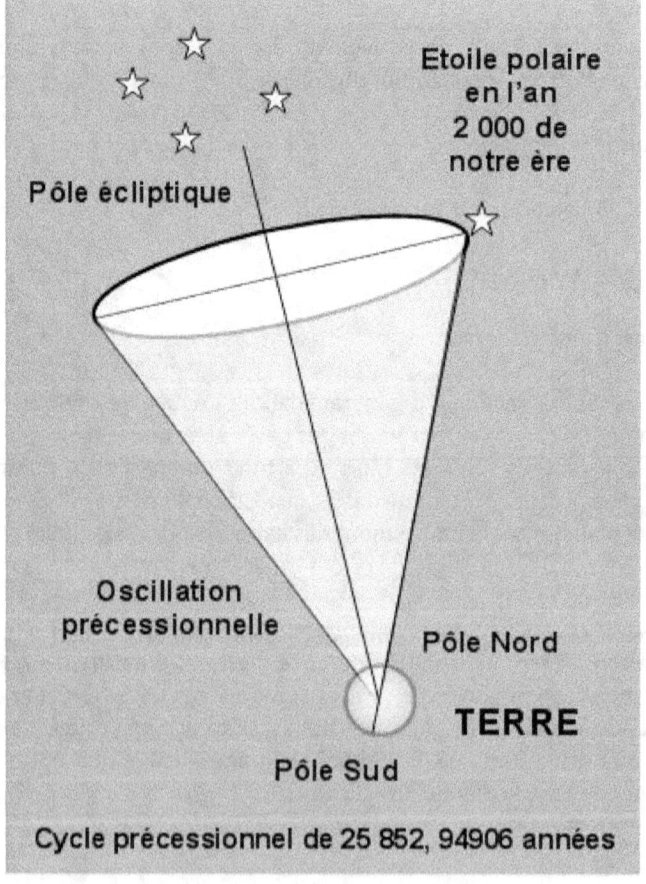

Pour comprendre ce qu'il en est, il est nécessaire d'aborder les raisons mécaniques de ce phénomène. Il est dû pour l'essentiel à un effet gyroscopique (effet de toupie) de la sphère terrestre sur son axe. Ce serait l'absence de sphéricité du globe qui provoquerait ce mouvement de rotation apparemment désordonné. À l'analyse cependant, cette oscillation sur l'axe s'avère être une merveilleuse composante de la mécanique planétaire.

Chacun sait que notre planète est aplatie au pôle diamètre 12 713 km et renflée à l'équateur diamètre de 12 756 km. Le pôle céleste (visible sur le graphique suivant) se déplace, en apparence, au gré de ce mouvement rotatif et les étoiles qui nous servent de repère changent alors d'appellation compte tenu des 25 852,94906 années du cycle. Le schéma ci-contre, nous donne un aperçu mécanique et astronomique du phénomène dit de la :

Précession des équinoxes avec le décalage du point vernal.

Notre époque considère que c'est le savant grec Hipparque qui avait su évaluer à 45 secondes d'arc près le phénomène de précession des équinoxes. En fait, ce cycle était connu des hiérarques égyptiens depuis la plus haute antiquité. L'histoire, dans son aveuglement helléniste, attribua la primauté de ces connaissances à ces savants grecs. Hors, ces connaissances étaient connues depuis des millénaires par les peuples de Mésopotamie et d'Égypte. Voyons la référence étoile polaire et les changements que nous pouvons observer avec le cumule des siècles :

Vega, il y a 12 000 ans

Alpha du dragon 2 800 av. J.-C.

Petite-ourse 2 000 de notre ère

72 x 360 = 25 920 ans, le cycle idéal pour faciliter les calculs. Signalons au passage que la division par 12 nous donne 2 160 ans ou un signe du zodiaque. Comment les Anciens avaient-ils procédé pour découvrir ce décalage annuel ?

Prenons un repère rigoureux, avec deux jalons inamovibles, dirigé sur le soleil levant le 21 mars, jour du printemps. Pointons avec beaucoup de précision le disque solaire, puis effectuons un autre repère sur une étoile lointaine que nous considérons de position immuable de par son éloignement. À la suite de quoi, nous devrions chaque année constater à l'heure dite que les deux repères coïncident à la perfection. Eh bien non. Nous constatons que le soleil a régulièrement une petite avance sur la position de l'étoile, d'où le qualificatif de « précession ».

Nous pouvons alors considérer que la Terre tournant dans le sens des aiguilles d'une montre, le phénomène décrit va dans l'autre sens et observe de ce fait un mouvement rétrograde. Pour l'observateur, ce décalage année après année, engendre un demi-cycle de 12 960 ans d'élévation et de 12 960 ans de perte d'altitude. Ces manifestations sous-entendent qu'il s'agit là de visions apparentes des corps célestes et aucunement de périples réels des étoiles, puisque ces déplacements sont tributaires de la rotation terrestre. Il en est de même du Soleil, il ne se lève pas à l'est et ne se couche pas à l'ouest comme nous l'entendons dire, mais c'est le mouvement tournant de la Terre autour de l'astre du jour qui nous procure cette impression. L'axe du pôle boréal est actuellement très proche de l'étoile Polaire, étoile de la Petite Ourse.

Le 12 janvier 10 352 av. J.-C, toutes les planètes du système solaire étaient groupées dans un secteur de 45°, Soleil, Mercure, Vénus, Terre, Mars, Jupiter, Uranus, Neptune et Pluton. Curieusement, cela correspond au milieu du chantier des trois pyramides sur le plateau de Gizeh, un céleste clin d'œil... à moins qu'il ne s'agisse là, de l'une des nombreuses facéties du hasard, afin de conforter les pluralités de sceptiques soulagés par sa présence indéfectible !

Sous le règne de Khéops, restaurateur de la Grande Pyramide, l'angle que formait le baudrier d'Orion à son passage au méridien était de 45°. Aujourd'hui la constellation n'est plus qu'à huit minutes de sa hauteur maximale qu'elle atteindra dans 491,735 années à partir de la symbolique année 2 000 de notre ère.

Orion, Sirius, le Christ, la grande pyramide, les angles et degrés, le Soleil, le point vernal, voilà les éléments d'une grande mise en scène, à nous, d'apprendre ce langage pour magnifier le devenir. Le devoir de chaque être humain n'est-il pas de rechercher la vérité en lui-même et dans le monde ? Ce ne sont pas ceux dont la vie est scellée par un embourgeoisement carriériste qui provoque la dynamique de l'existence, ce sont les poètes, les aventuriers, les défricheurs, les découvreurs de mystères. Ce sont ceux-là qui remplissent nos livres d'histoires, qui informent le monde, qui modifient le cours des choses. Ce sont ceux-là qui rendent hommage au créateur en exploitant au mieux ce dont il nous a dotés : l'intelligence. Les autres, tous les autres... ne font qu'exploiter ces recherches, la plupart du temps à leurs profits, c'est là leur manière d'être et de jouir sans se dépenser.

En Palestine, en l'an 4 av. J-C, près de Bethléem à Harran exactement, le baudrier d'Orion croisait le méridien à 51°, 52 minutes d'arc. C'est l'angle de l'apothème de **la Grande Pyramide**. Selon nos calculs, le Christ avait entre 3 et 4 ans. Ce sont les deux chiffres base de la Grande Pyramide. La gnose christique était en gestation, elle allait lentement prendre le relais de **la Tradition Primordiale**, mais avec les aléas que l'on sait. En 10 435 avant notre ère, l'étoile **Sirius** émergeait juste au-dessus de l'horizon sud à 1° environ d'élévation alors que la constellation d'**Orion** prenait son essor pour entamer son cycle de 25 852,94906 ans. Lever héliaque de Sirius et position de la constellation d'Orion en moins 10 435 de notre ère.

La beauté est l'apanage de la tradition

Il ne fait aucun doute que les polyèdres aux formes évocatrices ont une affinité particulière avec la structure de la Grande Pyramide. Angles et mesures se jouxtent, s'orientent, coïncident en une singulière harmonie, elle est corroborée par la stricte disposition des éléments intérieurs tels que les chambres, conduits, syringe et couloirs d'accès.

Convenons que seuls de puissants ordinateurs aux logiciels inexistants seraient en mesure de régenter des milliers de points sensibles en cette parfaite cohésion structurelle. S'il fallait avoir recours à des calculs mentaux, cela nécessiterait une application surhumaine des âges durant, ce qui ne donnerait pas indubitablement un résultat satisfaisant. La difficulté réside en l'usage fréquent des nombres irrationnels, mais aussi en d'étranges spirales logarithmiques, avec un supposé mépris des virgules qui donnent aux nombres des caractéristiques natives. L'écriture hiéroglyphique elle-même n'est-elle pas démunie d'espaces, avec une absence totale de tirets, de points ou de virgules ? Autant de formules déconcertantes pour les neurones cartésiens qui animent notre compréhension.

Le « netcher » (déité des Anciens Égyptiens) se jouerait-il de l'ordonnance des décimales ? Ces kyrielles de données nous incitent à penser que cette structure ne peut être assimilable à un concept classique d'architecture. Elle engendre des complexités récursives à effet cumulatif qui vont des ramifications les plus abstraites à des théorèmes d'aspect conventionnel. Le Graal, l'authentique, à la source de toutes les légendes occidentales est un exemple. Il s'intègre à la structure avec son pied solaire qui repose sur le socle même de la pyramide céleste.

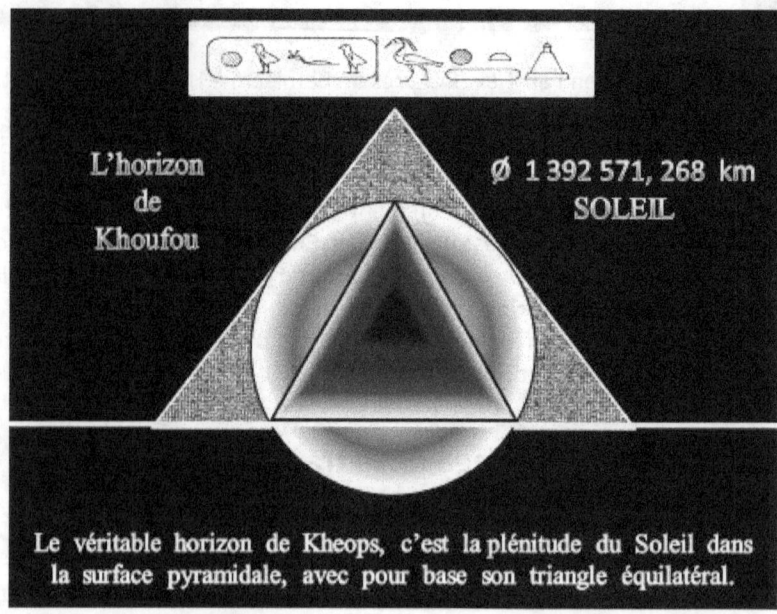

Le véritable horizon de Kheops, c'est la plénitude du Soleil dans la surface pyramidale, avec pour base son triangle équilatéral.

Le Soleil « Ré » est omniprésent dans les 104,43 m d'altitude que son triangle occupe au centre de la pyramide. C'est ainsi que l'astre du jour prend un caractère particulier au sein de cet édifice pyramidal en ponctuant au gré des thématiques numérales une projection vers la lumière. L'apparent chaos que laisse supposer le concept structurel pourrait être un facteur de suspicion, si ce n'est de rejet, avec ses couloirs étroits, ses pentes abruptes, ses modes d'accès inadéquats et son volume en démesure. On pourrait voir en ce salmigondis une absence de logique architecturale. Cet état de fait a d'ailleurs motivé de la part de certains égyptologues une faconde qui est inversement proportionnelle à la réflexion. Félicitons les édificateurs qui ont réalisé au sein de ce chef-d'œuvre un mode de sélection des états de conscience. À la lumière de ces études révélatrices, notre intellect serait confronté aux émanations de l'intuitif. C'est ainsi que nous serions aptes ou non à adhérer aux sciences hermétiques cachées en cette sapience universelle.

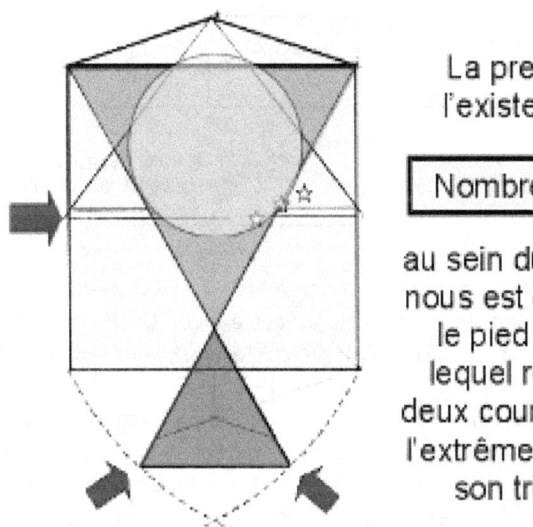

La preuve de l'existence du

Nombre d'OR

au sein du schéma, nous est donné par le pied solaire, lequel réunit les deux courbes d'or à l'extrême pointe de son triangle.

De la pointe du linteau de 144° au croisement des courbes du triangle, le nombre d'or s'inscrit naturellement autour du carré.

Le Soleil est ici directement impliqué dans ce tracé puisqu'il cerne de sa circonférence le triangle équilatéral représentant le pied du Graal

Un autre rectangle d'or enchâsse avec une rectitude similaire les lignes de la structure générale. Nous avons, à la verticale de la chambre du roi, l'étoile Saïph, puis la hauteur procurée par les apothèmes, et surtout, le point de croisement des étoiles-cadre en bordure de rectangle. L'amour a pour facteur premier l'observation.

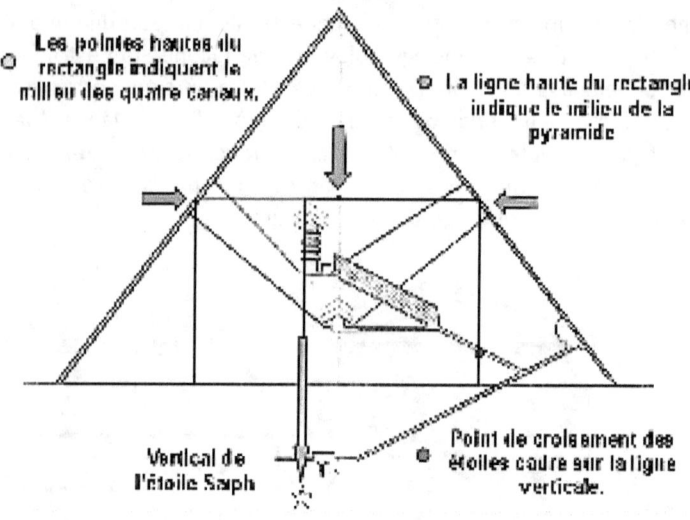

Nous remarquons que le point de croisement des **étoiles-cadres** coïncide avec le couloir ascendant et **la verticale du carré d'OR**. La chambre du roi en décalage se trouve sur le 0,618 de la verticale ainsi que l'étoile Saïph. La verticale de droite nous indique le point de croisement des étoiles-cadre d'Orion. Nous nous devons de reconnaître que les aspects intérieurs de la Grande Pyramide sont adaptés aux critères les plus classiques de la géométrie. Ce sont ces milliers de possibilités qui font de la Grande Pyramide un monument à part, dont les ramifications numériques ou géométriques bouleversent la normalité. À un point tel, qu'il ne peut être envisageable qu'une telle réalisation fût élaborée à l'échelle terrestre. Non seulement la situation historique ne correspond pas, mais il en est de même de l'outillage, du savoir-faire, des capacités de raisonnements et surtout de l'introduction de données universelles qui n'ont aucune valeur en notre civilisation. Si celles-ci avaient eu le moindre indice de curiosité, il y a longtemps que nos savants en auraient fait mention, tout cela n'est donc que fantasmagorie.

Si vous disiez à un scientifique orthodoxe de se courber l'échine, les mains jointes à l'image du Dalaï-lama devant le nombre « 360 », il vous rirait au nez parce qu'il ne peut avoir d'estime pour le premier des nombres universels qui n'a pour lui aucune signification et vos doigts joints de 0 à 9 formant 90+81+72+63+54 ne lui diraient rien. Ce ne serait pour lui que des fantaisies du hasard pour lesquelles il n'a pas été diplômé.

Le Principe Créateur dans la Tradition Primordiale

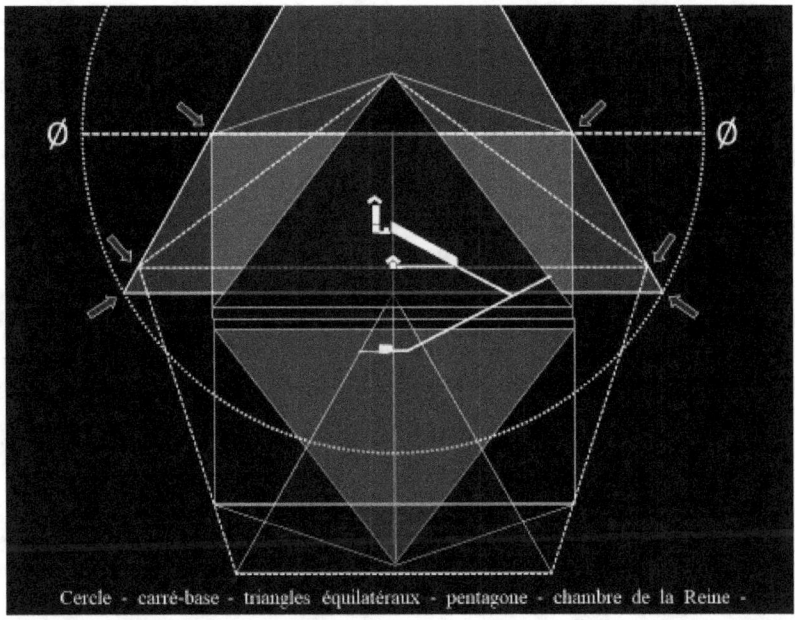

Cercle - carré-base - triangles équilatéraux - pentagone - chambre de la Reine -

Il ne fait de doute que la Grande Pyramide est la sépulture la plus originale du monde. Malgré cela, beaucoup d'esprits rationnels semblent préférer à tant de prodiges, cette infantile histoire de tombeau... ô combien propre à rasséréner les immuables doctrinaires des usages consensuels ! Certes, Messieurs les experts, le tombeau procure la quiétude du diplôme et l'assurance d'une carrière tracée, longue et honorable. Mais l'énigme attachée à ces révélations que nous tentons de dépeindre n'est-elle pas plus importante que vos intérêts particuliers ? Il serait honnête d'être relaps à la cause d'un consensus suranné qui ne peut qu'altérer la raison d'être. N'est-il pas plus existant, pour un esprit digne, éveillé et probe, de savoir que des « australopithèques » ont construit un monument si complexe que nous les modernes n'avons pas les capacités mentales pour en saisir les subtilités ? En fin de compte, l'option que nous sollicitons est moins une histoire de cogitation ou de possibilités, c'est une banale histoire de comportement existentiel !

La vie est un choix, et le plus alarmant c'est que ce choix aujourd'hui implique la conduite des consciences au-delà même de cette vie que la plupart d'entre nous pensent unique. En tant que rapporteur de ses vérités cachées, nous devons souligner que les formes imprimées que nous faisons figurer peuvent subir de légères distorsions, mais celles-ci n'amoindrissent en rien la qualité du message. De surcroît, les outils informatiques créent parfois d'imperceptibles anamorphoses difficiles à corriger. Ce qui fait que malgré l'honnêteté intellectuelle qui nous anime, nous ne sommes nullement à l'abri d'une erreur d'interprétation. Une seule chose est dominante : la quête de la vérité, celle-là même qui nous est scotomisée par les publications officielles et dont les prescriptions pourraient avoir l'urgence que l'on prête à l'actualité. La Grande Pyramide est un patrimoine estimable, auprès duquel les êtres humains que nous sommes se doivent de méditer. Si demain nous n'avons plus la possibilité de déployer notre présent jusqu'aux confins du passé et notre passé jusqu'aux prémices de l'avenir, nous nous confinerons en des états d'hébétude que l'animal seul peut endurer. Allons vers la lumière pour que la lumière vienne à nous, par effet de réciprocité !

La symbolique dont nous louons les vertus pénètre les gens de qualité, elle est l'archétype d'une connaissance native. Elle est le complément gémellaire des qualités cognitives que nous prêtons à l'homme en la complexité de sa nature pensante.

Sirius ou la beauté faite étoile !

Replongeons en notre logiciel skymap-pro et indiquons-lui les datations depuis le départ du demi-cycle précessionnel, il y a 10 434,73891 années avant J-C. Ajoutons 2000 années cela fait 12 434,73891 années, une telle date signifie qu'en 2000 de notre ère, nous étions à 491,7355565 années de la fin du demi-cycle. Au cours de la montée en altitude d'Orion, l'étoile Sirius est nantie d'un temps propre, ce qui fait qu'elle effectue en apparence un parcours inverse. Ce cheminement stellaire a pour résultat de positionner l'étoile à la fin du demi-cycle, précisément sur la base céleste, à 29 m environ (échelle pyramidale) de l'angle gauche du schéma. Nous l'appelons Sirius A1, par rapport à la durée du demi-cycle, les positions de l'étoile sont alors les suivantes :

Sirius A1 représente le départ du cycle précessionnel. La constellation d'Orion se trouve alors à moins 10 434,73891 années de l'année zéro de notre ère. L'étoile Sirius occupe l'angle gauche du carré base, à la limite extrême de la ligne verticale du schéma. Cette position nous est donnée par les relevés rigoureux des logiciels astronomiques, **Sirius A2** représente la fin du demi-cycle précessionnel. Orion se trouve alors à 2 491,735557 années de l'année zéro de notre ère. La position calculée de Sirius est exactement sur la base de la pyramide céleste, partie horizontale à 29 m de l'angle gauche de la base.

Les deux configurations forment au tracé un rectangle vertical. La diagonale de ce rectangle suit strictement en parallèle la ligne de l'apothème. Sa destination est alors le milieu du carré-base et son angle affiche 60° (celui d'un triangle équilatéral). Bien d'autres concordances inimaginables pour un esprit rationnel seraient à prendre en considération, mais nous ne voulons pas amoindrir les neufs dixièmes de la population pour en étonner un centième et en extasié un millième. Il résulte que **l'étoile Sirius** non seulement fait partie intégrante du concept général, mais elle est un des éléments essentiels du tracé schématique. De toutes les étoiles du ciel, Sirius est le seul astre de proximité dont les levers « héliaques » se produisent à des intervalles réguliers ; c'est « le cycle sothiaque ». Il est de 365,25 jours. Le calendrier « sothiaque » entendons : basé sur les cycles de l'étoile Sirius à partir de son lever héliaque était « le Nouvel An » des Anciens Égyptiens.

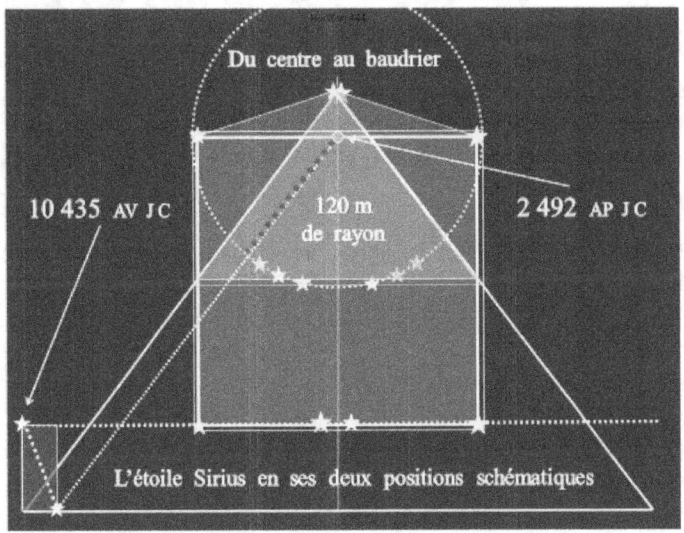

La formation stellaire composant la constellation d'Orion est considérablement distante de notre système solaire. L'étoile la plus proche, Bellatrix, est à **242,85** années-lumière. La plus éloignée Al Nilam se trouve à **1 341,15** années-lumière. **Sirius**, l'étoile d'Isis, la belle aux éclats bleus, qui escorte de son charme la constellation d'Orion en son voyage spatial, se trouve seulement à **8,64** années-lumière de la Terre. Si nous imaginons que ces longues distances représentent des kilomètres et que nous tenions fermage en ces grandes étendues, il est évident que Sirius serait une de nos proches voisines. Vue en plan et placée sur notre schéma, l'absence de profondeur nous donne le graphisme que nous connaissons. Toutefois, lorsque l'étoile Sirius veut bien ajouter sa présence, il est logique de tenir compte d'un facteur capital. La constellation d'Orion, dont les étoiles sont éloignées de nous, n'a pas eu et n'aura pas au cours des âges de décalage appréciable, il n'en va pas de même pour l'étoile Sirius. L'étoile d'Isis, telle que la désignaient les peuples du Nil, procède à un double mouvement, celui de l'apparente précession équinoxiale au même titre qu'Orion et d'un mouvement qui lui est particulier, lequel vient se superposer au premier. Les astrophysiciens nomment cela « **un temps propre** ».

Notre intention n'est pas de décrire les arabesques de l'étoile Sirius en sa fugue spatiale, nous laissons cette tâche aux astrophysiciens, mais il nous importe d'inscrire en superposition son cheminement en l'espace-temps que nous étudions, c'est-à-dire le demi-cycle précessionnel. Nous nous excusons amis lecteurs de ces précisions, mais si nous ignorons le temps propre de Sirius nous n'accepterons pas qu'en une démonstration, celle-ci se trouve dans le prolongement de Saïph et de Rigel et que dans une autre illustration sa place soit considérablement plus basse à droite de la constellation d'Orion. C'est merveilleux, car ses positionnements s'effectuent à des dates précises des mouvements stellaires. La schématique que nous faisons figurer nous est imposée par les différents additifs que nous sommes tenus de prendre en considération du fait de leurs rôles prépondérants. Orion et Sirius sont étroitement liés dans les écrits égyptiens, voyons ce qu'il en est dit dans le contexte.

Lorsque la constellation d'Orion se trouvait 10 435 années avant notre ère au plus bas de son cycle, l'étoile Sirius se positionnait à hauteur d'angle du carré base. Lorsqu'en 2 491,735618 années de notre ère, la constellation atteindra le sommet de la Grande Pyramide, soit la fin du demi-cycle, l'étoile se trouvera sur la base de la pyramide céleste.

« Vois-le venant comme Orion, comme Osiris, le Ciel t'a conçu avec Orion, votre troisième c'est Sirius. »

« Orion reste auprès de toi, au corps du Ciel, comme une étoile sur les méandres du lac. »

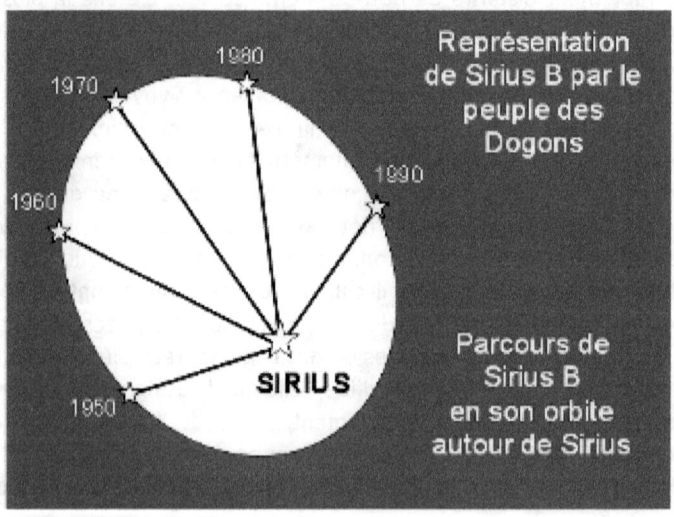

« Orion est enveloppé par le Douât quand celui qui vit l'horizon se purifie, Sirius est enveloppée par le Douât dans les bras de leur père Atoum. »

Nous constatons combien était apprécié en Égypte ancienne ce phénomène céleste Orion-Sirius. La grande prêtrise n'ignorait rien de ce que nous mentionnons. Le rapport du cycle de Sirius avec la schématique pyramide est une chose étonnante que l'on ne peut dissocier d'un état spirituel. Les anciens Égyptiens le faisaient avec Atoum, Dieu des dieux, les dates, la géométrie, la position des étoiles les poussaient à raisonner ainsi, il est donc logique que nous fassions de même.

Ce comportement est significatif d'une mise en scène qui ne peut être fortuite. Suivons le conseil de Napoléon : « *Un petit dessin vaut mieux qu'un grand discours...* ».

Laissons une large place aux illustrations. Elles nous montrent un cercle ovalisé pour le parcours de Sirius B. L'étoile Sirius dédiée à Isis est accompagnée dans ses déplacements spatiaux par une étoile sœur, **Sirius B**. Les astrophysiciens la classent parmi les Naines blanches. Dans la mythologie égyptienne, la déesse Nephtys, sœur d'Isis, accompagne celle-ci en toute circonstance, les deux étoiles ont une histoire commune, les deux sœurs également. Les textes sacrés de l'ancienne Égypte nous renvoient constamment à **Osiris-Atoum-Isis** (Dieu le **102** primosophique). Aussi, pressentons-nous la très forte relation qu'il peut y avoir entre la constellation d'Orion, l'étoile Sirius et les dieux de la Genèse. D'autres termes sont significatifs de cette symbolique.

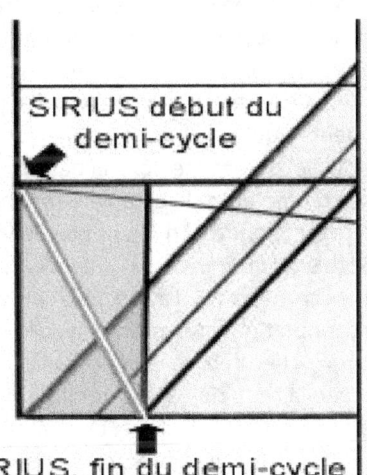

Alors que la constellation d'Orion effectue sa montée en altitude, l'étoile Sirius animée d'un temps propre, plonge en diagonale vers la base de la pyramide céleste. Par le fait même elle trace un rectangle qui va d'une base à l'autre.

Il est singulier que le trône de pharaon soit nanti du tracé figuratif du parcours de l'étoile Sirius, il se peut qu'il s'agisse de toute autre chose, mais la ressemblance est troublante et en plus, elle a une figuration pyramidale.

Nous avions déjà remarqué que les trônes en général nous offraient, avec leur géométrie cubique et leurs tracés triangulaires une représentation à l'image de la pyramide. De surcroît, avec l'ajout d'un carré plus réduit, cette évocation emblématise des surfaces cachées internes relevant de la symbolique. Peut-être devrions-nous nous voir en ces références la pérennante tradition des théories primordiales. Elles sont pour la plupart en rapport avec la géométrie, les nombres, le temps écoulé ou à venir, en des formulations de nos jours abstraites ou peu évidentes. Cela souligne le défaut d'analyse au regard de ces kyrielles d'arguments qui devraient nous apparaître incontournables. La plus belle étoile du ciel détermine donc la base du schéma « pyramide céleste » lequel s'impose comme étant le complément naturel du premier tracé caractérisant le cycle précessionnel. En Égypte ancienne Sirius était l'étoile d'Isis, son nom est « Sothis » *l'ardente ou la splendeur*, lorsque l'étoile était héliaque elle annonçait les crues du Nil. La constellation du grand chien en laquelle figure Sirius à une connotation intéressante avec le chasseur Orion des mythologies, étant donné que l'étoile suit régulièrement la constellation dans son déplacement stellaire. Sirius B est identifié à Sirius A comme Isis peut l'être avec sa sœur Nephtys. Cette étoile est une naine blanche de densité peu commune, les études qui ont été faites lui accordent une densité égale à 100 000 litres d'eau pour le volume d'un litre. C'est sans doute pourquoi la mythologie nous affirme que Nephtys est magicienne.

Le Graal, vase mythique de la Tradition Primordiale

Nous ne pouvons imaginer sans divagations que les anciens Égyptiens se soient employés à disposer dans le panorama stellaire la situation des étoiles d'Orion de manière à ce que celles-ci cadrent avec leurs déductions mythologiques. En dehors des capacités de souffle qu'il faudrait leur prêter, ces Égyptiens étaient trop respectueux des choses de la nature pour tenter de rectifier, tant soit peu, l'harmonie universelle dont ils vénéraient l'ordonnance. Plutôt avaient-ils l'innocente bienveillance de la trouver à leur goût, cette nature, et même de vibrer à ses charmes qu'ils savaient déceler d'une manière particulière. Nous, les néo-réformateurs technocrates à l'inspiration féconde, adaptons la nature à nos besoins journaliers, alors qu'eux, les Anciens Égyptiens, s'adaptaient à elle. Ils se servaient de leurs capacités intelligentes pour en extraire ce qui avait le mérite d'exister. Nous, les modernes, nous nous servons de ses capacités pour tirer profit de nos créativités, avec, il est vrai, une certaine lacune à en mesurer les conséquences. Nous avons vu que les 4 étoiles encadrant la constellation d'Orion, **Bételgeuse, Bellatrix, Rigel, Saïph**, forment une sorte d'écrin que nous nommons « étoiles-cadre », en lequel se positionnent 3 joyaux : Al Nitak, Al Nilam, Mintaka que nous nommons « le baudrier d'Orion ».

Réunissons par une droite les étoiles, **Bételgeuse** et **Rigel**, et par une autre, les étoiles **Bellatrix** et **Saïph**. Le point de croisement que nous obtenons se situe près de la ceinture, entre les étoiles **Al-Nilam et Mintaka**. Souvenons-nous pour l'avoir vu précédemment, que ce merveilleux agencement des lignes étoilées nous procure en degrés la structure de la Grande Pyramide. Ces lignes de croisement nous incitent à un rapprochement avec **l'âme universelle** souvenons-nous du Timée de Platon. Cette sorte de lien subtil qui existerait entre Dieu et les Hommes, n'est-ce point le X, le « khi » grec, la représentation des 4 éléments en 1, le chiffre 4 symbolisant la connaissance.

Rappelons-nous qu'en Primosophie, « élément **terre**, élément **feu**, élément **air**, élément **eau** » réalise le total de **1234** ou le 10 de Pythagore. Le chiffre 4 c'est aussi I.N.R.I (en Primosophie 2 fois 64), sigle de la croix christique. Troublante concordance. En hébreu, cela nous donne, **I**ebeschah (Terre), **N**our (le feu), **R**uah (l'air), **I**ammim (les eaux). La vierge sur cette illustration porte sur sa tunique une autre croix, celle d'Orion. Certains peintres sont des gens inspirés, n'en doutons pas. La ligne verticale calice-pied, affiche deux triangles équilatéraux, le calice représente le **sang vin** contenant du **Graal**. En son volume extérieur, chaque côté du calice mesure **230,9401076** m x 3, les trois côtés réalisent la valeur de 692,8203228 m x 2 = 1 385,640646 m. Ce total est le diamètre du cercle en lequel se trouve enchâssé le triangle de « 3 600 m de périmètre ».

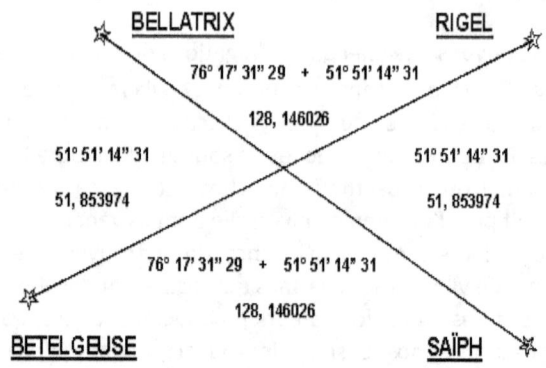

La chose n'est-elle point merveilleuse ? Souvenons-nous du poisson (rem) en égyptien, alors que son palindrome miroir est (mer) pyramide, ce poisson-là avait une grande importance pour les Mésopotamiens, sa forme stylisée signifiait Grand Roi et le nombre 3 600. Et s'il s'agissait de la Grande Pyramide que nous devrions retrouver à la fin de l'ère des poissons ? Nous avons vu par ailleurs que les **3600** mètres représentent l'aura périmétrique de la Grande Pyramide. La ligne verticale du Graal mesure **200** mètres. Elle représente la profondeur du calice, lequel se trouve à l'origine du mythe. En primosophie « 102 » le « 2 » (géométrie), n'est-il pas avec le « 1 » (nombres) à la base de la création universelle ? Le **Graal** que nous décrivons ici, au sein de la Grande Pyramide, est l'authentique parangon à l'origine de nos légendes occidentales. Il symbolise le tracé natif à partir duquel est née la mythologie post-messianique suivit plus tard par celle dite médiévale. Une telle allégation n'a rien de dérisoire, d'insignifiant ou d'imaginaire, elle a fait l'objet de longues études tout en étant soumise aux analogies les plus séduisantes.

Ces agencements numériques et géométriques ont pu naturellement inciter des orfèvres à créer des modèles archétypaux purement imaginaires. Ce n'est que bien plus tard que des initiés furent instruits des données exactes dans l'esprit de la **Tradition Primordiale.** Celle-ci était déjà enseignée à Alexandrie et à Damas chez les gnostiques esséniens ou nazaréens, cette localisation ne pouvait que faciliter son exportation dans le monde occidental. Ces Graals, car il en fut plusieurs de conception exotérique, étaient généralement revêtus des désirs suggérés par la diversité des mythes religieux. Ses représentations furent donc loin de représenter le tracé de la structure intérieure du monument de Gizeh, mais il nous faut admettre qu'elles en ont été conformes à l'esprit de sa symbolique. Si le tracé graalique de la pyramide est authentique et vérifiable, il n'en est pas de même du calice dans lequel Jésus aurait bu au cours de la Cène, lequel est pris parfois pour être le Graal. Ce qui est une insignifiante et puérile comparaison, car il y aurait mille objets de la sorte, ce qui est le cas dans mille églises.

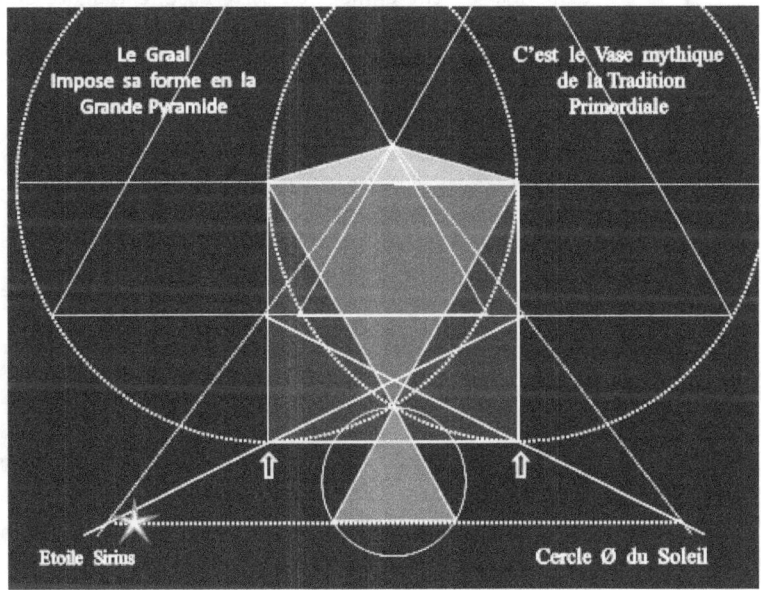

Nous sommes bien évidemment instruits des fabuleuses légendes où ce calice est l'objet sacré d'une quête ou questre et de l'honneur qu'il y avait à le découvrir, à le protéger et s'imprégner des valeurs qui lui étaient attribuées. Les légendes ne persistent que lorsqu'elles ont une base tangible et une résolution cognitive, même si celles-ci se popularisent en des objets réducteurs que leur simplicité même rattache à l'âme. Les adjurations spirituelles sont à l'échelle des craintes ataviques, qui contraignent à matérialiser en un objet les affectations psychologiques que l'on ne peut définir par le raisonnement. Revenons à nos mesures :

230,7028069 m x par la (√3) 1,732050807 = 399,5889831 m. Cela nous donne pour résultat : 399,5889831 m ÷ 2 = 199,79449145 m. Le rebord du socle étant égal à :

0,41123494 m ÷ par les 2 extrémités = 0,205617470 m + 199,79444914 m = **200 m**.

Cette valeur de « **200 m** » est égale à la hauteur du calice. Il ne fait aucun doute que les édificateurs de la Grande Pyramide ont utilisé le mètre pour référence. Ils le connaissaient en tant que dix millièmes parties du quart du méridien terrestre, mais pas seulement et pour bien d'autres raisons que nous étudierons. Sur un plan graphique, les côtés des parois du triangle équilatéral sont évalués à **230,9401076** m. La paroi du vase se présente donc de manière virtuelle à l'extrémité de l'angle gauche en haut du carré base, elle figure en plan pour le socle et en coupe pour la paroi du calice.

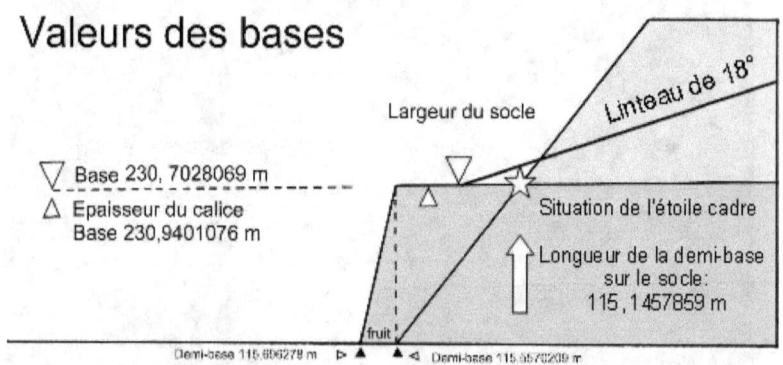

Dans le volume pyramide, le triangle du calice se divise donc en 4 triangles de **100 m** de hauteur ayant 3 côtés de **115,4700538** m chacun. Ils sont le contenant géométrique du calice Graal. Il y a le chiffre **4** clé de la Grande Pyramide, emplie de **sang** et de **vin = 120** que nous donne les étoiles du baudrier. Ce sang est l'élément vital des compositions numériques. Chaque triangle est une représentation de la racine de trois :

115,4700538 x 3 = 346,4101614 ÷ 2 = 173,2050807 ÷ 100 = **1,732050807**.

Le pied du « vase sacré » est lui aussi, composé d'un triangle équilatéral. Sa hauteur s'étend du point base du schéma (Sirius) au point de croisement des lignes de convergence du carré-base sur **104,4428439 m**. Cette valeur représente **la hauteur du triangle, elle forme le pied du Graal,** elle est virtuellement circonscrite dans le cercle du Soleil. Multipliée par 10 millions et considérés en kilomètres, nous retrouvons, comme par miracle le diamètre du **Soleil 1 392 571,262 km**. Nous observons sur ce graphique la mention « largeur du socle ». Elle indique une sorte de siège à la base des apothèmes dont l'élévation est d'une coudée pyramidale de 0,5236006 m. Les membres de la prêtrise qui effectuaient à des dates précises des processions autour du monument, s'asseyaient à une heure donnée sur ce support, le dos reposant contre le revêtement pyramidal.

Si nous tenons compte des terminaisons des parois du Graal, nous voyons qu'elles arrivaient précisément à l'endroit du siège, ce qui revient à dire que l'essence fluidique du calice montait le long de la colonne vertébrale des célébrants. Les 18° du linteau de 144°, eux aussi n'ayant aucun caractère concret, venaient précisément à cet endroit coiffé les rebords du calice. Cela signifie qu'il existe une corrélation évidente entre les nombres et la géométrie, également entre les notions de temps que nous utilisons, plus proche du nouméne de la philosophie kantienne que d'une déduction mathématique élaborée.

Dieu se manifeste dans la beauté de sa création, mais il aimerait en tant qu'êtres pensants que nous fassions appel de temps à autres à des logiques plus subtiles reliant le discursif à l'intuitif. Ces aspects de l'intellection sont en nos aptitudes cognitives et ne s'éveillent qu'à l'appel de nos interrogations. Trop fréquemment, nous nous focalisons sur des valeurs éphémères en relation avec une nécessité à vivre, cela se veut logique, c'est simplement disproportionné. Nous sommes incarnés pour une seule raison que nous ne passons guère de temps à considérer, l'évolution de **notre état de conscience** !

Ainsi définie, la circonférence solaire nous procure un triangle équilatéral inscrit, d'exactement 1 206 002,087 km de côté. Lorsque celui-ci est divisé par 100 millions

= 0,0120600208 ÷ 2 = 0,0060300104 X^2 = 0,00003636102585 x

24 heures x 60 minutes x 60 secondes = **3,141592653**.

Nous retrouvons π, n'est-ce point cosmologique, c'est ça l'intuition !

Quant à la hauteur du calice que nous avons abandonné, il s'évase avec l'esprit des mythologies, nous avons une hiérogamie biophysique de la gnose chrétienne exaltée par le contexte arthurien.

200 ÷ 0,523598774 = 381,9718646 coudées x π = **1200** x 3 = **3600 coudées**.

Les 400 m de hauteur des 4 triangles équilatéraux du calice, divisés par le 100 Graalique et ensuite par pi, imposent le nombre 1,273239544, clé numérale de la Grande Pyramide. Placés en circonférence, ces 400 m nous donnent un triangle équilatéral circonscrit de côté 346,4101614 ÷ 200 racine de √3 (1,732050808.)

Nous nous devons alors d'effectuer le rapprochement suivant : la nouvelle dynastie mise en place par les lieutenants d'Alexandre le Grand régna sur l'Égypte de 304 à 30 av JC. Ptolémée, fils de Lagos, donna son nom à une coudée non usuelle que l'on peut qualifier de Gréco-Égyptienne, sous l'appellation de « **Lagide** ». Cette coudée était admise pour une valeur de **0,462 m** et on pouvait la diviser en 24 doigts. Les Arabes considéraient cette coudée comme étant celle de « la main juste ». Il s'avère qu'une telle valeur était très proche d'une autre coudée réputée exclusivement égyptienne celle-là de **0,461880215 m**, connue pour être « **la coudée Baladi** ». Il nous apparaît logique d'imaginer que l'ancestrale coudée « Baladi » fut arrondie à une « Lagide grecque » à seule fin de commodité. Or, cette coudée de **0,461880215** mètre correspond à l'Esprit caché de ce que nous nommons « **La Tradition Primordiale** ». Première constatation intéressante, si nous divisons la hauteur de l'édifice qui retient notre attention par « la Baladi », nous obtenons

147,1317686 m ÷ 0,461880215 = 318,5496235 coudées Baladi.

318,5496235 coudées x π = **1 000**,753156 coudées en cercle.

Ces mille coudées que soulignent au-delà de la virgule ces petites décimales chicaneuses ne nous gênent pas outre mesure. N'avons-nous pas 2001,506315 coudées Baladi pour le périmètre total de la base pyramide sur le roc ? Ce qui donne à réfléchir sur l'ignorance que l'on prête à ces anciens. Enlevons les chicaneuses, cela fait 3001 pour le tout pyramide. Avec le 4 en quintessence cela fait le premier nombre nous dirait Pythagore.

La Genèse du Graal est géométrique.

Sur un plan biblique, nous avons là l'architecture de la tente du sanctuaire » Shekinah », mystère de la présence, dont la racine « Schakan » signifie : « *être comme sous une tente...* ». Le lecteur aura compris qu'il s'agit d'une tente tabernacle de forme pyramidale.

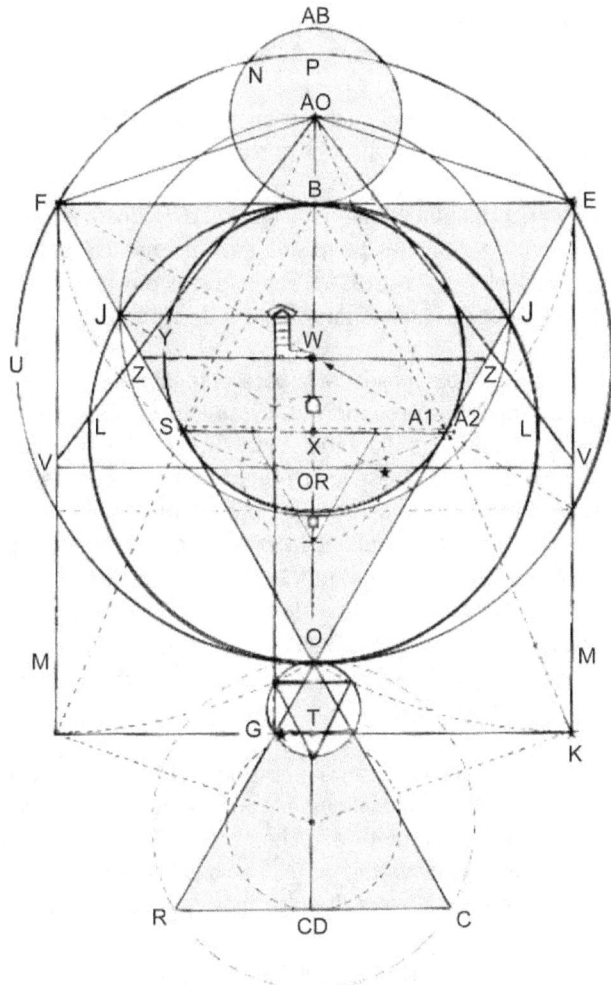

La valeur reportée de l'un des côtés des triangles (B) - (S) par exemple, divise la circonférence du cercle extérieur (U) en 7 parties égales (W) étant le rayon dudit cercle. Lorsque l'on parle d'une **étoile à 7 branches,** c'est celle que la déesse **Séshat** porte en tiare. Rappelons que la déesse **Séshat** ou Safkhit accompagnait **Pharaon** lors du tracé des édifices à vocation spirituelle, notamment lors de la pose de la première pierre (début des fondations). Les Anciens prétendaient que cette déesse était maîtresse des mesures. Selon eux, c'était elle qui tenait le cordeau alors que le Roi enfonçait le pieu, jalon de l'édifice.

Les inscriptions du temple d'Edfou nous content ainsi les faits :

« Je prends le jalon et j'empoigne le manche du maillet, j'empoigne le cordeau avec Séshat, j'ai tourné ma vue d'après le mouvement des étoiles ... »

À l'instar de Pharaon, nous n'avons aucun doute sur le bien-fondé de la démarche, lorsque nous aussi tournons notre vue vers les étoiles.

La demi-base **115,4700538 m** x 3 = 346,4101614 divisé par la verticale de 200 m, nous donne : **1,7320508080 m** soit la racine de **√3**. Alors que le (**2**) des 200 m, nous donne **√2 = 1,414213562**. Nous savons que cette dernière valeur équivaut à la longueur de la diagonale du carré de côté (**1**).

Précisons que les **208 assises de la pyramide** divisées par les **144 m** de la hauteur jusqu'à la plateforme support du pyramidion, réalisent 1,4444444444. Le cercle de 133,3333333 de diamètre (Y) sur notre schéma occupe le centre du calice. Sa circonférence réalise exactement **800 coudées**. **Le centre** de ces deux cercles (W) indique l'accès du couloir horizontal de la chambre du Roi. La ligne (J-J) constitue le niveau du liquide (mythique) contenu dans le calice **Graal**. Chaque paroi représente **la racine de √3** multipliée par 100 et considérée en mètres : 173. 2050808 m. La hauteur du liquide à l'intérieur du calice réalise **150 m**, multipliés par π = 471,2388979 m ÷ 9 = 52,3598774 m ou la coudée ésotérique à diviser par 100. 3600 minutes divisées par 150, cela fait 24 heures, le sablier pyramidal a rempli son office.

Si nous penchons la coupe avec l'intention de déverser son contenu, nous constatons que : lorsque la plage liquide atteint le point (F) en haut à gauche, elle s'oriente autour du sommet de la chambre du Roi (W). Alors que l'autre bord atteint les croisements des lignes (A1) en bas à droite pour rejoindre plus loin le tracé du carré-base à l'endroit où sa ligne se recoupe avec le cercle (U).

D'où le **100** du calice cryptographié avec **le sang** de la gnoséologique de la tradition. Il en est de même en ce qui concerne le **sang-vin** de **Mithra** et du **Christ** ou le judicieux **120** de la trinité x 3 = **360°**. De telles bizarreries linguistiques exemple pour 100 et sang, peuvent légitimement déconcerter. Nous serions en droit de penser que ces rapports idéo littéraires n'ont nulle raison de favoriser notre hexagone plus qu'une autre nation. Certes, il ne saurait y avoir un sentiment restrictif d'appartenance au sein de la **Connaissance Primordiale Universelle**. Il n'en va pas de même pour la découverte, suivie de l'interprétation du message :

Il se trouve que les 9 premiers chevaliers occidentaux, qui ont « quêstré » au Proche Orient et plus précisément à Jérusalem, étaient originaires de provinces françaises. Pour diverses raisons, nous subodorons que ces chevaliers ont codifié en des tournures sibyllines et le plus souvent astucieuses, les supports d'un néologisme initiatiques dont ils étaient tenus d'assimiler l'usage.

Les termes de ce langage particulier ont été repris par la gnose alchimique et importée dans les légendes médiévales.

Le but était de demeurer dans l'esprit de la tradition cachée tout en suggérant par les subtilités d'une dialectique véhiculaire, le caractère dissimulé de l'œuvre. Nous retrouvons ces indices référentiels en alchimie, l'athanor, le feu, la salamandre, le lion sanguinaire, l'effet miroir, la tente pour le schéma, le « mr – cure » en mercure et une foule d'autres éléments que les initiés côtoyaient journellement.

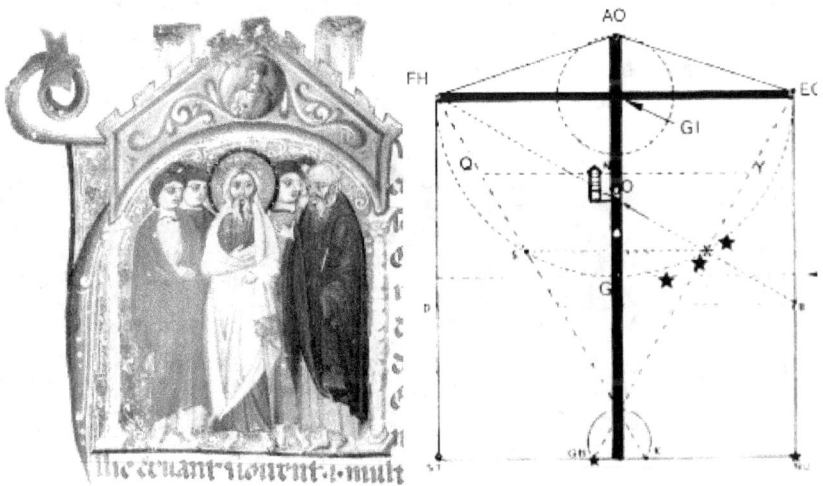

A gauche - Joseph d'Arimathie apportant le Graal à Glastonbury -
A droite - Notre schéma ou l'esprit originel de la tradition.

La quête du Graal, c'est la recherche d'un élément concret aux propriétés transcendantales, provenant d'une œuvre de caractère divin, révélatrice de connaissances cachées.

Le triangle équilatéral formé par le calice Graal est ici percé par la lance en direction du cœur du Roi. Ce trait partage en deux le triangle à l'endroit précis du point de croisement des étoiles-cadre d'Orion. C'est également le point où passe la coupe de sang-vin. Dans l'ancienne Égypte, cette forme de coupe était un hiéroglyphe qui signifiait Seigneur. Les « 3 » étoiles symbolisent les 3 Maries en prières au pied de la croix. La ligne qui coupe le triangle équilatéral en son milieu (flèche) passe par le point de croisement des étoiles-cadres et les chambres dites de décharges de la chambre du Roi. Serait-ce la lance du romain qui perça le cœur de Jésus ? Le Graal est géométriquement composé de 3 triangles réels et d'un demi-cercle virtuel aux formes emblématiques de la coupe à boire.

Il se trouve qu'à l'échelle pyramide du sommet du triangle aux étoiles du baudrier, cela représente un rayon de 120 mètres, le **sang-vin** de la gnose énigmatique. La Grande Pyramide nous livre une partie de ses mystères pour nous inciter à réformer notre conception des choses, pour être à l'écoute de notre intuition, pour être à la disposition de la renaissance, comme la nature s'organise pour accueillir le printemps. Le Graal au sein de l'édifice est donc la source mystérieuse auquel il fallait avoir accès pour être au cœur de la quête. La pluralité des indices ne laisse aucune autre supposition que celle que nous exposons, elle est riche de centaines de détails que nous ne pouvons énumérer sans y consacrer un ouvrage. Il suffit de faire allusion aux nombres qui composent les différents éléments calice, pour être persuadé de l'authenticité de la présence du Graal au sein de la Grande Pyramide. Ce qui était une évidence pour les auteurs qui se trouvent être à la base des mythologies.

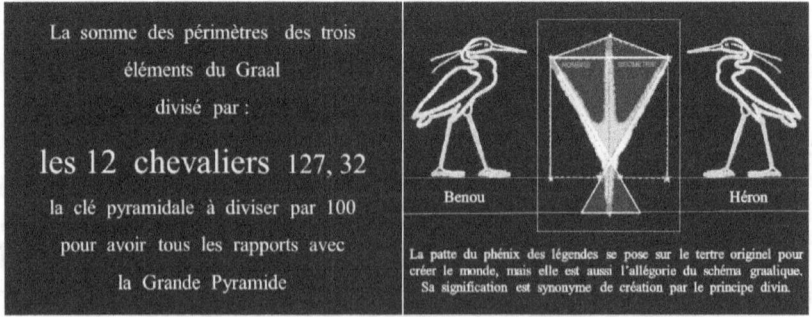

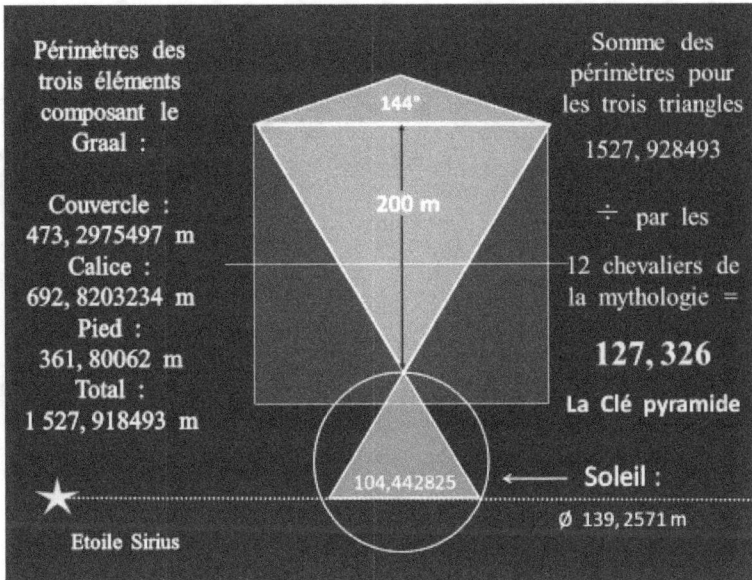

Ce sont les 12 chevaliers qui nous procurent la clé du chiffre 4 lequel ouvre les mystères de la Grande Pyramide. Nous avons après accès le Soleil, la Terre la Lune, le nombre pi, et les racines universelles de la création. Beaucoup d'êtres sont à même de constater ce miracle, mais très peu sont conscients que s'en est un.

Nous mesurons combien la technologie structurelle se trouve en harmonie avec la conception. Le Graal était aux environs de l'an 1000 un des éléments symboliques qui pouvait inciter l'imaginaire à véhiculer la foi. Certaines révélations en ce sens leur avaient été faites par des Arabes initiés d'Égypte. Les templiers, aidés par saint Bernard de Clairvaux, eurent alors le pressentiment d'une mission révélatrice, qui pensaient-ils, allait ouvrir les portes du monde à une autre réalité que l'existence matériel en lequel il sombrait.

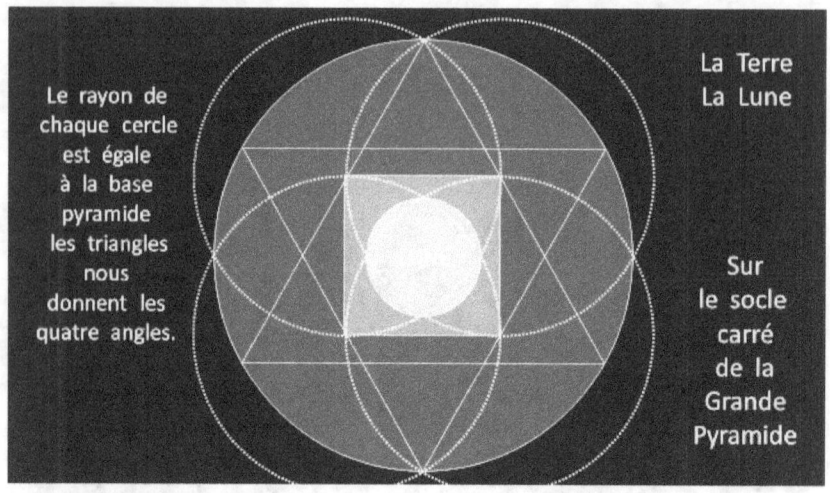

La réalité cognitive :

Le contexte est à la fois simple et saisissant d'application. Nous pressentons en cet assemblage de pierres un magistère des formes et des nombres. Il exerce son influence à tous les niveaux, mais il n'adhère pas à la moyenne conventionnelle du raisonnement humain. Les plus intuitifs d'entre nous sont troublés par les démonstrations alors même qu'une généralité est déstabilisée parce qu'elle considère que c'est une façon singulière d'appréhender le monde avec lequel elle s'est accoutumée à vivre. Pour accepter ce concept sans un vacillement du comportement, il nous faut effectuer un vide temporaire de l'acquis. Il nous faut gravir en imagination les pentes de l'absolu, les espaces négligés d'une investigation métaphysique. Nous déboucherons alors sur l'univers de la pensée, proche d'un éternel présent dont le symbole le plus manifeste est un ciel étoilé et silencieux.

C'est en partant des angles de base la Grande Pyramide que nous devons tracer 4 cercles dont les rayons correspondent aux côtés du carré-base. **Cela suffit à proportionner la surface de la Lune et la surface de la Terre indiquées par les croisements de cercles.** La Lune et La Terre ne cessent d'être présentes dans le contexte structurel de ce que nous nommons « **la table d'émeraude.** »

Pourquoi « émeraude » parce qu'elle est tracée par le rayon vert d'Osiris. N'est-ce point cet équilibre planétaire sublimé par le Soleil qui se trouve à l'origine du développement biologique ?

Les manifestations graphiques qui s'y rattachent sont nombreuses et surprenantes par la diversité de leurs expressions. Elles engagent l'esprit dans les méandres d'une réflexion inusitée. Ces concepteurs exogènes ont visiblement cherché à nous sensibiliser par le caractère universel de l'œuvre que nous étudions. Ils se sont ingéniés à nous prouver que nous ne sommes pas issus de ce grandiloquent hasard, outil initial de « c'est comme ça ! » Les astres ont peut-être suivi un processus lent de rotondité et de positionnement dans l'espace, mais leur finalité a été programmée en vertu des capacités réceptives d'une intelligence évolutive, qu'elle nous apparaisse humaine ou non.

Osons cette gageure qui consiste à tenter de saisir le bien-fondé de ce concept atypique que nous étudions. Dès le premier examen, nous sommes obnubilés par l'harmonie des corrélations en tout genre qui en émane. Celles des nombres et des formes, mais aussi celles qui consistent à coordonner en des abstractions numériques nos principes existentiels.

Mythologies et alchimie confirment cette vision des choses en tentant de structurer le mental autour des éléments essentiels que sont **le Soleil, la Terre et la Lune**. Nous prendrons conscience un jour que nos modalités journalières s'étiolent autour d'un mode de vie contingenté. Avec cette invitation, une démarche métaphysique se présente un champ cognitif de prospection que nous ne pouvions imaginer. Celui-ci ouvre des perspectives subversives en cette orthodoxie culturelle qui jusque-là était invariable.

Lorsque l'homme sort de l'animalité il ne sait compter que sur lui-même pour progresser. Aussi risque-t-il de verser dans la démesure en mettant en péril sa propre évolution. Ainsi passe-t-il par les stades successifs d'acceptation et de reniement que lui proposent ses possibilités déductives. Il en va de même pour le collectif sociétal, nous nous trouvons à l'un de ces carrefours cycliques où le basculement dans l'interrogation a sa nécessité. Si nous persévérons à l'ignorer, notre aveuglement fera régresser nos capacités mentales. Nos technologies nous conduiront à un asservissement des qualités pensantes et au-delà à une errance intellectuelle dont les prémices se discernent déjà dans différents domaines.

C'est pourquoi ces découvertes cachées au sein de la Grande Pyramide nous sont opportunément proposées comme sujet de réflexion, leur ascendance à des connotations spirituelles et philosophiques. Il suffit de visiter les thèmes, pour s'étonner, s'interroger et l'on pourrait même méditer sur toutes ces vies que nous passons sans connaître, sans nous émerveiller de la nature cachée des choses. Obnubilés que nous soyons par ce désir d'être reconnu par les autres, d'être intégré dans ce système commun rassérénant, car nous le présumons apte à nous procurer une raison d'être.

Alors que c'est en nous et en nous seuls qu'il importe de trouver cette affirmation intrinsèque. L'approche des mystères de la Grande Pyramide peut largement contribuer à notre équilibre intérieur, c'est le lien, le fil d'Ariane que nous nous devons de suivre tel un labyrinthe jusqu'à la « seba d'OR, la porte d'Orion. » Elle se trouve aussi dans l'étoile hexagonale du Soleil, là où passé et avenir côtoient le présent.

La géométrie subtile

Il est important que l'on prenne conscience de l'intérêt transcendantal des découvertes que nous présentons ici. Non point dans le dessein de valoriser les découvreurs qui ne sont en toute objectivité que « des tireurs de rideaux », mais bien pour mesurer les incidences que ces révélations ne manqueront pas d'avoir dans les âges futurs. L'homme d'aujourd'hui a perdu le sens de la mesure qu'avaient les anciens, le sens des distances, le sens des rapports aux choses. Il a échangé ces applications, contre le confort technologique, le rapport aux gains, au pouvoir, à la jouissance que procure l'hédonisme économique. Ces nouvelles adversités qui minent la condition humaine occultent l'essentiel et enfouissent la conscience en sa condition primaire. Ne cédons pas au grégarisme « média footballistique » ambiant, tentons de raisonner par nous-mêmes. Si l'on nous dit que tel homme est idéal, employons-nous à savoir pourquoi, et si l'on nous dit que la Grande Pyramide est un tombeau, prenons le temps de vérifier d'où viennent ces assertions. Le diplôme n'inclut pas en ses déclarations l'intégrité morale, cette dernière d'ailleurs n'a jamais eu de diplôme, car elle n'a pour maître que la dignité. Tentons de mesurer combien nous serions différents si nous avions accès à la vérité, et surtout si nous étions capables de l'interpréter. Cette vérité à un âge, c'est celui de notre maturité d'esprit. Elle est constituée de nos évaluations, de nos perceptions, de nos déductions. Qui de nous ne s'est pas reproché d'avoir eu dans un autre âge, une pensée et un comportement différent de ceux d'aujourd'hui. Aussi, est-il temps d'évaluer les probabilités d'exactitudes inhérentes aux découvertes dont nous faisons état :

- **Quelles sont les probabilités** pour que « **la circonférence Terre-Lune** » réalisant la valeur de 50929,58122 km divisés par les 72 noms réputés du Soleil, nous donnent 707,3552947, dont la racine de 26,596151188 multipliée par la coudée ésotérique égyptienne de 0,523598774 puis par 100 000, nous donnent, en kilomètres le Ø du **Soleil** ? Et nous n'entendons après l'écho de ce nombre que le silence de la nuit.

- **Quelles sont les probabilités** pour que les trois pyramides sur le plateau de Gizeh, construites nous dit-on par « des esprits sépulcraux » répondent à des critères correspondant aux plus hauts indices connus de la mathématique et de la géométrie ? Pour que « 8 » rectangles d'OR englobent le Soleil ? Pour que les triangles 3-4-5 déterminent dans le ciel la place de leurs sommets et que le baudrier d'Orion décide de leurs emplacements et de leur date de parution ? Quelles probabilités pour que les surfaces, les hauteurs, les distances incluent mètre et coudées et s'harmonisent en bien d'autres étrangetés déstabilisatrices pour l'entendement commun ?

- Quelles sont les probabilités qui fond que la Lune ait pour essence native la racine de trois, 1,732050807 x 2 x 1000 = 3 464,10176, et qu'en vertu de ce résultat, si nous ajoutons les « 9 » chiffres traditionnels de la genèse, virgule après le 12, et 3 4 5 6 7 8 9, nous obtenons la valeur moyenne de 3476,4474 km, valeur qui n'est autre, que le diamètre scientifiquement admis de l'astre de nos nuits ?

- Quelles sont les probabilités pour que le chiffre **3** (triangle) représentant la Grande Pyramide vue de la Terre, et le chiffre **4** (carré) représentant le même édifice vu du ciel, que ces deux chiffres nous communiquent le diamètre exact de la Terre à l'équateur puis de la Terre aux pôles, cela au mètre près, après que l'on ait effectué le simple rapport des valeurs structurelles du monument ?

- Quelles sont les probabilités pour que les trois chambres conçues à l'intérieur de la Grande Pyramide se superposent en des effets géométriques et numériques afin que leurs rayons nous procurent le nombre pi ? Pour que le triangle équilatéral inscrit en ce cercle ajuste l'un de ses côtés sur l'alignement des chambres ? Pour que la chambre de la Reine abrite les trois étoiles centrales de la constellation d'Orion ? Pour que la chambre du Roi réfugie au sein du sarcophage l'étoile Saïph, placée sur la poitrine du prétendant à l'initiation suprême ?

- Quelles sont les probabilités pour qu'un groupe d'étoiles (constellation d'Orion) forme un concept en croix, d'une absolue précision dont les degrés sont appropriés à l'ensemble des angles de la Grande Pyramide ? La structure qui en résulte est représentative de notions cosmiques, mathématiques, géométriques, en conformité avec nos capacités humaines de déduction.

- Quelles sont les probabilités pour que la constellation d'Orion et son regroupement de 7 étoiles traditionnelles génèrent des distances d'éloignements en années-lumière correspondant à la coudée pyramidale, aune des temples antiques ? Cette coudée multipliée par les 6 jours de la création nous procure le nombre pi. Nous avons des dizaines de preuves de son existence au centième de millimètre près, alors qu'il nous est dit que ce nombre était inconnu à l'époque de la restauration de la Grande Pyramide. Qu'elles sont les probabilités pour que la coudée ésotérique de 0,523598774 m ait par sa racine carrée la possibilité de s'identifier à l'étoile hexagonale du Soleil avec le nombre divin de 0,7236012 lequel implique la précession des équinoxes ?

- Quelles sont les probabilités pour que la structure de la Grande Pyramide ainsi définie par les étoiles nous donne en son périmètre structurel la valeur de 3 600 mètres justes ? Ce nombre considéré sacré par les plus anciennes civilisations est en étroite relation avec les cycles cosmiques et les antiques mythologies. Et comment se fait-il que les trois pyramides sur le plateau affichent de semblables décimales avec leurs pyramidions ?

- **Quelles sont les probabilités** pour que la trois mille six centième partie de cette structure, c'est-à-dire le mètre, ôtée de la hauteur de la Grande Pyramide nous donne la Terre et son année sidérale ? 147,1317686 m moins 1 m = 146,1317686 m divisés par la circonférence terrestre, soit 40 008 km valeur moyenne, multipliée par 100 000, nous procure l'année sidérale avec toutes ses décimales, soit, 365,2563708 jours.

- **Quelles sont les probabilités** pour que l'arc-en-ciel possède des angles de réfraction en lumière incidente scientifiquement établis, en accord parfait avec les angles de bases de la Grande Pyramide ? Laquelle Grande Pyramide, rappelons-le, a une structure engendrée par les étoiles d'Orion. Par quel effet miraculeux ces données d'angles correspondent l'une d'elles au violet avec l'entrée dans le spectre visible et la seconde au vert avec le milieu de la gamme chromatique, cela en parfaite similitude avec Osiris, **dieu vert du renouveau** à qui la Grande Pyramide est dédiée ?

- **Quelles sont les probabilités** pour qu'un triangle équilatéral regroupant sur chacun de ses côtés, le mètre et la coudée réunis, nous procure 9 fois la hauteur de la Grande Pyramide, dont l'origine est céleste ? Il y a « 9 chiffres » base de composition pour l'ensemble des nombres et 9 dieux président l'ennéade Genèse de l'Égypte ?

- **Quelles sont les probabilités** pour que cette même pyramide, coupe et plan associés, nous gratifie d'un tracé de forme ovoïde, semblable à celui que dessine la Terre en sa trajectoire autour du Soleil ? Quelle probabilité pour que ces valeurs affichées, multipliées par un million, coïncident avec les distances réelles de la Terre aphélie, périhélie. Particularités que la pyramide inscrit sur ses faces aux équinoxes en observant une dichotomie de l'ombre et de la lumière ?

- **Quelles sont les probabilités** pour que l'espace réservé aux astres Terre-Lune se révèle identique à la surface au sol des trois pyramides que l'on prétend être des tombeaux ? Le rapport volume, mesures, distances et pourcentage coïncide à merveille, il suffit pour cela de disposer judicieusement les deux astres sur le terrain pour qu'ils se révèlent concordants. La chaussée processionnaire de Khephren soulignant le principe.

- **Quelles sont les probabilités** pour que l'étoile Sirius située à 8,6 années-lumière de la Terre soit engagée dans ces recherches spécifiques ? C'est ainsi que Sirius se trouve en alignement avec les étoiles Saïph et Bellatrix de la constellation d'Orion, le nombre d'OR et la montée en altitude du cycle précessionnel. Nous constatons que la plus belle étoile du Ciel est au départ du cycle à moins 10 435 ans, sur la ligne du carré base en parfaite horizontalité. Alors qu'en double preuve, le même jour, la constellation inscrivait la croix d'Orion sur le méridien sud. Ces évènements marquent le départ d'un nouveau cycle précessionnel.

- **Quelles sont les probabilités** pour que le point central entre deux cercles, l'un de quadrature, l'autre inscrit dans le carré base, représente l'année zéro de notre ère ? Quelle probabilité pour que ce point affiche un nombre d'années identique entre lui et le règne de Khéops, de même qu'entre lui et la fin du demi-cycle précessionnel ? Quelle probabilité pour que le bas du cercle en moins 630 indique le début du judaïsme grâce à la rediffusion des ouvrages du Pentateuque sous Josias, et que le haut du cercle en 630 indique le début de la religion musulmane avec la prise de la Mecque ? Quelle probabilité, pour que le centre de ce même cercle indique, lui, l'an zéro de notre ère, la naissance du Christ et le début de la chrétienté ?

- **Quelles sont les probabilités** pour que le diamètre du cercle Terre-Lune ajusté aux apothèmes de la Grande Pyramide coïncide par 162,113893 m, ce sont les décimales du diamètre Terre-Lune, avec la chambre du Roi à hauteur exacte du corps de l'initié placé dans le sarcophage et dont l'étoile Saïph occupe déjà le milieu de la poitrine ?

- **Quelles sont les probabilités** pour que le déplacement de la constellation d'Orion au cours de son demi-cycle précessionnel affiche des données d'une grande précision ayant trait aux valeurs de la Grande Pyramide ? Pour quatre facteurs principaux : le départ du cycle, la situation sous Khéops (rénovation du site), la naissance du Christ, la fin du demi-cycle. Ces données d'une rigueur absolue sont vérifiables à l'aide de logiciels appropriés et n'offrent pas d'interprétations. Quelle probabilité pour que cette hauteur pyramide réalise 144 m, et pour que son pyramidion en hauteur réalise le nombre Pi, avec 20 fois en coudées le nombre d'Osiris ?

- **Quelles sont les probabilités** pour que le Soleil, notre astre de lumière, soit de nombreuses fois impliqué dans l'aspect schématique de la construction tels le Graal ou l'horizon de Khéops ? Pour que ses valeurs amenées à l'échelle de l'édifice coïncident avec les pentes, les bases, les nombres et les distances. Pour que son triangle équilatéral circonscrit repose sur le socle du monument comme pour justifier par cette plénitude ce que nous avançons ? Comment peut-il se faire que toutes ces références soient inconnues et qu'elles soient négligées par notre science expérimentale ?

- Quelles sont les probabilités pour que l'on retrouve sur le plafond d'une tombe de la XVIIIe dynastie (Senmout), les principaux critères que nous exposons en rapport avec la constellation d'Orion, alors que les anciens Égyptiens n'avaient aucun moyen de mesurer les distances des astres et d'en tirer des conclusions à caractère scientifique ? Quelles probabilités pour qu'il y ait des centaines de fresques à caractères ésotériques représentatives de ce que nous avançons ?

- Quelles sont les probabilités pour que se trouvent réunis dans le volume d'un tombeau attribué à un monarque sans grande notoriété, tous les critères anachroniques d'une connaissance qui réunit passé et futur, et bien d'autres valeurs que nous nommons universelles et qui ne peuvent venir des humains de l'époque ? Des mythes archaïques aux légendes du Graal enseignés avec des techniques inconnues. Autant de mystères dont on ne peut souligner l'origine sans susciter la suspicion.

- Quelles sont les probabilités pour que les valeurs de la précession des équinoxes, le périmètre des deux triangles hexagonaux se trouvent être circonscrits dans le Soleil et que la racine carrée de la coudée ésotérique soient identiques au nombre 7236012 lequel nombre a une valeur universelle. Comment ces nombres 72-360-12 peuvent-ils être la référence même de la précession des équinoxes ?

- Quelles sont les probabilités pour que l'étoile Saïph en décalage imperceptible sur l'horizontal avec Bellatrix représente l'espacement de la chambre du roi et celui beaucoup plus subtil du creusement des faces de 0,94 m, qui scinde en deux les côtés de la Grande Pyramide aux périodes équinoxiales ?

- Quelles sont les probabilités pour que ces phénomènes aient été connus de l'élite égyptienne, instruite dans le secret des temples, et qu'elle ait pu restituer des centaines de thèmes sur les stèles, les applications funéraires ou les œuvres d'art, en leur donnant un sens caché parmi les plus subtiles qui soit. Comment pouvaient-ils connaître avec précision le diamètre des astres tels que la Lune, la Terre, le Soleil, la portion d'OR, le nombre Pi, les racines et tant d'autres mystères ?

- Quelles sont les probabilités pour que les trois pyramides de Gizeh aient leurs hauteurs cumulées qui réalisent **360** mètres ? Pour que les faces de ces deux grandes pyramides 216,0995729 + 231,1140418 = 447,2136147 X² réalisent **200 000**. Et que toutes les dimensions des pyramides de Gizeh répondent à des critères semblables que nous pouvons prouver. Les trois côtés placés en diamètre réalisent 551,3288956 x 3,141592654 = divisé par 1000 la racine carré de 3,**1,732050808**.

- **Quelles sont les probabilités** pour qu'une diagonale de 1 mètre mesurée dans un carré de 0,707106781 de côté soit un cercle de même surface, lequel divisé par 360° nous donne en décimales le rayon du Soleil par degré avec une précision absolue ?

Enfin, quelles sont les probabilités pour qu'autant de facteurs d'ordre scientifique deviennent pour certains un afflux de coïncidence ? Pour que ces coïncidences soient regroupées en trois monuments, avec des marges d'erreur ne dépassant pas le plus souvent 1 millimètre pour 100 mètres ? Est-ce là vraiment le fait du hasard ? Si ce n'est pas le fait du hasard, alors, il nous faut adhérer avec Jean Guitton et un nombre croissant de scientifiques à cet axiome qu'il existe :

« Un Principe Concepteur et Planificateur de l'Univers ».

1 392 571,258 km ÷ 100 000 ÷ par la coudée de 0,523598774 X² multiplié par les 72 noms du Soleil

Le total nous donne la circonférence moyenne de la Terre et de la Lune 50 929,58168 km.

Ce « Principe Créateur » aurait laissé libre cours à l'intelligence humaine pour qu'elle se manifeste selon ses ressentis. Hélas, le résultat est tout autre : la plupart des êtres sont fascinés par les apports du créé, la tentation matérielle obnubile chez eux toute autre forme d'aspiration.

Le Principe Créateur dans la Tradition Primordiale

En considérant n'être que les épiphénomènes d'une nature aux agencements fortuits, ils s'éloignent du message subtil que nous offre ce « Principe Créateur ». Il nous faut donc impérativement tenter de rééduquer nos pensées vers une réalité intemporelle. Lorsqu'on la cherche, on la trouve, et celle-ci nous apparaît alors aussi évidente que ce matérialisme qui nous fascine. La juste pensée s'organise autour de la réflexion, du courage, de la volonté d'aboutir, doublée d'une action fraternelle au service des autres, source de dépassement du soi. Méditons cela : « Un rayon de lumière n'est pas visible en l'obscurité spatiale, mais nous pouvons être le sujet sur lequel il se réfléchit en suscitant la réflexion. » Découvrir que Soleil, Terre et Lune ont une alliance numérique n'est pas anodin.

« La physique gravit pas à pas la haute montagne qui accède au réel, pour trouver finalement déjà installée au sommet, la connaissance intuitive. » Jean Charon

Tout ce que nous mentionnons ici servira peut-être d'assise à une société nouvelle, dans environ soixante années de nos jours. Les découvreurs que nous sommes auront depuis longtemps disparu. Après bien des aléas, l'humanité se trouvera à l'orée de l'âge d'OR et le lien Terre-Ciel sera susceptible d'être rétabli. Nous en formulons le souhait au nom d'une vérité potentiellement prête à s'épanouir. Mais si cela n'est pas... rien ne sera !

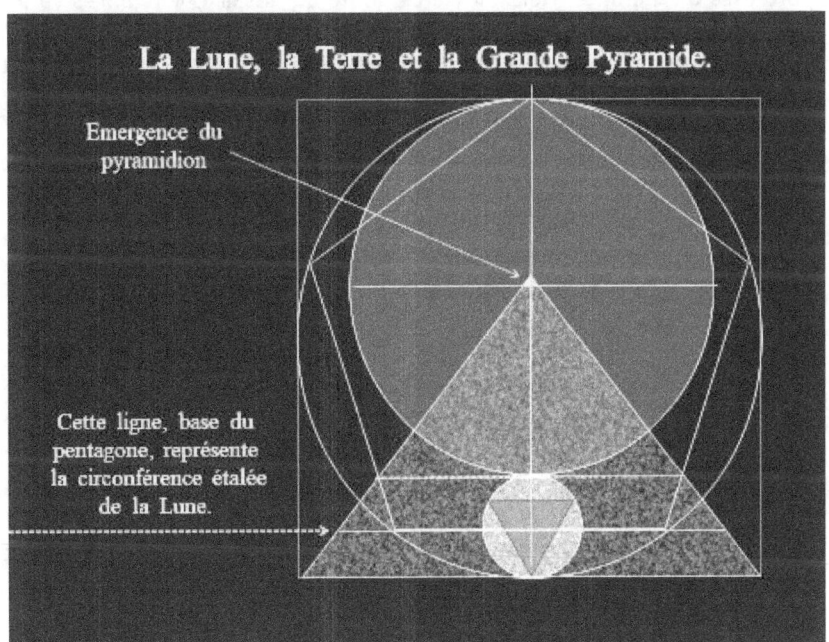

Le raisonnement est ici corroboré par trois cercles, en leurs circonférences et diamètres. La majesté de cet accomplissement laisse pantois. Malgré son incontestable précision, ce kaléidoscope ne fera pas vibrer toutes les sensibilités. Nous sommes si peu nombreux chers lecteurs à nous intéresser à ce que nous révélons, alors que la possibilité est enfin donnée à l'humanité de discerner son véritable sens. Elle demeure hélas dans l'indifférence, car il s'agit là de fruits qu'elle ne connaît pas. On peut être méfiant des beautés dites surnaturelles, cependant, celles-là ont l'avantage d'être nos fondements environnementaux. Le Soleil dont il est question n'est peut-être pas celui brillant et généreux qui dispense ses bienfaits à la nature des choses, c'est son émanation, son Atoum-ré autrement formulé, le principe dans la lumière. Cette émanation éclaire l'intérieur du soi, et pour cela elle emploie le langage intuitif de l'âme. Aussi demeure-t-elle abstraite à ces kyrielles d'individus élevés au biberon du capital et qui n'ont que des leurres pour évolution. Nous avons ici, croyons-nous, matière à réflexion. Comment le diamètre de la Lune peut-il définir sa circonférence sur les apothèmes de la pyramide et engendrer la Terre. La réponse est simple, elle tient à l'universalité des choses que la science actuelle réfute telle une hérésie, alors que les générations futures considéreront cela comme une évidence. Il est plus facile de mettre à la poubelle ce que l'on ne comprend pas que de passer du temps à l'étudier. Si le déclencheur réflexe des probabilités jouait pour chaque individu, nous réagirions avec enthousiasme à ces formules mathématiques innovantes et porteuses d'espérance. Hélas, il y a ce doute qui assaille, « le jamais vu à la télé, » l'absence d'évocations médiatiques, la crainte d'être naïf, la foi aveugle en la science alors qu'elle n'est qu'expérimentale, tous ces arguments psychotropes sont des caractérisations.

« **Voilà l'homme**... ! » Proclamait Diogène après avoir plumé un poulet vivant, lequel se mit à hurler à sa nudité plus qu'à... sa souffrance.

À l'instar de Diogène, nous essayons de comprendre l'homme dans son système de référence et nous constatons qu'il n'est pas assimilable à un système de déduction.

La beauté géométrique persévère à nous éblouir avec ses formes polyédriques debout ou inversées, lesquelles nous procurent les positionnements des chambres du Roi et de la Reine. L'une avec le toit, l'autre avec le seuil, ce qui constitue une double symbolique. Le pentagone est l'un des 5 polyèdres réguliers que la genèse égyptienne assimilait aux cinq enfants de Geb et Nout en l'ennéade. Il était dédié à Osiris, cinquième dieu en l'ennéade, comme le dodécaèdre était réservé à Seth l'impitoyable cerbère veilleur de ce désert apparent qu'est le sanctuaire de connaissance. Le néophyte ne peut le pénétrer qu'en livrant une bataille psychologique aux gardiens des lieux. Il est notoire que les anciennes civilisations cherchaient à effrayer les curieux, par les terrifiantes entités du panthéisme. Ne fallait-il pas éloigner de la connaissance les indiscrets, curieux et autres importuns qui n'avaient aucune inclination pour la démarche ésotérique et les rigueurs de son art. L'être qui avait soif d'absolu devait dépasser le stade des accumulations de biens matériels, ambition qui n'aspire qu'à l'admiration des autres, quand elle ne tend pas à leur domination. L'homme fortuné jouit certes des agréments que procurent les instincts basiques du corps et de l'esprit, mais cette carence le dépersonnalise, au point qu'il est assimilé à sa fortune, dont son âme même le dépouille. Ce n'est pas lui que le monde envie, c'est sa richesse, si celle-ci change de mains, l'avidité du monde suit la fortune, pas l'homme ! Le dieu Osiris incarne les deux aspects du pentagone, lequel emblématise les côtés prosaïques de la nature humaine. C'est pourquoi le pentagone est prétendue maléfique tête en bas, la Terre, et bénéfique tête en haut, le ciel, les deux situations que l'on prête à Osiris. Mais ces deux ne font qu'une, car l'homme est une double nature que ses choix distinguent en permanence pour satisfaire à son élévation.

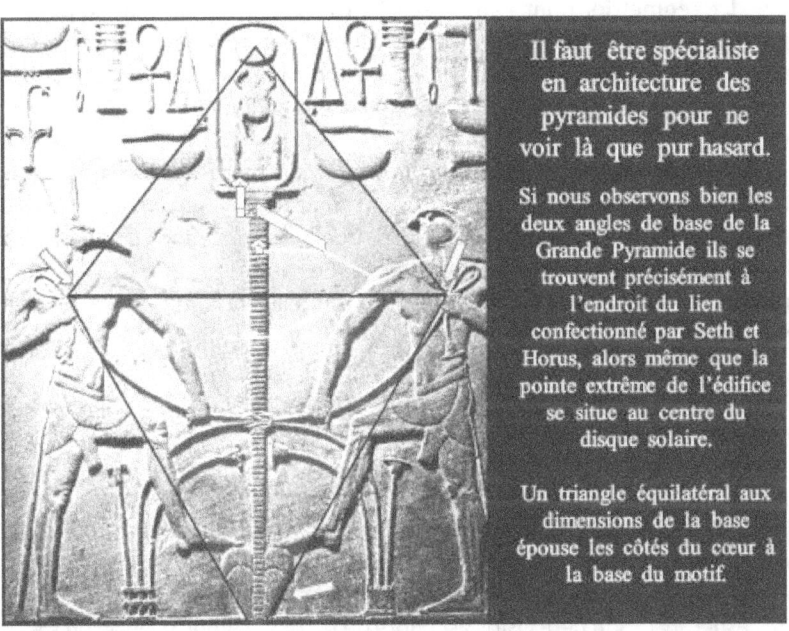

Il faut être spécialiste en architecture des pyramides pour ne voir là que pur hasard.

Si nous observons bien les deux angles de base de la Grande Pyramide ils se trouvent précisément à l'endroit du lien confectionné par Seth et Horus, alors même que la pointe extrême de l'édifice se situe au centre du disque solaire.

Un triangle équilatéral aux dimensions de la base épouse les côtés du cœur à la base du motif.

En projetant le tracé pyramide sur cette stèle très connue, nous constatons que les formes s'égaillent à la perfection. Horus et Seth étirent bien la base de l'édifice, le triangle équilatéral part bien du cœur, et la pointe de la pyramide est bien au centre du Soleil que pousse le Khépri dans le cartouche. Merci à toi ancienne Égypte.

Géométrie abstraite de l'œuvre pyramidale :

Pour être en mesure de pénétrer les arcanes de ce merveilleux monument, trois ordonnances imposent leurs logiques. Toutes trois sont intimement liées aux **Principes originels** de la création, mis en œuvre par Atoum, Dieu des dieux. La mathématique-la géométrie-l'astronomie. Ces trois disciplines s'interpénètrent et s'harmonisent au sein du volume structurel, enguirlandées par les fioritures mythologiques.

La mathématique, dont l'âme est le nombre, est incarnée par **le premier principe** émanant du créé (le « nou » égyptien) le dieu **Shou.** Ses options composites sont le jour - le masculin - la force - le chaud - le sec - la verticalité - les nombres. Le premier principe est générateur de la flamme.

La géométrie, dont l'âme est la forme, est incarnée par **le deuxième principe** émanant du créé, la déesse **Tefnout.** Ses options composites sont la nuit étoilée - le féminin - la beauté - le froid - l'humidité - l'horizontalité - la géométrie. Le second principe est dispensateur de lumière.

L'astronomie, dont l'âme est la notion de temps, est incarnée par **les troisième et quatrième principes.** Ils ont pour noms le dieu **Geb** et la déesse **Nout** ou la Terre (matière) et le Ciel (spiritualité). Ses options composites sont le Nou dans le Noun ou le créé en l'incréé. Ces deux principes Geb - Nout sont récepteurs d'équilibre et de beauté, donc d'intelligence potentielle qui ne sera révélée qu'avec Horus.

Nous avons là, les quatre premiers principes de l'ennéade. Ils ne seraient rien sans le dixième principe et premier nombre 1 + 2 + 3 + 4 = 10 : **Le 10 Horus.**

Le faucon est fils du cinquième et huitième principe de la genèse que sont Osiris et Isis. Le nombre « 58 » a pour racine carrée multiplié par dix les degrés du sommet de la Grande Pyramide. Horus représente l'intelligence en évolution. Horus a le pouvoir de rallier le Ciel et la Terre et d'entretenir le lien de l'espérance. Son père Osiris est l'hôte de la constellation d'Orion où s'étalent deux fois sept fois les morceaux de son corps dispersés par **Seth**. Sa mère Isis se tient en son « bétyle » carrée-base, représentée par la Grande Pyramide, monument dont elle est désormais « Maîtresse » en l'absence de son époux. Horus est le lien sensible, l'espérance du cœur, la promesse placée dans les nues, c'est lui qui lutte, combat, souffre et triomphe. Sur ses ailes de faucon, nous pénétrons les brumes de l'inaccessible pour aborder les rivages de la compréhension. Au-delà de ces brumes, se présente à nous une forme que nous allons devoir faire évoluer.

Elle est l'une des trois disciplines citées plus haut : **la géométrie**. Nous observons sur ses graphismes le manifeste, l'historique, l'authentique « Horizon de Kheops » :

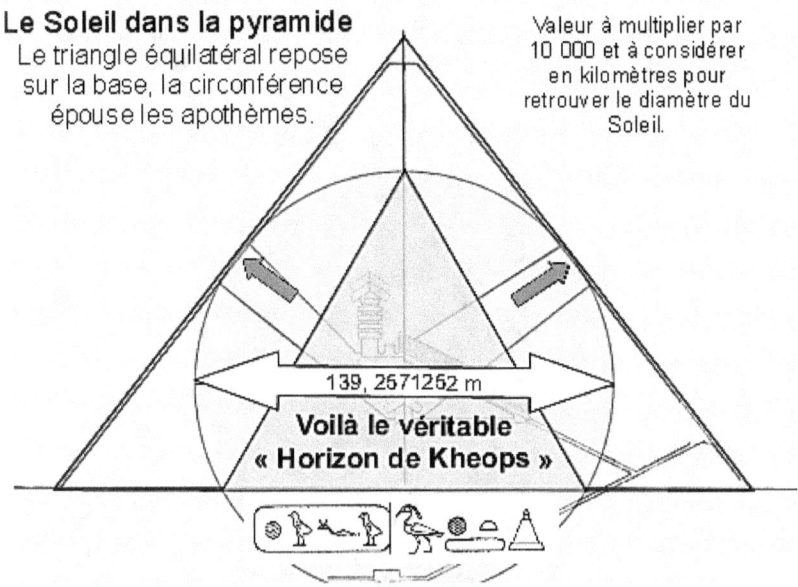

Des générations de chercheurs ont vainement tenté d'effectuer un rapprochement entre la signification de ce terme et les aspirations du soi-disant constructeur, le Roi Kheops. Ce qui prouve que ce pharaon était initié à des secrets concernant l'édifice qu'il avait à charge de restaurer. Le Soleil émerge à l'intérieur de la pyramide avec les 3/4 de son diamètre à partir de la base. Aussi est-il à ce stade en tout point semblable à l'astre du jour surgissant de l'horizon pour illuminer la biosphère. La lumière, elle ne peut être mieux symbolisée que par un triangle équilatéral dont l'équilibre repose sur la base pyramide. Dès lors, cette lumière irradiante engendre, non point ce que chacun peut constater, une chaleur bienfaisante roborative des éléments vivants, mais une voie intérieure idoine à l'esprit de déduction, un sens caché au commun, apte à dynamiser la conscience et réactiver son pouvoir ascendant par un stimulus révélateur de spiritualité.

Il est vrai que l'apparent chaos du concept général pourrait être pressenti négativement, avec ses couloirs étroits, ses pentes abruptes, ses modes d'accès inadéquats et son volume en démesure. Beaucoup se sont arrêtés sur ces constatations sans chercher d'autres interprétations que cet illogisme par trop flagrant pour être recevable. Sur l'image de gauche figure le disque solaire dont les deux tiers occupent le volume pyramidal, tel qu'il nous est présenté sur le terrain. Hauteur pyramide sur le sol 147,13176 m, hauteur du diamètre solaire 139,2571 m ☉.

La deuxième figure représente la pyramide céleste, c'est-à-dire une extension virtuelle de la première que justifient plusieurs facteurs validés par l'étoile Sirius. La pointe du triangle atteint alors la chambre du Roi et le haut de la circonférence rejoint les apothèmes **au milieu du carré-base**.

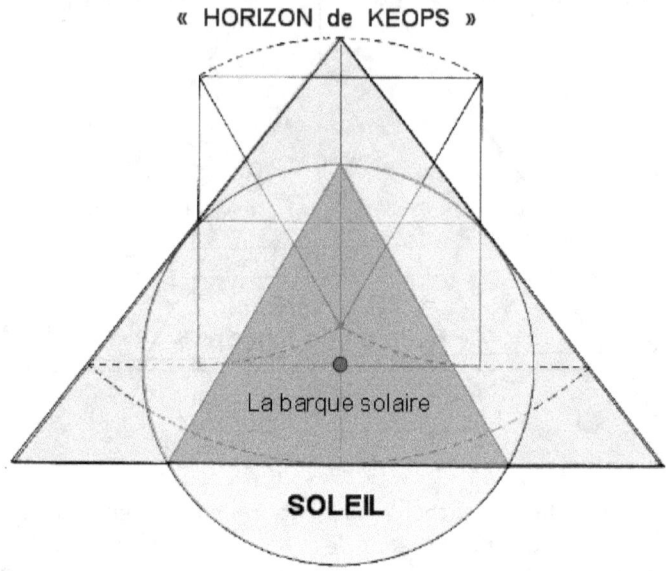

À notre époque, la formation psychique ignore le rapport constant des chiffres dans la représentation du monde. Cette carence est due à l'a priori qui consiste à penser que la nature s'est confrontée à des risques naturels dont elle a triomphé à force d'adaptations chimiques pour être ce qu'elle est. L'adaptation est certes une réalité, mais elle ne saurait expliquer les choix de la beauté, de la diversité, de la concordance, en un mot : de l'harmonie. Le jour où nous accepterons d'envisager un principe régulateur universel, agent déterminant du support existentiel, nous aurons franchi une étape décisive sur le chemin de l'élévation. C'est en observant la nature des choses que nous évoluerons, non pour gagner plus d'argent, mais plus de connaissances. Nous savourerons la pureté des formes et leurs imbrications, mais aussi l'arpège d'un secret langage que la nature dispense à ceux qui la chérissent.

En présence d'aussi nombreux témoignages, le fait de s'obstiner à penser que de telles merveilles se trouvent en un tombeau relève d'une pathologie obsessionnelle. Aussi, est-il préférable en nos temps interlopes de dénoncer ouvertement la chose, plutôt que de persister à croire que ces faiseurs d'opinions sont détenteurs de la vérité. Vérité qu'ils confondent le plus souvent avec leur pouvoir d'informer. Ainsi des dizaines de générations auront été instruites, non de recherches consciencieuses et probes en ce qui concerne la Grande Pyramide, mais de conceptions hâtives d'une gent dirigiste en absence de scrupule.

Devons-nous voir là la valeur totale d'une simple énumération des dimensions terrestres ou le clin d'œil malin d'un démiurge face à notre incrédulité ?

Ø pôles : 12 713,5459 km

Ø moyen : 12 734,94192 km

Ø équateur : 12 756,3379 km

Les trois diamètres de notre Terre affichent les heures du jour alors même que la pluralité des décimales exposées laisse entrevoir un total inexpressif de 38 204,8257, mais multiplié par Pi, cela devient un immense clin d'œil de circonférence :

C'est le jour et la nuit « **12 0 0 24** ». Ces nombres ne sont rien et ils sont tout à la fois, car ces deux mentions issues de la Terre sont également la référence principale de notre temps journalier. C'est le hasard... « **Le hasard est le hochet des innocents !** »

Ce résultat mériterait à lui seul une profonde réflexion qui engagerait le débat dans le domaine des probabilités. Hélas, dès l'enfance, notre esprit est formaté par les critères d'une science expérimentale qui nous diplôme, et contre laquelle on ne peut se rebeller par absence de comparaisons. Et surtout par cette immense considération que l'on se doit de porter à ses pairs, non par le respect qu'ils vous imposent, mais par le pouvoir qu'ils détiennent à faire de vous, en vertu de votre soumission un élément valable à considérer. Le jour où cesseront ces assujettissements, nous mesurerons le gouffre en lequel des générations ont été conditionnées par ses scientists tout puissants de l'orthodoxie du confort émérite, dont aucune loi ne régit le comportement.

Georges Vermard

Les mystères ne sont que nos méconnaissances

Selon les idées reçues, les Anciens Égyptiens ne connaissaient qu'une valeur approchante de π 3,12 ou encore π 3,16. Et pour cause, **pi** était un nombre sacralisé et il ne figurait jamais en aucun texte public. Les valeurs en usage, il y en eut plusieurs au cours des siècles, étaient amplement suffisantes pour solutionner au quotidien les problèmes posés. Il en allait tout autrement pour l'élite sapientielle. Celle-là était généralement occupée à des tâches plus complexes, si ce n'est plus nobles ou plus subtiles, lesquelles nécessitaient des données précises.

Le « 22 ÷ 7 » que l'on prête à Archimède, soit « 3,142857 » fut longtemps considéré comme la résultante offrant la plus grande précision. Il nous faudra attendre le XIXe siècle pour entériner le côté transcendant de pi alors que les **initiés** à la connaissance cachée, instruits par les hiérarques fidèles à **la Tradition Primordiale**, détenaient cette valeur depuis la plus Haute Antiquité.

« *Hâblerie, que cela !* », vociféreront les inconditionnels de l'enseignement dispensé. Comment peut-on cultiver jusqu'à l'absurde toutes les facettes de l'acquis sans jamais remettre l'une d'elles en question ? Tout simplement parce que cela crée des mouvances que la tranquillité d'esprit ne supporte pas. Le fait de croire dominer une technique complexe en nos temps actuels procure souvent l'illusion d'un savoir encyclopédique. Cependant il ne viendrait pas à l'esprit de comparer cette aptitude aux multi sciences que cultivaient les anciens. Nous comprendrons dans un futur proche, et peut-être à nos dépends, que la connaissance des phénoménalités nous aiderait à vivre, car tout ici-bas à une incidence sur tout. De nos jours, des supports médiatiques irresponsables s'ingénient à normaliser les instincts élémentaires qui animent le fond natif des individus, gains faciles sans aucun labeur, jeux d'argent, sports de fauteuil, qu'agrémentent le sexe et la bouffe gourmande. Si nous joignons à ces broyeurs de neurones, le culte des stupéfiants et autres narcotiques qui annihilent les consciences, la vie humaine étant animalisée aucune élévation n'est envisageable.

Aujourd'hui les blasons sont peints aux couleurs des meneurs de jeu. Ne cherche-tons-pas à s'identifier à ce que nous estimons être la normalité, paraître ce que nous désirons être à défaut de ce que nous sommes. Soyons lucides, une société qui ne sait s'affranchir des apparences est une société immature. Ce n'était pas grave à l'âge des Zazous, mais à notre époque inter nautique, c'est tragique. Une population devenue amorale, avec le « A » privatif grec, ne peut espérer vivre en une collectivité respectable, elle ne peut que se morceler idéologiquement et disparaître ! C'est le cas de notre monde en dégénérescence, soyons conscients de cela, les signes avant-coureurs sont nombreux et évidents.

Nous sommes sur Terre, nous l'avons déjà dit, pour une seule raison, élever notre état de conscience, et si cela est possible, celui de la société en laquelle on se trouve.

La résurgence d'un état de conscience imprégnée d'aspirations spirituelles aiderait à une déontologie commune. Il serait souhaitable que les responsables aient des programmes étagés en fonction des capacités cognitives des classes populaires, celles-ci sont aujourd'hui dépassées par l'aspect subversif des technologies. Ivre de son matérialisme outrancier, notre société actuelle est tributaire de l'empirisme du gain auquel elle adhère par manque de discernement et ignorance de l'effet boomerang. L'homme peut amalgamer beaucoup de disciplines, à une seule condition pour le maintien de son équilibre, qu'il est le temps de les assimiler. Aussi est-il aujourd'hui difficilement concevable qu'en des époques lointaines, il fût des domaines de connaissances plus avancées que ceux que nous louangeons actuellement. Seule différence importante, ces connaissances n'étaient pas issues et ne résultaient pas des mêmes critères de valeurs. L'évolution n'était pas conditionnée par l'attrait toujours plus pernicieux du profit que l'on qualifie pudiquement d'économie de marché. Les très anciens que nous évoquons ne pratiquaient pas les liaisons internet, mais ils savaient entretenir et tirer parti de tous les apports offerts à l'être humain. C'était une sorte d'agrégation entre la nature des choses, entre l'état de penser et celui plus délicat du ressenti. Nous pouvons présumer que des millénaires durant, cette fusion intime les a aidés à faire se pérenniser l'harmonie en leurs sociétés. Imaginons, le temps d'un sourire, ce que pourraient être demain « les millénaires » de notre civilisation actuelle. Il ne peut y avoir que des illusionnistes pour nous faire croire aux effets magiques des technologies en ignorant la philosophie nécessaire pour les étayer.

« *Raisonnement désuet !* », s'exclamera le séide désigné d'un capitalisme contemplatif :

« Vous flattez l'expérience des anciens ! Mais si nous analysons l'ensemble des traces que nous a laissé le passé, peut-on dire raisonnablement que transparaisse le moindre indice d'une évolution supérieure ? Parmi ce que nous avons déchiffré, que trouvons-nous, si ce n'est des données arithmétiques élémentaires, alambiquées et vraiment peu crédibles ?

Les Égyptiens, les Sumériens et d'ailleurs tous les peuples prétendus savants de l'antiquité étaient de piètres calculateurs, affublés de surcroît d'un irrationalisme aberrant, ce qui fut une entrave à toute progression logique de leurs sociétés... »

Voilà qui est révélateur d'obnubilation si ce n'est de sottise. Les anciens non encore hellénisés étaient de sombres Béotiens ! Ce qui constitue d'ailleurs un paradoxe, étant donné que les Grecs eux-mêmes reconnaissaient qu'ils devaient une large partie de leurs connaissances aux Égyptiens, aux Celtes et Mésopotamiens. Il est manifeste que ce qui est officialisé de l'histoire passée ne favorise en rien ce que nous alléguons. Cependant, nous nous obstinons à déclarer que ces valeurs traditionnelles ne pouvaient être transmises que **sous le sceau du secret** et que ces secrets-là étaient enfouis au plus profond des temples. Un serment engageait « le récipiendaire » au-delà de la mort. Aussi était-il admissible que rien de cette connaissance cachée ne se répande dans le monde profane.

Remémorons-nous quelques témoignages de ces initiés qui avaient à cœur de ne point révéler ce qu'ils avaient reçu de leurs Pairs :

« Je suis un Prêtre instruit du mystère, dont il ne sort pas de la poitrine ce qu'il a perçu ». Les mystères d'Osiris.

« N'allez point révéler les rituels que vous voyez en tout mystère dans les temples » Inscription temple d'Edfou.

« Je pénètre dans le sanctuaire et contemple des mystères. En vérité, je ne les révélerai à aucun mortel ni ne les répéterai à aucun dieu ». Chapitre CXVI. Livre des morts égyptien

« Or, au livre divin j'ai été initié ; de Thot, j'ai vu la gloire, et parmi ses mystères, je me suis introduit ». Catalogue. Caire Berlin 1925.

« Ce sont des formules secrètes que tu as pénétrées, ne les énonce point de peur que les profanes n'aillent les écouter » ! A. Priankoff – Le Caire.

Il nous est donc permis de hausser les épaules à ces témoignages dans le cas où nous aurions pour handicap de ne pouvoir nous rehausser l'esprit.

Quant à nos possibilités de calculs, le sourire de « l'électro - nico - consommateurs » que nous sommes devenus, se fige quelque peu à la pensée qu'hier encore **les bouliers antiques** triomphaient des premières calculatrices, comme ce fut le cas dans de nombreux concours. Notre société répugne à admettre qu'il existait dans les temps les plus reculés **une science adaptée au**

mode de vie. Aussi feint-elle de croire que les mesures empiriques des uns servaient aux conceptions utopiques des autres. Ce que notre civilisation ne peut accepter, c'est le fait que cette « connaissance » ne fut point mise au service de la multitude que nous appelons aujourd'hui les consommateurs. Souscrire à cela, c'est oublier la manière d'être qu'avaient les Anciens. Ils partaient du principe que l'acquit de connaissances devait être méritée par chaque individu et non point divulgué aux êtres démunis d'appels intérieurs. Dans le cas contraire, pensaient-ils, cette connaissance risquait fort de s'avérer réactive et dangereuse. C'est peut-être de cela que souffre notre humanité « *Science sans conscience...* ». Voilà le problème d'aujourd'hui et sans doute le drame de demain. Nous robotisons nos méninges et amoindrissons graduellement les capacités qui en dépendent. Nous avons là une faible estimation de cette dignité humaine si chèrement acquise par nos aïeux, et dont l'héritage vacille en nos modes de vie conditionnés. À la tombée de nuit, il n'y a rien de plus angoissant que de ne plus très bien distinguer le chemin. Il nous était important de voir les petites fleurs sur les bas-côtés, désormais ce ne sont que déchets et résidus, cela signifie que le sentier du promontoire où naguère on s'égaillait est devenu en un silence celui de la déchèterie.

Les Égyptiens des époques répertoriées ne peuvent être tenus pour les concepteurs réalisateurs de la presque totalité des monuments recensés sur leur sol. Pas plus qu'ils ne se trouvaient, ces Égyptiens, à l'origine des hautes sciences qui transparaissent en leur gnoséologie. L'essentiel est qu'ils aient été jugés dignes d'en véhiculer esprit et principes à travers les millénaires. Cette constatation ne vise aucunement à déprécier une civilisation que nous tenons pour avoir été l'une des plus brillantes et des plus dignes qu'ait produite le genre humain. Mais ne faut-il pas raison garder, comme souvent le précisent les inconditionnels de l'exclusive intellect ? Ni le cumul du savoir ni les capacités louables que l'on pourrait prêter à ces Nobles anciens ne sauraient expliquer la somme des connaissances acquises. Il est bien regrettable que tant de prétention nous aveugle aujourd'hui et que nous écartions toutes les énigmes comme autant de chemins de traverse venant couper les autoroutes de « l'Histoire élaborée ». Cette « **Histoire** » nous la voulons immuable, parce que rassurante. Alors que celle qui nous est contée nous ment effrontément avec une audace à faire rougir les romanciers. Hélas ! La population vit sans interrogation, claustrée dans le duvet de l'illusion futuriste en laquelle se placent les espérances. Le système-pilote de nos sociétés actuelles est comparable à cet abruti, réputé le plus costaud de la classe, que tout le monde écoute avec un respect qui confine à la sottise. Non parce que c'est le plus doué, mais parce que c'est « la plus grande gueule » et qu'il n'en est plus d'autres en état pour lui résister. La moralité est simple, c'est rentrer dans le jeu ou s'effacer, mais comme rentrer dans le jeu, c'est aussi s'effacer, il n'y a pas de solution qui ne soit fatale.

En tant qu'individu, l'Égyptien était valorisé, non par son « punch de gagneur » et son goût à supplanter les autres, tel qu'il sied aux comportements actuels, mais plutôt par son mérite intrinsèque et ses vertus dominantes. Réalisons combien sont distantes ces conceptions des artifices et méthodes de nos sociétés actuelles. Ce sont deux lignes parallèles qui n'ont aucune chance jamais de se rencontrer, si ce n'est sur la balance de **Maat**, le jour où sa plume qui époussette toujours avant d'écrire viendra rééquilibrer les « plates eaux »... qui peut être suivront les vagues. Le sceau du secret, c'est symboliquement l'empreinte laissée sur le sol d'Égypte par le Phénix Héliopolitain. Le héron cendré des légendes a tracé à l'aide de la morphologie de sa patte » le divin schéma », encore appelé « **la table d'émeraude** » ou « **la Jérusalem céleste** ».

La mythologie traditionnelle est explicite, **Shou** (le nombre) **Tefnout** (la géométrie) **Geb** (la Terre matière, **Nout** (le Ciel). Empreinte de la patte du Héron cendré, le Phénix héliopolitain. Cette empreinte retrace la situation stellaire d'Orion et par de là même le concept pyramidal. Le symbole de la patte 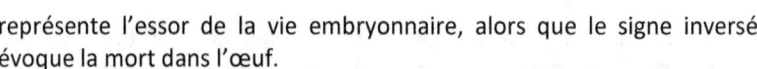 représente l'essor de la vie embryonnaire, alors que le signe inversé évoque la mort dans l'œuf.

Le faucon **Horus** est posé sur un faisceau d'étoiles, symbolisé par 3 papyrus. Nous savons que chaque feuille de papyrus forme une étoile et **sa tige un triangle équilatéral**. En un langage secret, celui-ci représente les 3 étoiles du Baudrier de la constellation d'Orion que soulignent plus bas les trois bandes centrales de partage, la ceinture médiane. Le Phénix à droite, pose ses pattes sur la pierre de tradition ou le tertre primordial. Celui-ci pourrait-être le carré-base de la pyramide, sa réplique en bas à droite représente le plateau sur lequel est dressé le pyramidion. Ces deux volatiles sont créateurs du pouvoir d'interprétation, autrement dit, du monde de l'intelligence. C'est de cette création dont il s'agit dans les textes mythologiques. Le phénix se tient sur le haut du carré (base stylisée de la pyramide), il se trouve à la place du linteau **ailé de 144°**. L'oiseau indique dans quel sens nous nous devons de porter notre réflexion. Vers Horus, il représente l'intelligence naissante de la personne humaine. Le bas de son corps incarne le lièvre osirien, rappelons que la constellation du Lièvre se trouve sous la constellation d'Orion. Quant à la Grande Pyramide, elle était dédiée à Osiris, son père qui habite Orion. Le petit carré situé en bas à droite, que nous retrouvons fréquemment sur les trônes royaux, est synonyme d'élévation. Centralisé, il symbolisait la plate-forme réceptacle numérique du pyramidion. Ce genre de représentation présageait ce que devait être plus tard l'imagerie alchimique occidentale. Divers éléments se devaient d'être représentatifs du thème à étudier, mais le sens conservait les critères hermétiques indispensables pour qu'il soit perçu des initiés et demeure à l'abri du monde profane.

Page suivante, sur cette image alchimique du XVIIe siècle, nous avons une synthèse de ce qu'il est souhaitable de découvrir et d'interpréter.

Nous sommes ici à même d'imaginer ce que signifie le sens caché des choses. L'image représente un tertre assimilable à un substratum évoquant une pyramide. L'un des personnages en bas à gauche, aide un lièvre à avoir accès à son terrier, **situé sous la pyramide.** Considérons que le nom d'Osiris est directement lié à ce mammifère, que la Grande Pyramide est dédiée à ce dieu, et que la constellation d'Orion est incorporée à cette pyramide. Nous devons nous rappeler que dans le Ciel de nuit, **la constellation du lièvre** s'imbrique en dessous et légèrement à l'intérieur de la constellation d'**Orion**. Le personnage de droite est dans la nuit, le bandeau qui couvre ses yeux ne lui permet pas de voir les étoiles, cet homme est riche et éminent dans la société des hommes, mais il est aveugle, car non initié aux secrets du temple. Voyons dans le détail, la signification que ces alchimistes donnaient aux choses pour qu'elles délivrent leur message. Les 7 personnages placés sur les pentes incarnent de manière classique les sept planètes alors répertoriées, mais pour l'initié ce sont les 7 étoiles traditionnelles d'Orion. Le cercle est le grand cycle de 25 920 ans avec ses signes zodiacaux. À l'arrière de la pyramide, le niveau des eaux à l'intérieur du cercle affiche l'indice horizon d'un triangle équilatéral symbole de lumière. Les 4 éléments cerclés dans les quatre angles nous informent qu'en primosophie ils représentent 1-2-3-4 ou « le 10 de la Tétraktys » de Pythagore. Nous avons ici les 9 marches implicitement chiffrées de l'ennéade égyptienne.

Elles constituent tous les nombres. En 144 se trouvent le Soleil, la Lune et le phénix, ils sont le couronnement de l'œuvre.

Avec cet exemple d'images alchimique, il était possible de poursuivre la quête des éléments de connaissance que nous faisons figurer. Nous retrouvons les thèmes principaux qu'il est indispensable de prendre en considération pour obtenir des résultats satisfaisants. Cette iconographie est la preuve qu'une partit de l'héritage légué par la Tradition Primordiale a été transféré en occident aux environs de l'an 1000 de notre ère. Cultivé par les sociétés occultes jusqu'au moyen-âge elle adoptât des particularités plus populaires sous la renaissance tout en concevant pour le regard profane sa nature hermétique et mystérieuse.

Le nombre d'OR et la Grande Pyramide

Nous nous défions de cette obstination radieuse que procure parfois l'idéologie mystique lorsqu'elle atteint les limites de l'engouement. C'est seulement dans la mesure où le mental se trouve en état de libre appréciation qu'il peut cheminer en les labyrinthes de la gnoséologie. Soyons persuadés que les plus grands mystères ne se trouvent pas obombrés par l'inexploré, ils résident le plus souvent sous les lumières de l'accoutumance, c'est pour cela que nous ne les voyons pas. Il en résulte que rien ne doit être évincé de nos facultés d'investigations. Nous nous devons de cultiver l'éveil de nos sensations jusque dans les banalités du quotidien.

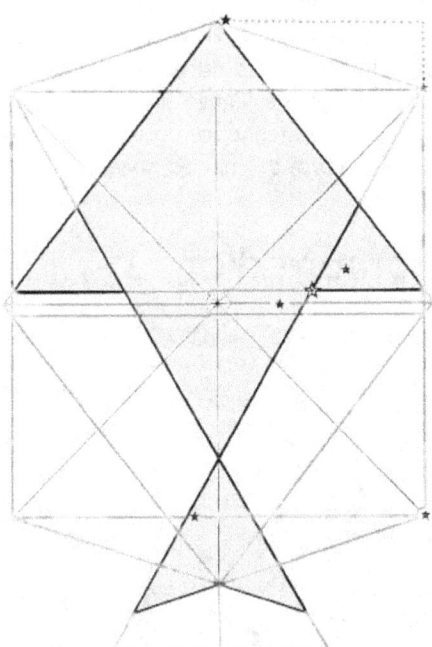

Pour les peuplades qui jadis résidaient en Mésopotamie, ce seraient des dieux mi-hommes mi-poissons qui auraient été à l'origine des exceptionnelles connaissances dont ils étaient détenteurs. Ce genre « écailles queues de poisson » n'était sans doute que combinaison vestimentaire, car certaines gravures nous montrent aux bas d'émergentes nageoires, deux pieds fort humanisés. Selon les Sumériens, ces divinités venaient des fonds marins, elles avaient pour nom Oannès -Anédotus - Apkalu - Odacon pour les plus célèbres d'entre elles. Dans le cadre de ce qui sert de supports secrets aux religions, nous retrouvons fréquemment et sous divers aspects « le poisson ». Nous avons déjà effectué cette approche en constatant que ses valeurs numériques et géométriques s'appliquent curieusement à notre schéma.

En ce qui concerne **la religion chrétienne**, le début de son ère est marqué par « le sceau du poisson » (ichthus grec) que les premiers chrétiens utilisaient pour signe de reconnaissance. Aux époques les plus reculées de la civilisation sumérienne, ce graphique représentait le nombre **3600**. Évalué en mètres, ce nombre est égal aux valeurs cumulées du pourtour structurel des 8 demi-faces de la Grande Pyramide en partant du fruit du socle. Lorsque nous étalons notre graphique que nous dénommons **Table d'émeraude** et que nous le plaçons à l'horizontale, nous pourrions évoquer en sa structure, une curieuse apparition ichtyo-forme. **Le poisson** est un des premiers symboles animaliers issus du bestiaire mythologique. Il ressort de façon indéniable dans le tracé des lignes architecturales. Nous n'ignorons pas que, selon la mythologie égyptienne, ce poisson aurait avalé le sexe d'**Osiris**, élément reproducteur du corps de connaissance.

Le nombre d'or   1, 618033989

Le nombre d'or s'inscrit le plus naturellement du monde au sein du carré base de la Grande Pyramide.

Le nombre d'or dessine le poisson de la Tradition Primordiale

1 mètre   0,61803

Si nous considérons qu'Osiris est représenté par l'étoile Al Nitak, le poisson, ici, a bien avalé en Osiris sa semence de connaissance. Comme nous le montre l'idéogramme sumérien cette connaissance se présente sous deux aspects, l'un temporel avec l'étoile réelle l'autre intemporel avec l'étoile virtuelle. Reconnaissons que cela convient parfaitement à la nature du dieu Osiris. Une analogie s'impose alors avec la divine demeure des dieux, le bétyle, le Bethel hébraïque, le refuge, le lieu de connaissance où la nature du dieu s'exprime. Ce phallus, symbole archétypal de « transition », était pour les Anciens l'emblème pérenne de la connaissance. En la conjoncture et allégoriquement, il servait à la transposition des mystères primordiaux qu'il était du devoir des détenteurs de léguer aux générations futures. Le culte phallique sous-entendait cette allégation, mais pour autant pouvons-nous en déduire que le poisson des mythologies détient encore en ses flancs « **l'esprit de la science des origines** » ? Si oui, saura-t-il le régurgiter le moment venu ? Nous sommes sur le point d'atteindre la fin de l'ère des Poissons. Ce simple fait devrait nous inciter à une réflexion de bon sens sur le comportement existentiel de notre société en état d'irresponsabilité collective.

Le poisson, emblème des premiers chrétiens, dont les graffitis sont encore visibles dans les catacombes, nous amène à d'autres études. Le monogramme grec du Christ se compose des lettres suivantes Iésous Christos Theou Uios Sôtër (Jésus Christ Fils de Dieu Sauveur), les majuscules réunies forment le mot grec ichthus « poisson ».

Un esprit éclairé verra dans le tracé de notre « **table d'émeraude** » une esquisse appliquée de **la croix christique** qui laisse peu de place au doute. On se souvient qu'**Osiris** a été découpé en **14** morceaux et qu'il a régné **28** ans, qu'il y a **14** stations au chemin de croix et que l'on fixait la Pâque au **14**^{e} jour de la Lune, que **14** Générations se suivent depuis Abraham jusqu'au Messie. Aussi ne nous étonnons pas de trouver **28** chapitres aux évangiles et **280** coudées à la Grande Pyramide. Le nombre d'OR appliqué dans sa forme géométrique n'est pas dissociable de l'esprit de tradition. Nous retrouvons là l'esquisse du poisson. À l'instar de la croix, ce dernier incite notre raisonnement à cheminer vers une voie différente que celle que nous expose généreusement la matière lorsque nous la percevons au premier degré. Reprenons notre schéma de base et voyons ce que nous donne la courbe du « nombre d'or » par rapport au carré-base.

Nous constatons que les deux arabesques d'or se juxtaposent aux pointes extrêmes du triangle solaire, lequel nous souligne la limite du schéma avec la base de la pyramide céleste. Par voie de conséquence, c'est également le tracé d'un œil unique et interrogateur, lequel semble provoquer notre état de conscience en astreignant celui-ci à la réflexion. Les Anciens, dont nous admirons la sagesse et le système de pensée, effectuaient cette adjonction pour stimuler les mécanismes de l'intuition. L'art consistait à découvrir sa raison de vivre, non dans la réussite sociale, laquelle implique un façonnage du comportement inféodé au cortex cérébral gauche, mais par le juste ressenti d'un appel intérieur. L'égyptologie se prévaut de positions concrètes en ses déductions et découvertes, mais le concret à connotations pragmatiques n'était pas égyptien. Les pensées des nilotes naviguèrent des millénaires durant entre deux zones fluctuantes, **le temporel** et **l'intemporel**. Ce n'est que sous l'influence des peuples allogènes que les mentalités s'altérèrent. Les réalités existentielles trouvaient leur logique en l'ailleurs, et l'ailleurs avec ses nécessités évolutives dans les obligations de la matière. L'être humain s'octroyait un rôle, celui de contribuer de son vivant à la pérennité de la création. Il soulageait en cela l'effort du créateur qui avait eu la bonté de le mettre au monde. La vie sur Terre avait le caractère d'une épreuve où les choix existentiels conditionnaient l'évolution de la conscience. « L'Akh, la conscience, prenait une grande importance, il fallait à l'heure fatale rendre compte de son comportement en cette vie.

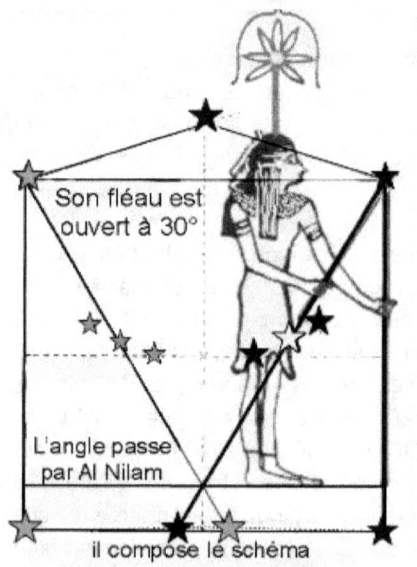

Ce graphique nous montre un tracé en plan du site de Gizeh regroupant les trois pyramides du baudrier d'Orion. Nous apprécierons combien leur situation sur le site s'agrémente de cet OR intemporel qui nous est si cher. Il s'agit de « la maison de Sokar » des mythes antédiluviens.

Deux rectangles d'OR englobent cette composition pour la centraliser sur la pyramide de Khephren. Nous pouvons prouver que ces monuments regroupent des centaines de situations archétypales de ce type, et que leurs applications ont des origines universelles.

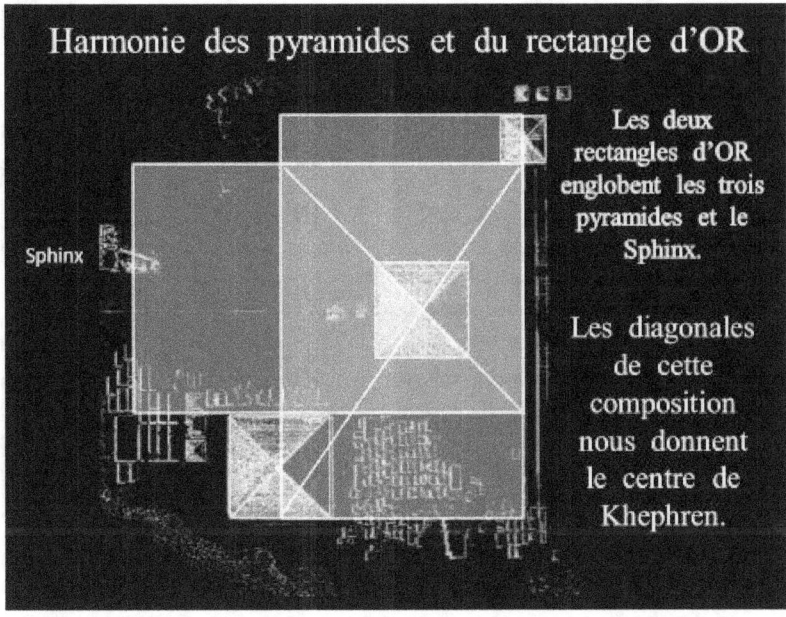

Le fléau de la déesse Séchât est infléchi à 30°. Placé en notre schématique, il réunit les étoiles Bellatrix - Rigel - Saïph. Le triangle équilatéral forme le calice du Graal avec l'effet miroir aperçu de la « **porte des Dieux** ». 30° avec effet miroir nous donne un triangle équilatéral de 60° d'angle. Rappelons que dans la situation stellaire de la constellation d'Orion, l'étoile centrale Al Nilam du Baudrier (étoile blanche), laquelle se situe ici sur la diagonale du fléau de Séchât, est l'étoile la plus éloignée du système solaire, elle est à plus de 1 300 années-lumière.

De telles projections superposées permettent de subodorer ce qu'était le système de pensée des concepteurs en quête d'harmonie éducative. Il en résulte des quantités d'évaluations comportant des notions de temps ou d'agencements répondant à des critères scientifiques, symboliques ou mythiques. Nous avons aujourd'hui bien des difficultés à concevoir cette approche globale, qui consiste à valoriser le détail comme étant l'effet modulaire d'un contexte universel, tel **le mètre uni à la coudée** pour réaliser un admirable total.

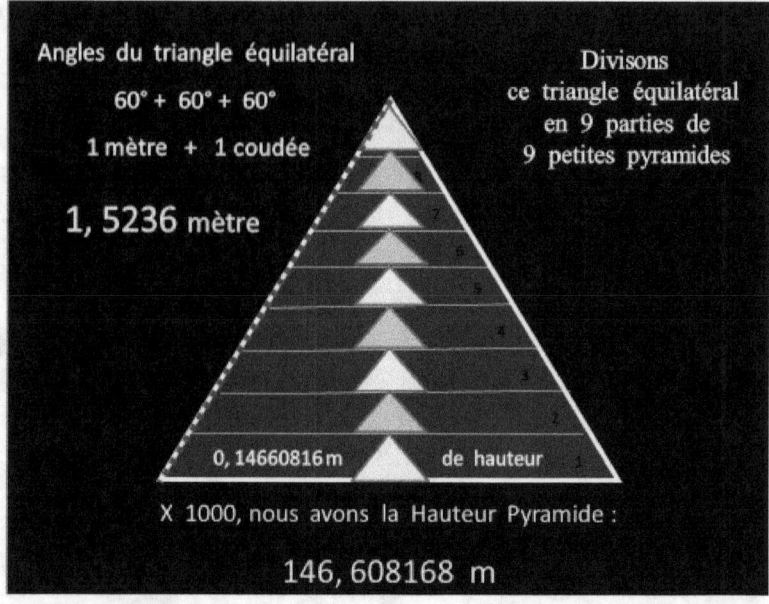

Nous avons tous consciemment ou non, des sentiments de déconsidération à l'endroit des mythologies. L'extravagance des personnages, leurs exploits à peine imaginables éloignent le lecteur de toutes interprétations raisonnables. Seule l'imagerie est crédibilisée par la tolérance que l'on accorde aux arts. Il serait cependant souhaitable de procéder à d'autres analyses et de transférer le raisonnement sur le plan de la subjectivité idéographique. Les mythologies sont les effets d'une sensibilité qui se sert de l'abstraction pour emblématiser le ressenti. L'ignorer n'est pas seulement une omission, c'est une lacune. Ce qui fait que nous ne devons pas mésestimer cette conscience solidaire de la conjonction syncrétique du tout-en-un. La conscience émane de l'âme qui n'est autre que le réceptacle de nos comportements au cours des existences. Bénéficier de cet apport intuitif, c'est naître dans un paysage nouveau durablement enluminé où la nature des choses qui vous entourent devient subitement affectueuse. Elle tente de vous expliquer que la vie n'est pas une phase d'émulation, mais d'élévation.

Le Principe Créateur dans la Tradition Primordiale

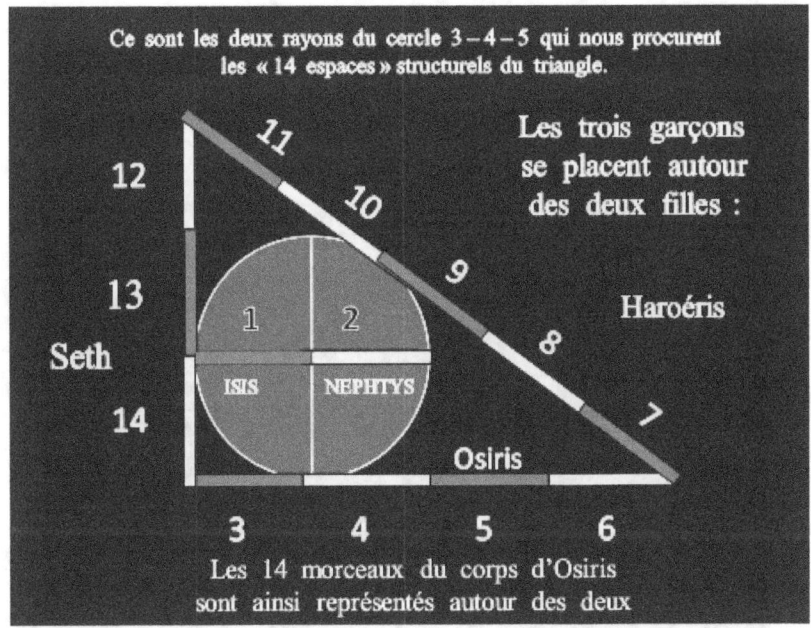

Nous avons là un bel exemple avec ce triangle 3 – 4 – 5 dont le cercle circonscrit se trouve être le rayon reporté des 14 fractions. Si nous consultons l'esprit de la légende, Isis ne récupère que 13 morceaux du corps osirien, le chiffre 13 pourrait être approprié au Serpentaire cette constellation manquante du zodiaque. Quant au 14e morceau (le sexe) il aurait été avalé par un poisson du Nil. Mais le parangon est bien constitué par les 14 morceaux, 13 en dehors d'Isis elle-même. Nous avons vu que le schéma pyramide nous donne les contours d'un poisson. Par ailleurs, Isis est dite « maîtresse de la pyramide », l'égyptologue Maspero en a eu la confirmation écrite sur le site de Gizeh. Deux rayons forment un diamètre, c'est avec sa sœur qu'Isis entreprendra les recherches de reconstitution du corps. Les deux sœurs sont donc entourées par le nombre « **102** » Dieu en primosophie. Les deux mesures centrales en moins, il reste 12 « morceaux » du corps osirien. Dieu « 0 » étant entouré des deux principales valeurs de sa création « 1 » les nombres, « 2 » la géométrie, ces chiffres symbolisent le triangle **3-4-5**. Osiris (Terre – Ciel) il réalise 18 l'arche céleste, Haroéris 45, Seth 39 Total : « **102** ». Il y a une relation intéressante entre le triangle 3 - 4 – 5 et le rectangle d'Or. Nous avons de bonnes raisons de penser que lorsque nos soi-disant experts cesseront de considérer ces pérégrinations numériques comme ils considèrent les pyramides, l'humanité aura franchi un seuil d'évolution cognitive qui lui permettra certaines espérances. Nous réalisons avec cette illustration et la suivante que la pyramide dite de Khephren est construite sur la base d'un triangle 3 – 4 – 5. Le tout est de savoir ou pas tenir compte de son pyramidion qui est représentatif de la racine de « 2 » avec 1,414213562 m.

La schématisation de la seconde pyramide du site de Gizeh révèle une application simple des volumes géométriques. Huit triangles 3. 4. 5 nous restituent le carré base et deux des faces (réelle - virtuelle), 12 nous donnent l'ensemble de la pyramide éclatée. La pyramide dite de Khephren est donc le complément logique de la Grande Pyramide.

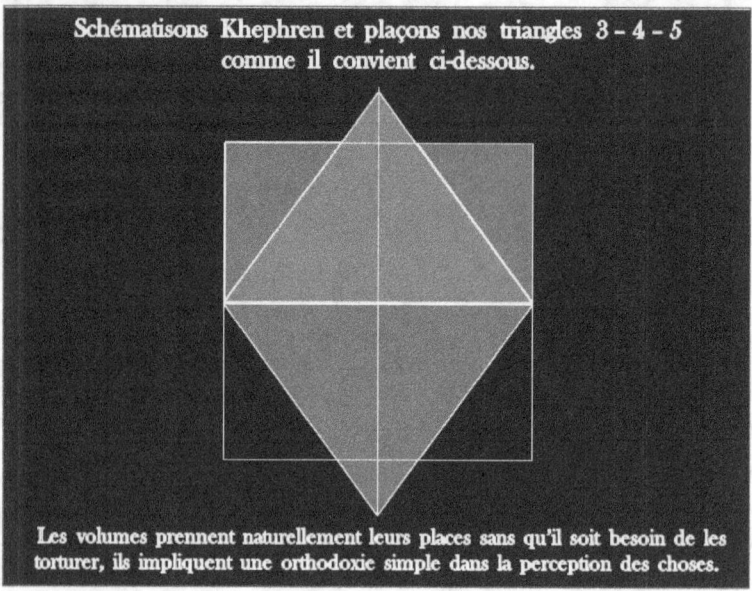

Schématisons Khephren et plaçons nos triangles 3 – 4 – 5 comme il convient ci-dessous.

Les volumes prennent naturellement leurs places sans qu'il soit besoin de les torturer, ils impliquent une orthodoxie simple dans la perception des choses.

Ses données sont toutes aussi précieuses. Elle n'a jamais été un tombeau si ce n'est dans l'imagination des « spécialistes » qui malaxent les conventions en une pâte historique qui se voudrait panifiable. Revenons à Kheops : si cette image est peu significative, elle n'est pourtant pas démunie d'intérêt.

Elle décompose la base sur le socle en deux triangles 3 – 4 – 5.

Image de droite. La ligne verticale du méridien sud, définit le point de croisement des étoiles-cadre, au centre de la croix.

Schéma évocateur de la situation des étoiles, elles nous donnent le rectangle d'OR. Il est nécessaire de s'imprégner de ces bases figuratives pour que la pensée évolue parmi les nombres et les formes en étant interpellée par le détail qui soulève l'intérêt. Réexaminons cette image de l'année zéro de notre ère, la constellation d'Orion se tient droite sur l'horizon ce qui ne lui est pas coutumier. Nous voyons qu'elle engendre toute une symbolique qu'il nous serait bon de décrypter afin d'en saisir le sens caché.

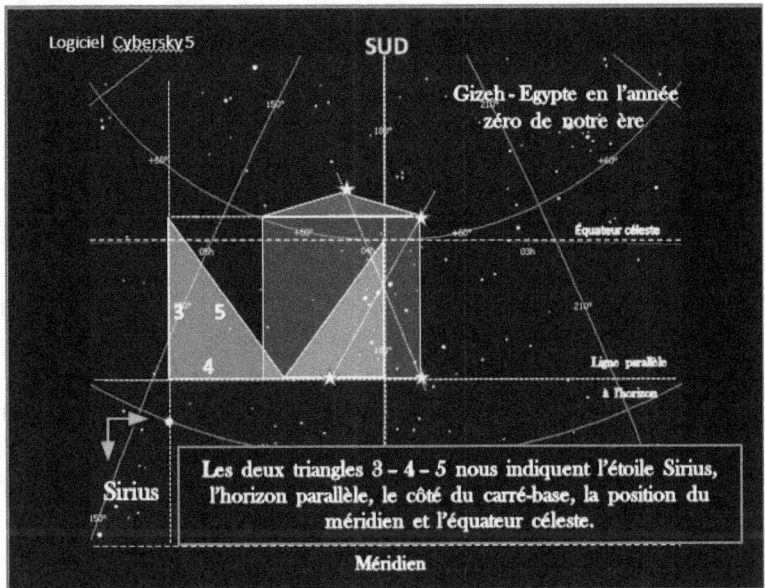

Nous voyons que les triangles 3 - 4 - 5 ont tous leurs significations. Ils corroborent au 90° du redressement général et à son alignement orthogonal, précisément à la naissance du Christ. Le triangle de gauche nous indique par sa ligne verticale la position de l'étoile Sirius et sa hauteur détermine les côtés du carré-base. Le triangle 3-4-5 de droite nous indique la verticale du méridien, ainsi que la ligne horizontale de l'équateur céleste et le point de croisement des étoiles-cadre. Nous remarquerons que leurs juxtapositions créent un vide où se dessine une pyramide inversée dont les angles sont ceux de Khéops.

Compte tenu de telles preuves, lesquelles émanent d'un logiciel d'astronomie, Cybersky 5, il faut avoir une malhonnêteté avérée ou une carence mentale manifeste, pour ne pas vibrer à de telles réalités cosmogoniques. Quant au hasard !

« Le hasard ne prend figure que lorsque nous renonçons à comprendre et à vouloir… » Merleau-Ponty

élément Terre	élément Eau	élément Aither	élément Air	élément Feu
Isis	Nephtys	Osiris	Haroéris	Seth
féminin	féminin	sexualité neutralisée par la mort	masculin	masculin
carré	triangle	triangle	triangle	pentagone
cube	octaèdre	tétraèdre	icosaèdre	dodécaèdre

Lorsque les nombres, la géométrie et l'astronomie viennent nous inviter à réfléchir différemment, à abandonner nos principes darwiniens désuets, pour envisager une vision universelle infiniment plus séductrice, nous n'avons pas le droit de nous y soustraire. Finissons-en avec le cerveau boîte à outils des rationalistes, commençons à considérer la contribution déterminante de **la conscience** pour support d'évolution. Elle ne collera pas toujours à la matière, mais elle aura cet extraordinaire pouvoir de nous indiquer la voie de l'émancipation. Les légendes en Égypte Ancienne ont toujours véhiculé les plus grands mystères, l'une d'elles est à l'origine de la Grande Pyramide. **Nout,** la déesse du Ciel et **Geb,** dieu de la Terre eurent 5 enfants dieux, lesquels, placés en leur ordre de naissance, ont pour noms :

(2 filles) Isis - Nephtys (3 garçons) Osiris - Haroéris - Seth

Ces cinq enfants représentent **les cinq polyèdres réguliers.**

Cependant, lorsqu'ils sont placés au sein du triangle isiaque, ces dieux jouent un rôle particulier. La légende nous conte que **Seth** a tué son frère **Osiris,** Roi d'Égypte. Après quoi, il a enfermé son corps dans un coffre parallélépipédique, voyons la symbolique du chiffre 4 la connaissance.

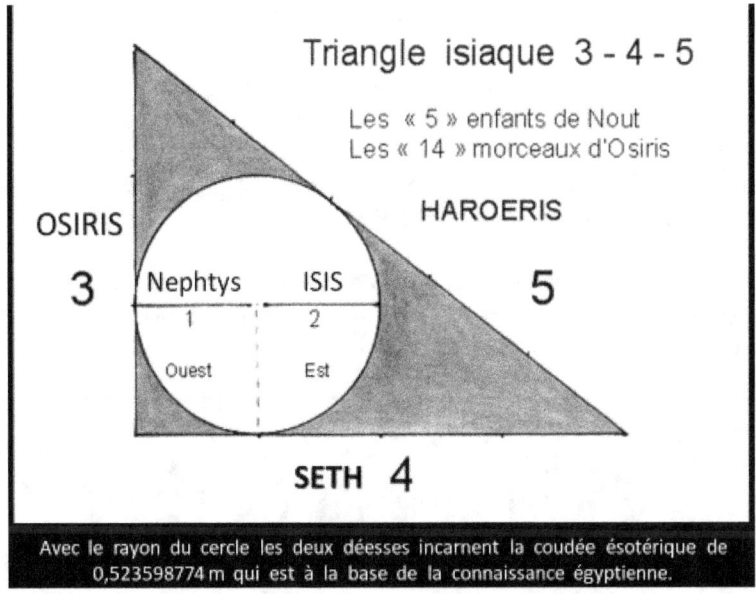

Avec le rayon du cercle les deux déesses incarnent la coudée ésotérique de 0,523598774 m qui est à la base de la connaissance égyptienne.

Le dieu Seth a ensuite dépecé son frère en 14 morceaux, lesquels ont été répartis dans les 42 nomes ou régions de l'Égypte ancienne. Isis, sœur et épouse du dieu Osiris, rassemble alors, avec l'aide de sa sœur Nephtys, les tronçons manquants. Mais elle n'en rassemble que 13. Nous avons vu précédemment qu'un poisson du Nil aurait avalé le quatorzième, le sexe reproducteur (voyons là le principe initiatique de pérennité de la connaissance mais aussi la mesure 42 ÷ 14 = 3, Osiris. Comprenons que désormais la tradition est dissimulée dans les nombres. En clair, si nous prenons en considération que le triangle 3 – 4 – 5 était appelé « **le triangle d'Isis** », un sanctuaire attenant à la Grande Pyramide, lieu d'offrandes, était dédié à cette déesse sous l'appellation « temple d'Isis », le carré, la terre, la femme, la pyramide base vue du haut. Ne lit-on pas sur la stèle dite « **de l'inventaire** » que **la pyramide** elle-même était sa demeure « *La pyramide dont Isis est Maîtresse !* ». Considérons qu'après le meurtre dont il fut victime, le Hout-Neter d'Osiris s'incorpore en **la constellation d'Orion**.

Mais nous ne saurions oublier que les sentiments des deux époux demeuraient liés au-delà de la mort. Aussi nous faut-il visualiser divers aspects de la mythologie qui impliquent ce témoin de l'espace-temps qu'est la Grande Pyramide. Sur le graphique ci-dessus les positions des dieux garçons et filles ont changé. Considérons que le diamètre de leur cercle réalise la valeur de 2 coudées soit 1,04719755 m. Ce diamètre est représenté à l'Est par **Isis** (épouse du dieu) et à l'Ouest par la déesse Nephtys, sa sœur. Or, il est dit implicitement en la légende que le Roi **Osiris** est identifié à son royaume originel, lequel ne peut être que l'ennéade, la Genèse aux 9 chiffres primordiaux conforme à la création, puisque par définition l'ennéade regroupe 9 chiffres et ceux-là composent tous les nombres. Ce sont là les éléments primordiaux du créé, il s'agit bien du royaume convoité par le dieu **Seth**. Ce dernier a disséqué les quartiers de ce domaine, appelés plus communément parcelles du corps, en 14 morceaux. Il y a bien « **14 coudées** » insérées dans le triangle rectangle qui nous concerne. Ce qui nous incite à multiplier par 14 la coudée de 0,523598774 pour trouver, en multipliant ce total par 2 et par 10, la hauteur de la Grande Pyramide sur son socle, soit **146,607656 m**.

Isis incarne le rayon Est. En s'excluant individuellement du décompte elle en récupère « **13** ». Nephtys = 1 + Seth = 4 + Haroéris = 5 + Osiris = 3. Total : 13 **coudées**.

Pour envisager la symbolique des opérations, regroupons les cinq enfants en fonction de leurs emplacements chiffrés, étant donné que les deux déesses composent avec leurs deux rayons le diamètre du cercle intérieur. Dans l'iconographie égyptienne, elles sont toujours représentées en compagnie du dieu Osiris. Si nous considérons que la coudée symbole qu'elles ont créée de **0,523598774 m** s'ajoute à leurs coudées, ce sont « 3 » coudées qui s'unissent aux 3 coudées d'Osiris, total **6 coudées**, multiplier par 6 cela nous donne le nombre π **3,141592653,** lequel est le nombre universel par excellence. Doublement d'ailleurs, puisque π ne se boucle in fine avec une infinité de zéros qu'avec l'encerclement du monde créé. En résumé, **rayon est** (lever du soleil) - **Isis - 1 = 0,523598775 m** (représentation de la coudée ésotérique avec le rayon du cercle inscrit dans triangle 3. 4. 5. **Rayon Ouest** (coucher du Soleil) - **Nephtys** - 0,523598775 (les deux sœurs symbolisent le diamètre) donc x **2** = 1,04719755 x 10 x 14 = **146,607656** m (la hauteur de la Grande Pyramide sur son socle).

Nous voyons que le réalisme numérique et la géométrie sont ici étroitement liés. L'hiérogamie des deux principes primordiaux enclenche naturellement le processus mythologique dont les sibyllines fioritures garantissent la pérennité du mystère. Le zéro est incarné par Atoum, roi des Dieux créateurs de l'univers, suivent les 9 dieux qui réalisent tous les nombres, 1-2 Grands-parents, 3-4 parents, enfants 5-6-7-8-9 trois garçons deux filles.

Isis est enceinte, elle porte en elle Horus, l'intelligence humaine. Horus, 10ᵉ naissance, représente le premier des nombres. Son emblème est l'étoile pentagonale aux 5 pointes et 10 arêtes. Le royaume « ennéade » doit étendre sa juridiction sur l'ensemble des 42 nomes de l'Égypte ancienne. Cela nous donne **1,23456789** multiplié par **42 = 51,85** ou une approche, à la seconde près, en degrés décimaux, de la valeur de l'angle de base de la Grande Pyramide. C'est le lien Terre - Ciel, l'authentique sema-taouy (l'union des deux terres), Osiris aux 42 assesseurs.

Ainsi, avons-nous la mesure étalon, la hauteur, l'angle et la clé. Le concept était caché au sein de la légende, personne n'ayant osé soulever le voile d'Isis. Si le temps des révélations est venu, c'est que nous devons choisir entre deux systèmes de valeurs opposés. L'un consiste à adhérer à cette obsession du gain, quels que soient les moyens pour y parvenir ou l'autre qui se résume à penser que la vie est une quête de connaissance et de dignité. Si nous persévérons à ignorer cette dernière option, les temps futurs ne s'accompliront pas, par défaut de raisonnement.

« L'aire du carré construit sur l'hypoténuse d'un triangle rectangle est équivalente à la somme des aires des carrés construits sur les deux côtés ».

Ne dit-on pas que Pythagore a séjourné 22 ans en Égypte, d'où son fameux « **Théo-rm** ». Par Théo entendons **Dieu** et par **r-m** en ancien égyptien entendons **poisson**. Bizarrerie idiomatique ou prescience intuitive ? Ce pourrait être l'inverse de **rm** qui n'est autre que **mr** et se lit pyramide. En clair : le poisson à son **ère** dernière devra régurgiter le message osirien caché dans la Grande Pyramide.

Cette petite gymnastique linguistique, moins folle qu'il n'y paraît, nous donne l'occasion d'aller plus loin en notre raisonnement et de revenir à la structure pyramidale, notamment à la base du carré. Pour cela, rappelons **la valeur de cette base sur le socle,** elle est de **230,2915718** m, divisons cette valeur par les 5 points pyramide (1 sommet 4 angles), chiffre cher à **Osiris et Isis,** car nous subodorons que ceux-ci désirent être partie prenante de cette démonstration, nous avons pour total **46,05831436** m.

Changeons cette unité décimale en la divisant par le 10 d'Horus, nous trouvons **4,605831436** m. Ce nombre divisé par π et multiplié par 100 nous restitue la hauteur de l'édifice pyramidal sur son socle. C'est exactement la distance à laquelle nous allons placer le point haut de notre triangle à partir de la ligne démarcative centrale à la verticale d'**Osiris - Al Nitak**, sur le cercle qui délimite sa position par rapport au centre. De cet endroit, il nous reste pour atteindre la base sur le socle, une élévation verticale de : **110,5399545** m. Dès lors, Pythagore peut rentrer à Samos, les combinaisons de son fameux **théorème** se mettent elles-mêmes en place. Nous constatons que ce mot, Théorème, que nous savons être une proposition démontrable à lui-même, dévoile ses mystères avec **Théo** = Dieu ainsi qu'avec **rem** = poisson égyptien qui pourrait être à l'image de Dieu 102 ainsi qu'avec Lucifer 201 (chiffres inversés) et le **mer** égyptien de **pyramide.** N'oublions pas que Pythagore a vécu 22 ans dans les temples d'Égypte.

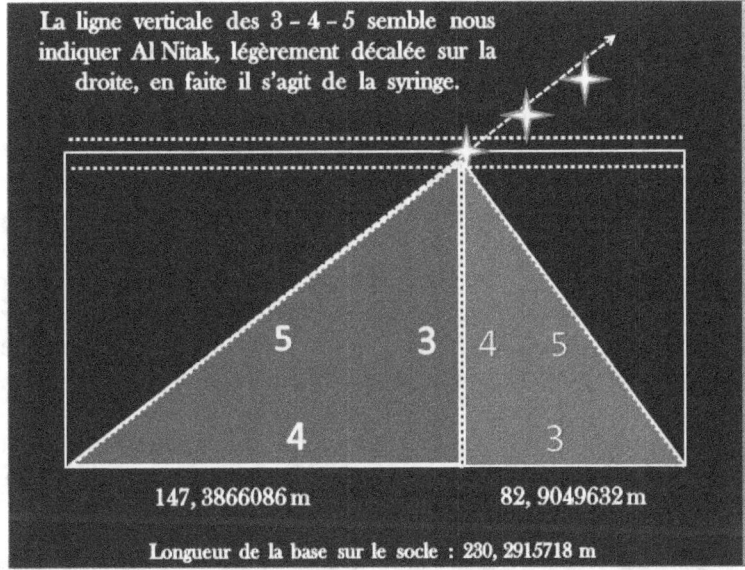

Nous constatons que les apothèmes du triangle 3 - 4 - 5 inscrits au sein de la pyramide passent par des points névralgiques du schéma structurel et, par le fait même, ils en attestent l'harmonie. Hormis cela, bien que la chose s'avère parfaitement normale sur un plan mathématique, les **82,9049632 m** de la base, mentionnés à droite du schéma, **divisés** par **36** nombres sacrés de célébrités universelles, et ensuite multiplié par 100, ils nous restituent la base totale sur le socle de la Grande Pyramide **230,2915644** m.

Si nous nous référons à la Guémétria hébraïque, une des disciplines de la kabbale juive, le nom de Moïse a une réputation chiffrée de **345**. Lors de son entrevue avec Dieu, omniprésent dans le Sinaï, Moïse demande à la Déité suprême de dévoiler son nom. Celui-ci formule la réponse suivante « *abiyè, asher, abiyè, Je Suis Celui qui Suis !* ». Les chiffres de la réponse justifient par le même principe **543**, ce qui signifie que Dieu et son témoin réalisent le nombre christique de **888**. Troublante analogie de la symbolique des nombres, avec les compositions **3 - 4 - 5** de la **Tradition Ancestrale**.

Tout de même, Votre Majesté, quel tralala pour un simple tombeau. Nul ne vous en demandait autant, quelques bracelets en or et un gros sarcophage auraient suffi. Encore auriez-vous eu la délicatesse de conserver par-devers vous le crochet qui vous servait à attraper les esclaves par la cheville et votre fouet le nekhakha pour les flageller, cela nous aurait comblé. D'autant qu'aujourd'hui, nous n'avons plus la tête à être dans les étoiles, nous adhérons au plancher des vaches, aussi folles que nous les ayons rendues. Nous sommes certains de **compter**, mais plus de nous en laisser **conter** !

L'humour s'impose parfois pour tenter de rééquilibrer avec un sourire l'histoire qui nous est enseignée, celle-ci étant en contradiction avec ce que nous témoigne la symbolique de connaissance. Nous aurions besoin d'être rassérénés par ce qu'il convenue d'appeler la cohérence, mais elle n'est plus sur nos bancs d'écoliers. La réflexion est endiguée dans les sinuosités d'un monde codifié, où semble-t-il, le fait de procéder à une recherche parallèle fructueuse constitue une inconduite. Il fut un temps où le devoir de penser en vertu d'une certaine orthodoxie était civilement respectable, mais avec le temps, ce mode de références s'est dénaturé au point de servir les arrivistes de la domination. Le fait de ne vouloir rien changer, leur permet de dominer une situation qu'il leur est profitable au détriment de la pensée populaire médiatisée et désormais soumise au dénuement.

Nous soulignions les maux dont est victime notre civilisation, car il faut en être conscient pour tenter d'y remédier. C'est avec un passé restitué que demain nous aborderons l'avenir.

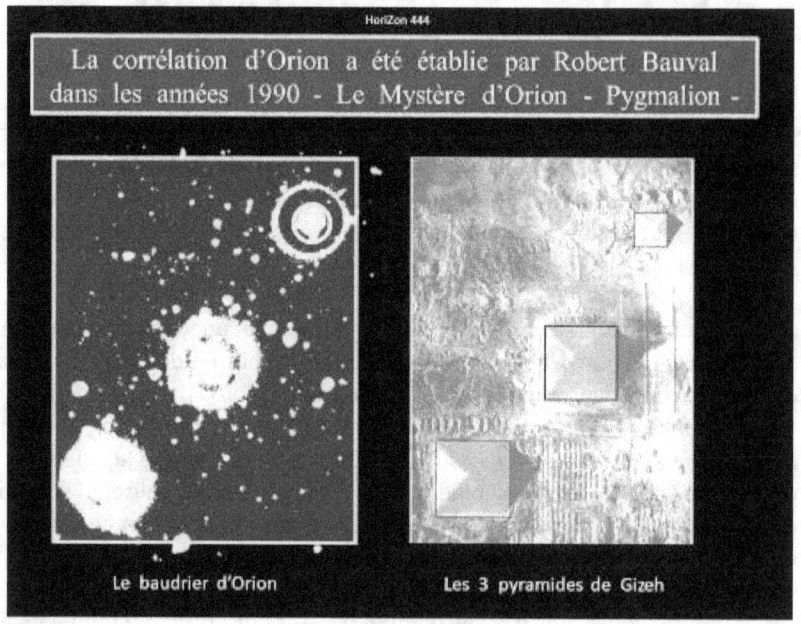

Le Baudrier d'Orion

Dans les années 1990, un architecte Rober Beauval a créé un schisme dans le monde officiellement inconsidéré des recherches archéologiques. Il prétendait que les trois étoiles du baudrier de la constellation d'Orion avaient pu être prises en référence pour la disposition sur le plateau des trois pyramides que nous étudions.

Un égyptologue, Alexander Badawy et une astronome telle que Virginia Trimble, avaient déjà émis cette hypothèse sans que cela soit retenu par la gent spécialisée. Et pourtant des études plus poussées nous démontrent que l'intuition qu'avaient eu ces personnes était fondée. La disposition des étoiles du baudrier trouve ici une raison d'être tout à fait vraisemblable. Il nous faut pour cela établir un dessin similaire à celui ci-contre.

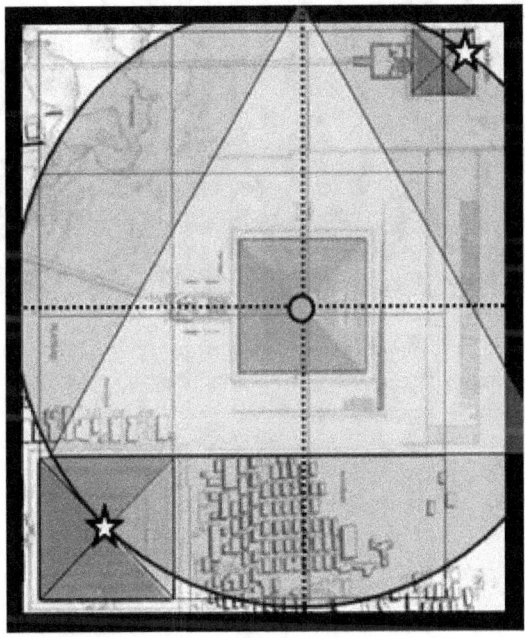

Khephren-Al Nilam est au centre de la circonférence d'un cercle où se trouve les étoiles Mykérinos-Mintaka et Khéops-Al Nitak. La signature de l'œuvre nous est donnée par ce triangle équilatéral qui inscrit sa base sur la face est de Kheops, créant ainsi une double justification. Ces distances sont celles que nous relevons lorsque les étoiles du baudrier occupent les emplacements que leur donne cette schématique, mais ils en existent d'autres, tout aussi convaincantes. Placé au sein de la Grande Pyramide cette situation est évocatrice. Nos calculs de distances ont été effectués. Ils sont sujets à interprétation du fait des positionnements des étoiles droites ou retournées, ainsi que leurs situations sur le sol ou en altitude. En plaçant le baudrier au sein de la structure pyramidale, nous pourrions avoir un raisonnement différent sur les critères de références numériques.

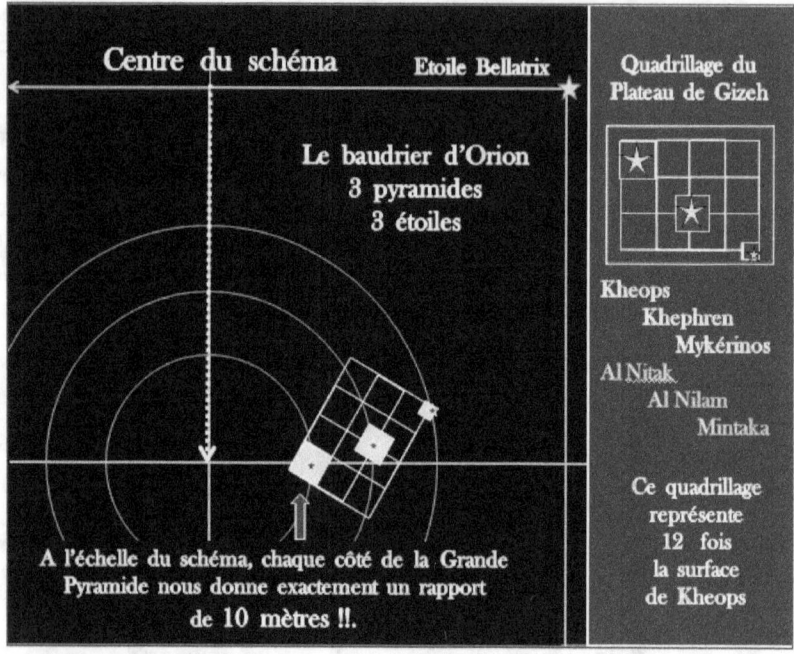

Les orbes que forment les cercles sont inhérents aux emplacements des étoiles du baudrier. Ils soulignent les points névralgiques du dispositif qu'il est judicieux de prendre en compte.

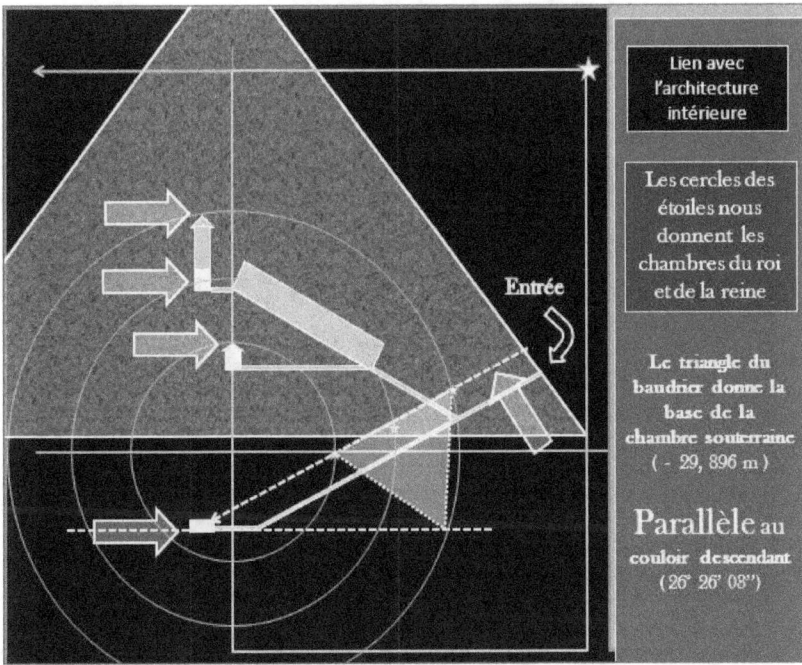

Le croisement des étoiles-cadre s'implique naturellement dans le contexte, et nous voyons naître « l'âme stellaire » des trois étoiles. Elle est portée par la lumière que génèrent les triangles de feu. Le quadrillage que nous avons dévoilé sur le plateau de Gizeh nous donne par carreau transposé, un rapport de 10 m au côté, ce qui est troublant au point de justifier un tel transfert des pyramides. 3 pyramides, 3 étoiles, 3 cercles. Le cercle central formé par Al Nitak apparaît ici comme un vortex géométrique où s'alignent des formes que corrobore l'emplacement du baudrier. L'harmonie qui émane de l'ensemble inspire un langage nouveau à notre entendement. Ces transferts d'images nous font mieux comprendre les agencements que l'on peut donner aux étoiles du baudrier d'Orion. Les rapports schématiques sont ici manifestes. Lorsque nous faisons coulisser l'architecture intérieure vers le haut, la descenderie de la chambre souterraine prend la place de la ligne d'inclinaison des étoiles du baudrier. Alors même que les deux modules ont leurs propres références et ne devraient pas ainsi se juxtaposer à la perfection.

Les ramifications avec l'architecture interne de l'édifice sont manifestes. Le complexe semble nous inciter à une réflexion subsidiaire étrange, laquelle adapterait la structure comme pourrait le réaliser l'injonction d'une conscience structurelle. Les références aux alignements ont une grande importance. Nous pouvons souligner ici celui concernant la verticalité d'un côté du triangle.

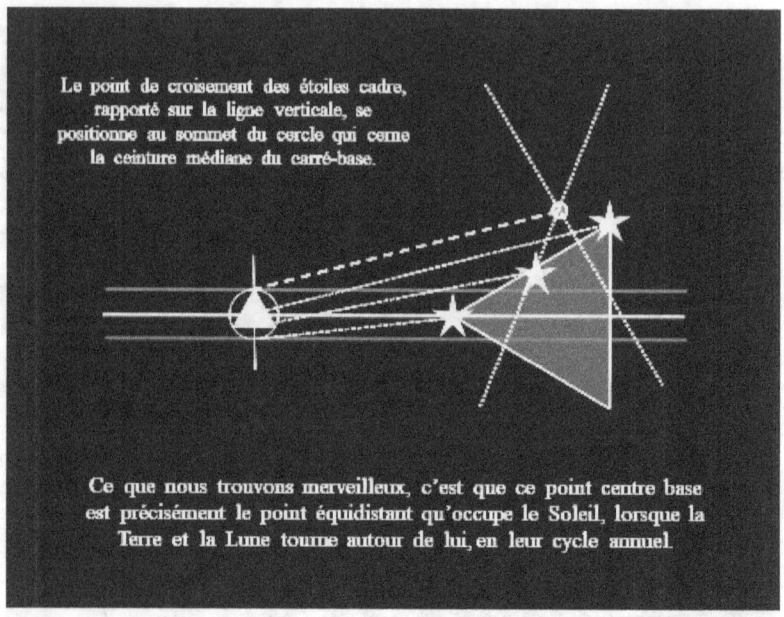

Nous devons envisager une origine emblématique dans l'architectonie constitutive de la Grande Pyramide. Ce monument est détenteur d'un message originel dans lequel se trouve agrégé l'esprit de tradition. Nous en déduisons que pour parvenir à de tels résultats, les potentialités cérébrales que l'on prête à l'homme sont infructueuses. Certes, nous pouvons en un espace-temps donné, imaginer une série d'imbrications à effets correspondants. Mais lorsque nous en dénombrons des centaines en parfaites ordonnances, il nous faut envisager un apport complémentaire répondant à des technologies qui ne sont pas terrestres. Si par conformisme culturel nous refusons une telle hypothèse, il nous faut admettre une intervention divine, laquelle pour beaucoup est déraisonnable si ce n'est inconcevable. En dernier recours, avant que le hasard ne revendique le fruit de son inspiration, soyons admiratifs et parcourons les jardins du Royaume de Sokar sur le plateau de Gizeh. Tentons de comprendre les choses sous un angle différent de celui de l'académie enseignante qui nous invite à visiter sans réfléchir.

Le site de Gizeh n'a pas émergé de « pur hasard ». La Grande Pyramide n'est pas le monument témoin d'une mégalomanie atavique dû à un mode de civilisation, ce concept est en relation avec l'esprit universel. Tel un puzzle énigmatique, le site que nous étudions a d'étranges rapports géophysiques. Il dispose son espace en des lignes imaginaires, en des nombres insoupçonnés et en de surprenantes corrélations. Nous n'aurons de cesse de dire que cette pyramide, la Grande, est le fruit d'un concept hautement élaboré, lui-même issu d'une mathématique supérieure qui n'est en rien liée à l'historicité admise et couramment enseignée de par le monde des conventions. Pour le confort de quelques-uns, nous devrions vivre dans l'ignorance de ce pactole de l'humanité lequel est à la fois prometteur et consolant de toutes les interprétations fallacieuses dont est victime la condition humaine. Nous nous indignons contre ceux qui paralysent l'évolution des mentalités en les maintenant dans les jabots du profit pour en exploiter la nature. Vous, les spéculateurs de tous acabits, vous êtes en train d'ôter à l'homme le dernier sentiment auquel il ne fallait pas toucher, l'espoir. Ne pas concevoir cette évidence, c'est préparer des temps insurrectionnels qui ne profiteront à personne, si ce n'est à la Terre qui s'ébrouera de ses miasmes lorsque nous ne serons plus là pour revendiquer ce droit.

S'il n'y a pas de philologie liée à une espérance collective, toutes les technologies du monde ne parviendront pas à enrayer le processus de désagrégation. Nous devons catalyser nos sentiments autour du faisceau de preuves concrètes qu'exprime la Grande Pyramide de Gizeh. Que le lecteur nous pardonne ces redondances sentimentales, celles-là s'insurgent contre cette aberrance qui consiste à considérer que la vie est un simple apport circonstanciel de la nature. Ignorant que notre seule raison d'être en cet espace temporel est l'évolution de notre état de conscience. Ce qui nous oblige à rechercher la vérité où qu'elle se trouve pour l'appliquer à notre raison d'être. Il y a sur cette Terre des symboles érigés à cette intention, nous nous devons de les considérer.

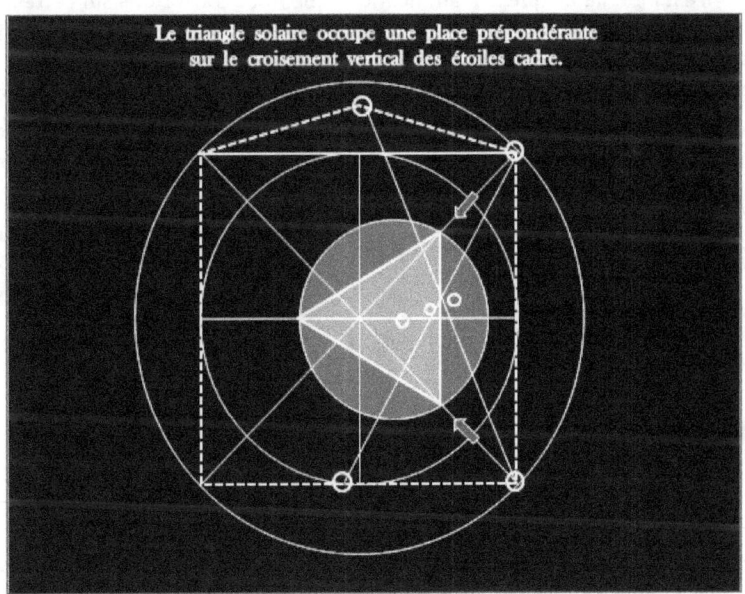

Le triangle solaire occupe une place prépondérante sur le croisement vertical des étoiles cadre.

Les étoiles du baudrier d'Orion occupent une place privilégiée au sein de l'édifice pyramidal. Mais sans étude préalable, le visiteur qui les observe à l'emplacement qu'elles occupent au sein de la pyramide pourrait éprouver un sentiment de déconvenue. Ces étoiles ne s'appliquent pas sur les lignes centrales. Elles sont distantes entre elles de manière différente, elles ne s'étalent pas sur une valeur rectiligne et leur éloignement du centre n'a nulle croissance exponentielle. Pourquoi alors leur accorder la moindre attention ? Parce qu'elles nous indiquent une façon nouvelle d'aborder les choses. Elles nous incitent à un raisonnement plus global, plus équilibré, plus logique. Nous avons ici un aperçu de l'étrange coordination des volumes ayant pour référence le point de croisement des étoiles-cadre. Il faut nécessairement accorder une réflexion particulière à cette anthologie des formes pour en mesurer les vertus à consonances universelles, étant donné que le cercle central n'est pas quelconque puisqu'il représente à l'échelle pyramidale le **Soleil**. Si l'étendue du schéma apporte ce que nous savons, le détail ne peut pas être dénudé d'importance. C'est à nous d'en découvrir l'intérêt. Le Soleil avec lequel nous pactisons se présente ici comme la référence en matière de valeurs absolues. Il symbolise la lumière, non point celle émanant de sa présence dans le Ciel, mais celle discrète et mystérieuse soulignée par la richesse de l'œuvre. Et nous ne saurions omettre que l'étoile hexagonale implicitement contenue dans le cercle a pour périmètre 72 360 12, une constante universelle que nous aurons l'occasion d'étudier et d'entrevoir tel **un authentique miracle**.

Il est indéniable que les ramifications que nous constatons sur cette image sont à même de nous interpeller. En un, les deux diagonales du carré-base définissant les angles du triangle équilatéral ce qui est admirable, en deux, nous sommes séduits par la verticale de l'un de ses côtés qui recouvre le point de croisement des étoiles-cadre de la constellation. De tels engendrements soleil, étoiles, croix, cercle, triangle ne peuvent être que les éléments syncrétiques d'une intelligence, ayant pour intention d'inciter à la découverte, à la réflexion et en termes d'analyse, au reconditionnement des fondements psychologiques.

Le Principe Créateur dans la Tradition Primordiale

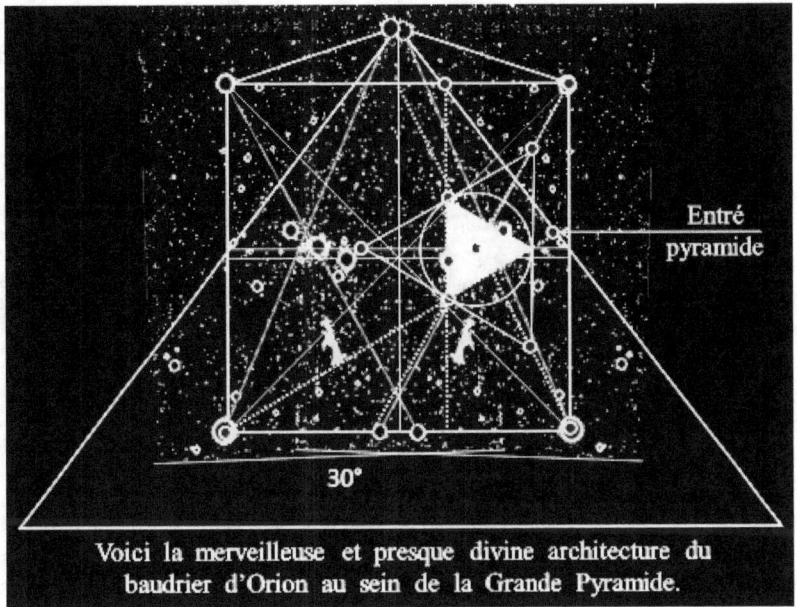

Voici la merveilleuse et presque divine architecture du baudrier d'Orion au sein de la Grande Pyramide.

Cette figuration est réalisée avec l'apport d'une image astronomique dédoublée.

L'organigramme qui consiste à dédoubler le cliché astronomique en un effet miroir représente la preuve patente de ce que nous tentons de démontrer. Cette germination florale des points d'assemblage souligne de leurs ramifications la rectitude schématique. C'est là que les calculs de probabilités devraient placer leurs sondes incrédules, afin de démontrer les omniscientes manifestations de la connaissance universelle, ce qui discréditerait à jamais le tombeau et cette invention des insuffisances humaines qu'est le consensus. Il est admissible parmi la pluralité des données et avec l'aide complice du hasard qu'un certain nombre d'éléments géométriques ou numériques se juxtaposent sur des points névralgiques. Mais ce que nous découvrons sur ces compositions ne peut être assimilable à des trajectoires de circonstances, les relevés sont multiples, ordonnés et précis. Il en émane des critères de conviction que le chercheur intuitif ne peut dénigrer.

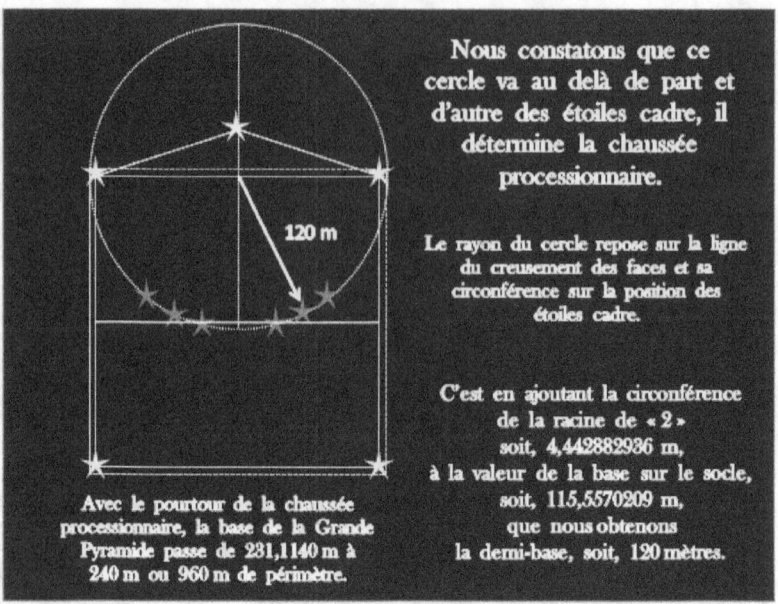

L'alignement des étoiles du baudrier sur la circonférence d'un cercle répondant à un rayon de 120 m devrait interpeller les états mentaux façonnés par l'enseignement traditionnel.

La circonférence ici nous délimite la largeur de la chaussée processionnaire, car nos recherches nous ont appris que toute mise au point géométrique engendre une forme de réciprocité mathématique en la structure pyramidale. Ce qui fait que mesures et configurations ont leurs raisons d'être. À nous d'en subodorer la signification pour participer à la sublimation comme l'imaginaient les Égyptiens. Il n'est pas aisé de positionner le croisement des étoiles-cadre avec une précision millimétrée au sein de l'édifice. Le soleil à l'échelle pyramide nous apporte une aide précieuse, Ø 139,2571252 m. Pour que le résultat soit manifeste, il nous faut placer son disque, de telle sorte que l'on oriente l'un des côtés de son triangle équilatéral circonscrit sur le point de croisement. Ce dernier doit tracer une verticale parallèlement au côté droit du carré base Bellatrix - Rigel. Ainsi positionnée, la pointe de ce triangle dépasse largement le centre du schéma et, de fait, elle n'épouse pas de repères connus sur la ligne centrale horizontale. Nous constatons qu'en ajoutant **la circonférence de la racine de deux 4,442882937** à la valeur de la demi-base sur le socle 115,5570209 m nous obtenons **120 m**. Mais il y a plus étonnant encore :

Horus, le « **10** » premier des nombres, insiste pour servir de guide au nombre 4442882937. Le fait de ne pas lui refuser ce petit caprice nous fait comprendre pourquoi :

104 442 882 937 (hauteur du triangle circonscrit) ÷ 3 x 4 =

1 392 571,772 km (☉ du Soleil)

Nous aurions vraiment besoin du hasard pour nous rassurer. Hélas, il demeure introuvable ! Il n'est certes pas donné à une généralité de s'attarder sur un dessin pour tenter d'en percevoir la signification ou simplement la beauté. Cependant si nous suivons les différents graphiques que nous exposons en cet ouvrage, un sentiment de coordination doit naître en nous.

C'est là tout l'intérêt de ce message universel. Il ne se limite pas à quelques données intéressantes, il est bouleversant de conception. Ces découvertes ne sont en rien le produit d'un individu, elles sont puisées en ce fabuleux pactole que constituent les pyramides de Gizeh. Tout un chacun peut donc poursuivre ce travail et aller plus loin que nous sommes allés. Le seul impératif est de ne pas se désolidariser de l'aspect spirituel qui n'engendre pas seulement une inspiration, mais une métamorphose.

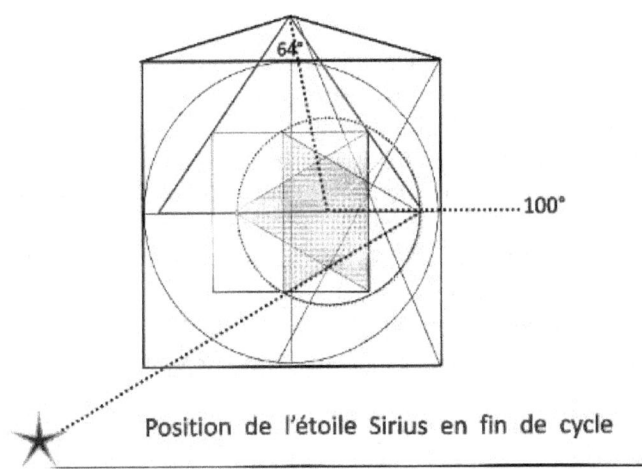

Position de l'étoile Sirius en fin de cycle

Revenons au dessin : le carré central se juxtapose à l'un des côtés du triangle équilatéral circonscrit dans le cercle solaire. La conformation en angle droit fait que les angles de ce carré central épousent côtés et angles du triangle équilatéral concrétisant son volume. Cette opération s'avère intéressante lorsque l'on prend les valeurs les plus étendues de la base, soit 231,392556 m (la base avec le fruit du socle). La différence est alors si faible qu'elle ne représente que 0,26807085 au rayon sur 115,69627 m. Nous avons un « 100° » du sommet pyramide, avec le soleil en angle droit. Et surtout un prolongement intéressant du côté triangle solaire vers l'étoile Sirius.

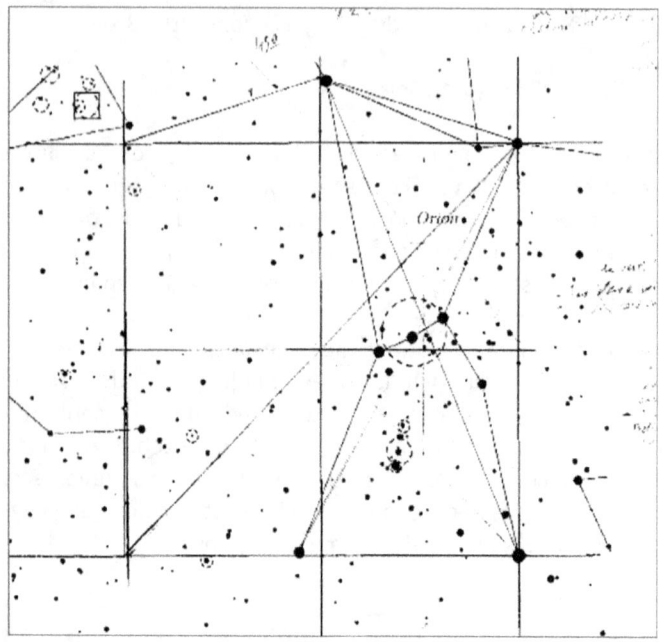

    Les logiciels astronomiques que nous utilisons sont de précieux outils de résolution pour définir des situations chronologiques, géométriques, numériques indispensables à l'examen de nos recherches. La plupart de ces découvertes n'auraient pu être réalisées il y a environ un demi-siècle, nous n'avions pas ces apports technologiques sophistiqués que nous utilisons aujourd'hui, ordinateur, internet, logiciels, image satellite. Une démarche d'honnêteté scientifique ne saurait suffire pour la complexité d'une telle démarche. Bien que défiant, nous ne sommes pas à l'abri d'une fausse information, d'une erreur d'interprétation ou d'une prise en compte d'un document falsifié. Il faut être vigilant et laisser le temps faire son œuvre.

Le Principe Créateur dans la Tradition Primordiale

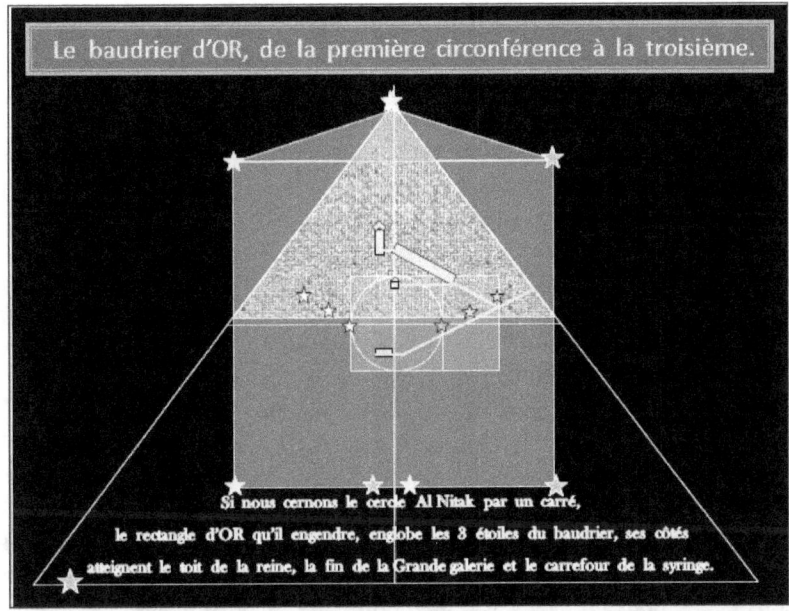

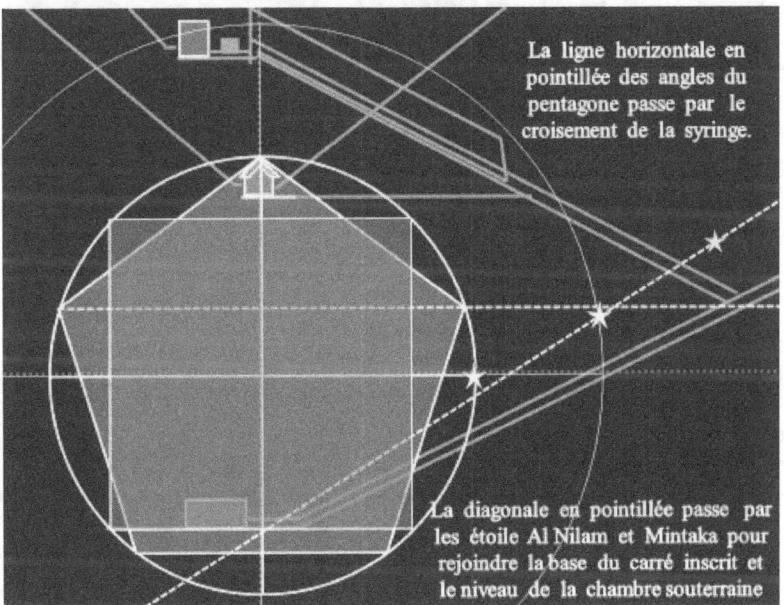

La plage rectangulaire ainsi placée cerne une délimitation cruciale du contexte structurel. Elle focalise le regard sur les étoiles du baudrier tout en formant un pertinent rectangle d'OR. En appliquant quelques formes géométriques, nous mesurons combien celles-ci s'imbriquent les unes par rapport aux autres avec de rigoureux recoupements. Le volume de ce rectangle d'OR a le mérite d'englober la circonférence Al Nitak et de terminer sa longueur sur le croisement des couloirs ascendants et descendants, alors que sa hauteur atteint le toit de la Reine. Sa longueur s'étend de la première circonférence du cercle à la troisième, encadrant ainsi les valeurs OR des baudriers à gauche et à droite. Les deux triangles à bases collées font 100 mètres et leurs circonférences, cela va de soi, réalise le nombre Pi. Lorsqu'un carré s'imbrique dans le cercle d'Al Nitak, la diagonale de celui-ci nous donne la racine de deux, soit 1,414213562.

Nous avons ici le double positionnement d'un carré et d'un pentagone circonscrit ce dernier coiffe le toit de la chambre de la Reine. Les côtés du carré 47,14045204 m placés au X^2 = 2222,222222 m, alors que la diagonale égale au diamètre du cercle nous donne 66,66666666 m. Soulignons par ce positionnement carré pentagone leurs implications dans la chambre de la Reine par toit et sous-sol avec le croisement des conduits d'aération. Le Baudrier ne peut pas être aussi bien positionné en la constellation d'Orion et n'avoir qu'un rôle secondaire. Relèverait-il d'un mystère plus grand encore que le croisement des étoiles cadre ? Nous pouvons répondre à cette question par l'affirmative et nous allons nous employer à le démontrer de façon simple et, espérons-le, convaincante. Notre long cheminement dans les labyrinthes de la connaissance nous a enseigné que c'est précisément la pierre qu'ont rejetée les constructeurs qu'il nous faut considérer comme l'authentique « pierre d'angle ». Il est primordial que nous ne perdions pas de vue le rôle de ces trois étoiles du Baudrier dans la conformation de ce que nous appelons « la cible de Diane » au centre du schéma. Souvenons-nous que chaque étoile trace un cercle autour du point central. Aucun de ces trois cercles n'est insignifiant, tant sur le plan de son tracé que sur celui de sa valeur numérique. Rappelons-nous les diamètres qui les déterminent autour de l'axe central. Ces différentes appréciations tiennent à des recherches parallèles, elles ne se différencient toutefois que de quelques millimètres.

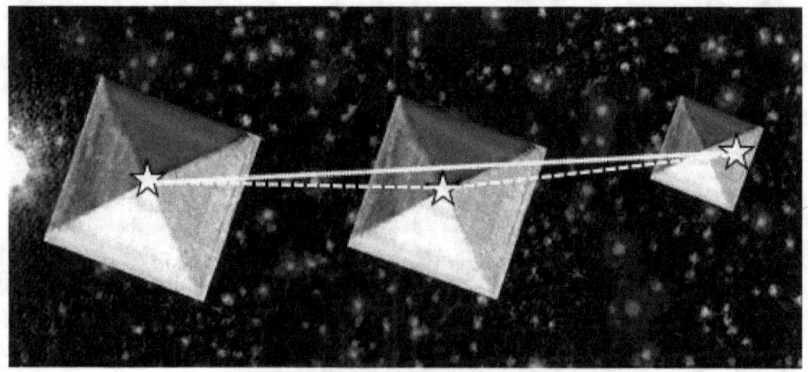

Le Principe Créateur dans la Tradition Primordiale

Distances en mètres des étoiles du baudrier à l'intérieur de la Grande Pyramide. Al Nitak : Ø 66,666666666 m ou 66,5849833 m. Al Nilam Ø 105,6402799 m ou 105,641945 m. Mintaka Ø 147,1317686 m (Hauteur pyramide).

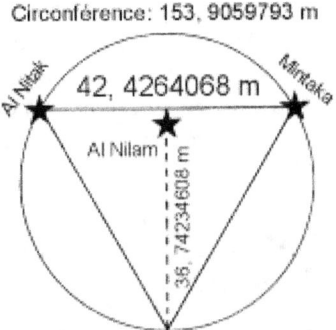

Évaluation en distance des étoiles du baudrier placées sur les pyramides du plateau de Gizeh autour de 990 m. Il est vrai que nous avons là un manque de précision. Les légères différences si elles ont lieu d'être, proviennent de l'emplacement que nous donnons aux étoiles par rapport aux pyramides. Les 3 étoiles centrales de la constellation d'Orion seraient-elles, en leur situation apparente, dotée d'une valeur étalon ? Il se trouve que la distance d'éloignement de ces étoiles entre elles constitue au regard d'un observateur attentif un parangon digne d'intérêt. Mais il s'avère laborieux, malgré toute la rigueur et l'attention apportées, de déterminer avec précision la longueur métrique en décimales du baudrier. Après agrandissement géant de plusieurs reproductions astrales, les mesures les plus précises que nous ayons pu effectuer témoignent de la cohérence générale et nous les tenons pour authentiques. À l'échelle de la Grande Pyramide, la distance en ligne des trois étoiles du baudrier d'Orion s'étalant d'**Al Nitak** à **Mintaka** réalise nous le voyons : **42,4264068 m ÷ 3600** (nombre royal sumérien) = **0,011785113 ou la clé chronologique**.

Est-il besoin de rappeler que le nombre 3600 représente le périmètre du concept structurel de la Grande Pyramide ? Quant au nombre résultant de l'opération, il a de quoi nous étonner. Il est donc logique que ce soit la barrette des étoiles centrales (Baudrier) qui nous indique sa formule étalon. On peut certes douter de cette harmonie générale, mais comment ne pas voir que les paramètres qui composent la Grande Pyramide sont agencés pour allier l'intellection à la beauté universelle. Par déduction, il résulte qu'aucune forme, aucun nombre impliqué dans la structure pyramidale n'est négligeable. Il en est de même pour ce qui concerne la disposition astrale des étoiles composant **la**

Constellation d'Orion. Comment peut-on imaginer que des architectes à l'époque de Khéops aient été en mesure de paramétrer autant de merveilles et qui plus est, pour satisfaire aux caprices d'un mégalomane obnubilé, nous affirment les spécialistes, par sa gloire post mortem ?

Ce vitrail reproduisant un écusson templier du XIIIe siècle est visible à la chapelle de Saint Thomas d'Aquin à Paris. Nous retrouvons les 3 étoiles du baudrier, elles sont penchées comme il convient, et en dessous, leurs 7 directions. Les 3 flèches de Diane, les 3 serpents, symboles des côtés du triangle dans le cercle, ainsi que les 9 gouttes chiffres de l'ennéade s'échappant d'une cornue alchimique vers une clé à méditer. Le motif à 14 plages cadre.

La direction des flèches indique un centre cœur où se tient le 4 + 1, un sommet plus quatre angles, insérés dans un contexte d'amour que provoquent les 14 gouttes osiriennes du corps ésotérique. Le cœur se trouve au centre de cette croix. Il incarne le ressenti auquel doit faire appel le néophyte placé sur la voie de la connaissance alors que la quatrième partie invite à la patience avec la germination des 4 épis de blé Ø = 1,273239544, la clé numérique qui permet d'ouvrir les arcanes de la Grande Pyramide. Les 3 étoiles du baudrier sont accompagnées des 7 autres directions stellaires de la constellation d'Orion. Plus bas, les trois serpents symbolisent, sans l'indiquer ostensiblement, les trois côtés du triangle équilatéral qui contribuera généreusement à la précision des volumes. La tête couronnée du Christ sur la croix signifie en symbolique alchimique : cornue où se pratique la synthèse des éléments, aussi serait-il judicieux que nous appréciions ces algorithmes à un niveau plus élevé que celui communément pratiqué. Car nous ressentons en la crucifixion, un sentiment d'affliction si ce n'est de pitié. Alors que, confiant en notre possibilité de déduction, le Christ nous dévoile une voie plus subtile, à l'échelle de ce que nous devrions être. Ce qui importait pour lui, ce n'était pas une recherche de considération et moins encore de focalisation sur sa personne éprouvée, mais une déduction avisée de ces métaphores, afin qu'en pénétrant la vérité, la foi s'affranchisse des incertitudes de l'espérance. Que cette foi se métamorphose en un hommage au père, en un hommage au créé, en une ardeur de vivre pour connaître et évoluer. Le sacrifice n'indique pas la mort, mais l'implacable logique de la transition dans la sublimité. Acceptons que dans la démarche christique, il y ait un appel à ce que nous a donné Dieu de plus précieux : les qualités mentales. C'est en utilisant celles-ci pour comprendre et admirer que nous relativiserons les contingences humaines et accéderons à l'essentialité de la vie.

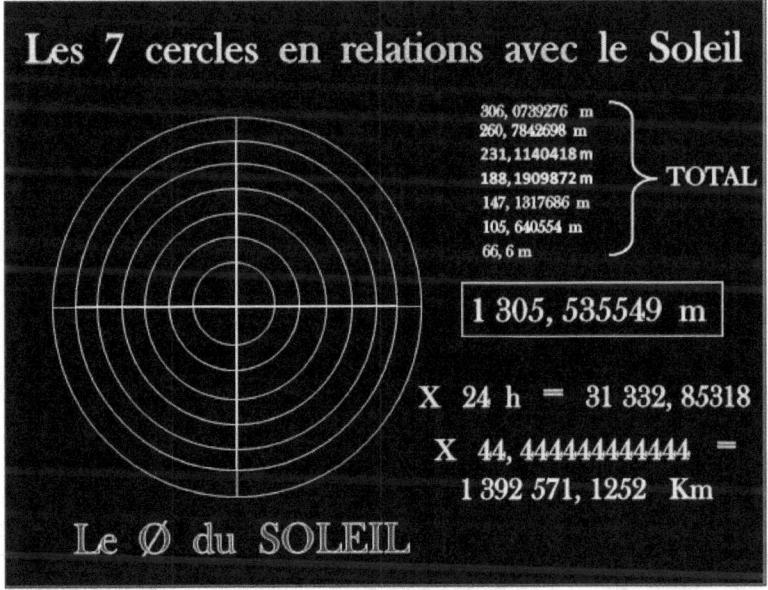

La mythologie le suggère, les faits le prouvent, les orbes qui se dessinent au centre du schéma ont une réalité numérique et géométrique. Chaque cercle témoigne d'un aspect structurel ou de son complément. L'ensemble évoque le

Soleil, c'est ce que nous donne la multiplication par 8 des demi-faces pyramide. C'est la hauteur du triangle circonscrit dans le Soleil, donc la lumière qu'il nous faut multiplier par le « sang » alchimique des légendes pour retrouver la précision requise. Une variante nous procure le diamètre solaire, en passant par les 24 heures du jour et de la nuit. La poursuite des 4 n'est pas anodine, c'est le chiffre base de l'édifice pyramidal. Hormis ces résultats probants, il résulte une notion que nous oserons qualifier de philosophique, elle est inhérente au principe de déduction. La cible - le Soleil - la lumière - l'esprit d'éveil - le triangle de feu des légendes - les orbes significatifs d'une dimension spatio-temporelle, en résumé, tout un assemblage de notions conductrices vers un tout cohérent et initiateur. Un esprit éveillé en ses capacités réceptives ne peut pas se désintéresser d'un tel concours de circonstances. Les 7 diamètres cible réalisent **1305,535549** m x 8 = **10 444,28439** m hauteur du triangle équilatéral de lumière inscrite au cœur du Soleil. Divisé par « 3 » x 400 = **1 392 571,252** le diamètre de l'astre du jour à considérer en kilomètres. Ainsi exposés, les orbes cernés dans le contexte du carré-base évoquent une cible. Serait-ce celle de la chasseresse Artémis, la Diane romaine prenant le bel Orion pour cible (Son temple à Éphèse était l'une des 7 merveilles du monde) ?

Homère avait-il eu vent du mystère lorsqu'il écrivit qu'à la suite de cela, **Orion** alla se placer parmi les étoiles ? Trois sont spécifiques à celles du baudrier et deux s'inscrivent dans les normes que nous prêtons à l'architecture du schéma pyramidal. Nous nous devrons d'évoquer ensuite un sixième, puis un septième cercle. La constellation d'Orion aura amplement inspiré les mystes à travers les siècles. Cette mythologie nous conte que c'est à la suite d'une méprise qu'Artémis, la Diane chasseresse des Romains atteignit de l'une de ses flèches le bel Orion, chasseur lui aussi. Réalisant son erreur elle implora le médecin Asclépios de ressusciter son amant. Mais Orion avait déjà été frappé par la foudre de Zeus. Alors, Artémis plaça à jamais, et pour notre plus grand plaisir, l'effigie de sa forme évocatrice dans le ciel de nuit. Les mythologies, cher lecteur, seraient-elles des panneaux indicateurs placés tels des jalons, de quête en quête sur les chemins de **la connaissance** ? Les Égyptiens appelaient cette effigie céleste d'Orion « *le lointain marcheur* ». Ce sont là les diamètres réunis des 7 cercles de la cible de Diane, lesquelles multipliés par 24h puis par le 44,444444 d'une infini connaissance, nous donnent un total de lumière. Ce total nous donne un nombre représentant la hauteur du triangle équilatéral circonscrit dans la circonférence du Soleil. Autrement dit, multiplié par 100, divisé par 3 multiplié par 4, c'est le diamètre exact du Soleil en kilomètres. À ce stade, nous sommes en droit de nous interroger sur la qualité exceptionnelle de ces concepteurs, de ces « **œuvriers** », de ce qu'étaient ces détenteurs de l'art suprême, de ces bâtisseurs d'éternité.

Qu'étaient-ils ? D'où venaient-ils ? Quelles relations avaient-ils avec **les déités** du moment pour faire en sorte que le Ciel inspire ainsi la Terre ou bien étaient-ils eux-mêmes les dieux que les peuples d'alors déifiaient ?

Cette géométrie relève de données astronomiques extrêmement précises. Elle se vêt de nombres idoines au caractère hautement symbolique. Il ne fait aucun doute que cela est un appel à la réflexion, une promesse au franchissement dimensionnel, une invitation implicite à voir plus loin... plus haut... plus grand !

« Ô, Roi, **le Ciel nous a conçus comme Orion**, l'étoile de l'aube, et vous monterez comme **Orion** depuis l'Est du Ciel et descendrez vers l'Ouest ». *Texte des Pyramides* - 442

Convenons, en utilisant notre seul bon sens, que ce roi Khéops n'a pas pu concevoir pour son tombeau une telle abondance de phénomènes numériques lesquels relèvent de l'omniscience. Il est évident que cette Grande Pyramide tente de nous faire comprendre autre chose, que nos capacités mentales ne saisissent pas nécessairement, moulées qu'elles sont dans l'empreinte de nos enseignements universitaires conventionnels. Lesquels avec le temps, deviennent les rudiments d'une identité surfaite qui nous positionne dans cette société d'agréments, sans nous valoriser auprès des instances universelles. Car ce qui différencie l'homme évolué de l'être humain en évolution, c'est sa capacité à raisonner avec ses propres critères d'analyse qu'il puise où il convient de le faire. On s'intéresse au mouton pour ce qu'il produit, mais au loup pour ce qu'il est. L'un consomme de l'herbe pour se nourrir, l'autre pour se purger !

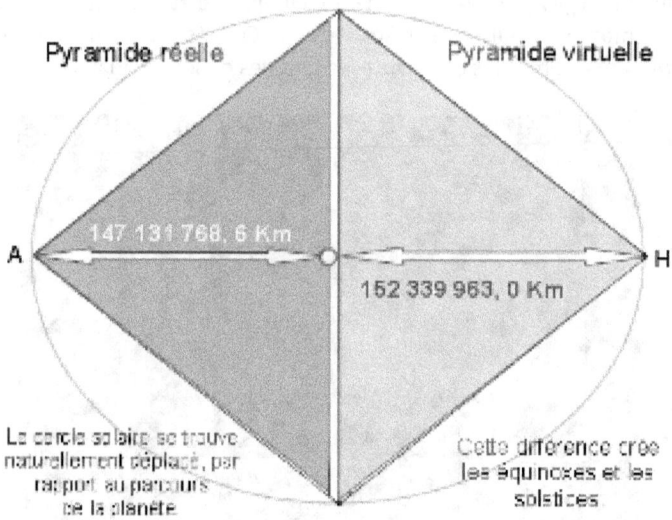

Nous devons maintenant étudier une conception du schéma de la Grande Pyramide qui pourrait susciter une interrogation, alors même qu'il s'agit là d'une séparation entre le réel et le virtuel qui réclame toute notre attention. Nous l'appelons « la ceinture ». Sa première utilité, nous l'avons vu, est de nous indiquer la distance de la Terre au Soleil, mais nous allons voir que son rôle ne se limite pas à cela.

La ceinture du carré base :

L'épaisseur de « la ceinture » de séparation, c'est la différence horizontale entre la hauteur des deux pyramides réelles et virtuelles ou le carré base divisé par deux. La ceinture se compose de deux largeurs horizontales, l'une réelle à la base de la pyramide de **5,2081944 m** l'autre virtuelle, les deux affiches donc **10,4163888 m**. Comment justifier cette ceinture de séparation alors qu'il aurait été plus simple, si ce n'est plus logique, de réunir les deux bases des pyramides réelles et virtuelles ? La réponse est complexe, car ce n'est pas un critère parmi d'autres qui justifie la présence de cette ceinture, mais une multitude de données nécessaires à notre compréhension. Il nous semble indispensable d'exposer quelques-uns des sujets qui les justifient. Les deux Pyramides forment un losange en A pyramide **réelle,** en H pyramide **virtuelle**. Envisagée sur un plan poétique, cette dernière est le reflet de la première dans l'étang de l'imaginaire. Accolé par sa ceinture, le monument a une forme de losange « réel - virtuel », ce qui nous donne pour total 147,1317686 + ceinture 10,4163888 + hauteur 147,1317686 = **304,679926 m.** Nous constatons alors que ces deux formes triangulaires engendrent une troisième pyramide, **céleste** celle-là, puisque sa base extrême se trouve en relation avec l'étoile Sirius. Souvenons-nous que **Sirius** était dédiée à **Isis,** alors que son étoile proche, Sirius 2 invisible à l'œil nu dans le ciel de nuit offre de bien étranges concordances avec la sœur d'**Isis**, le cinquième enfant de Nout, **Nephtys.** L'emplacement de l'étoile Sirius, en bas à gauche, n'est figuré qu'approximativement. Sur l'illustration retraçant le cycle saisonnier, la position proche du centre situe le niveau sur le roc de la Grande Pyramide. C'est également la position théorique du Soleil, par rapport au cycle annuel de la Terre. Nous l'avons vu, par le fait de sa situation excentrée, la Terre trace autour de l'astre du jour un cercle légèrement ovalisé. Ses extrêmes, **périhélie - aphélie,** forment les deux solstices, hiver - été, représentés par les pointes des deux sommets pyramides réelle - virtuelle.

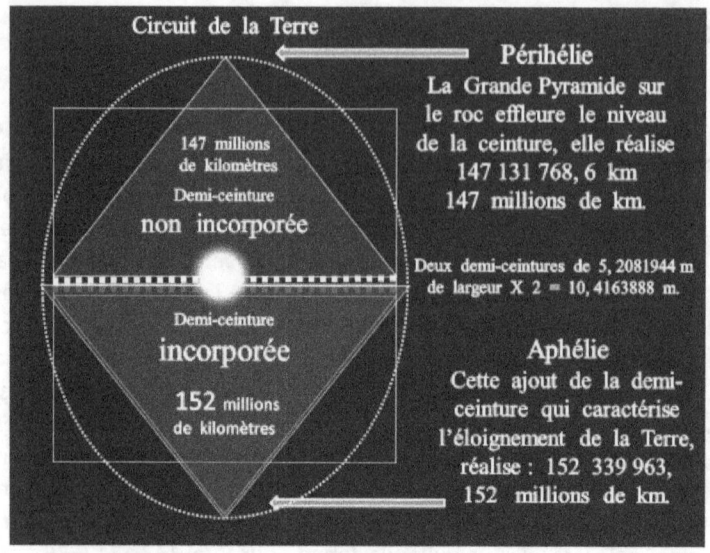

La Grande Pyramide nous incite à adopter une distance moyenne, séparant les équinoxes de printemps et d'automne. Voyons en kilomètres les évaluations « **scientifiques** » des distances en lesquelles gravite notre planète par rapport à son centre orbital le Soleil : Périhélie 147 100000 km. Aphélie, 152 100 000 km. Équinoxes, 149 597 870 km. Nos propres travaux de découvertes affichent : Périhélie, 147,1317686 m pour **147 131 768** de km. Aphélie, 152,339 963 m pour **152 339 963** de km. Moyenne équinoxiale : 149 735 865,8 km. La différence avec les rapports scientifiques : 137 995,8 km sur 150 millions de kilomètres. Cette dernière valeur représente le parcours effectué par certains voyageurs de commerce en une année. Plus sérieusement, ce pourrait être la distance **moyenne de fluctuation** de la planète sur son orbite solaire, parcours cyclique de 941 millions de kilomètres. Si nous voulons être réalistes, ces 137 995 km sont négligeables, compte tenu de la distance parcourue. 138 000 kilomètres représentent grosso modo, le tiers de la distance Terre - Lune. Cette évaluation pourrait constituer la moyenne de l'élongation du cycle. Les 5,2081944 m ou demi-ceinture que nous retirons de ce concept, conserve une valeur étalon non négligeable. Nous aurons l'occasion de le constater. Mais le plus surprenant c'est ce que cela donne lorsqu'on incorpore en surimpression, et vu de dessus, le tracé des **trois chambres intérieures du monument**. Hormis l'indéniable beauté de la chose, les deux points que l'on voit sont occupés par la position du Soleil.

Celui du haut définit la base réelle sur le roc de la Grande Pyramide, le second placé au centre de la ceinture représente un véritable carrefour de références.

La largeur de la ceinture a le mérite de partager le cycle précessionnel en deux fois quatre parties, plus sa propre valeur, cela nous donne :

147,1317686 x 2 = 294,2635372 + 10,4163888 m = 304,679926 m ÷ 0,011785113 = **25 852,94906 années**.

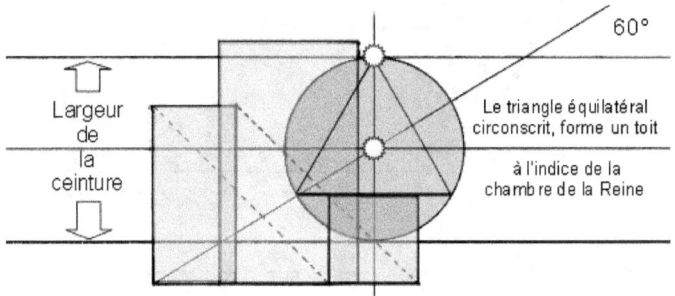

Nous constatons que le Soleil du **périhélie** épouse la base de la pyramide réelle sur le roc à 147, 1317686 m

Le Soleil de l'**aphélie** épouse lui, le centre de la ceinture, mais aussi le centre du triangle, lorsque sont rapportées les positions des chambres intérieures vues de dessus.

Sans doute nous faudrait-il plus de recul pour évaluer toutes les ramifications que nous subodorons en ces harmonies numériques et géométriques. Nous percevons malgré tout le sens général que ces concepteurs ont souhaité donner à leur œuvre. Elle est indéniablement didactique, mais pas seulement, c'est un hommage solennel rendu à l'universalité de la création. Exemple les diagonales du carré-base.

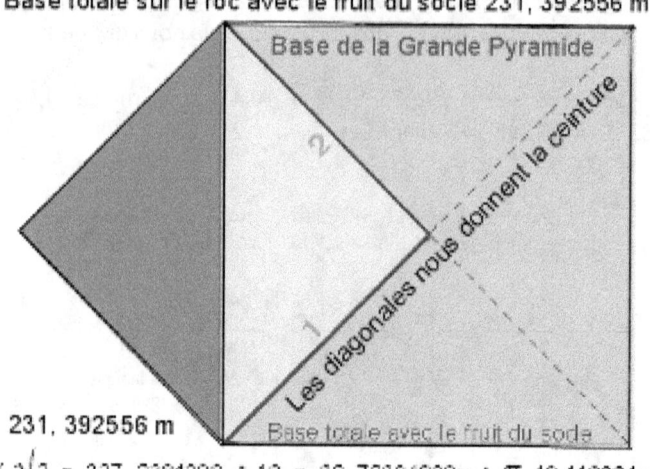

La demi-base de la grande Pyramide sur le roc étant de 115,5570209 m en ajoutant le fruit du socle de 0,1392571262 m (☉ solaire) que nous avons déjà étudié. Nous obtenons 115,6962278 m ou pour base totale sur le roc 231,39255561 m, multiplié par la racine de deux soit 1,414213562 = 327,2384909 ÷ 10 = 32,72384909 ÷ PI = **10,4163888**, nombre identique au prélèvement périhélie-aphélie. Ces **références de vérité** demandent bien évidemment une certaine faculté discursive de la pensée pour comprendre et admettre les fabuleux enchaînements qui peuvent être extraits de cette ceinture révélatrice.

Il ne fait de doute que cet élément circonférentiel est en relation mathématique avec le circuit de la Terre autour du Soleil et la structure interne et externe de la Grande Pyramide. Sa présence s'impose pour une multitude de raisons qui ont toutes pour critère une rigueur absolue. En ce qui concerne l'aspect synoptique, la ceinture n'est en aucun cas un ajustement arbitraire, mais une nécessité schématique. L'alchimie tant contestée et le plus souvent mal interprétée est là depuis des siècles pour nous signifier clairement de quoi il s'agit. Hélas, le conformisme aveugle en lequel nous baignons par goût ou nécessité nous occulte la vision supérieure de ces découvertes. Souvenons-nous de cette phrase célèbre du Christ, profonde de signification :

Le Principe Créateur dans la Tradition Primordiale

« Si vous étiez des aveugles, vous seriez sans péchés, mais vous dites, nous voyons... votre péché demeure ! »

Changeons le mot « péché » par le mot « irréfléchi » et nous avons la clé de nos problèmes. Notre inconséquence nous fait concevoir ce que nous imaginons sans voir.

En cette illustration le serpent Ouroboros incarne le cycle précessionnel de 25 920 ans que soulignent au sud de l'icône les conceptualisations irradiantes des monuments pyramidaux. Mais aussi le circuit de la Terre autour du Soleil, la ceinture illustre l'horizon au centre de la croix templière de la connaissance. Il y a une relation étroite entre les chambres répertoriées en la Grande Pyramide et la ceinture centrale, ainsi qu'une autre plus subtile, entre la constellation d'Orion et l'emplacement des pyramides. La présence difficilement explicable de cette ceinture au centre du contexte schématique s'avère à l'étude, l'un des éléments conceptuels les plus précieux qui soient. Sur un plan purement allégorique, il représente la ligne de berge qui sépare la Terre de l'eau, la montagne de son double reflété, le réel du virtuel. Afin d'être conforme à la vision du monde antique, la virtuelle est unie à l'authentique, tant sur un plan géométrique que sur un plan philosophique. Lorsque nous considérons la projection en plan de la surface pyramide, la largeur de la ceinture au centre du schéma devient une nécessité en vertu de plusieurs critères importants.

L'un d'eux consiste à fractionner la hauteur pyramide en quatre parties pour satisfaire aux 144° du linteau. Nous sommes ainsi tenus, pour couvrir le carré-base, de laisser un interstice au centre, celui que nous nommons ceinture **centrale**.

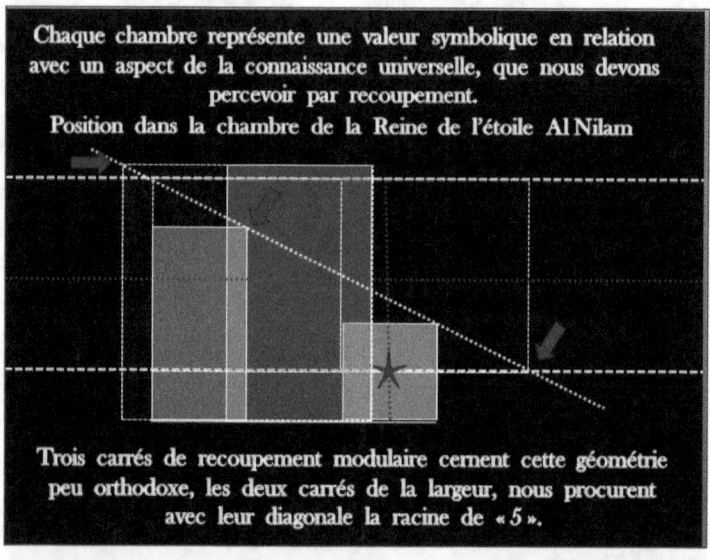

Chaque chambre représente une valeur symbolique en relation avec un aspect de la connaissance universelle, que nous devons percevoir par recoupement.
Position dans la chambre de la Reine de l'étoile Al Nilam

Trois carrés de recoupement modulaire cernent cette géométrie peu orthodoxe, les deux carrés de la largeur, nous procurent avec leur diagonale la racine de « 5 ».

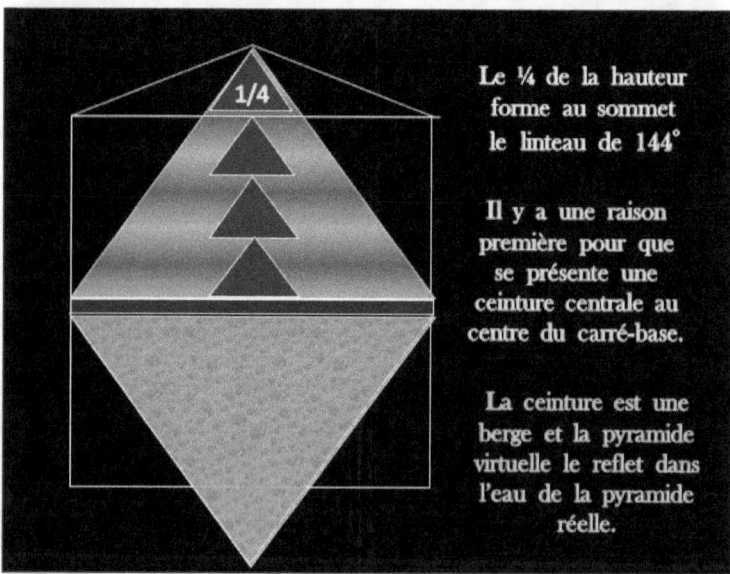

Le ¼ de la hauteur forme au sommet le linteau de 144°

Il y a une raison première pour que se présente une ceinture centrale au centre du carré-base.

La ceinture est une berge et la pyramide virtuelle le reflet dans l'eau de la pyramide réelle.

Parmi les nombreux critères qui attestent de la présence de cette ceinture, il en est un qui n'est pas négligeable sur le plan conceptuel. Par un facétieux hasard, les trois chambres qui caractérisent l'intérieur de la Grande Pyramide s'insèrent précisément au centre de la ceinture. Le regroupement des chambres autour du point central carré-base, nous invite à faire figurer fictivement celles-ci dans la largeur de la ceinture. Nous constatons qu'à des niveaux différents les agencements s'harmonisent, ils nous inspirent un système de valeurs syncrétiques associé à de nouvelles révélations. Le fait que ces chambres s'insèrent dans le contexte avec autant de précision et qu'elles réunissent autant de paramètres nous semblerait digne de performances neurologiques qu'il serait souhaitable de trouver sur les ordinateurs. S'il était encore nécessaire de souligner un point important en cette fresque datant du paléolithique, nous prendrions à témoin les fameux conduits. Ils ont fait couler autant d'encre que la pyramide elle-même. Mais comment expliquer de façon rationnelle, qu'ils soient délimités par la largeur de la ceinture, laquelle, vous le savez est fictive ? La Grande Pyramide aurait-elle un sens caché qui aurait échappé aux experts ?

S'il nous avons le moindre doute sur la conception de l'ensemble, observons en toute impartialité le mouvement de ces lignes. Elles sont rigoureusement à l'échelle du monument. Il y a plus d'un demi-siècle, dans le N° 203 de la revue « Atlantis », sous la plume de Mr Dupuy - Pacherand en l'intitulé (page 27) : « Le fabuleux problème du mètre égyptien », nous lisions ceci :

« Le plus simple calcul de probabilité démontre que les chances d'une série de coïncidences de cette sorte sont quasi nulles si on attribue à des rencontres fortuites. Il faut donc que les égyptologues qui pensent comme (Mr...L, égyptologue fervent de l'orthodoxie) à propos de la Grande Pyramide révisent bon gré mal gré leurs conceptions ! Ce qui paraît plus important encore, c'est l'apparition du système métrique dans l'art égyptien, grâce à des figures triangulaires, rectangulaires et circulaires. Mais on comprend sans peine que l'hypothèse qui surgit ainsi fait tout bonnement écrouler les bases de l'enseignement de notre temps en ce qui concerne l'histoire de l'origine des sciences dites positive. »

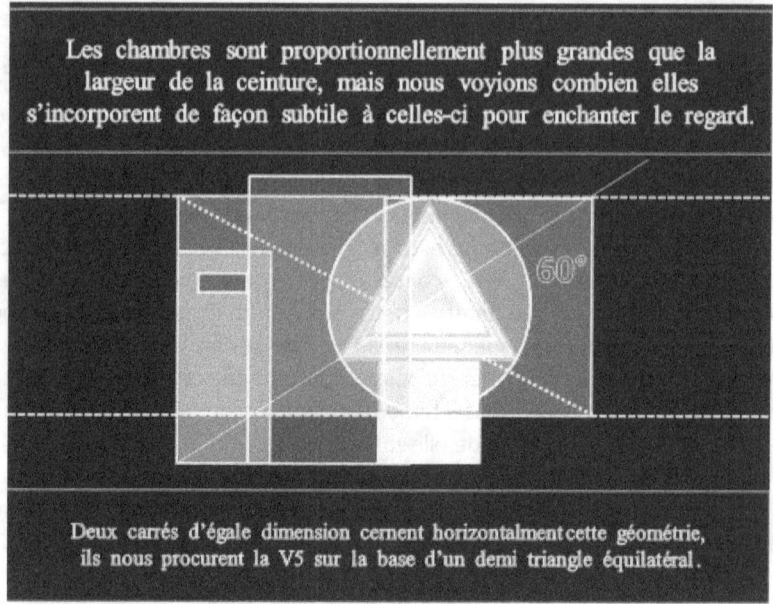

Les chambres sont proportionnellement plus grandes que la largeur de la ceinture, mais nous voyions combien elles s'incorporent de façon subtile à celles-ci pour enchanter le regard.

Deux carrés d'égale dimension cernent horizontalment cette géométrie, ils nous procurent la V5 sur la base d'un demi triangle équilatéral.

Encore un demi-siècle cher Monsieur et les êtres humains parmi ceux qui ont l'esprit le plus vif, le plus alerte, le plus curieux commenceront seulement à douter de ces histoires de mètre et de tombeau. Cela fera alors un siècle que vous l'aurez suggéré. Les histoires chantonnées que maman nous contait le soir sur notre berceau ne sont plus à l'âge adulte d'une grande authenticité, mais ces contes demeurent parmi les archétypes auquel il ne faut pas toucher. Il en est malheureusement de même de cet enseignement que l'on reçoit de nos maîtres, lesquels se veulent détenteurs du savoir, alors que celui-ci est issu de la science expérimentale déductivement imparfaite. Cette connaissance que nous exposons est celles d'omniscientes entités, d'un autre temps que le nôtre. Certains prétendent qu'ils nous ont laissé ce pactole afin de contribuer à notre évolution, non point à celle qui consiste pour nos élites financières à cumuler les sources de profits, mais pour ces êtres intuitifs quelque peu hors du commun qui présage une vérité spirituelle. D'autres ne peuvent y croire, si cela était possible il y a longtemps que les religions s'en seraient emparées afin de confirmer leurs dogmes et entériner leurs doctrines. Ces rumeurs multiples et infondées laissent planer le doute sur l'une des plus grandes richesses qui soit au monde. Il est évident qu'elle aura un jour l'attention qu'elle mérite, mais craignions alors qu'il ne soit trop tard.

Les pyramidions

Toutes les pyramides étudiées sur le sol égyptien possédaient des pyramidions. Ce que l'on nommait à tort gnomons était le plus souvent recouvert de feuilles d'or et les déprédateurs n'ont pas attendu que les âges les éboulent pour en alléger les pourtours. Le contenu volumétrique supposé suscitait autant de convoitise que l'imagination pouvait en produire. Ce fut l'une des principales causes de la disparition de ces chefs-d'œuvre. Les intempéries et particulièrement la foudre achevèrent de détruire ceux que les déprédateurs avaient épargnés. Nous ne pouvons que procéder par recoupements pour en réinitialiser la structure, certes sans certitude de configuration, mais en nous soumettant rigoureusement à la logique des constructeurs. Sans omettre, ce qui corrobore notre description, les hauteurs réunies des trois pyramides de Gizeh munies de leurs pyramidions réalisant **360 m**.

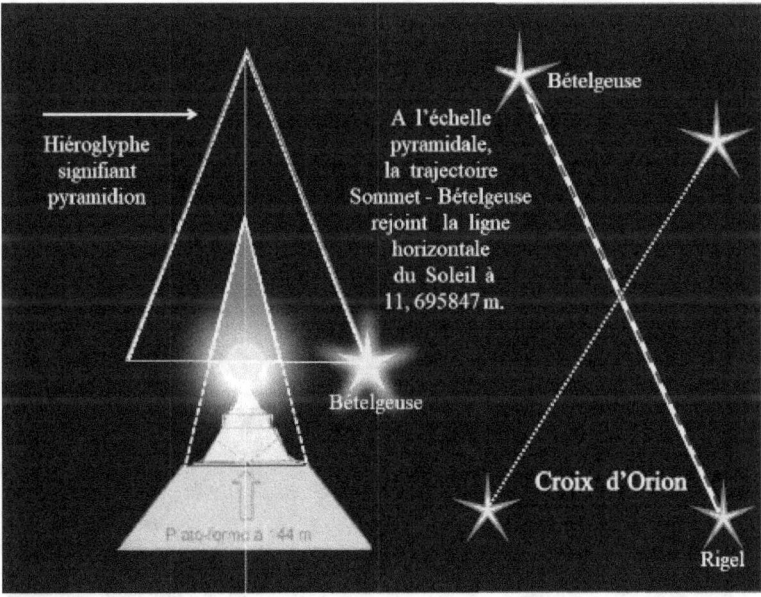

Au sommet de la Grande Pyramide, le disque solaire ainsi que l'étoile Bételgeuse valide le concept. Nous découvrons ici le tracé parallèle de l'étoile Bételgeuse lorsqu'elle rejoint Rigel, en bas à droite du carré-base. Autre remarque intéressante : le graphique que forment les deux lignes en convergence représente le hiéroglyphe : « pyramidion » corroboré par le hiéroglyphe « donner » et l'ouverture centrale serait celle du Soleil. On peut toujours se réclamer du hasard, mais nous savons maintenant que celui-ci a de fortes tendances à suivre ses inspirations. Ce sont celles d'une logique particulière que les rationalistes baignant en leurs indices bousiers ne peuvent concevoir. Si chaque mystère était florissant de pièces d'or, il y a longtemps qu'il n'y aurait plus rien à découvrir en ce monde. Ne partant d'aucun indice, il nous aura fallu des années d'élaboration et de calculs pour que tout s'harmonise en une logique parfaite. Dès le début de nos recherches, il nous est apparu plausible que le pyramidion soit la synthèse du concept, mais pas seulement, il se devait d'être le symbole représentatif du nombre et de la géométrie. Le fait qu'à la suite de ces recherches sa hauteur emblématise le nombre Pi et que celui-ci repose sur une valeur de 144 m laisse peu de place à des inductions extérieures. C'est également la synthèse de la coudée et du mètre que nous aurons l'occasion de démontrer.

Le sommet pyramide ainsi que les bases sur le roc et le socle sont en étroite relation avec l'harmonie structurelle. S'il nous fallait un exemple, il suffit de diviser la hauteur des plages par la clé pyramidale pour retrouver la longueur de l'une des demi-bases que l'on cherche à connaître. Visualisons le pyramidion vu du ciel :

Si cela dérange les éléments normatifs du savoir, il est permis d'avoir un doute sur les concordances que l'on prête au pyramidion. Mais qu'il soit la synthèse de la pyramide est d'une logique absolue.

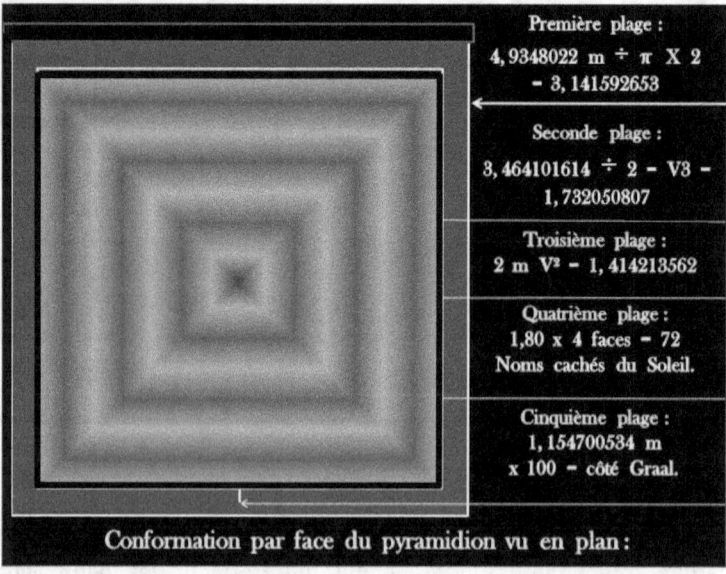

Conformation par face du pyramidion vu en plan :

Première plage :
4, 9348022 m ÷ π X 2
= 3, 141592653

Seconde plage :
3, 464101614 ÷ 2 = √3 =
1, 732050807

Troisième plage :
2 m √² = 1, 414213562

Quatrième plage :
1,80 x 4 faces = 72
Noms cachés du Soleil.

Cinquième plage :
1, 154700534 m
x 100 = côté Graal.

Vu du Ciel, le pyramidion atteste par la perfection de ses mesures de la précision étonnante de l'ensemble. Toutes les plages ont un rapport avec les valeurs traitées au sein de l'édifice. Si sa hauteur réalise 6 coudées, sa base divisée par π fait 3 coudées soit 36. Nous ne pouvons qu'être admiratifs devant l'esprit synthétique du volume, lequel regroupe le Soleil, l'emplacement de l'étoile Bételgeuse, la position des triangles.

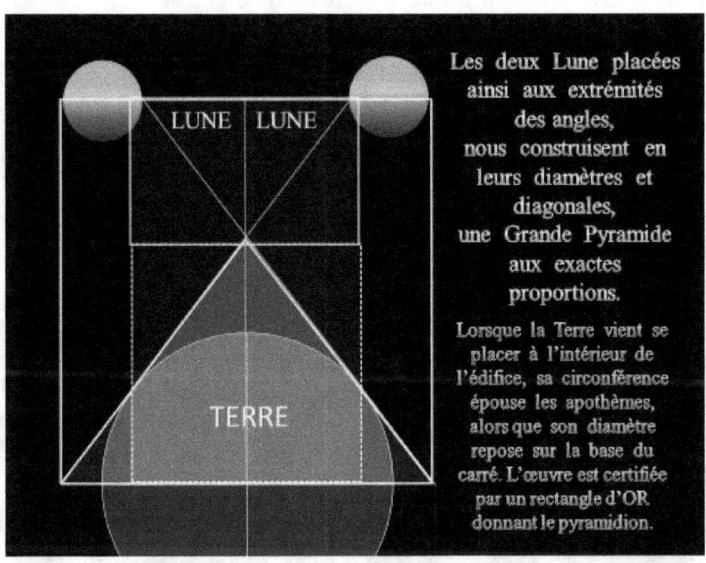

Les deux Lune placées ainsi aux extrémités des angles, nous construisent en leurs diamètres et diagonales, une Grande Pyramide aux exactes proportions.

Lorsque la Terre vient se placer à l'intérieur de l'édifice, sa circonférence épouse les apothèmes, alors que son diamètre repose sur la base du carré. L'œuvre est certifiée par un rectangle d'OR donnant le pyramidion.

Le pyramidion de la Grande Pyramide

Le pyramidion en primosophie réalise 360, avec un cercle de 5,555555555 m au rayon qui laisse rêveur. Ce nombre divisé par la coudée de 0,523598774 et multiplié par le 4 (carré-base) puis par 3 faces du triangle, ce rayon nous restitue bien évidemment divisé par 100, la clé de **1,273239544**. Celle-là même qui donne la Grande Pyramide, la Terre et la Lune. Le pyramidion placé au sommet de la Grande Pyramide a disparu depuis de nombreux siècles. Il ne fait cependant aucun doute que des millénaires durant, celui-ci arborait vers le Ciel sa forme de capsule spatiale. Ce volume reconstitué par Mathieu Laveau, nous donne un aperçu plus concret de la représentation finale.

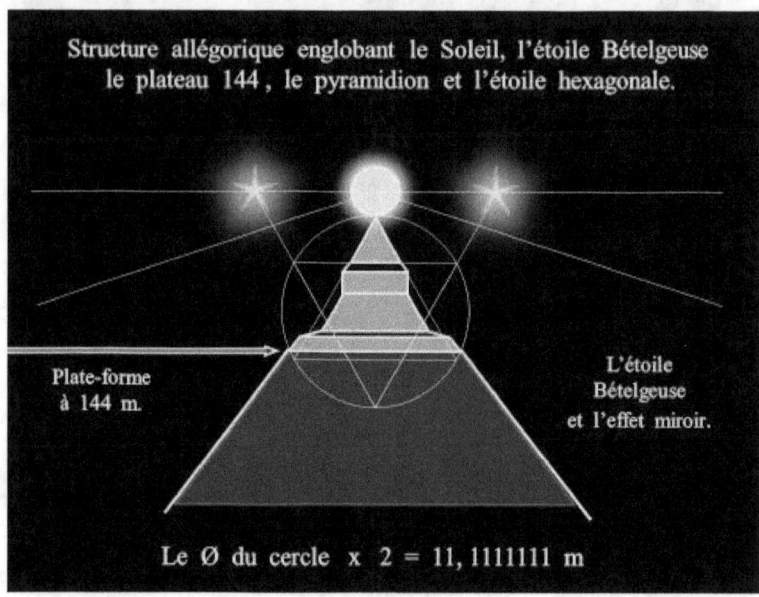

Nous évaluons combien ce pyramidion est harmonieux, avec sa parure de feuilles d'OR et sa petite émeraude sur la pointe sommitale. Il était un hommage au caractère divin qu'est l'œuvre pyramidale. L'harmonie des nombres provoque l'harmonie des formes et l'harmonie des formes interpelle la sensibilité atavique de nos chromosomes mémoires. Pour l'observateur épris de spiritualité, il émanait de sa structure une sorte d'ascendance fluidique qui s'épanouissait au Soleil divinisé de l'Égypte Antique. Plus encore que les séismes, la sottise humaine eut raison de cette admirable synthèse théogonique. Pour nous, il serait à jamais perdu si son énorme piédestal n'avait pas mémorisé ses formes et ses nombres. Il nous aura fallu des années de recherches pour effectuer une approche à peu près certaine de son apparence. Car il nous fallait découvrir que ses mesures étaient en étroite relation avec la structure externe.

L'ensemble même est en adéquation avec les divins principes d'une **Tradition Primordiale** dont l'esprit longtemps révéré s'est lentement dilué dans la nuit des temps. La forme pyramidale et les nombres inhérents à son concept suscitent encore chez le chercheur la sensation d'un lien **Terre - Ciel**. Voyons-là une source spirituelle authentique qu'il devient salutaire de faire redécouvrir à une large tranche de la population mondiale. Un regain de spiritualité est seul capable de sauver le monde d'aujourd'hui, toutefois à une condition : que les bases sur lesquelles cette spiritualité repose soient concrètes, vérifiables, authentifiées et non inspirées par les mystifications consensuelles des manufacturiers de l'histoire. Sur l'illustration nous remarquons que **l'étoile Bételgeuse** est localisée à proximité de la pointe du linteau de 144° dont les lignes convergent au centre du Soleil fictif. C'est sa position authentique, l'étoile semble d'ailleurs éviter avec respect le tracé du linteau pour se situer au-dessus des 144°. De par l'effet miroir, l'étoile **Bételgeuse** trace une ligne horizontale qui atteste de la hauteur de l'édifice pyramidal, mais aussi du Soleil fictif qui domine le sommet pyramide. À elle seule, l'étoile regroupe des données essentielles, telles que les angles de la pyramide. Nous constatons que **Bételgeuse** se situe sur la coupe du pyramidion dont l'élégante arabesque neb, (les anciens Égyptiens la qualifiaient du vocable « seigneur »), souligne l'exceptionnelle harmonie de l'ensemble. Nous remarquerons également que ce sont les prolongements des côtés de l'étoile inscrite dans la circonférence du pyramidion qui déterminent la position des étoiles. Les nombres et les formes s'épousent, pour le plaisir du chercheur, mais, surtout, pour souligner la beauté de cette structure issue de **la Tradition Primordiale**.

Il est important de se faire une idée précise des positions géométriques, ainsi que des précisions numériques qui conditionnent l'aspect schématique de l'œuvre architecturale. La vision superficielle engendre le doute. Alors que les méthodes heuristiques que nous développons engendrent un climat philosophique favorable à une évolution culturelle. Nous pouvons admettre avec une quasi-certitude que les pyramides furent élaborées par des intelligences extra génétiques aux nôtres. Mais il serait insane de prétendre que ce sont eux qui ont placé la constellation d'Orion dans le ciel tel que tout un chacun peut l'admirer, et dont sa composition a inspiré notre schématique. Il faut donc voir en ces œuvres une part spirituelle et une part réservée à ces omniscientes entités venues des ailleurs spatiaux temporels. Soyons réalistes et contentons-nous d'appréhender le merveilleux enseignement qu'ils nous ont laissé, dont nous avons le plus urgent besoin pour réformer nos carences didactiques.

Rappelons que la hauteur du pyramidion, mesuré depuis le socle de cette plate-forme, répond à la symbolique du nombre π, **3,141592653** m. Hauteur de la plateforme 143,990165 m + 3,141592653 m = **147,1317577 m**

Le hiéroglyphe « Benbenet » s'écrit ![glyph]. Il réalise le mot « pyramidion » = 360 en Primosophie. Il se compose de deux jambes. Nous retrouvons fréquemment ce hiéroglyphe en tant qu'élément déterminatif d'une action, comme marcher, courir, suivre, aller, venir, tourner autour de... ! Le hiéroglyphe représente **Râ** (le Soleil) sous lequel se tiennent deux jambes en marche. **Ce sont les deux pentes des apothèmes figurant la pyramide**. Nous voyions qu'elles soutiennent le Soleil de la manière dont nous le décrivons.

Pour corroborer le tout, le nombre π figure la hauteur du pyramidion. Aussi est-il en lui-même une double évocation du cercle et de la ligne. 3,141592653

x $\pi \div 4$ = 2,467401101 m (demi-base de la plate-forme). On ne s'étonnera pas que la racine carrée de ce nombre multiplié par deux nous restitue la hauteur soit, en terme plus imagé, le chemin sous les pieds du hiéroglyphe. Quant au sommet du triangle inversé de l'émeraude, lieu de convergence des deux jambes, plusieurs critères sont à prendre en considération :

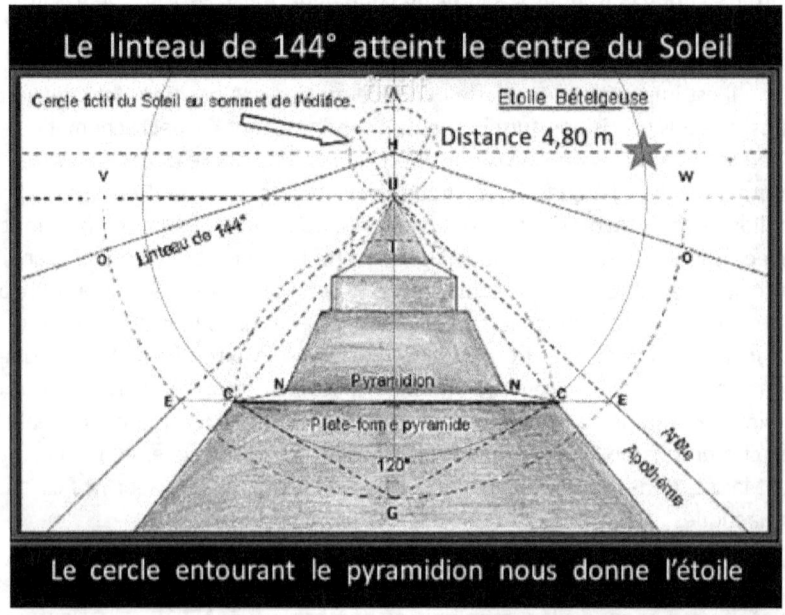

Le triangle tête en bas est l'œil du Yang, il signifie : « Don du **Ciel** à destination de la **Terre** ». Son inverse, le triangle tête en haut signifie : « Louanges terrestres en direction du **Ciel** ». L'émeraude dispense **une lumière verte** (centre du spectre dans la gamme des ondes visibles). C'est l'incessante germination que procurent les bienfaits du rayonnement solaire. C'est **la résurgence osirienne**. Elle se trouve impliquée dans notre schéma. La triangulation de l'émeraude est en synthèse avec la zone photosphérique du

Soleil, ce qui définit son implication dans le principe « lumière ». Prenons maintenant les mesures du triangle équilatéral aux lignes convenues, dont la pointe est en (U) et dont la base repose sur le socle en biseau de la plate-forme (NN). La hauteur de ce triangle étant de 3 mètres, nous obtenons pour chaque côté 3,464101614 m ÷ 2 = $\sqrt{3}$ ou numériquement le plus harmonieux des triangles équilatéraux. Le prolongement vers le bas du troisième élément du pyramidion forme un vaste cube intérieur. Chacun des quatre côtés d'une face réalise 1,80 m. Les nombres affichés nous projettent dans les grands cycles hindous des civilisations millénaires, couronnés par l'ennéade et la $\sqrt{2}$. Le cube pyramidal de 1,80 m sert de support intermédiaire entre la base surélevée de 0,141592653 m et les 1,20 m du sommet. Ce nombre représente le hiéroglyphe

T image allégorique de Nout déesse du Ciel. Ce 180 multiplié par ses 4 côtés = 720, multiplié par les 6 faces du cube = 4 320, nombre sacré de l'Inde à 180 multipliés par les degrés du linteau, soit 144 = 25 920 ans ÷ 12 = 2 160 ans, le cycle précessionnel en sa formulation la plus courante. 180 x 1-2-3-4-5-6-7-8-9 = 222,22222222 ÷ 2 = **111,11111111111**.

Faire l'apologie de 180, c'est rentrer dans l'univers numérique sacré des Peuples anciens, c'est pressentir au-delà des mythologies et de nos références actuelles, la trajectoire du temps. Lorsque le cube est ouvert vers le haut pour réceptionner la lumière, il se prive de son couvercle et ne présente plus que 5 faces, soit : 720 x 5 = 3600 ou les pourtours exacts de la Grande Pyramide (nous avons vu pourquoi). 1,80 est la référence de la taille moyenne masculine, car elle a un rapport avec un homme appliqué sur la face du pyramidion. Viens ensuite en appui sur le cube, un triangle équilatéral de 1,20 m de hauteur délimitant le sommet de l'édifice pyramidal. Il prend appui sur la seconde base à partir du haut et s'étale jusqu'au sommet. Les côtés de celui-ci ayant un périmètre de 7,20 m, cela nous évoque le fameux cercle de Gilgamesh et Ur-Shana bi, situé au-delà des eaux de la mort, extrait des mythologies sumériennes. De grands principes qualitatifs sont à ôter des formes géométriques (nous ne les évoquerons pas ici, pour ne point alourdir le texte). Le pyramidion placé au sommet de la Grande Pyramide est une synthèse de l'harmonie des formes, chaque volume, chaque angle, chaque décrochage géométrique a sa raison d'être.

Il nous reste à rappeler ce que nous avons déjà vu, le triangle équilatéral de **1 mètre de hauteur** placé au sommet du pyramidion. Multiplié par « 2 » ses côtés sont semblables à ceux du **Graal** divisé par 100, soit : 1,154700536 x 3 ÷ 2 = $\sqrt{3}$.

Souvenons-nous que les parois du vase Graal réalisent 115,4700536 m à l'échelle de la pyramide. Énumération de la hauteur 1 m + 0,20 m + 0,5236006 m + 0,008450208 m + 1,267949192 m + 0,141592653 m = **3,141592653**.

Ces rapports numériques et géométriques n'offrent qu'un faible aperçu des nombreux enchaînements d'harmonie que recèle en ses formes **le pyramidion**. N'oublions pas que celui-ci détient dans l'étagement de ses hauteurs schématiques, la valeur des différentes bases de la Grande Pyramide. Pour s'en convaincre, il suffit de diviser l'une de ses plages angulaires formées par sa géométrie avec l'aide du nombre clé **1,273239544 m** que nous appelons, le nombre d'Horus. À titre d'exemple, le deuxième décrochage à partir du haut a pour valeur, nous l'avons vu, **1,20** m. Sur cette base-là, la hauteur totale de la pyramide est donc rapportée de 147,1317686 m à **145,9317686 m** ÷ **1,273239544** (la clé numérique de la pyramide) = **114,6145431** m valeur à partir de la base sur le roc avec le creusement des faces, sans le fruit du socle. Reprenons si vous le voulez bien cette hauteur de 145,931768 m et divisons là par le diamètre de **360** soit 114,5915591 nous avons x 10 000 = 12 734,94 km le diamètre moyen de la Terre en kilomètres.

Nous ignorons par quel prodige, le roi Khéops avait réussi à « disposer » les étoiles d'Orion aux confins du Ciel afin que son tombeau puisse satisfaire à autant de merveilles. Si, en fournissant un tel apport, Ptah, Thot et Anubis ne lui ont pas permis de franchir le sahou de « la porte des dieux », alors cher lecteur, ni vous ni moi ne pouvons espérer avoir la moindre chance d'atteindre le seuil. À moins que Khéops ne se soit jamais embarqué dans une telle aventure ? Nos années de recherches et d'études nous portent fortement à l'envisager ! Toutefois, raisonner ainsi, est-ce raisonner sainement, nous voulons dire d'une manière politiquement correcte, enfin... de manière académique ? Nous est-il permis à nous lambda, de prendre une telle liberté avec le sens impérieux de l'Histoire ? Là est la question ! Conformément aux conventions largement répandues, si nous pensons « tombeau », nous devrions réfléchir à ceci : La Grande Pyramide étant géographiquement positionnée sur une latitude de 30°, ses constructeurs l'ont orientée à 29°58' 22"25.

Selon les experts les plus éminents, aucun édifice au monde ne pourrait aujourd'hui, aligner un tel volume architectural de ce type avec la précision relevée.

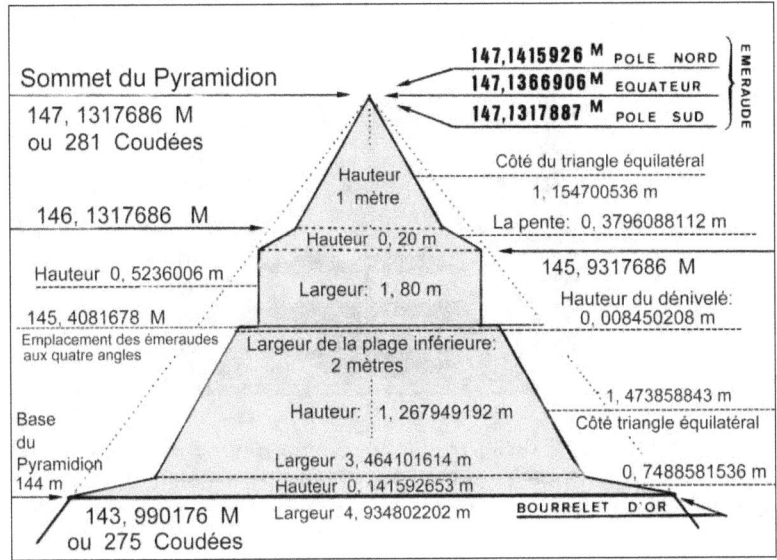

« Ô vous, esprits divins qui réjouissent **les deux régions**, l'une avec nectar et l'autre de lapis-lazuli, montez bonne garde devant **l'œuf cosmique** qui repose au fond de son **nid céleste**. Chapitre IV, *Livre des morts égyptiens*.

Nous augurons que sur un plan chronologique, la hauteur du pyramidion pourrait signifier « l'Âge d'OR » du genre humain, mais la terrible constatation qui nous est imposée, c'est qu'il n'est plus là ! Compte tenu du défilement des millénaires, sa disparition pourrait apparaître sans histoire particulière comme étant inévitable. Ne recelait-il pas quelques vénaux trésors, certains ne prétendent-ils pas qu'il était d'or plein et qu'il permettait une introduction par le haut de son édifice ? Si nous réfléchissons un instant, ôter à un tel monument son faîte, prétendument sacré, c'était le démystifier, le placer au rang d'un monticule pierreux sans grand intérêt. Nous constatons que mille bonnes raisons faisaient que ce pyramidion devait disparaître le plus rapidement possible. Quant à son support piédestal demeurant, nos humbles capacités cognitives s'en contenteront ! En fin de compte, nous constatons que l'histoire des hommes se dénature, s'efflanque, se désagrège ou s'atrophie, mais que l'histoire de la pierre demeure muette en son âpre froidure, secrète en ses âges et souvenances, elle éveille l'instant de sa révélation.

SEMMOUT XVIIIe dynastie :

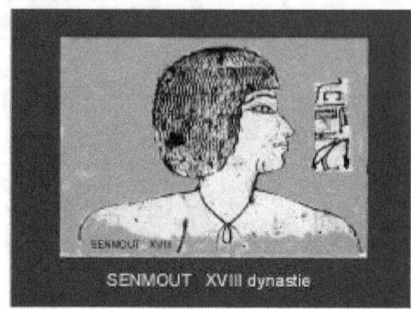

Il y a beaucoup d'indices en terre d'Égypte, prouvant de manière péremptoire que la Tradition Primordiale y était secrètement enseignée. Mais ces indices eux-mêmes sont adroitement dissimulés aux regards profanes.

La sépulture de **Senmout** n'échappe pas à cette évidence, encore faut-il soumettre ces astucieux indices à interprétation. C'est ce que nous allons tenter de faire. Senmout était Grand Intendant des Prêtres d'Amon. Il vivait en la XVIIIe dynastie sous le règne de la Reine Hatshepsout. Son tombeau près de Thèbes à Deir el-Bahari recèle un bien étrange plafonnement, certes sibyllin au premier regard, mais à la réflexion, évocateur d'une connaissance perdue.

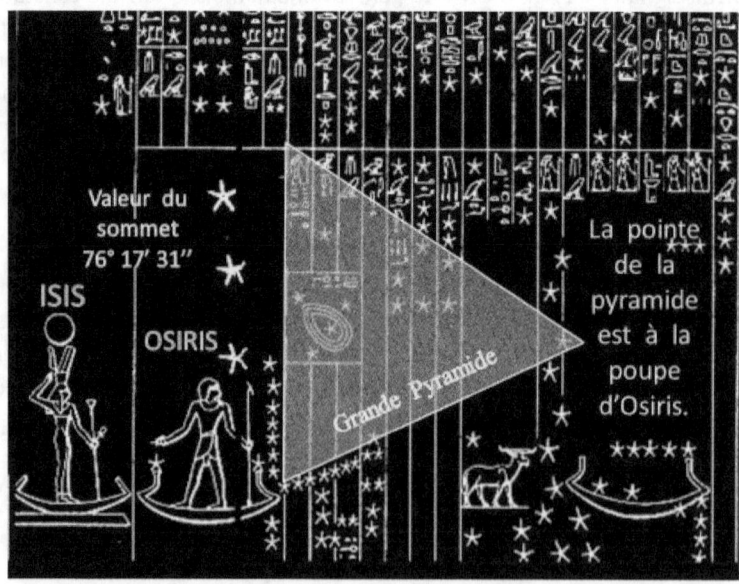

La constellation d'**ORION** est ici représentée de manière implicite. Elle est toutefois identifiable à des détails caractéristiques, comprenant les 4 étoiles cadres et le 3 du baudrier. Le déchiffrage est volontairement complexe, il ne fait de doute qu'il fallait éloigner les profanes assoiffés des privilèges que procure le secret, lorsqu'il est porteur de puissances cachées. À droite de cet alignement se situent 16 étoiles en V, nombre symbolique. Elles forment l'angle figuratif de 76°17'31'', celui du sommet de la Grande Pyramide. Sept étoiles se trouvent agencées d'un côté, ce qui a pour signification le nombre répertorié de la constellation d'Orion. Une autre lignée de 9 étoiles ayant pour définition les deux autres supplémentaires représentées par **Sirius** A, **Isis** et **Sirius** B, **Nephtys.** Ces deux déesses complètent les 9 chiffres de **l'ennéade**. L'axe central de ce triangle pyramidal est dirigé sur l'étoile **Rigel.** Nous allons voir pourquoi et comment nous devons procéder pour restituer les critères cachés de cette fresque ésotérique.

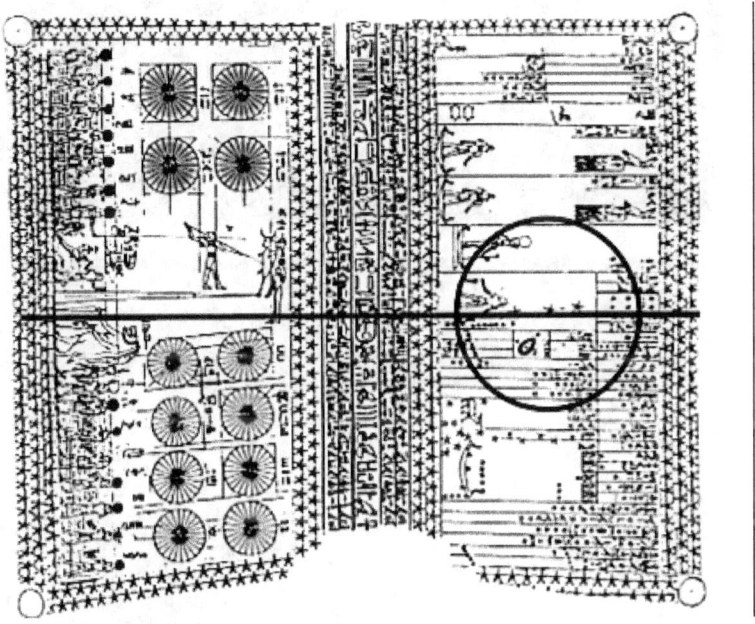

Nous sommes convaincus que Senmout a réalisé cet œuvre pour que dans les âges, les chercheurs intéressés puisent évaluer son degré personnel d'initiation et par extension celui de l'Égypte à son époque.

L'ensemble de la fresque en plafonnement n'incite pas à un rapprochement avec la schématique pyramidale que nous connaissons. Sa surface est rectangulaire alors que nous devrions la pressentir carrée. De surcroît sa profusion graphique est telle que la densité des représentations laisse le visiteur perplexe, si ce n'est dubitatif sur sa signification. Pourtant, si nous nous accordons le temps d'une réflexion, nous remarquons aux extrémités 4 petits cercles munis de points centraux signifiant soleil ou étoile en langage universel.

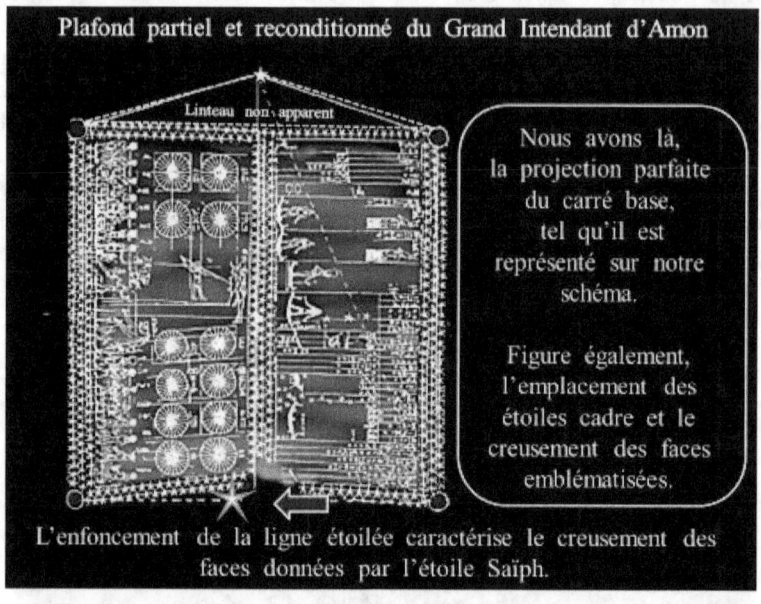

L'enfoncement de la ligne étoilée caractérise le creusement des faces données par l'étoile Saïph.

Il ne fait aucun doute que ce graphique est une représentation solaire de Ré , mais le soleil n'est-il pas une étoile et dans ce cas précis, il est opportun de généraliser. L'aspect rectangulaire de la fresque nous dissuade de tout rapprochement avec le schéma structurel, à moins que les deux panneaux, à gauche et à droite, encadrés d'étoiles soient de la même largeur ? Ceux-ci étant rapprochés, que pourrait-il nous livrer ? Un carré peut-être, comme c'est étrange ! C'est précisément à partir de cet instant que la composition sibylline de Senmout commence à prendre un caractère intéressant. Pour réaliser cette métamorphose, faisons abstraction des trois rangées de hiéroglyphes qui meublent l'alignement central et rapprochons les deux panneaux **étoilés** vers le centre indiqué par la flèche. Miracle ! Notre rectangle devient un carré et les 4 cercles pointés aux extrémités deviennent Bellatrix et Rigel réelles ainsi que Bellatrix et Rigel virtuelles. La direction géographique nous est même généreusement indiquée par une enfonçure symbolique de la face est. Cette anomalie qui échappe à la projection abstractive de l'ensemble illustre sans équivoque le creusement des faces, indiquant par le fait même les périodes équinoxiales. Hélas, une déprédation volontaire ou non en cet endroit nous prive de la présence de l'étoile Saïph. Une telle dégradation ne serait-elle pas intentionnelle, la représentation in extenso se serait avérée beaucoup trop parlante en des temps où la connaissance était réservée à une élite sévèrement sélectionnée. Mais nous ne pouvons qu'extrapoler sur le fait sans être certains de cette hypothèse. Sur cet agrandissement d'un détail, la flèche emblématise le départ du cycle précessionnel. Elle passe par le centre de l'étoile Al Nitak étoile du baudrier représentant le dieu Osiris. À gauche de la fresque et à droite sur notre illustration se tient la déesse Thouéris. Elle vient de trancher à l'aide de son coutelas (attribut de sa déité) la ligne centrale coupant le carré en deux parties égales pyramides réelles et virtuelles.

En avant de son coutelas se trouve une sorte d'obélisque, désigné par un personnage bras levé, dont la verticalité rejoint le point de croisement des étoiles-cadres entre Al Nilam et Mintaka. La pente donnée par le crocodile (depy) est celui de la Grande Pyramide 52° dont le second angle rejoint la pointe du coutelas. La pyramide apparente a été par nous ajoutée afin de rendre plus évidente cette supposition.

Les personnages défilant à l'extrémité du cadre gauche sont regroupés en 7 et 9 entités, conformément au nombre traditionnel d'étoiles attribué à la constellation d'Orion. Taourèt ou Thouéris déesse de la vie signifie la « Grande » ou la Grande Pyramide codifiée. La forme gravide de la déesse laisse supposer à terme une naissance, celle sans doute de la révélation. Bien que ce ne soit pas là l'axe de nos recherches, il n'est pas inutile de mentionner quelques remarques au sujet de ces mystérieux rouages qui complètent la fresque. Ces roues (panneau de gauche) comprennent chacune 24 radians et sont au nombre de 12, séparées en 4 et 8 ordonnances. Le total nous donne 288 radians ou 2 fois le nombre biblique de 144, toit spirituel de notre schématique. Pour la partie basse de 8 roues x 24 = 192 : les 192 radians √² = 13,85640646 ÷ 8 les roues = **1,732050807** √3.

Si nous divisons les 192 radians du bas par les 96 du haut, ils nous procurent le chiffre 2 dont la racine est **1,414213562**.

Ce qui signifie clairement que la racine de 3 comme la racine de 2 sont à la base des recherches que le néophyte se doit d'entreprendre pour tenter de déchiffrer l'énigme du tombeau. Les 192 radians doivent être multipliés par les 9 entités de la case (rappelons que 9 dieux composent la Genèse Égyptienne) et que ces 9 chiffres font les nombres. Avec l'adjonction du 0 qui symbolise Atoum, réalisons le premier d'entre eux le 10.

192 x 9 = 1728 ÷ π = 550,0394834 ÷ 24 radians = 22,91831181 ÷ 2 =

11,4591559 x π = **36** ou 360° selon la virgule en affichage.

Voyons le 192 ÷ 2 = 96 ÷ 1, 2 3 4 5 6 7 (les 7 étoiles d'Orion) = 77,76000 ÷ 3 (les étoiles du baudrier) et multiplié par 1000 = **25 920**. C'est le cycle précessionnel adopté sur le plan du calcul simplifié, divisé par les 12 signes du zodiaque qu'illustrent les roues. Le cycle moyen précessionnel que nous préconisons d'utiliser, réalise-lui 25852,94906 années. Il est le résultat de calculs complexes qui tiennent compte d'une valeur moyenne s'étalant sur l'étendue du cycle. La Terre subit des influences diverses qui altèrent légèrement l'immuabilité de son parcours. On ne peut donc pas scientifiquement en quelques décennies découvrir la période de temps qui lui convient le mieux, si ce n'est par des calculs qui ne relèvent pas des sciences enseignées. C'est précisément là que la différence s'exerce, entre les acquis d'une science expérimentale et l'application d'une **science universelle** à laquelle nous aurons recours dans les siècles à venir en application avec ladite science expérimentale. Senmout aurait-il souhaité signifier le temps écoulé depuis la construction de la Grande Pyramide par rapport à son époque, c'est plausible ?

Le Principe Créateur dans la Tradition Primordiale

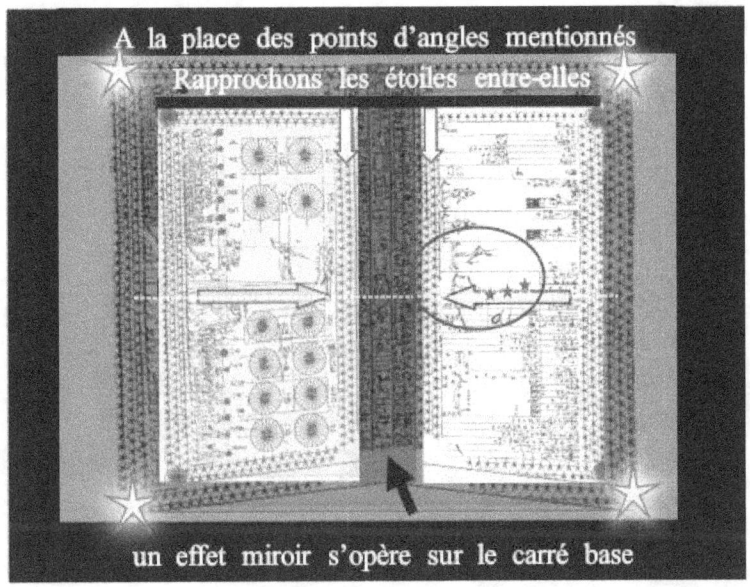

Il y a 12 roues raisonnablement assimilables aux 12 signes du zodiaque. En se référant au cycle de 25 852,94906 années, divisé par 12 cela nous donne 2 154,412421 années par signe zodiacal. 4 des 12 roues se trouvent intentionnellement, selon nous, placées à l'écart. Elles représentent 8 617,649686 années. Maintenant, prenons le cas d'un demi-cycle représentant 12 926,47453 années, de l'année zéro de notre ère à la fin du cycle précessionnel il y a 2491,735552 années. Si nous les ajoutons aux 8617,649686 années, cela fait 11 109,38524 années. Il reste en demi-cycle précessionnel de 12 926,47453 années, 1817,089293 années, en lesquelles nous devons enlever le nombre d'années séparant l'époque de Senmout de l'année zéro de notre ère, soit 1 460 années, conforme au cycle de Sirius et à la hauteur de la Grande Pyramide. Il s'agit d'une simple hypothèse sans grand intérêt, mais il resterait 357,089 années. Ce fut le temps par nous évalué de la construction des deux pyramides Kheops - Khephren avant le départ du cycle, mais cela reste anecdotique. Cette étude est confirmée par la diagonale Bételgeuse - Rigel passant par le point exact de croisement étoiles cadre du baudrier. L'autre diagonale ne peut figurer du fait de l'absence de l'étoile Saïph. Le carré-base est reconstitué à la perfection, nous pouvons constater que les « 4 étoiles cadres » Bellatrix-Rigel réelle - virtuelle est parfaitement défini par des cercles placés aux quatre angles. Si Senmout avait fait figurer des étoiles à la place de ces cercles, cela aurait été par trop flagrant, ce qui aurait pu inciter le profane à établir un rapport avec Orion et la base pyramide, un tel acte aurait constitué une profanation. In fine, ce savant complexe ressemble à un clin d'œil plus ou moins « momifié » de Senmout envers la nuit des temps. Mais c'est également une des preuves les plus évocatrices qui soient de la haute connaissance que pouvaient avoir les grands hiérarques. La prise en considération de la constellation d'Orion constitue un témoignage établi de ce que nous cherchons à démontrer.

La Tradition Primordiale

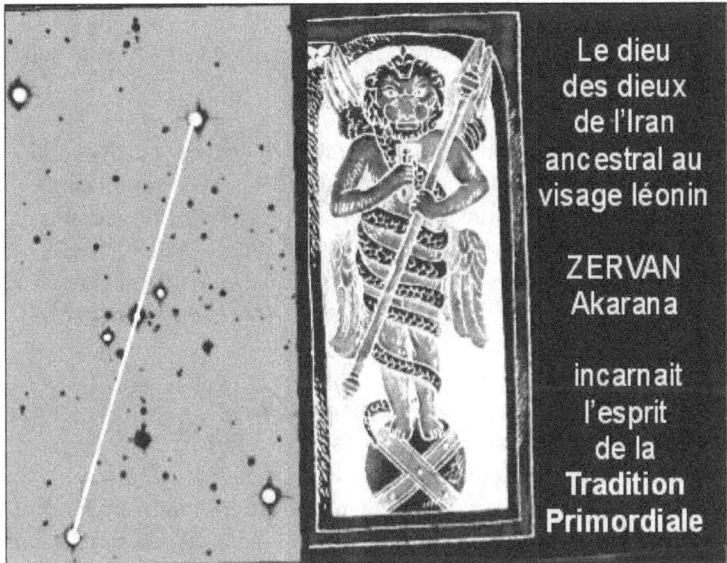

Le dieu des dieux de l'Iran ancestral au visage léonin

ZERVAN Akarana

incarnait l'esprit de la **Tradition Primordiale**

Les thèmes principaux de la **Tradition Primordiale** se retrouvent parmi les représentations sacrées des religions anciennes. Proches ou éloignés des thèmes que nous exploitons, les écrits et l'iconographie archétypale de ces diverses ethnies nous sont précieux. Elles nous informent des traditions enseignées et de la symbolique utilisée, à des époques encore non altérées par les turbulences de notre modernité.

Servan Akarana, digne descendant des territoires d'Elam, est le symbole même de ces représentations allégoriques à caractère initiatique. La figure hautement représentative de ce dieu de l'Iran ancien est incontestablement la définition la plus figurative de l'esprit de **La Tradition Primordiale**.

Le sarcophage en lequel repose le dieu est un rectangle d'Or-ion au double carré ou une singulière union d'**OR** et de « **ion** » atome démuni d'électrons dont il manque « L' ». L'étoile Bételgeuse à quatre branches brille en haut à gauche du rectangle sacré qui est celui d'Orion. La physionomie léontocéphale du dieu ne saurait nous rebuter puisqu'elle incarne l'époque où le point vernal se trouvait dans **Le Lion, 10 435 années avant notre ère,** autrement dit à l'altitude la plus basse atteinte par la constellation d'Orion aux environs de 9° au-dessus de l'horizon de Gizeh.

La main gauche de la divinité détient un sceptre savamment orienté vers un croisement qui ne nous est plus étranger, c'est celui d'Orion, étoiles Bellatrix, Saïph.

Il a 4 ailes pour souligner le chiffre « 4 », base de la révélation par les nombres, ◎ 1,273239544, ce sont les décimales de la connaissance universelle, base de la création.

Servan tient en main la clé numérale des arcanes cachés de la Grande Pyramide. Le serpent de la connaissance l'entoure de ses sept spires, il coiffe son front de l'uræus pharaonique. C'est aussi celui du Tau, élévation dans la connaissance, atteindre par la verticale le seuil supérieur de référence. C'est de surcroît la représentation alchimique la plus courante du cycle de 25 920 ans aux trois bases 72 – 360 – 12 que nous aurons l'occasion d'évoquer.

Servan Akarana nous divulgue que son effigie symbolique incarne la connaissance, et que celle-ci est adaptée à la Terre sur laquelle reposent ses pieds. Mais cela est plus subtil, la croix de Saint-André possède « 5 points ». Ce sont les cinq points de la pyramide vue du ciel, 4 pour les côtés-bases, 1 pour le sommet. Le nombril allégorique du dieu se situe à l'emplacement d'Al Nilam étoile centrale du baudrier d'Orion (la plus éloignée en années-lumière). Voyons là l'axe emblématique des mouvements physiques dans le cycle des âges.

Pour atteindre « **Les portes de la lumière** », selon les légendes, il y a 7 spires ascensionnelles et cycles intermédiaires que l'être en évolution se doit de parcourir. Au terme du 7e cycle, l'adepte défunt peut éprouver le désir de reconduire sa perfection. Si c'est le cas, il va opter de son plein gré pour une ultime réincarnation. Ce peut-être dans le dessein d'orienter les égarés, d'affirmer la foi des spiritualistes, d'éclairer le chercheur à l'aide des 7 étoiles d'Orion.

À ce stade de l'évolution, l'âme s'incarne en un être d'exception. Ces êtres d'exception n'ont point pupilles triangulaires et peau verte, ils sont physiquement comme vous et moi. Parfois, leur charisme laisse transparaître sous le voile du corps la lumière de leur état de conscience. De tels êtres ont jalonné le cours de l'histoire, ils ont été, et sont encore, les références discrètes ou révélées de l'humanité montante. En de rares occasions, les actes qui témoignent de leurs vertus les désignent à la société des hommes. Dans les temps les plus reculés, on les nommait : Mages, Hiérophantes, Grands Initiés, Prophètes, Élus de Dieu, de nos jours, on leur prête volontiers des dons paranormaux. Nous attendons d'eux qu'ils entérinent leurs relations avec le divin par des manifestations prodigieuses. Ils furent souvent assimilés aux dieux et parfois à Dieu lui-même. Ce dernier et suprême attribut dont de simples mortels crurent devoir les doter s'avère non seulement offensant, mais résolument absurde. Le fait pourrait paraître désobligeant envers **le Principe divin**, mais en réalité, ce n'est là que l'effet de notre méconnaissance allié au frustrant désir de ne pouvoir établir un lien tangible de parenté entre ce qu'il serait convenu d'appeler **le Père...** (Comme le nommait si bien Joshua) et nous !

Le challenge est adapté à la démesure humaine. Notre petite planète bleue est à tel point insignifiante qu'elle ne paraît pas devoir être recensée en notre galaxie. Pourtant, il y a plus de galaxies en l'univers qu'il n'y a de grains de sable sur la totalité des plages de la Terre où nous évoluons. Cet univers pensant attend bien davantage les manifestations de notre bon sens que nous n'attendons de lui, les effets de sa miséricorde. Le drame, c'est que par désir d'imposer à nos semblables notre misérable individualité, nous n'hésitons pas à les blesser, les dépouiller, les outrager, les provoquer, les culpabiliser, cela dans la seule et égocentrique ambition d'une reconnaissance du « soi ». Pouvoir que procurent l'argent ou les situations honorifiques, que l'on assimile à une supériorité individuelle. Alors que, « le soi authentique » attend dans la misère esseulée de notre conscience l'humble considération que nous ne savons plus lui accorder !

Neter, « netcher - dieu » ou « netcheret - déesse ». L'idéogramme hiéroglyphique égyptien symbole des divinités » dieu – neter » est représenté par ce hiéroglyphe :

Dieu – Neter :    Déesse - Netchert :

L'élément déterminant est symbolisé par cette forme énigmatique que l'on a toujours prise pour un drapeau, au mieux pour un gonfalon flottant sur le sommet d'un temple. Alors que le seul bon sens devrait nous faire pressentir une cognée, une hache ou à la rigueur une direction. Non, il nous faut voir là un drapeau sans que l'on sache pourquoi, sur un temple, celui-ci s'identifierait à un dieu, à moins que ce ne soit là une projection mentale du chauvinisme conventionnel. Un comportement primaire apprécie de faire flotter sa représentativité étatique sur des éminences afin qu'aux yeux de tous elle puisse influencer l'idée d'une possession, une affirmation par la force ou le savoir-faire, une démonstration de puissance, une existence communautaire quand elle n'est pas totalitaire. Mais ce faisant, à qui s'adresse-t-elle, si ce n'est à des êtres jugés par elle inférieurs qu'elle contribue humainement à abaisser par des actes idéo illogiques ? Lorsque ladite vérité insinue être la vérité, c'est qu'elle n'est pas la vérité. L'étendard de la vérité se doit d'être dissimulé en la vérité, c'est seulement en ce lieu que les âmes nobles le reconnaîtront. C'est un poncif que d'affirmer que le vrai Dieu est toujours le sien ? Un graphique évocateur des 7 étoiles d'Orion ne serait-il pas et de loin beaucoup plus crédible ? N'oublions pas que cette constellation était considérée par les **T**rès Anciens comme étant « *la porte des dieux* » et la manifestation du Ciel sur la Terre.

Page suivante, nous avons placé en vis-à-vis les parties gauche et droite de **la constellation**. Sur la droite, nous avons en situation symétrique le hiéroglyphe « neter » synonyme de « dieu » ou suivant le contexte » des dieux ». Ce serait faire offense au lecteur que de lui demander de faire appel à toutes ses capacités mentales pour établir les comparaisons qu'impose le tracé de ce hiéroglyphe. De nombreux textes anciens placent « **Sah – Orion** » en position de site céleste privilégié. Nous conviendrons que du seuil à la demeure il n'y a qu'un pas. Le temple n'a-t-il pas toujours été accrédité « demeure des dieux » ? Les plaquettes Thinites nous informent que le mot **Neter « Dieu »** en égyptien archaïque était matérialisé par **« 2 poteaux »** (ou deux colonnes) impliquant nécessairement 2 points séparés par une distance alors que deux éléments en contre-poussés forment un linteau au-dessus d'une porte. « *Le douât guide tes pas vers la demeure d'Orion* » - texte des pyramides. Le douât était ce sas énigmatique qui reliait par on ne sait quel cheminement la Terre aux régions célestes.

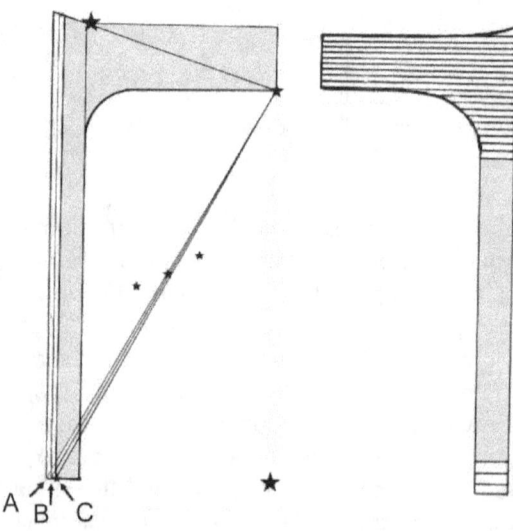

Un autre état comparatif pourrait éveiller notre attention, il s'agit de la croisée des sceptres, chère à **Osiris**. Les textes des pyramides nous montrent combien le nom du dieu est dédié à **Orion** (Porte des dieux). Les deux sceptres croisés que tient Osiris sont emblématiques des diagonales reliant les étoiles-cadre. Remémorons-nous certains passages du texte des pyramides : Sans oublier que les hiéroglyphes qui le composent ne sont pas ceux de la VIème dynastie, ils sont beaucoup plus anciens et par le fait même, ils sont plus proches de la Tradition Primordiale dont nous ne saisons de nous référer.

- « Le Roi est mort (Osiris), il devient **Orion**, et sa sœur est Sothis. » Sirius Isis.

- « Tu es jeune, à côté de ton père, à côté d'**Orion** au Ciel.

- « Tu es la grande étoile qui porte **Orion**, qui parcourt le Ciel, avec **Orion**, avec **Osiris** ».

- « Il est venu (pour glorifier) Orion, il guide Osiris et place les dieux sur leur trône ».

- « Regarde-le, il arrive comme **Orion**, comme **Osiris** qui vient avec **Orion** ».

À la lecture de ces textes, c'est donc à peine anticiper que d'établir un rapprochement entre les sceptres que tient croisés le dieu Osiris sur sa poitrine et ce que nous indique clairement le schéma. C'est d'autant plus probant que cet aspect schématique évoque à la fois l'équerre et le compas, la porte des dieux, le hiéroglyphe du mot dieu, les deux sceptres royaux de la tradition avec tous leurs attributs, l'emplacement des étoiles, ainsi que le tracé implicite de la

Grande Pyramide (référence terrestre). Non, il nous faut voir un pavillon, ainsi que nous devons voir un tombeau en la Grande Pyramide. Osiris et le croisement des sceptres figurant la constellation d'Orion. À droite, le hiéroglyphe symbolisant le mot dieu, dédoublé et uni il schématise le tracé d'Orion. L'effet miroir se trouve appliqué en une sorte de prescience sur l'expression graphique de ce hiéroglyphe. Il y a beaucoup de coïncidences concordantes.

Les composants hiéroglyphiques de la mythologie égyptienne sont issus de la Tradition Primordiale, ils sont porteurs d'une idéologie universelle qu'il nous est difficile aujourd'hui de concevoir.

Mais pour notre rationaliste pur et dur, il ne s'agit là que d'un banal chasse-mouches et d'une sorte de patère pour faciliter l'accrochage de colifichets derrière une porte !

Une porte... tient, c'est la seule chose que nous retiendrons. Elle colle tellement bien avec celle des dieux d'autant, qu'elle semble, cette porte, barrée par on ne sait quel mot de passe. Peut-être est-ce tout simplement... SAH – en égyptien **ORION** ?

« Seba »   « Porte »   « Étoile »

Comble de singularité, en Égypte Ancienne les mots : Seba – Porte – Etoile étaient liée par la même phonétique au terme de « **connaissance** ». Quand le hasard cesse de nous leurrer... il nous intrigue ! Si l'on fait preuve de bon sens et qu'on n'est pas phagocyté par des conventions auxquelles on adhère par esprit d'école, on ne peut que constater ceci : en Égypte Antique, toute valeur abstraite relevait d'une symbolique, en partie cachée au commun, dont l'enseignement était réservé aux « connaissants ». Il est difficilement admissible qu'en les âges concernées, le mot le plus important qui soit : « DIEU », ne fut pas ceint d'un sens caché, d'une symbolique savamment étudiée, tant sur le plan de la sémantique que sur celui de la configuration graphique. Les étoiles de la constellation d'Orion étaient aptes à jouer ce rôle et à remplir ces conditions bien mieux, nous semble-t-il, qu'un gonfalon plus évocateur d'épopées guerrières que d'harmonie universelle. *Pourquoi les étoiles ?*

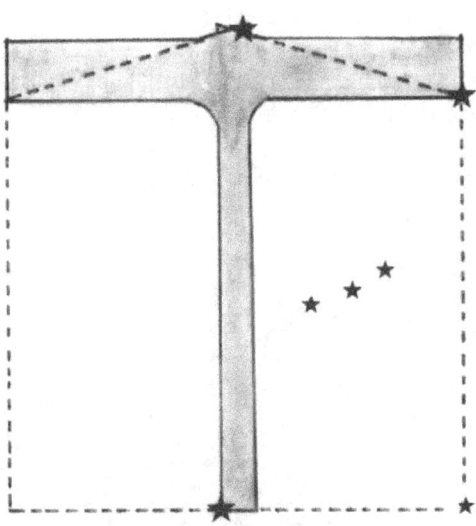

Tout simplement du fait que la constellation en question était la référence, c'était le lien, lequel par **la démarche initiatique** rattachait les hommes au divin. Il est vrai que ce terme aujourd'hui n'aurait plus aucun sens pour une démarche spirituelle, mais en Égypte ancienne lorsque l'individu pouvait prétendre à quelques capacités de déductions, il se devait de suivre « la voie de la connaissance ». Le dieu **Osiris**, Ousir le dieu bon, incarne cette discipline archétypale de la tradition hermétique universelle, il avait un regard errant sur cette ligne vaporeuse séparant **la vie** de **la mort**. Les très anciens plaçaient ce personnage au centre des iconographies à caractère eschatologique. Le corps roide, figé en un immobilisme que scelle sa royale parure, le dieu occupe à jamais la position stellaire d'**Al Nitak**, première étoile de la ceinture d'Orion. Les deux sceptres, qu'**Osiris** tient croisés sur sa poitrine, sont les emblèmes de sa royauté, mais ils représentent aussi le point de croisement des étoiles-cadre d'Orion ce qui les classes parmi les objets divins de la souveraineté :

Le **Heka**, emblème de réceptivité (matrice). Le **Neheh**, emblème d'autorité (flagellum) détenteur du baudrier. Les sceptres royaux représentent les deux aspects du pouvoir. Ils croisent les lignes à mystères qui autorisent « le connaissant » à pénétrer de son vivant les domaines d'éternité. Les pharaons croisaient les sceptres sur leur poitrine en signe de fidélité à la connaissance cachée. Ces lignes à mystères relient « **Isis à Osiris** », sœur-épouse du dieu, mais aussi :

La forme aux nombres - La pyramide à l'univers - Le subconscient au conscient.

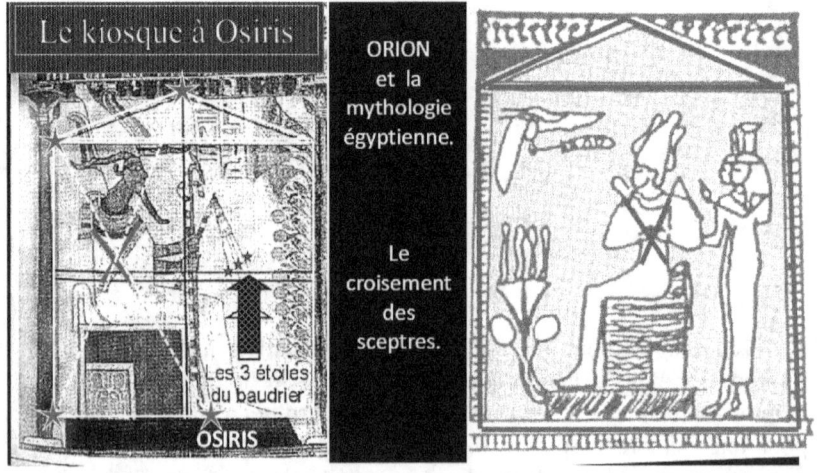

La rondeur matricielle du **Heka** épouse ces 3 flagelles emblématiques des organes génitaux masculins. On retrouve ces attributs triadiques dans la forme de cache-sexe chez les deux génies du Nil lorsqu'ils procèdent à la ligature des « 2 mères » **Nekhbet** et **Ouadjet**. Les 3 flagelles sont représentatives des lignes droites émanant des étoiles centrales du baudrier d'Orion, Al Nitak, Al Nilam, Mintaka. Elles personnifient également le genre masculin alors que le crochet (serrure du coffre astral) est propre au genre féminin à la matrice réceptive. Le Flagellum régente et châtie, alors que le Heka s'enquiert et gratifie.

Le flagellum descelle et chasse ce qui est indésirable ou inopportun, c'est lui la sélectivité. Son complément **le Heka** accroche et retient ce qui est délectable ou édifiant. À l'intérieur de l'enveloppe matricielle du Heka germera le fruit de la retransmission. Les sceptres s'attachent à une symbolique complexe, leur aspect polaire a pour rôle de générer le magnétisme vital.

Le port des sceptres, leur orientation, leur position, le fait qu'ils soient parfois tenus en main par des personnages de sexes opposés à leur destination première a une signification précise. Ouvrons une parenthèse pour le « **Djed** », il fait preuve d'un hermaphrodisme qu'il nous faudrait différencier de l'androgynie.

Debout, le « Djed » est masculin, son chiffre est « **3** », l'Osiris « la vie », la colonne avec son fût et son disque de base + les 3 éléments superposés sur la colonne.

Couché, le « Djed » n'est plus une colonne, son aspect est féminin, les **4** éléments ne sont plus dissociables de sa forme, mais il devient porteur de promesses élévatrices.

À l'instar de « **Mout** », le Djed couché évoque également « la mère et la mort (mout) ». La mère qui donne la vie ne donne-t-elle pas à l'instant même l'état potentiel de la mort ? Cette allégorie du « **couché - debout** » (mythe d'Hiram) est semblable à l'**Ioni** et au **Lingam**, pierre couchée ou pierre érigée des civilisations indo-européennes.

3-4-5, « les 5 cerceaux en cordage » qui entourent généralement le fût de la colonne sont représentatifs du fils en état de gestation, mais aussi des « 5 dieux » enfants de Geb et Nout (les 5 polyèdres réguliers). Parents et grands-parents représentent les 4 éléments étagés. L'isomorphisme du **Djed**, en ses aspects dressés et allongés, souligne la différence tout en affirmant l'unicité de l'être. C'est l'image même de ce que nous nommons « l'aithéron » que nous mentionnons en nos ouvrages comme étant le premier élément principe de la création. Il regroupe le nombre, illustré par **le point,** et la géométrie illustrée par **le cercle**. Ces deux principes sont à l'origine de l'onde et de la particule temporelle représentée par le photon. Le **Djed** (la parole - le verbe véhicule de la connaissance) se présente ainsi , vu en plan (on serait tenté de dire : vu du Ciel). Le symbole, nous le savons, exprime l'émanation primordiale, mais aussi **le Soleil, l'or** et **le zéro pointé**. Alors que, vu de profil, le Djed est « 2 en 1 » ou la création paire – impaire, liée par le cercle divin. L'emblème perpétue l'acquis et favorise le devenir. L'érection du Djed a pour objectif de stimuler **le Neter du temps**. Ce dernier aurait la réputation de se lasser de tout, mais l'intelligence cosmique veille. En extrapolant : le Djed debout représente l'univers du créé, éternel en sa persistance, c'est l'immuabilité du principe. Alors que le Djed couché est l'emblème d'une potentialité, d'une allégorie du temps dans le temps, qui astreint à l'évolution des choses.

Ses développements morphologies de l'imagerie ésotérique égyptienne pourraient apparaître superflus parmi les découvertes que nous exposons. Ils sont cependant nécessaires si nous désirons connaître l'intérêt qu'ont eu ces peuples à développer leur évolutionnisme sur des facteurs philologiques et spirituels.

Morphologie de la symbolique

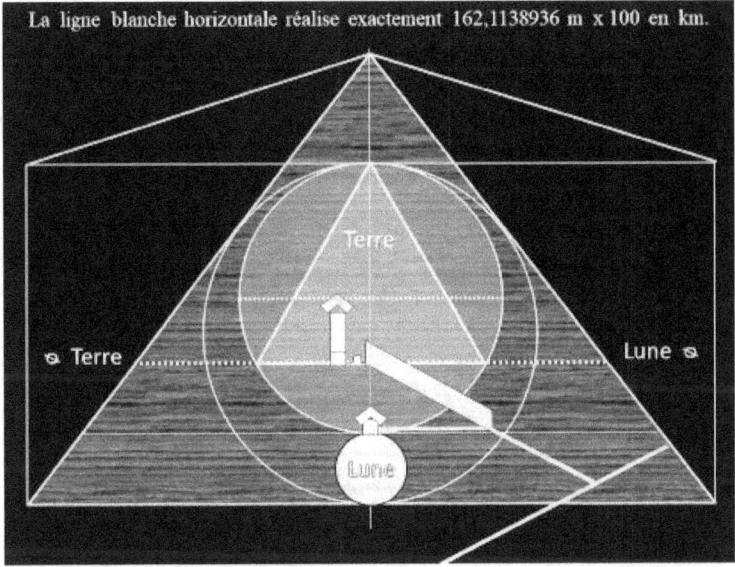

Ce graphique, nous le voyons, comporte des côtes numériques en rapport absolu avec les formes géométriques. La Grande Pyramide coiffe la partie supérieure de l'impétrant aux mystères. Le Soleil, la Terre, la Lune occupent des positions judicieuses non exemptes d'enrichissements éducatifs. Cette image donne une idée des lignes de force fictives qui entouraient l'impétrant lors de la traversée de sa probation. Celles-ci contribuaient à constituer une aura de potentialité autour du coffrage dans l'attente de l'instant favorable à l'événement. Si le postulant au titre n'était pourvu d'une conscience immaculée, une mort effective se devait surnaturellement de le sanctionner, mais cela était impossible, car la conscience des hiérarques était aussi élevée que l'esprit de coercition qui les animaient. C'est cet équilibre qui nous fait tant défaut en nos sociétés chevillées au matérialisme, alors que la spiritualité devrait être la motricité essentielle de notre évolution. Sachons apprécier ce merveilleux graphisme placé dans le volume de la Grande Pyramide. Pour nous terrien, il n'y a pas sujet plus représentatif que les deux sphères Terre - Lune. La base du triangle équilatéral nous donne la ligne horizontale, du 16 211,38936 km, laquelle ligne symbolise le fait que ce soit la base du triangle qui passe par le centre du coffre dans la chambre du roi, à l'échelle 162 mètre de longueur. La ligne traverse le corps de l'impétrant allongé dans la cavité ce qui est hautement symbolique. Là encore nous avons la preuve que les deux astres inclus dans un contexte donné étaient l'attestation ésotérique qu'il fallait faire valoir en priorité. Le pentagone qui en est la référence humaine souligne ici l'importance des précédentes données que nous avons fait valoir. Ici comme ailleurs, la géométrie signe de sa rigueur la perfection de l'œuvre.

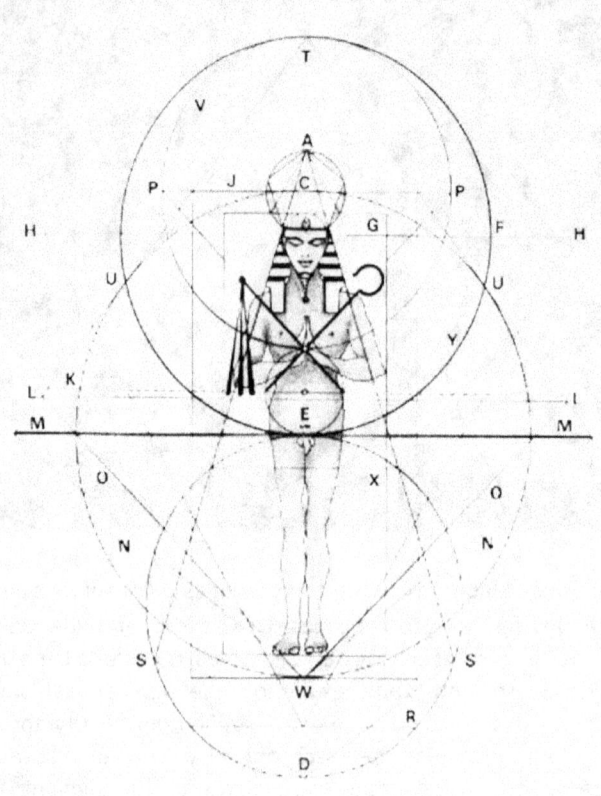

Le coffre enfermant la figuration humaine est emblématique de ses changements de nature.

Mort et renaissance impliquent le franchissement d'une porte en laquelle l'impétrant est tenu de passer. La pyramide, le Soleil, la Lune, la Terre, le cercle, le carré, le triangle, le pentagone enveloppent de leurs énergies astrales cette mutation.

L'être humain en général, est tributaire de ses désirs, de ses passions, de ses humeurs qui assujettissent son état mental. Alors que, pourvu de la connaissance, il est sublimé par la conviction. Il devient une référence comportementale et un lien entre les interrogations d'ordres matérielles et spirituelles. Le tombeau, les étoiles, la porte et les dieux, sont les éléments vecteurs d'une même démarche, celle du « renaître » en un ailleurs spirituel. Le hiéroglyphe « neter » n'est pas étranger à cette aspiration : dans l'assemblage recto – verso que nous faisons figurer, il affirme sa réalité en la porte, qui n'est autre que le souverain principe du « passage ». La constellation d'Orion a toujours été définie comme étant une porte, celle des dieux qui invitaient au franchissement du seuil, mais aussi en l'engagement dans l'espérance. Étoile, porte, connaissance sont des mots à connotations similaires en égyptien et cela devrait, pour une meilleure compréhension, nous interpeller. Il est troublant de constater que le mot « **neter** » (dieu), a une similitude de forme indéniable avec le tracé miroir de la constellation.

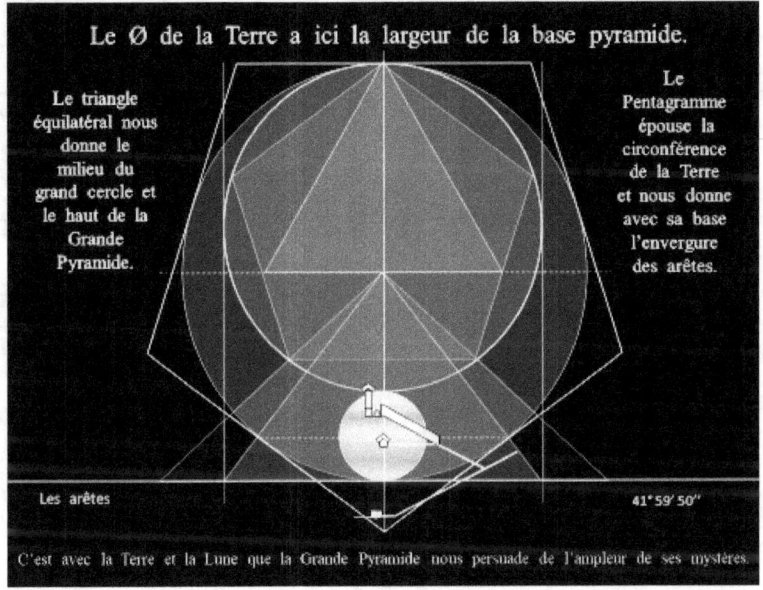

C'est avec la Terre et la Lune que la Grande Pyramide nous persuade de l'ampleur de ses mystères.

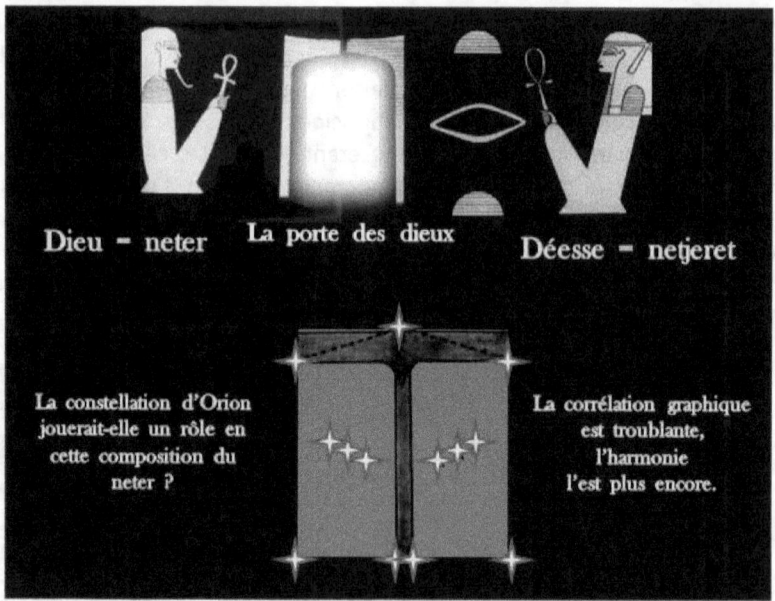

En notre ère aventureuse d'exploitation technologique, la société spirituelle des anciens Égyptiens peut nous apparaître d'un irréalisme invraisemblable.

La mort venue, il y avait cinq enveloppes pour le corps putrescible et quatre pour l'âme éternelle.

Ces particularités étaient impliquées dans les tourments de la vie, afin de rendre compte, le temps venu, du comportement de la conscience.

Étonnons-nous que seule une lignée de dynasties, principalement les IIIème, IIème et Vème *(à l'image du fameux triangle 3-4-5),* ait été inspirée par le vertige des hauteurs. Alors, que tous les autres monarques et non des moindres, se faisaient inhumer dans les profondeurs du sol. Ces princes répondaient à des devoirs de charges. Il en fut de même pour Khéops alors qu'il passe pour un despote soucieux de son rayonnement terrestre et post mortem. Ce genre de précisions est à mentionner pour une plus juste perception des événements que l'on nous présente comme étant historiques. Les temps étaient venus pour la Grande Pyramide d'une restauration de son parement, lequel demanda une vingtaine d'années de labeur. Khéops ne la pas envisagé lui-même, il en reçut l'ordre impérieux du comité hiératique des devins prêtres d'Héliopolis.

Pharaon, le « hem neter, était premier serviteur des dieux », à ce titre, se faire ériger un monument plus ambitieux que ceux réservés aux divinités n'aurait pas seulement représenté un outrage, mais pour un monarque cela aurait été hautement blasphématoire. Lors du jugement ultime, notre malheureux Kheops aurait sans doute encouru le risque d'une métempsychose en un retour sur Terre sous la forme d'un sombre cancrelat. Notre intention n'est pas d'exposer les rudiments d'une théologie dont plus personne ne connaît les origines, mais seulement quelques évanescences souvent altérées par les millénaires. Un fait est certain, les Anciens Égyptiens croyaient fermement à la réincarnation et séparaient dans l'après-vie la responsabilité des éléments corporels. La mort venue, la porte franchie, la conscience devait rendre comptes à l'âme en passant par le tribunal d'impartialité osirienne, la psychostasie.

Chaque élément du corps et de l'esprit était rattaché à un principe de responsabilité qui engageait sa propre évolution. Si nous prenons un exemple, on peut sourire à l'idée du Shuit qu'est l'ombre. C'est pourtant là le degré emblématique d'évolution que nous accumulons au cours d'une vie, que nous en soyons conscients ou non. Sur un plan philosophique, c'est seulement lorsque la lumière nous éclaire que nous pouvons mesurer notre ombre. Dans l'obscurité cela n'est pas possible, il nous faut donc affronter la lumière révélatrice. Si nous évoluons suffisamment, nous devenons lumière, nous sommes au zénith et par définition nous n'avons plus d'ombre. La pensée égyptienne était héritière d'une morale supérieure, aussi avons-nous beaucoup de mal, nous qui sommes média-télé-guidé et assistés en toutes choses, à évoluer par nous-mêmes, afin d'être pleinement en état de responsabilité. Est figuré si contre une allégorie de la justice divine imagée par la mythologie sacrée.

La Grande Pyramide en surimpression sur les plateaux joue un rôle prépondérant que nous nous devions de faire figurer. À l'instar des ultrasons qui ne sont perçus que par de rares individus, ce que nous développons comme lien entre le comportement rationnel et le subtil inconscient ne peut être discerné que par une minorité. Il nous faudra donc attendre d'autres générations, sensibilisées à d'autres critères, pour voir émerger en ces œuvres les archétypes d'une perception différente. Aujourd'hui, nos désirs existentiels sont phagocytés par l'incitation abusive à consommer. Nous avons une obsession de la « croissance », terme sans signification raisonnable, car à l'échelle humaine toute croissance s'achève par une maturité ; l'infinie croissance est donc une aberration. Hélas ! Actuellement un état ne peut pas se permettre de cesser cette « croissance » dont il est question, cela le conduirait à la ruine de son économie, et raisonnablement la croissance ne peut être infinie, le drame est inexorable. C'est donc à l'échelle planétaire que nous devons envisager cette reconversion. Si nous nous montrons incapables de pressentir cela, alors c'est que déjà le mal est si grand qu'il inhibe notre discernement.

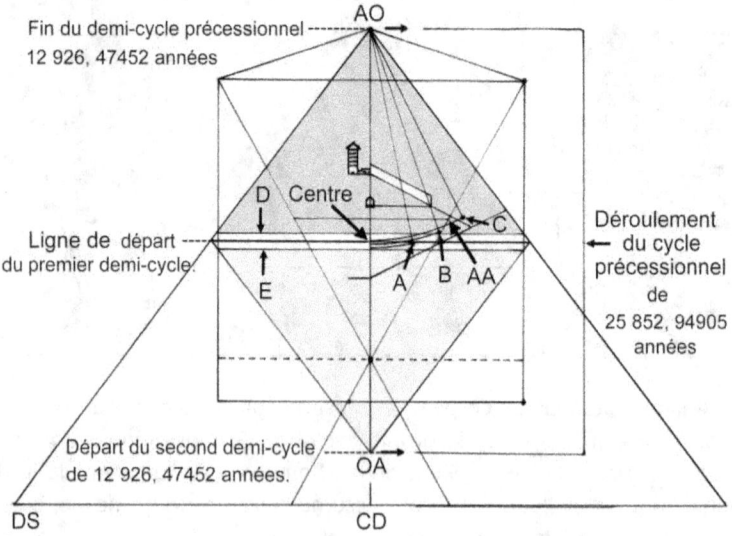

C'est sans doute ce qui est arrivé à plusieurs civilisations avant la nôtre, c'est pour cela que nous devons aller jusqu'à l'empiriocriticisme. En d'autres termes, savoir conférer de ce qui nous conditionne pour apprécier les bienfaits que nous offre la matière sans en être assujettie. Ce qui a été découvert en la Grande Pyramide est bien plus qu'une remise en question de l'Histoire traditionnelle, c'est une ultime invitation à une autre vision des choses. Renouons par nos facultés intelligentes le lien Terre – Ciel, seul principe capable de nous faire saillir du marasme en lequel nous sombrons, lequel est à la limite du correctif. Il est vrai que nous devons encore redouter les consensus sépulcraux de nos élites qui ont pour idéation le précepte de l'acquit qu'il cultive à la limite du non-sens. Mais, c'est de ce marasme cafouilleux qu'émergera demain la lumineuse vérité dont on a grand besoin.

Avec Orion une autre réalité

Nous avons vu que la ceinture centrale affiche ses mesures et distances dans les circonvolutions qu'effectue la Terre autour du Soleil. Mais au-delà, elles impliquent notre croyance dans les concordances numériques et géométriques de la thématique utilisée par les concepteurs. Il est tout à fait surprenant de constater combien ce concept particulier nous livre son harmonie. Ce développement au compas, depuis le sommet de l'édifice, de chaque étoile du baudrier sur l'espace de la ceinture est tout à fait étonnant, il nous incite à élargir notre champ d'investigation tout en ayant une analyse plus appliquée sur les situations graphiques. Cette vision panoramique de la situation que nous décrivons nous souligne le caractère exceptionnel de la mise en scène générale. En visualisant ce graphique, nous avons l'impression que l'emplacement adéquat pour les étoiles du baudrier est celui qu'elles occupent sur la partie verticale de la ceinture centrale. La remarque est encore plus pertinente pour le croisement des étoiles-cadre, en venant se placer impeccablement au sommet de la ceinture le point de croisement corrobore le tout.

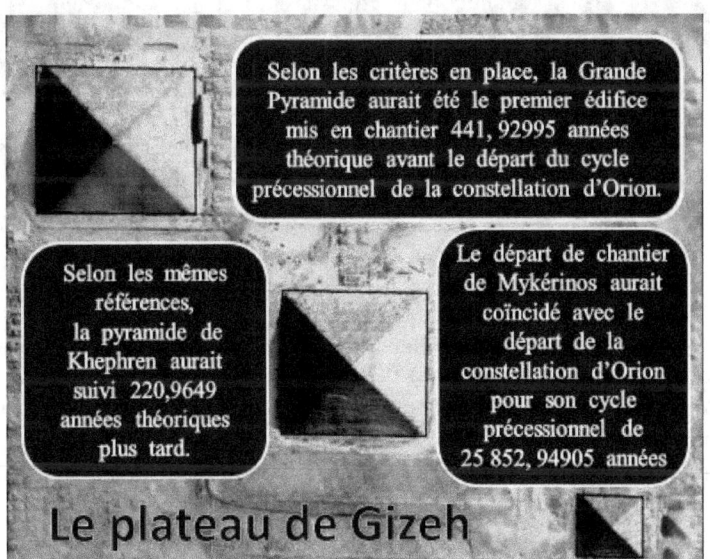

Ce sont ces inexorables vérités qui changeront demain les borborygmes du monde contemporain en un langage universel. Ce plan centralisé de cette image nous montre de la manière la plus juste et en vertu de l'usage compas équerre, l'emplacement précis qu'occupe chaque étoile du baudrier sur la ceinture. Nous voyons qu'elles s'étagent sur trois niveaux et au sommet (flèche) se trouve le **point de croisement**. Si nous désirons connaître l'échelle à laquelle elles ont été réalisées, le rappel de la base nous en donne un exemple avec ces 231,1140418 mètres, alors qu'il s'agit tout au plus sur la ceinture de précisions en centimètres.

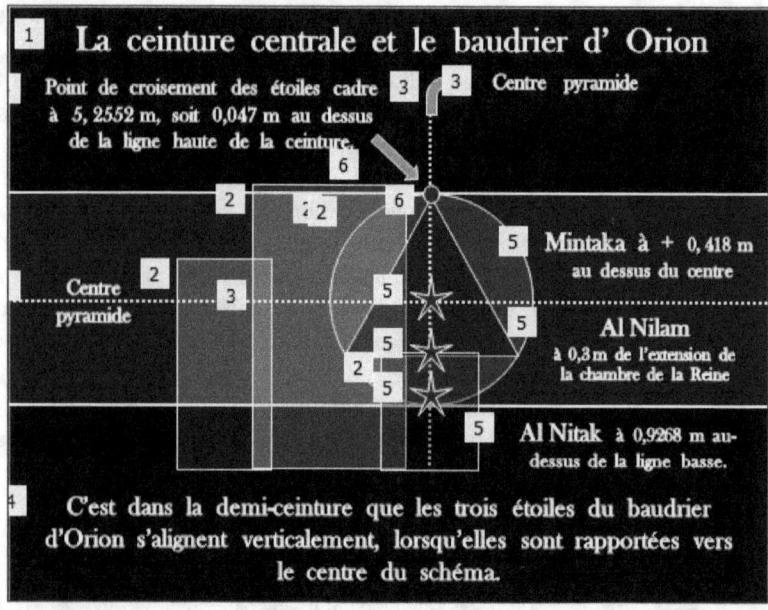

Ces différences ne constituent pas de notre part des approximations, elles peuvent être précisées par des ajustements, exemple Al Nitak avec ses 0,926800565 m de surélévation, par rapport à l'horizontale. Il y a aussi la faible différence dont nous devons de tenir compte avec l'effet rectangle de la chambre de la reine 5,23 m x 5,77 m. L'étoile Al Nilam passe cette limite pour pénétrer cet infime espace de 0,54 qui différencie le carré du rectangle. Il y a là, assurément, matière à cogiter, car rien de ce qui nous surprend n'est gratuit en cet édifice. Tout à sa raison d'être, c'est nous qui ne possédons pas la sagacité requise pour en saisir toutes les nuances. Ce tableau nous renseigne sur la signification des étoiles lorsqu'elles sont placées en cette position. Il est fait mention ici et pour la première fois de datations reliés aux positionnements des monuments sur la ceinture. Nous admettons volontiers que cette constatation peut être déroutante pour un esprit rationnel, allaité au biberon du cartésianisme. Ce ne sont là que des suppositions, mais il nous faut changer de vitesse de perception pour pressentir les effluves d'une autre réalité, c'est retrouver un esprit individuel de déduction. Par ces échelonnements distincts sur la ceinture, les étoiles nous pourraient nous indiquer l'époque de la construction de ces monuments ? C'est plus que probable, les billevesées d'Hérodote, sur cette réalisation, laisse planer le doute. Les 20 ans de construction de la Grande Pyramide, sont en fait une remise en état du parement, car 2000 années d'affectation mémorielle, font d'un chantier de restauration un chantier de construction. De telles erreurs d'interprétation sont à épingler au placard des écoliers studieux, mais sûrement pas dans la mémoire des gens de bon sens, ce serait une grave offense faite à la logique humaine. De nos jours et selon l'avis des meilleurs experts, nous serions dans l'incapacité de construire un tel édifice en 20 ans en tenant compte de tous les savoir-faire et les moyen techniques dont nous disposons. Alors où est l'erreur, si ce n'est cette histoire redondante de consensus ou mensonge institué ?

> | Les trois étoiles du baudrier représentant les trois pyramides sur le site, s'échelonnent ainsi sur la verticale de la ceinture. Traduisons les en années : | L'étoile Mintaka, la troisième étoile du baudrier, se trouve pratiquement sur l'axe central de la pyramide. C'est également l'axe central du schéma. |
> |---|---|
> | L'étoile Mintaka - Mykérinos est positionnée sur la ligne centrale à 35, 4684762 années théoriques après le départ du cycle précessionnel. | L'étoile Al Nilam - Khephren est positionnée sur la base du triangle équilatéral à 218, 4193906 années théoriques du départ du cycle. |
> | L'étoile Al Nitak - Kheops est positionnée à proximité de la base virtuelle à 363, 2883142 années théoriques du départ du cycle. | Mintaka à plus 0, 418 m
Al Nilam à moins 0,03 m
Al Nitak à plus 0, 9268 m |
> | L'étoile centrale du baudrier Al Nilam se positionne à 0,03 m au-dessus de la base du triangle équilatéral. A l'échelle, nous la considérons sur cette base. | L'étoile Al Nitak se positionne à exactement 0, 926800565 m de la limite basse de la ceinture. Cette précision sera développée dans les légendes. |

Nous ne pouvons passer sous silence certains rapports mathématiques semblables à celui-ci :

L'étoile Al Nitak se positionne à 0,926800565 m au-dessus de ce qui constitue la base de la pyramide virtuelle ou encore à 4,281393835 m du centre du schéma, base d'élévation de la constellation d'Orion. Cela représente 363,2883142 années. Si nous divisons ses années par la référence la plus logique de l'arithmétique, soit 1,2 -3-4-5-6-7-8-9 ou l'ennéade égyptienne, nous obtenons la valeur de 294,2635372 x π. Cette circonférence n'est autre que le périmètre de la Grande Pyramide sur le roc **924,4561666 m**, puisque 294,2635372 m divisés par deux nous donne la hauteur 147,1317686 m. Quelles sont les relations naturelles qui peuvent justifier cela, entre la position de cette étoile et le périmètre de la pyramide ? Il en résulte que malgré les preuves les plus flagrantes la logique qui nous est enseignée ne peut envisager ce genre d'assimilation. Mais il n'en sera pas toujours ainsi, soyons parmi les premiers à relever le défi de ce singulier éclectisme. Lorsqu'à l'aide de notre compas nous déplaçons sur la verticale le point de croisement des étoiles-cadre (flèche blanche), nous constatons que celui-ci arrive sur le haut de la ceinture, centre-base de la pyramide réelle, un tel résultat est déjà fort étonnant. Ce que nous appelons ici « la ceinture centrale » joue un rôle des plus évocateurs, car elle a trait aux rapports existants entre les mesures et le temps.

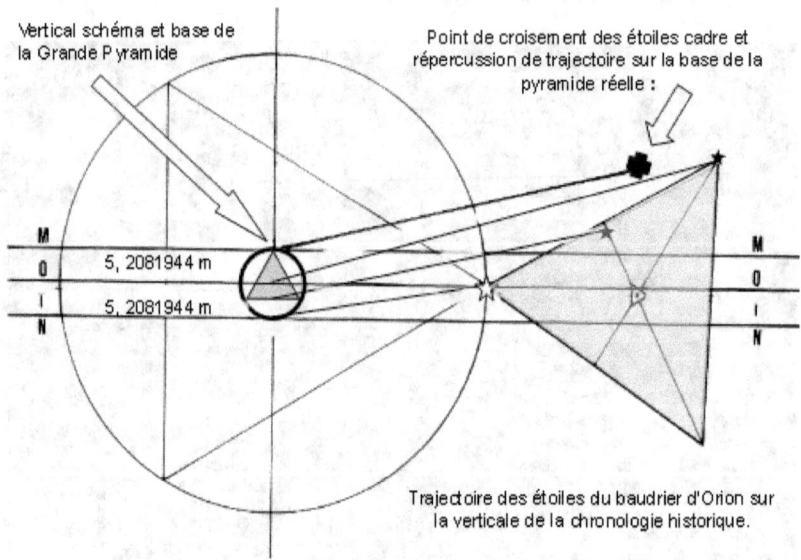

Trajectoire des étoiles du baudrier d'Orion sur la verticale de la chronologie historique.

Il suffit donc à partir du sommet pyramide, de faire glisser à l'aide d'une pointe compas chaque étoile du baudrier en direction de la ligne verticale centrale. Les mètres indiqués nous procurent alors les années qui séparent chaque monument de sa date de début de chantier et au-delà de l'année zéro de notre ère. La clé chronologique de 0,011785113 qui est rappelons-le, la division de la racine de « 2 » par 120, nous affichent les espaces temps escomptés. C'est également la division par 3 600 de la longueur du baudrier d'Orion au sein de la pyramide, soit 42,4264068 m, laquelle nous donne 0,011785113. Pour découvrir les périodes d'espace-temps, nous devons appliquer cette formule aux distances métriques que nous avons préalablement calculées. Cette sorte d'aune ésotérique qu'est la clé chronologique nous sert à mesurer les âges de l'histoire sur l'étendue du cycle illustré par le schéma. Cela étant, nous avons pleinement conscience du faible crédit que l'on pourrait attribuer à de telles assertions, car au-delà du fait constaté, la chose en elle-même soulève autant de questions qu'elle prétend en résoudre :

Comment une science aussi subtile de caractère universel, est-elle envisageable en ces temps reculés de l'histoire humaine ?

Si nous acceptons cette hypothèse, quels étaient ces constructeurs omniscients qui avaient don de lire en l'avenir ?

Comment ont-ils procédé pour faire coïncider autant de paramètres de manière satisfaisante ?

Quel était l'objectif recherché, à qui s'adressaient-ils et quel pourrait-être l'intérêt d'une telle entreprise ? Ne serait-ce point là une interprétation un peu hâtive d'une pluralité de circonstances sans garanties historiques ?

Mais qu'est-ce que la garantie historique ? Voilà une excellente question qui demeure malheureusement sans réponse ! Laissons ce genre d'interrogations en filigrane et poursuivons notre quête. Nous constatons que les nouvelles positions des étoiles n'ont rien de fortuit, puisqu'elles s'étalent le long d'un diamètre chiffrable qui a la largeur de la ceinture, et dont la circonférence cerne le triangle équilatéral circonscrit.

Nous nous appuyons en partie sur ces données pour affirmer que la Grande Pyramide a été construite en prévision de la reprise d'altitude de la constellation d'Orion en 10 435 avant notre ère et que son chantier de construction s'est étalé sur une période de temps voisinant 200 ans. Elle fut construite pour aborder un cycle de 25854,09456 ans, à condition que les générations successives aient la bienveillance de l'entretenir. Ce n'est pas certain si nous considérons qu'à notre époque, toutes intentions de déblocage de capitaux conditionnent une rentabilité et le contraire est non seulement contestable, mais inepte en la circonstance.

Nous aurions de la penne à imaginer que les concepteurs avaient réussi à mettre en œuvre de telles concordances sans une aide que l'on pourrait qualifier de divine, si nous ne l'estimions autre. Nous avons conscients de la portée de certains vocables et du rejet allergique qu'ils génèrent pour tous ceux dont l'orthodoxie scientifique est une maîtrise de l'identité. En toute impartialité, comment peut-on sans une indigence des capacités mentales, concevoir que le « hasard » soit susceptible de telles concordances ? N'oublions pas qu'il s'agit d'un monument unanimement considéré comme un amas de cailloux recelant la dépouille d'un mégalomane en mal de devenir.

Assumons le fait, mais alors par quel miracle ce monarque aurait-il rassemblé autant de connaissances et dans quel dessein puisque celui qu'on lui prête était de gagner rapidement les régions célestes où se trouvent les dieux (sic) ses semblables. Alors même qu'il nous est donné de constater de découverte en découverte que ce monument témoigne d'une science universelle loin d'être atteint par notre civilisation. Ainsi est-il affligeant d'observer qu'un tel amalgame de sottises peut faire école et perdurer alors que des preuves irréfutables données par les nombres et la géométrie sont repoussées avec cette impertinence de diplômés qu'ont ces conteurs d'histoire.

Pour quels intérêts cachés, pour quel postulat, pour quelle raison supérieure, pour quelle tendance inavouable, cette hypothèse consensuelle étant ses tentacules au badge du savoir ? Nous nous devons de nous poser la question : pourquoi la vérité est-elle ainsi bafouée, moquée, outragée ? Comment des hommes et des femmes par appréhension d'encourir l'ire de ceux qui les dominent, leurs pairs, peuvent-ils avilir à ce point leur état de conscience ? Il n'est pas anodin de former des générations de jeunes scientifiques en les incitant ainsi à accepter des consensus comme s'il s'agissait de vérités apodictiques.

L'interprétation de ces découvertes attachées au contexte pyramidal est apte à remettre en question les fondements de notre société : plus que nos idéaux politiques dont les bienfaits, ne privilégient que ceux qui les entretiennent, plus que les religions mal interprétées qui souvent désunissent au lieu d'unir. Les preuves contenues dans la structure pyramidale remettent en cause ce que l'on nous enseigne de l'histoire, remettent en cause l'athéisme et la soi-disant débilité d'un état intemporel, remettent en cause les thèses fondées sur les lois de l'évolution, remettent en cause l'aspect linéaire de la progression mentale des civilisations.

Car il ne fait de doute que de nombreux aléas de tous ordres ont interrompu à plusieurs reprises les capacités évolutives des êtres humains. Des événements cataclysmiques ont plus souvent que l'on ne croit précipité la nature des choses dans les incertitudes d'une restructuration. Aujourd'hui, nous nous trouvons devant une découverte extraordinaire qui fait appel aux sources les plus vives de l'individualité, elle implique nos capacités, nos croyances, nos espérances. La vérité jaillira un jour de cette absolue, elle adoptera un caractère subversif qui telle une vague immense remettra tout en question.

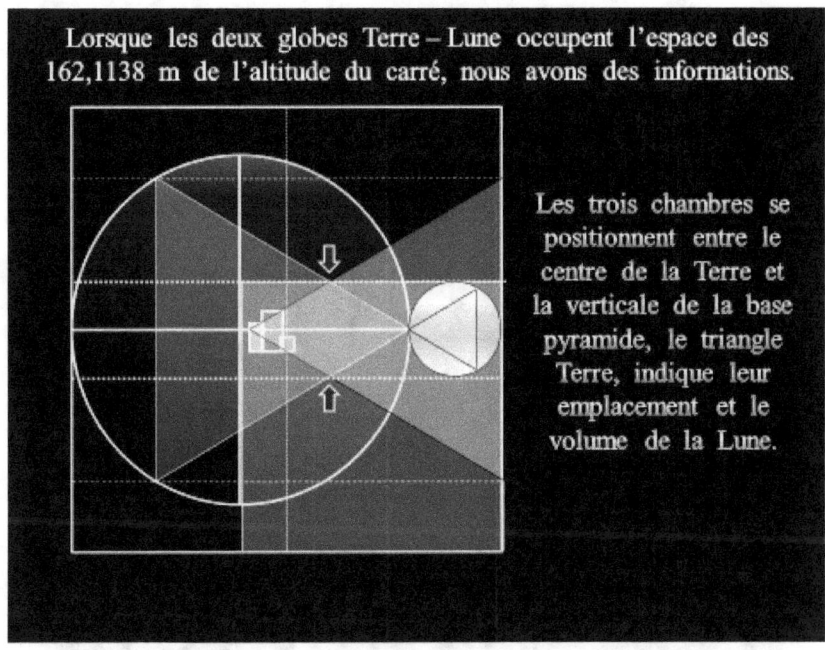

Lorsque les deux globes Terre – Lune occupent l'espace des 162,1138 m de l'altitude du carré, nous avons des informations.

Les trois chambres se positionnent entre le centre de la Terre et la verticale de la base pyramide, le triangle Terre, indique leur emplacement et le volume de la Lune.

Doit-on attendre cette échéance ou tenter de comprendre les choses qui nous concernent au-delà des concessions et privilèges qu'entretient une minorité pour asservir une majorité ? S'il est vrai que l'homme ne vit pas seulement de pain, interrogeons-nous sur les raisons qui le poussent à ne déduire ses possibilités qu'au travers des critères médiatiques de rentabilité. Évaluer combien il y a peu d'émissions radiodiffusées où il ne soit pas question d'argent. Comme si c'était-là notre unique raison d'être, alors que c'est l'apanage en brins d'herbe des ruminants dont nous disputons la réciprocité ! Élevons notre pensée, nous élèverons notre société, méritons nos ambitions, nous mériterons notre destinée universelle en ne fessant rien d'autre que d'évoluer, pour nous élever au-dessus de ces dirigistes infatués phagocytés par cet enseignement qui les cristallisent dans leur médiocrité.

Des preuves dissimulées en la disposition des choses

Les 3 chambres revêtent des caractéristiques particulières qui demanderaient à être moins superficiellement évaluées que nous le faisons. Toutefois, le simple relevé en mètres des dimensions nous démontre les concordances chiffrées qui en résultent, **Pi** pour le Roi. C'est l'assurance que nous avons envers ces milliers de découvertes qui nous poussent à émettre ces rapports de nombres. Il y a une chose dont nous sommes certains, c'est qu'aucun centimètre en la pyramide n'affiche une nullité et nous allons voir combien cette affirmation est péremptoire.

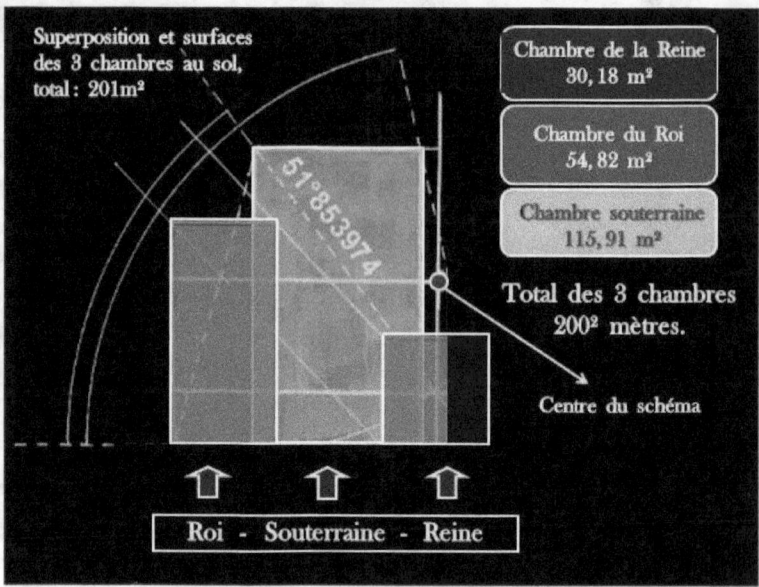

Nous retrouvons ici les 3 chambres vues en radioscopie depuis le sommet de la pyramide. Nous avons là, avec l'indulgence que peuvent-nous offrir les décimales 200 mètres de surface, aussi prêtent-ils à interprétation.

$$30,18 + 54,82 + 115\ 91 = 200,91 \text{ m}.$$

Le Principe Créateur dans la Tradition Primordiale

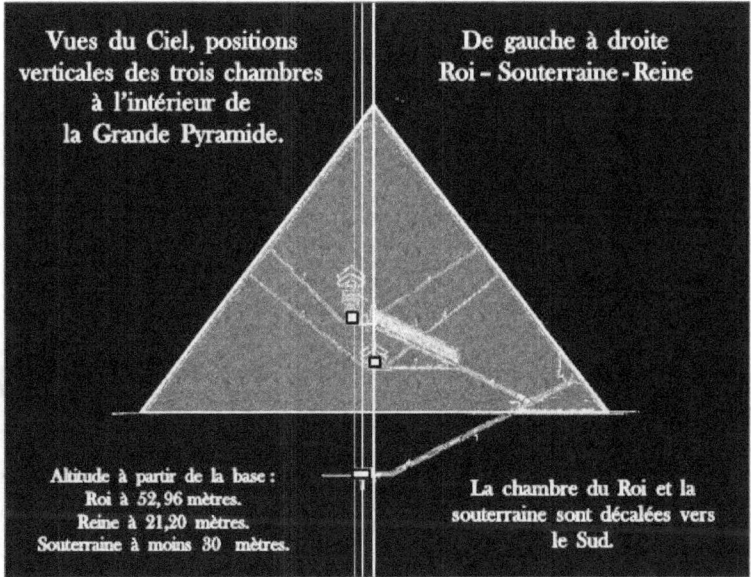

Cela serait amusant que ce soit « 201 » car en primosophie il s'agit de **Lucifer** l'archange chargé d'ordonnancer la matière. Nous pourrions sourire à ce que nous considérons êtres des affabulations, mais ce serait avoué son absence totale de connaissance. Avant de démontrer que c'est une apagogie démente, il serait plus sage de se demander « quel est le code ». L'apparent désordre des emplacements n'est que faux-semblant. À l'instar du cerbère de la mythologie, il éloigne le sot, ravit le sage, et laisse perplexe le quidam plongé dans ces suppositions. Il est alors nécessaire que nous ayons une vision d'ensemble de l'alignement des 3 chambres sur le plan vertical. Cela nous aide à relativiser l'abstraction et mieux percevoir l'agencement des volumes que nous allons faire figurer. Ces décalages des trois chambres passent officiellement pour des erreurs récurrentes d'alignement sur l'axe central. Il serait intéressant d'effectuer une étude psychologique sur le comportement de ces auteurs architectes et autres « spécialistes » qui cherchent à dévaloriser la structure interne de ce monument. Il semblerait que ceux-ci n'acceptent pas de se confronter à une technologie qui rebute leur savoir et défit leurs aptitudes. En une étude simpliste, ils vilipendent et rejettent cet irrécusable chef-d'œuvre conceptuel dans les déblais de l'histoire. Tentons de voir cela différemment ! Voyons tout d'abord un cercle qui pourrait passer pour quelconque, si son point central n'était celui de la Grande Pyramide. Multiplié par 10 son diamètre réalise **le nombre PI 31,41592653** m, le grand stupa du sanctuaire bouddhiste de Sânchî à une calotte qui fait également 31,415 m de diamètre. Les grands sceptiques qui recherchent l'incorrection avant l'étonnement invoqueront le hasard, mais ce qui suit a le pouvoir de changer cette dénaturation en un ravissement. Ce triangle équilatéral à lui seul prouve la justesse du raisonnement lorsque son côté s'aligne impeccablement sur les bases des trois chambres et que sa pointe indique l'angle le plus externe de la chambre royale. Cet angle nous donne la valeur du cercle. C'est lorsque nous glissons le carré-base dans ce périmètre qu'un éblouissement envahit l'esprit, **la constellation d'Orion adopte à la perfection cet emplacement**. Il est ahurissant de voir Saïph à l'emplacement du sarcophage. Les trois étoiles du baudrier se positionnent dans la chambre de la Reine. La ligne médiane horizontale passe sur Al Nitak, la ligne médiane verticale sur Al Nilam et à l'emplacement du « tuileur » gardien de la porte d'entrée se trouve l'étoile Mintaka. Cette chorégraphie est sublime, elle plonge la contemplation dans la spiritualité.

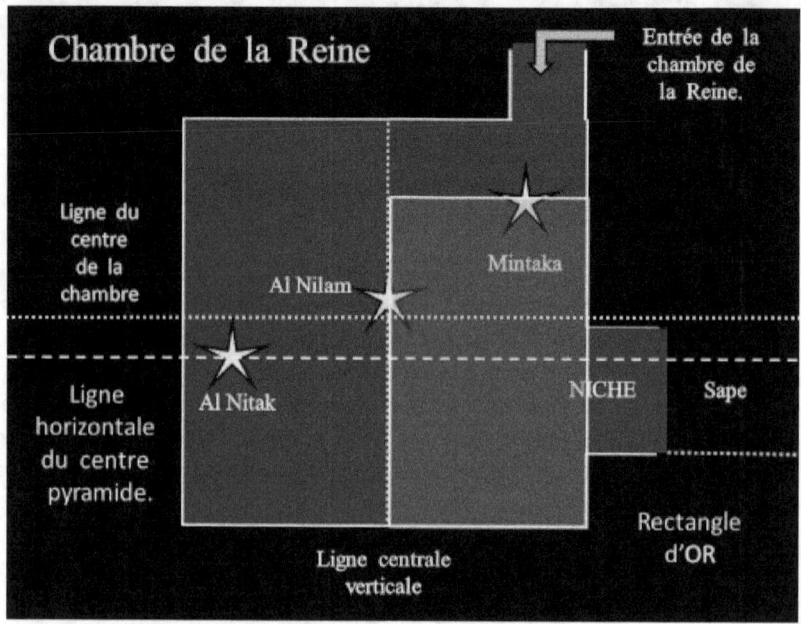

Le Principe Créateur dans la Tradition Primordiale

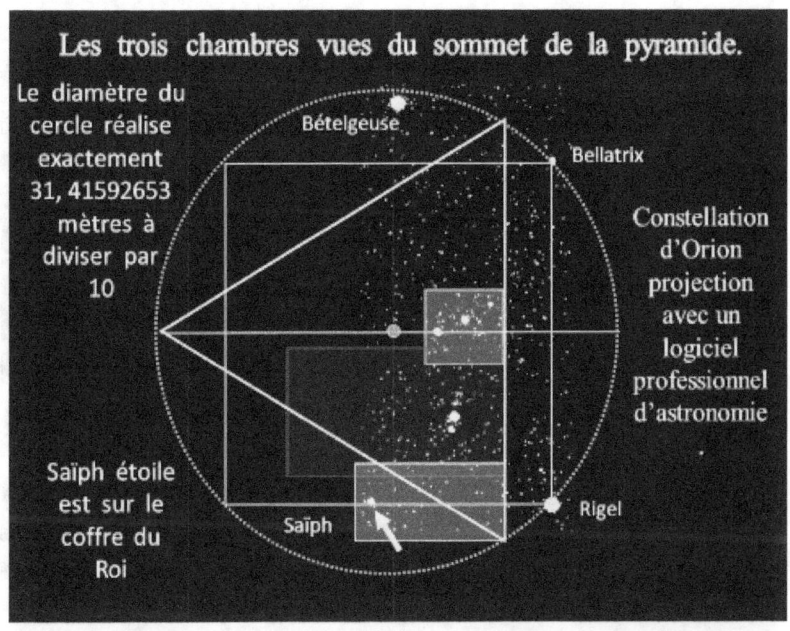

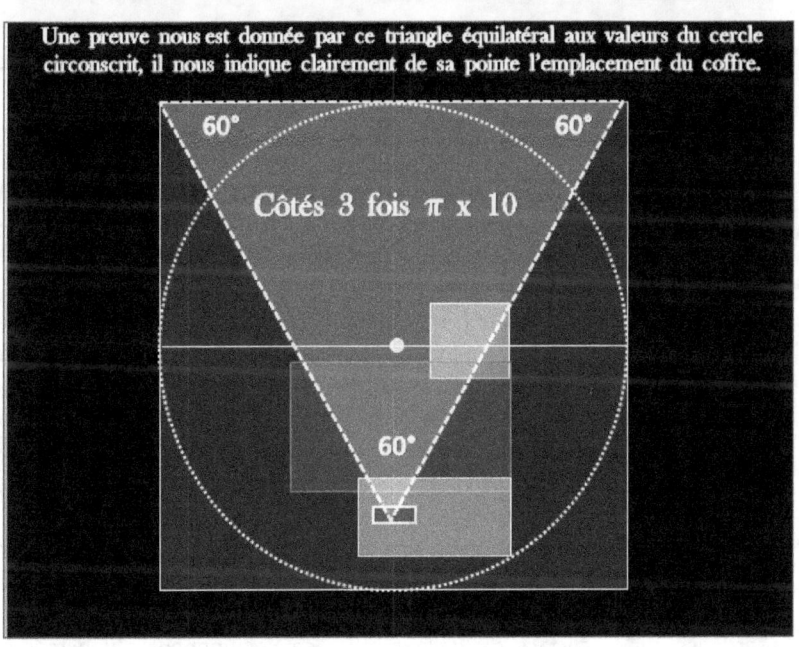

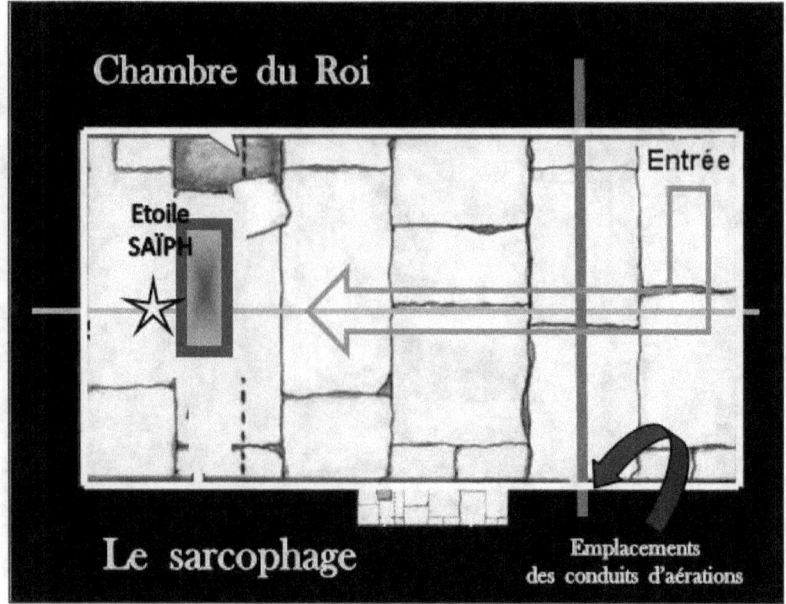

Une question se pose : le coffre est-il aujourd'hui à sa place originelle ? Il est en effet peu probable que l'étoile Saïph se tienne ainsi à proximité du sarcophage alors même que celui-ci se trouve si près d'elle à 32 cm environ.

Nous sommes naturellement enclins à penser que ce coffre était positionné à l'origine dans le sens de la pièce. En ce cas, l'étoile s'ajusterait sur la poitrine de l'être humain allongé dans la cavité, ce qui est logique et conforme à la tradition. En cette chambre du Roi réputée sépulcrale, l'illustration nous engage dans les méandres d'une réflexion philosophique. Si nous sommes lucides, nous enterrons bien quelque chose en ce coffre, c'est l'esprit d'éveil de toute une civilisation, face à la carence dogmatique de ces institutions promptes à la médissions sur les travaux de chercheurs. Ces institutions ne cultivent pas l'intelligence déductive des néophytes, elles leur inculquent les phases d'un savoir façonné de conventions redondantes, qu'elles présentent comme étant des vérités acquiescées et indéfectibles. Alors que celles-ci ne sont au mieux que des étapes aux concepts hypothétiques sur la voie scientifique de la découverte. Le plus dérangeant pour un esprit obsédé par le rationalisme, c'est sans aucun doute la disposition des étoiles du baudrier. Elles ne se contentent pas de se répandre en une incohérence hasardeuse sur la surface du dallage, elles se positionnent d'une manière insolente, ce qui constitue un fait outrageant pour la raison cartésienne. Cela est et corrobore le tout !

Le Principe Créateur dans la Tradition Primordiale

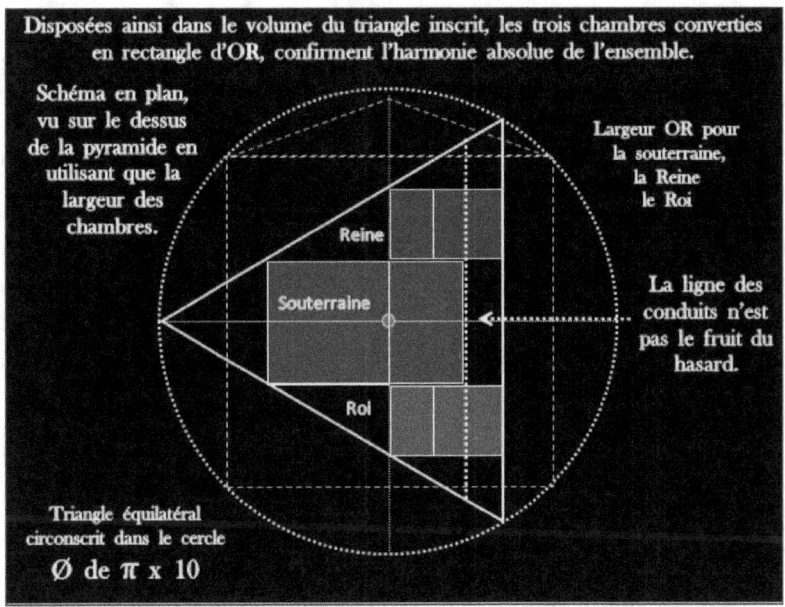

Que les étoiles marquent de leur présence les lignes verticales et horizontales n'est pas anodin, alors que Mintaka veille à l'entrée de la chambre comme si l'étoile était chargée d'en contrôler les visiteurs. À ce stade on ne doute plus, on est béat d'admiration. Sur l'image chambre reine, Al Nilam et Mintaka forme un rectangle d'OR avec pour trait de 0,618033 la ligne médiane.

Il nous faudra attendre d'autres générations, d'autres sensibilités, d'autres êtres à l'esprit plus éveillé pour accepter cette révélation comme une évidence ! Selon nos prévisions, ce ne saurait être, hélas, avant quatre décennies, car il faut pour cela que les maîtres en titres l'intègrent progressivement avec beaucoup de prudence dans leurs travaux d'enseignants. Afin de ne pas se désavouer brutalement devant ces frêles esprits qui les tiennent pour des pyramides du savoir. Voyons les choses en les redimensionnant d'une façon logique.

Il nous faut considérer ici les largeurs de bases des trois volumes pour admettre cette harmonisation au sein du triangle équilatéral. Ainsi placer ces chambres nous procure trois rectangles d'OR.

Mais au-delà, elles nous soulignent l'importance de chaque mesure et de leurs opportunes implications dans le contexte général. Devant ce déferlement de prodiges, placé à la portée de notre compréhension, nous subodorons que les intelligences conceptrices de ce chef-d'œuvre ont fait une démarche de complaisance pour simplifier le message. Chercheraient-ils à nous élever un peu, à nous faire comprendre qu'il existe en ce monde autre chose que la gloire et l'argent et qu'il est urgent de synchroniser nos désirs avec d'autres systèmes de valeurs. Il nous suffit de visionner « le schéma général » pour nous rappeler qu'au centre du carré-base se trouve la ceinture de démarcation. Vue du haut, à l'aplomb du sommet, cette ligne nord-sud recèle en son centre l'axe Pyramide, emplacement du Soleil dans la symbolique du cycle annuel. Les chambres dites du Roi et de la Reine ainsi que la chambre souterraine ont un rapport avec ce lieu central, leurs dimensions sont connues et depuis longtemps répertoriées. Toutefois, ces relevés ont subi l'irrévérence des siècles et la précision des origines s'en trouve affectée de quelques millimètres. Mais ces insignifiances ne sauraient alanguir l'acuité de nos observations. Tentons une approche précise de ces trois chambres « mises en plan » et voyons ce que révèlent leurs mesures.

Chambre du Roi : Longueur 20 coudées - largeur 10 coudées - totales **15,708 m**. Nous avons vu qu'il nous faut tracer un cercle de **15,708 m** (x 0,2 = 3,1416) de rayon autour du point central pour être en mesure de soulever un pan du voile d'Isis.

Chambre de la Reine : Longueur 11,01855962 coudées - largeur 10 coudées, la chambre de la reine est en fait un léger rectangle. Totaux **11,00532443 m.** Admettons une erreur de 4 m/m pour l'une des mesures, elle pourrait alors réaliser pour 5,769324428 - 5,77350 269 x 0,3 = $\sqrt{3}$.

Chambre souterraine : évaluation très difficile - mesures approximatives. Longueur 26,737937 coudées - largeur 15,68267202 coudées. Totaux **42,42060902 m**. Son élaboration demeure un paradoxe de confusion. Elle est profondément bossuée, les parois ne sont pas rectilignes et les mesures varient d'un examen à l'autre. Pour ce qui est de la longueur, les valeurs s'étalent de 13,80 m à 14,40 m et pour la largeur de 8,13 m à 8,37 m. Nous avons opté pour les valeurs intermédiaires théoriques de 14 m pour la longueur et de 8,21 m pour la largeur, soit un total de 222,1441468 (décimale évaluatives). Ces mesures multipliées par deux nous donnent un total de **44,42882936 m**. Ce nombre est largement utilisé dans les rapports sacrés au sein de la Grande Pyramide, divisé par π et de nouveau par 10, il nous restitue la racine ($\sqrt{2}$) **1,414213562**. Nous avons vu que ce dernier nombre, divisé par 120, nous procure la clé chronologique d'une parfaite exactitude. Il en est de même pour les « 5 » points qui définissent la forme pyramidale 4 angle 1 sommet : 5 ÷ 360

= 0,013888888888 $\sqrt{2}$ = 0,11785113 la clé chronologique.

Revenons aux chambres. Le nombre PI, la racine de « 3 » et la racine de « 2 » que nous mentionnons ici sont précisément les hauteurs des pyramidions lesquels selon nous, se trouvaient au sommet des trois pyramides de Gizeh. Sur l'illustration ci-contre, les points inscrits (A B C) forment l'esquisse latérale d'une pyramide renversée à 90°, aux angles apothème - arête (B).

Nous voyons qu'une convergence de 30° Bellatrix Al Nilam nous conduit sur Saïph dans la chambre du Roi à l'emplacement du sarcophage. Le dessin du **Graal** transposé impose sa structure, nous observons que le point de croisement des lignes (calice – pied) coïncide avec le mur de la chambre du Roi. L'angle Sud – Ouest de cette même chambre, reçoit le prolongement de la ligne du Graal. La verticale sud du carré passe sur l'emplacement du sarcophage initiatique.

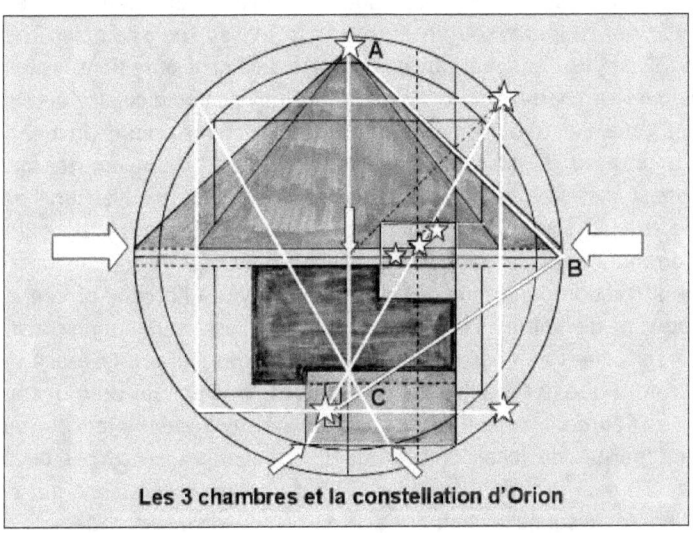

Les 3 chambres et la constellation d'Orion

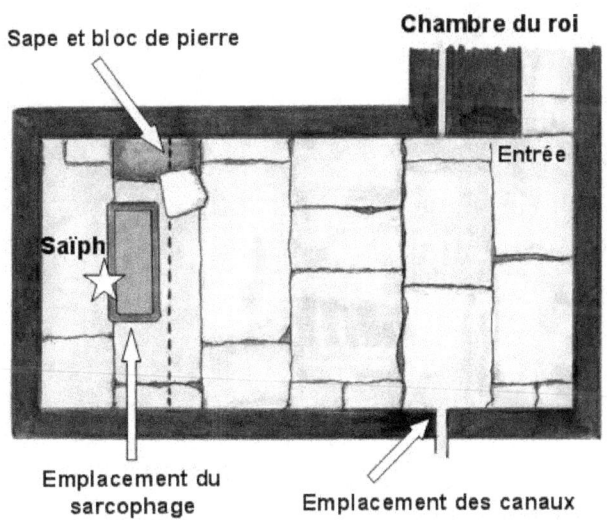

Interrogeons-nous sur le bien-fondé de cette ligne verticale matérialisée noire, qui est celle des conduits ou canaux dits « de ventilation », traversant les chambres du Roi et de la Reine. La situation en plan de ces conduits pourfend en son milieu la chambre de la reine, alors qu'elle se prolonge près de l'entrée de la chambre du roi. Le trait qui matérialise ces conduits passe à l'emplacement de l'étoile Al Nilam. Rappelons que leurs sorties extérieures, théoriques ou réelles sur le flanc des apothèmes se situent à une hauteur d'environ 150 coudées au-dessus du socle pour le Roi et 128 coudées pour la Reine. Si le lecteur veut bien persévérer à nous suivre en notre « *delirium pÿràmoïdës incüräbilis* », nous abordons ici d'époustouflantes précisions. Les 7 étoiles de la constellation se positionnent ainsi. **Saïph** (Geb – Terre). Par un hasard à vous couper le souffle, l'étoile se trouve au Sud à l'emplacement exact (moins 32 cm) de l'énigmatique sarcophage de pierre situé dans la chambre du Roi. Lequel sarcophage se trouve aujourd'hui perpendiculaire au sens de la longueur, nous en déduisons qu'il a été déplacé à une époque inconnue. Selon toute hypothèse, le motif des déprédateurs relevait d'une activité mercantile. Il s'agissait de voir si à l'emplacement du coffre, se trouvait une entrée de syringe menant à un éventuel trésor funéraire. Le coffre alors aurait été négligemment replacé dans une autre position à 90°, échappant ainsi à la céleste attraction de l'étoile qui devait se trouver à l'origine placée au centre de la poitrine de l'initié en état de sublimation. Il est troublant de constater que c'est précisément à l'endroit du recoupement des lignes du Graal à proximité du mûr nord que des fouilles sauvages ont été entreprises pour découvrir une sape. Les déprédateurs ont-ils eu accès à de mystérieux plans, lesquels leur auraient permis de localiser avec quelques chances de succès un éventuel passage ? Voici la dimension de ces 22 dalles de revêtement qui occupent actuellement le sol de la chambre du Roi. Il y a 22 diviseurs entiers du cercle de 360°.

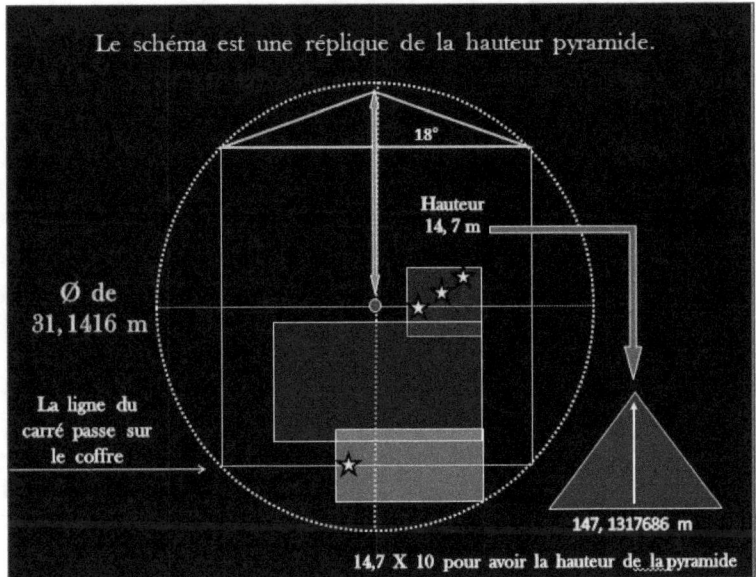

Ces mises en place ont dû s'avérer complexes pour ces primitifs du paléolithique dont la mesure étalon n'était autre chose qu'une massue. Pour savoir où nous allons, il faut savoir d'où nous venons ! En ce cas, louons nos antinomiques, ceux inféodés aux indices boursiers et CAC 40, aux marges de rentabilités que favorisent les agréments politiques, leurs affaires ne sont telles pas autrement plus sérieuses que nos calembredaines d'hallucinés ? Mais revenons à notre sépulture consensuelle !

Soulignons cette notion essentielle qui concerne l'ensemble : la hauteur de ce complexe schématique virtuel s'élève à 14,71 m de hauteur, ce qui représente, multiplié par 10, l'altitude exacte de l'édifice à partir du sol. Autrement dit tout est à multiplier par 10, l'organigramme ci-contre demeure identique au schéma général que nous avons tracé avec Orion.

Si contre le doute persiste en nos esprits, l'étoile issue du pentagone, emblème des représentations stellaires égyptiennes, pourrait bien nous l'ôter. Sa ligne verticale d'angles trace la voie qu'empruntent les conduits réputés de ventilation. Ces canaux n'étaient donc pas destinés à ventiler les pièces pour des raisons que nous expliquons par ailleurs, bien qu'il est nullement exclu qu'ils aient pu avoir cette seconde utilité dans la chambre du Roi. Nous en conviendrons, cela fait beaucoup de recoupements troublants.

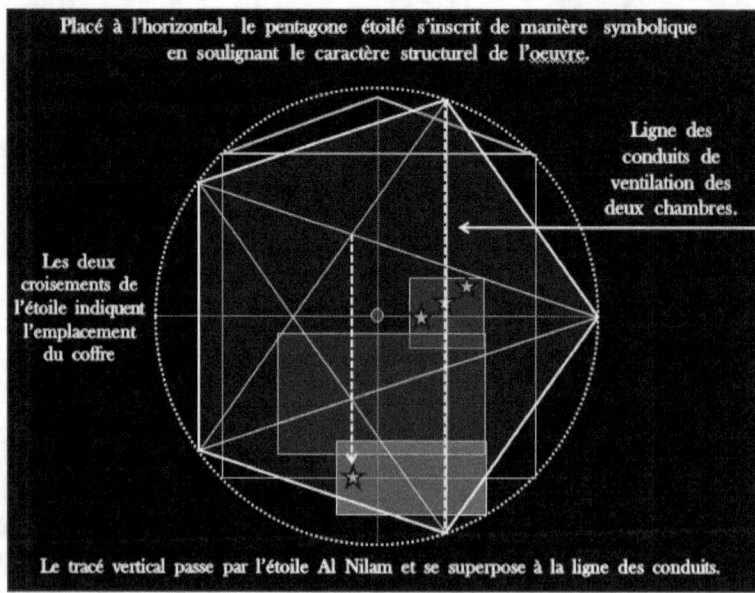

Une simple réflexion émanant du bon sens devrait nous interdire d'envisager que ce coffre, exposé en la chambre du Roi, a pu servir de sépulcre au Roi Kheops. Ce genre de sarcophage ne pouvait tenir en si peu d'espace, alors que le plus souvent ses semblables se trouvaient emboîtés à la façon des poupées russes. À titre de comparaison, certains monolithes taillés pour recevoir une dépouille royale (Amménémès III par exemple) ne pesaient pas moins de 110 tonnes. La longueur du sépulcre atteignait 7 mètres avec des parois d'un mètre d'épaisseur. C'est là que nous apprécions la modestie du Roi Kheops ! Mais noblesse oblige, et nous crions au paradoxe pour ce sarcophage de misère eu égard à un orgueil aussi grand ! N'avons-nous pas en cette chambre un petit coffre insipide de deux mètres, alors que la pièce qui le contient tiendrait des milliers de fois dans le volume pyramidal. Enfin, messieurs les égyptologues orthodoxes, descendez un instant de vos pontifiants magistères pour dénier jeter un regard moins « funeste » sur ce que nous propose cet exceptionnel édifice. Cessez de prendre ceux qui s'y attardent pour de puériles incultes que vous nommez pyramidiot. La vérité n'a pas de diplôme... elle est, et elle confondra les générations futures dont ferons partie vos enfants !

Dirigeons nos pensées vers la symbolique que nous inspire ce coffre de pierre taillée afin d'expirer une vie pour renaître à une autre. Les dimensions relevées laissent penser à un recueil de mesures inhérentes à l'usage. Il était indispensable que le préposé au « passage » soit transféré en des conditions particulières afin d'accroître sa réceptivité en la vision des deux mondes. Il résultait de ce voyage initiatique, une sérénité sapientielle laquelle prédisposait à la conduite d'une conscience supérieure. Des lois numériques voyagent dans l'aspect des choses, elles influencent les nombres et les soumettent à la géométrie, le microcosme en est ordonnancé, mais aussi le macrocosme. L'homme apaisé dans l'œil de son typhon n'est pas suggestionné par ce mouvement des choses, il devrait cependant en pressentir la nature, au détriment de cette élémentaire certitude que lui procure le savoir, lequel lui fait dédaigner la connaissance, cette ingénieuse vérité qui est à l'origine du monde. Penser c'est être, c'est pénétrer ce mouvement sibyllin qui façonne l'histoire, c'est changer de perceptions, de rapports communs, c'est découvrir avant de devenir. Pardonné-nous ses inspirations philosophiques, mais ses découvertes les suggèrent, elles ne se limitent pas à satisfaire l'esprit, elles interpellent l'âme. Et à ce titre, elles nous incitent à effectuer des rapprochements syncrétiques avec nos émotions, nos états de conscience et nos raisons d'êtres.

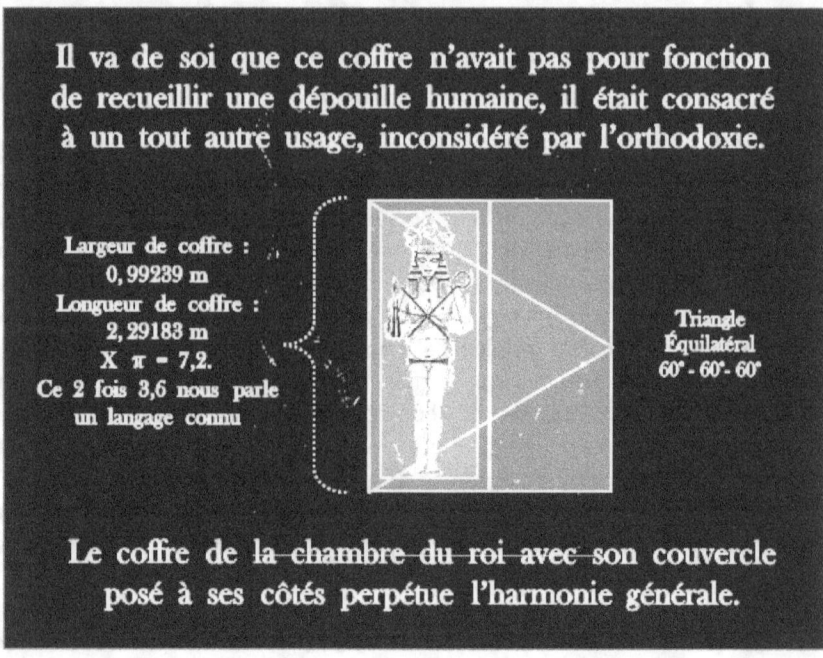

Le coffre est l'objet par excellence sur lequel chaque visiteur s'attarde pour concevoir en imagination la dépouille roide de ce monstrueux despote serti en ces parois de pierre.

Kheops l'initié serait sans doute grandement affecté par ces préjugés inconvenants au caractère sacrilège, lui le restaurateur de cette œuvre grandiose en osmose avec le panthéon divin. Ce coffre, objet de dévotion, en lequel on allongeait les officiants au voyage initiatique pour qu'ils puissent parcourir les univers sidéraux de la conscience. Jamais de son vivant, Kheops n'avait été relaps à la cause sacrée. Des mécréants ont souillé son nom, pour satisfaire au prosaïsme ambiant. Mais voici que surgit le temps de la vérité, celui de la justice de Maât.

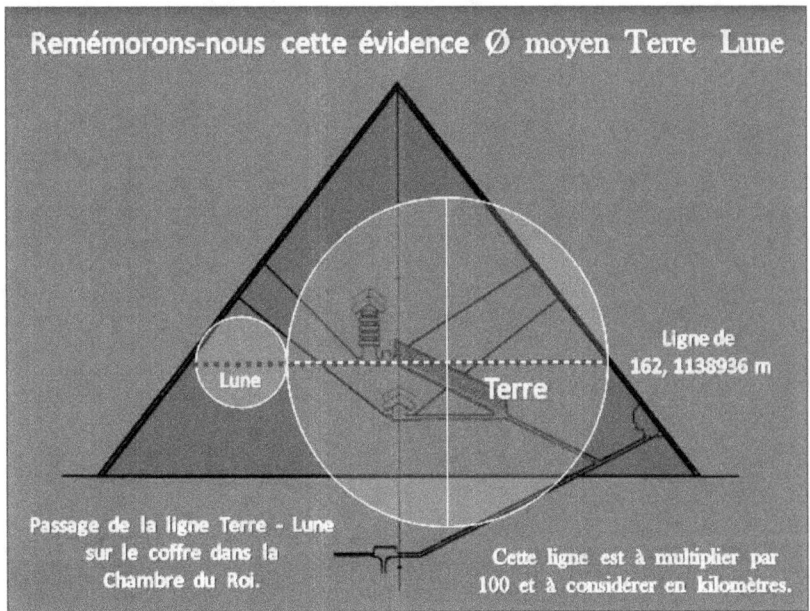

Nous avons déjà vu cette illustration. Elle s'impose de nouveau pour souligner ce que nous cherchons à faire valoir. **La Lune et la Terre placées à l'échelle pyramide passent par le corps de celui qui aspire à la haute initiation** (à une élévation de 40 cm). C'est-à-dire dans la nature physique de l'initié aux mystères. Les diamètres Terre Lune ainsi représentés délimitent le coffre dans son contexte structurel, ils inspirent une réflexion légitime révélatrice d'harmonie conceptuelle globalisée au sein de la Grande Pyramide.

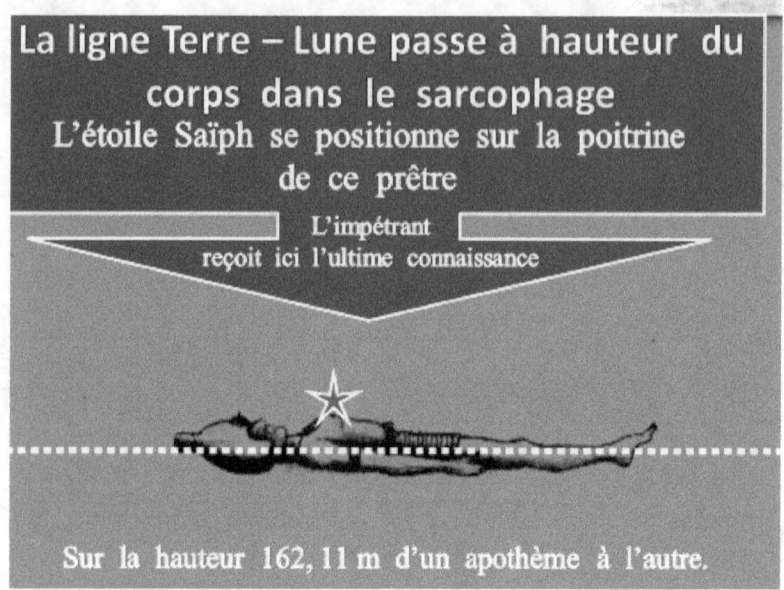

Lorsqu'en période indiquée l'étoile Saïph descendait symboliquement dans le sarcophage et se positionnait sur la poitrine de l'impétrant, une transfiguration s'effectuait. L'être passait d'une dimension commune à une autre sublimer par les agencements. Afin que la transmutation s'exerce, il était nécessaire que s'effectue un concours de manifestations plénières d'ordre numérique, géométriques, astronomiques. Après cette phase initiatique, le retour à la vie de l'impétrant engendrait en sa physiologie un état métapsychique, il était autre et devenait un être humain écouté et différencié au sein des confréries culturelles. En nos temps interlopes, ces entités paradoxales ont bien évidemment disparu. Il nous reste aujourd'hui ces rires insolents de grands sceptiques qui pensent pouvoir soumettre la nature à leurs exigences. Loin de ces prétentions, les anciens initiés appelaient la pyramide « **mer** » comme « ta mery » terre aimée. Ils plaçaient l'homme en condition d'écouter ses conseils, nous avons fait de cette pyramide un tombeau, peut-être pour qu'elle soit plus apte à s'identifier à l'esprit de nos sociétés actuelles.

Les Anciens Égyptiens savaient que la roue était l'emblème d'une mécanique procréative, il fallait donc que son développement engendre une philosophie gémellaire d'adaptation. À défaut de ce complément, les technologies se développeraient plus vite que l'usage de leurs fonctions, au détriment d'une dialectique de tempérance. Nous avons aujourd'hui franchi ce seuil, demain la technologie dominera et contrôlera nos libertés d'action et nous serons dépourvues d'actes conscients qui fessaient de nous des êtres en évolution. Ce message qui nous vient du fond des âges est une révélation, tenons compte de ses formulations archétypales, elles ne s'adressent pas à nos simulateurs modernes d'évolution, mais à nos possibilités de raisonnement que trop souvent nous négligeons.

Il semblerait que se trouve dissimulés en la pyramide, conjointement aux merveilleuses découvertes que nous effectuons, toute une philosophie d'adaptation dont nous devrions tenir compte. Car toute phase d'évolution oblige à un reconditionnement de la pensée, c'est cette omission qui fait de notre civilisation un fatras d'incohérences.

Hathor, Déesse des Cycles

Ce sentier luminescent qui s'inscrit dans le Ciel d'été est l'une des spires de notre galaxie, spire en laquelle notre système solaire est inclus. Sujet d'admiration des pâtres antiques, cette sente bucolique est appelée « **Voie lactée** » (du grec « gala »). Le mot « lacté » nous fait immédiatement penser à lait et par déduction lait à vache. Si nous poussons aux limites de ses possibilités notre pouvoir de réflexion, vache et lait nous apparaîtront synonymes de nourriture. Aussi, notre « **Voie lactée** » favorisait-elle une déduction similaire chez la gent populaire la moins avisée ? Si les étoiles imposaient le lait... le lait, lui, imposait la vache. On peut même affirmer en toute innocence que l'on ne nomma pas « à tort » cette déesse « **Hathor** ».

La tiare arborée par la déesse égyptienne se compose de deux cornes en forme de lyre entre lesquelles se trouve placé un disque ovalisé. Les cornes soulignent la différence qu'il y a entre l'ovale et le cercle. Le milieu vertical indique les points théoriques équinoxiaux alors que la ligne horizontale délimite les points solsticiaux. L'élément clé est donné par le **Soleil**, étoile de la galaxie. Ce Soleil se trouve juste en dessous de la pyramide réelle, il est placé légèrement plus haut que le centre du schéma. Ainsi, le disque renflé placé sur la tête des déesses représente le circuit de notre planète autour de « Rê », Roi du Panthéon égyptien, et non, comme on le croit généralement, le disque solaire qui serait incorrectement représenté en sa rotondité. Les pattes de « La Vache Hathorique » maintiennent les quatre horizons du cycle. Ses larges oreilles sont à l'écoute de la symphonie des sphères, mais aussi de la nature. Elles se montrent attentives aux manifestations de piété des hommes. Si **Hathor** est satisfaite du comportement humain, les deux parèdres circumterrestres, **Bastet et Sekhmet** au faciès léontocéphale, continueront à alimenter sans dérobade « la ronde des saisons ». Bien que la fonction n'apparaisse pas de manière flagrante, en l'interprétation des mythologies telles qu'elles nous sont dépeintes, **la déesse Hathor symbolise « les cycles cosmiques »**, à ce titre, elle préside à la course apparente du Soleil. La déesse figure dans l'iconographie sous des formes diverses suivant les impératifs du message à dispenser. N'était-elle point considérée comme la demeure astrale de l'intelligence Horienne ? En la symbolique égyptienne (époque ptolémaïque), le hiéroglyphe en question représentant « **la vache** » avait pour signification « **Année** ». L'année agraire commençait en juillet, mais sur un plan traditionnel, le départ de la course planétaire débutait en décembre au solstice d'hiver (porte des dieux). Sur notre schéma du cycle planétaire, ce point précis se trouve situé à l'emplacement de l'étoile Bételgeuse qu'occupe le dieu Shou. Dans le cadre de la ronde de notre planète autour du Soleil, il s'agit du fief territorial de « **Bastet, la déesse chatte »**. Les Anciens Égyptiens attribuaient à chaque phénomène naturel un état de conscience. Ces états étaient le plus souvent illustrés par des figures métaphoriques que l'on nommait « Nétérou ». Les très anciens, eux, considéraient que toute chose en ce monde était régie par les esprits qui ordonnancent la matière.

On ne vénérait pas l'objet en lui-même, ce qui aurait relevé du cocasse ou du grotesque, mais plutôt s'intéressait-on à « **la conscience** » cachée en l'objet. Influente ou non, cette conscience relevant de l'animisme était censée gérer les composés de la nature, parfois en occupait-elle simplement les formes. La prépondérance que l'on accordait à ces « Nétérou » était fonction des événements, des époques, des cycles ou conjonctions. Il y avait un temps opportun pour chaque « neter » et un culte approprié qu'il était bon, dévot et salutaire de ne point ignorer.

Cette ferveur zélée avait pour but essentiel de rendre l'intelligence humaine solidaire des états de conscience élémentaires. En ces temps anciens, il apparaissait légitime que l'homme participe au continuum. Il relevait même de son devoir d'être pensant, de stimuler par des actes de foi… donc d'amour, les principes gérant l'univers.

Des figurations originales, parfois singulières, illustraient le mystérieux pouvoir de ces dieux. À l'époque considérée, on leur rendait hommage par le biais de rites cultuels appropriés. Toutefois, on se gardait de dévoiler de manière ostensible leurs réalités profondes ou leurs correspondances secrètes. Ainsi, Grands Initiés et humbles fellahs vénéraient les mêmes représentations. Celles-ci avaient les facultés de contenter la dévotion à des niveaux différents, sans qu'aucune des deux parties ne s'en trouve humiliée ou frustrée. « **La vache céleste** » présidait aux cycles, **Hathor** se promenait parmi les étoiles telle son émule terrestre parmi les fleurs des champs. La divinité était réputée interpréter la musique des sphères. Les attributs cultuels qui accompagnaient généralement les fonctions de la déesse étaient « la Menât » et les deux « Sistres ». L'un représentant un demi-circuit, l'autre un kiosque aux 4 horizons.

En ce qui concerne ce dernier, chacune de ses faces évoquait un solstice ou un équinoxe.

Le solstice d'hiver était occupé par « **Bastet** - Bastit » ou encore Bubastis (la cité de la déesse chatte). Il s'agissait là de l'allégorie d'un félidé apprivoisé d'un naturel paisible. **Le solstice d'été** délimitait le territoire de la lionne « **Sekhmet** », animal redoutable aux réactions imprévisibles. Les deux déesses jouaient un rôle particulier dans les spécificités attribuées aux saisons. La lionne, on le sait, peut apparaître doucereuse ou cruelle, fugueuse ou agressive. Aussi, le parcours de « **Sekhmet** » inquiétait-il plus qu'il ne rassurait. Dans ce contexte schématique, les équinoxes étaient stabilisés par un enfant sage, le fils d'Hathor « **Ihy** ».

Éduqué par l'intelligence des cycles que gérait sa mère, l'enfant « Ihy » était doué d'un solide bon sens ; cette qualité précoce lui interdisait d'aller au-delà du périmètre assigné par la déesse.

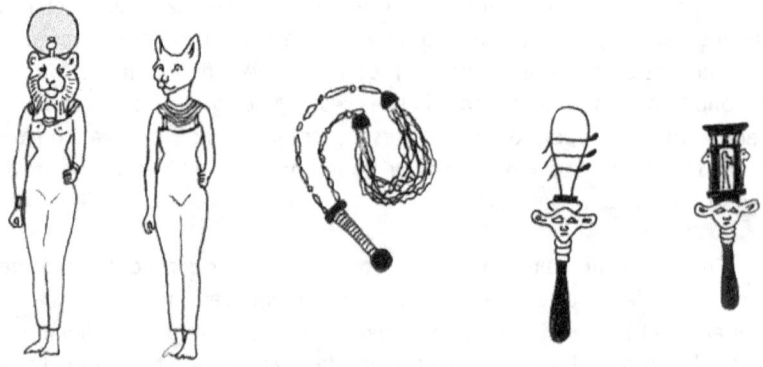

Sekhmet Bastet la menât les deux sistres

Entre autres prérogatives, **Hathor** (la voyageuse stellaire) avait pour réputation de pourvoir aux appétences de ceux qui se montraient assoiffés de mystères. Aussi s'anthropomorphisait-elle de temps à autre pour incarner « **les mères célestes ou terrestres** ». En cette symbolique, **la mère** nourrit, élève, instruit, n'est-elle pas le premier lait ? Cette bienveillance naturelle de la divinité fit souvent confondre **Hathor** avec les déesses **Isis**. C'était déjà le cas mille ans avant notre ère. L'iconographie représente fréquemment la déesse avec un enfant non sevré sur ses genoux. L'enfant est « **le néophyte - le Ihy** », perpétuel aspirant à la sagesse que la déesse nourrit du premier lait de connaissance (colonne blanche et voie lactée).

« La connaissance initiale, ainsi que l'ultime connaissance, se situe parmi les étoiles ».

Placé entre les cornes d'**Hathor,** le tracé orbital de notre planète constitue le joyau de sa tiare. Le manchon canal de la « Menât » et son circuit annuel appelaient au fécond renouveau saisonnier. Les notes de crécelle émanant de l'instrument avaient pour but de charmer l'ouïe de la déesse, laquelle était à l'écoute permanente de l'univers pour évaluer l'attention que chaque être lui portait. Lorsque la planète, en sa course aventureuse, abordait les périodes critiques, on agitait les sistres régulateurs du temps. La connaissance humaine soutenait ainsi l'effort exercé par « **l'intelligence cosmique** ». À l'approche de l'équinoxe de printemps, **Sekhmet** la lionne prenait le relais de **Bastet** la chatte. Il était de tradition qu'au mois de juin, le félin solitaire ait tendance à s'éloigner dangereusement du périmètre assigné par **Hathor**. Le Roi des dieux (**Râ**), inquiet de ce comportement fugueur, rappelait une première fois « la déesse lionne » à l'ordre. Mais **Sekhmet**, attirée par on ne sait quel mirifique territoire, tardait à obéir. **Râ,** selon l'usage, se mettait en colère et livrait au loin la puissance de son feu. Plus fragiles que les dieux, les hommes en étaient les premières victimes. « **La lointaine** » (ainsi nommait-on Sekhmet) paraissait alors hésiter sur sa trajectoire buissonnière. C'était l'instant où l'on essayait de convaincre « la belle fugitive » de son erreur. On multipliait les offrandes, les battements de sistres et les incantations. En cette période, la chaleur était suffocante, les maux dont la lionne était responsable s'accumulaient et la condition humaine devenait en soi une terrible épreuve. Puis soudainement, les choses paraissaient rentrer dans l'ordre, l'animal averti par son instinct ou rassasié d'espace amorçait son retour ; c'était, **le solstice d'été.** Les hommes avaient vécu dans la crainte que la planète ne s'éloigne à jamais. Mais voilà que « **la lointaine** » revenait et, avec elle, la félicité des eaux fécondantes (c'était le temps des fêtes et des réjouissances). Juillet, août, septembre, » **Sekhmet** » allait lentement se muter en « **Bastet** », la chatte docile. L'approche de **l'équinoxe d'automne** confirmait cette métamorphose jusqu'à **l'équinoxe de printemps** où, de nouveau, un comportement félin se manifestait chez cet animal familier. Le cycle était bouclé.

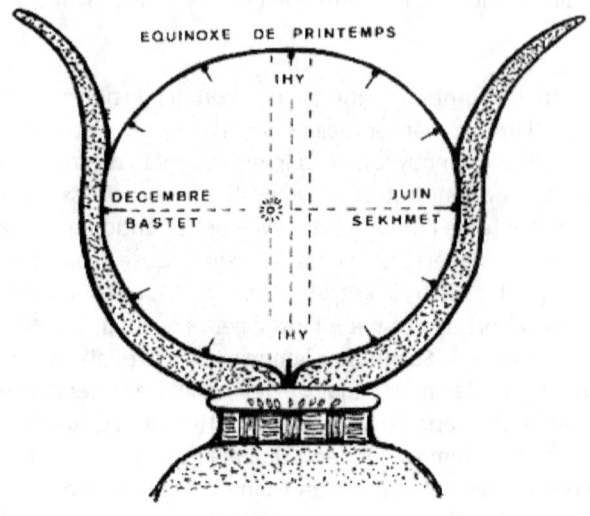

De par le monde, les Anciens fêtaient annuellement les solstices. Le « Janus » des Romains n'était qu'une lointaine réminiscence de la tradition Hathorique. Le dieu ouvrait et fermait les portes appelées « **passage des arcs** » ce qui est évocateur de la position de la déesse Nout, le corps arqué symbolisant la voûte céleste. La Tiare Hathorique est ici pourvoyeuse de connaissances. Hathor est maîtresse des cycles, des astres et des espaces stellaires. Le mot latin « **Rota** » a pour signification, faire tourner circulairement, se mouvoir. Dans le sens inverse de cette lecture, apparais sur le plan de la phonétique et en un palindrome, le nom de la Déesse **Ator - rota**. La « Rota Mundi » autrement dit, **la roue du monde,** nous cacherait-elle quelques subtilités ou n'y aurait-il en cette similitude qu'un curieux hasard ?

Les conduits et leurs ramifications

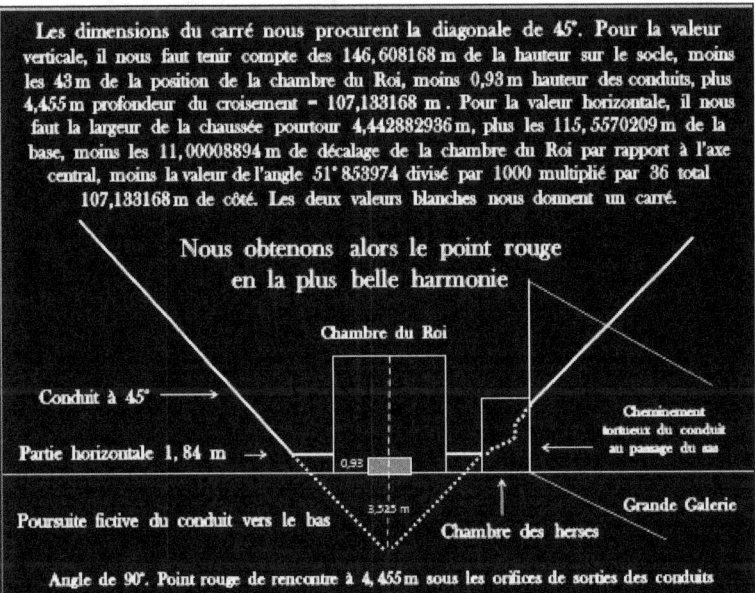

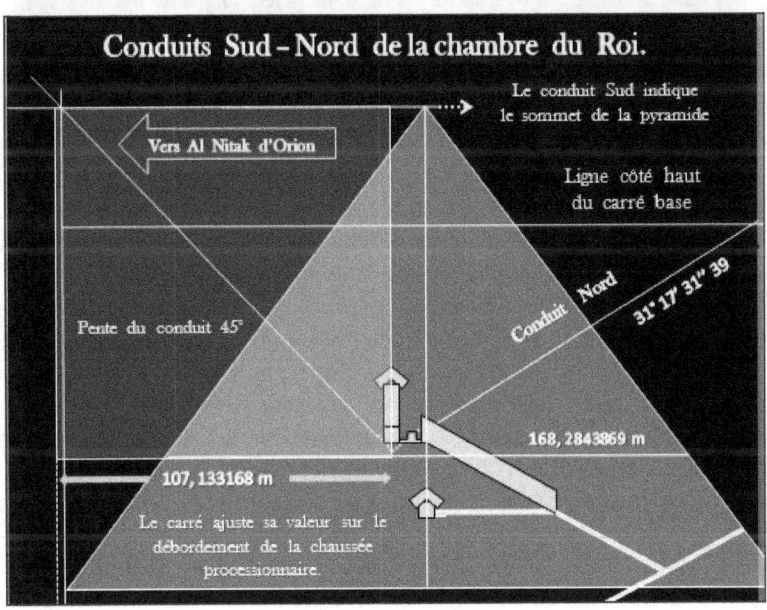

Les conduits que nous décrivons par ailleurs passèrent des années durant pour des canaux de ventilations, alors même que ceux de la chambre de la Reine ne débouchaient pas dans la pièce qui leur était destinée. Ce paradoxe a passablement dénaturé les affirmations conventionnelles. Des canaux de ventilations… c'est pour ventiler, mais ventiler quoi… un tombeau ?

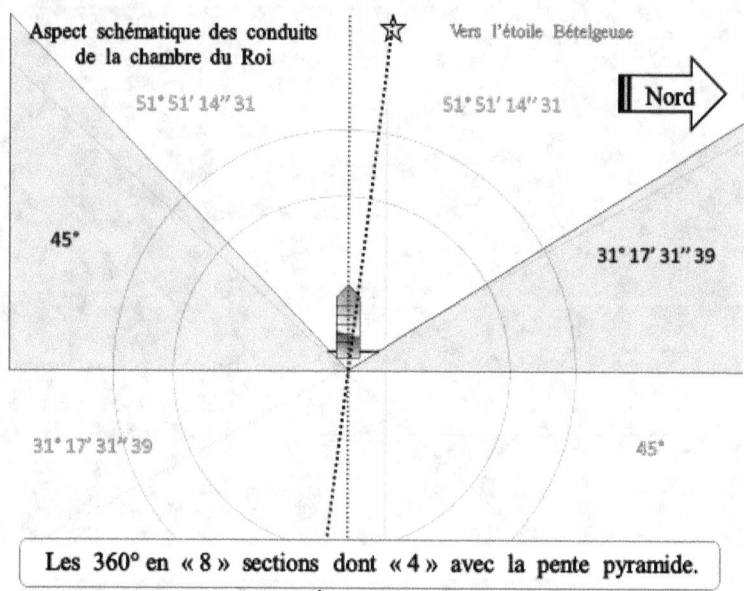

Les 360° en « 8 » sections dont « 4 » avec la pente pyramide.

L'affaire sentait le moisi ! Précisons que ces conduits ont été construits assise par assise en même temps que l'élévation de l'édifice. Ce détail à lui seule contredit de manière flagrante les hypothèses selon lesquelles des indécisions ou erreurs d'emplacements de la chambre « mortuaire » se seraient produites à plusieurs reprises au cours de la construction. Nous constatons que le conduit (Roi Sud est à 45°) il débouche sur la ligne horizontale du sommet pyramide. C'est précisément là que se forme une plage carrée d'une hauteur de 107,133168 m théoriques. Les 45° du conduit Sud forment alors la diagonale de notre carré de référence. À l'époque du Roi Khéops. Cette diagonale aurait pu être prise en considération par la prêtrise pour entreprendre, selon les indications astrales, une restauration du monument. Sur cette figure se trouvent les impératifs géométriques qui ont motivé le déplacement de la chambre du Roi par rapport à l'axe central, nombre d'OR. Le point de référence se situe à 4,4 m au-dessous du dallage à partir des orifices de conduits.

Évocation des canaux de la chambre du Roi : Ils nous donnent une rigoureuse position de la verticale du carré et impose une composition harmonieuse. Cette image en coupe esquisse le départ d'un conduit à partir de l'une des chambres dites sépulcrales. Rappelons que ces conduits ont été assemblés au fur et à mesure de l'élévation des assises, ce qui impliquait une détermination préliminaire au stade du projet de construction.

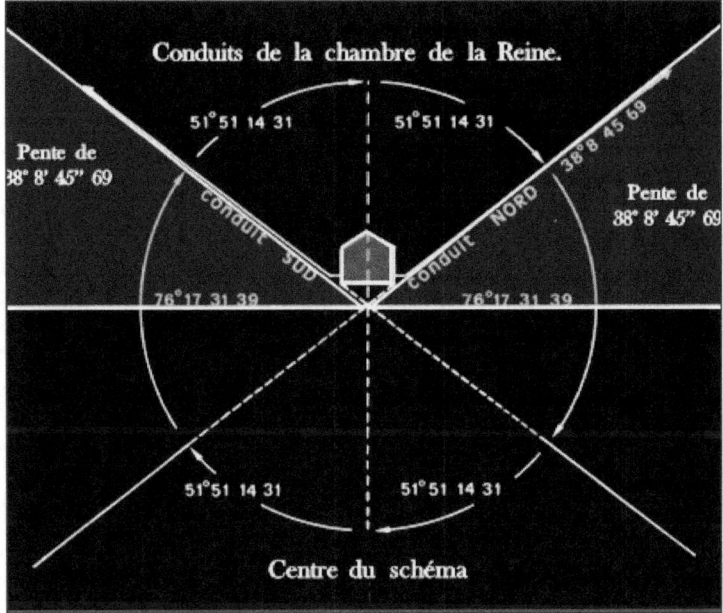

Le poids des âges et les vibrations du sol n'ont pas manqué de dégrader tant soit peu ce parfait assemblage. Il en résulte une légère confusion des mesures ayant trait aux distances et inclinaisons, mais celles-ci ne portent pas à conséquences du fait de l'harmonie de l'ensemble.

Les angles des canaux soulevèrent d'innombrables polémiques qui sont loin d'être apaisées. Il est vrai qu'il y a difficultés à en établir les pentes avec certitude. Ces dernières années des robots chenillés en ont parcouru les voies sans obtenir des valeurs irréfutables. Celles de l'égyptologue Pétri se trouvent peu éloignées de celles en rapport d'harmonies des concepteurs.

Les angles de la chambre de la Reine sont les plus manifestes. Ils ont l'avantage de définir la largeur du carré-base et d'être équilibrés en leurs mensurations. Les légères différences constatées ne compromettent en rien la réalité, bien que toute logique ne puisse être démunie d'incertitude. Il est satisfaisant qu'il nous soit donné en ces conduits, une idée d'ensemble cohérente sur le pourquoi de ces agencements, une telle perfection corrobore l'idée d'un tout homogène générateur d'équilibre et d'harmonie.

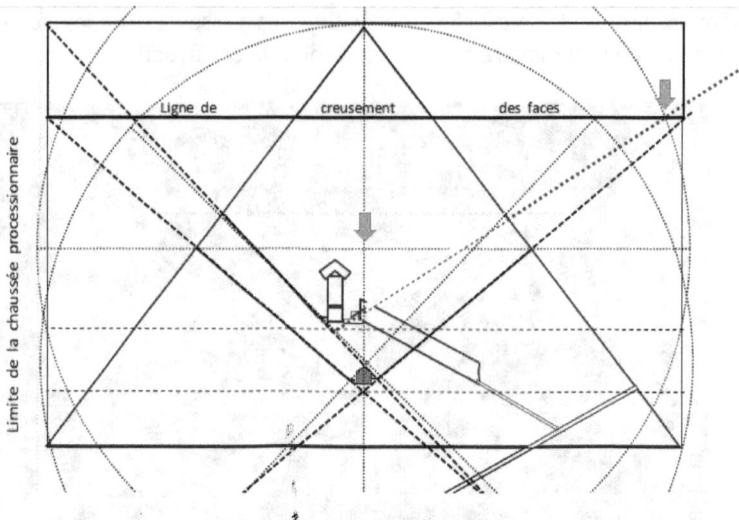

Revenons un instant sur les chambres vues en plan. Celle du roi possède des références qui nous interpellent, ce sont celles que nous procure le tracé de l'étoile Bételgeuse à partir du point de jonction des conduits. Cette référence nous donne à droite l'angle du conduit 31°17′31″39 et en rapport avec la diagonale de Bételgeuse **l'angle précis de la Grande Pyramide**. Il en est de même des 45° à gauche et des angles du bas. Cette constatation est tout à fait intéressante d'antan que le décentrage de la chambre du roi semble nous indiquer la raison de ce décalage. Nous constatons de nouveau cette singularité avec la chambre de la reine, mais la référence n'est plus l'étoile Bételgeuse, il s'agit tout simplement de la verticale de séparation coupant en deux le carré-base.

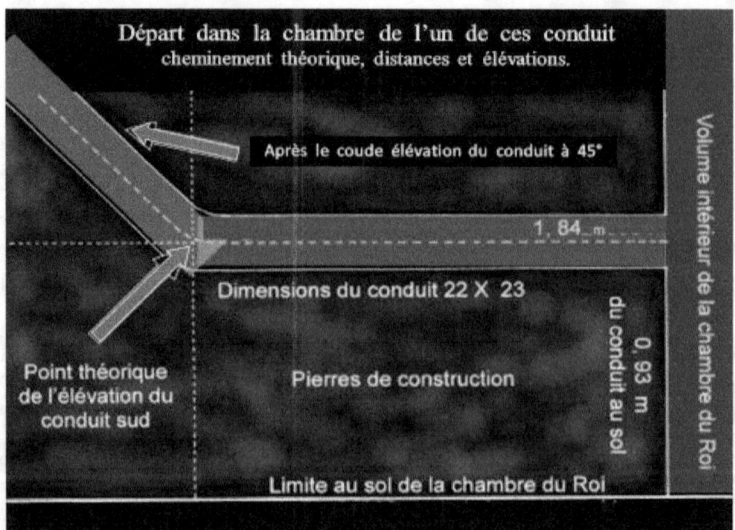

Les références sont les mêmes, elles arborent toute foi un plus bel équilibre du fait de leur point de centrage sur le carré-base. Ces dispositions ne sont pas négligeables, elles sont à l'échelle de ces découvertes extraordinaires qui ont le mérite de dispenser un message d'une valeur que nos capacités civilisationnelles ne sont pas à même de percevoir. Avec cette autre image, nous avons une représentation du départ de l'un de ces conduits dans la chambre du roi. Là encore, nous constatons un ensemble de donnés qui ont fatalement une correspondance qu'il serait utile de connaître pour mieux percevoir leur utilité ou leur impacte symbolique dans le contexte pyramidal. Rappelons que les conduits de **la chambre de la reine** ne furent découverts par Waynam Dixon qu'en 1872, ils n'étaient donc absolument pas apparents sur les parois de la pièce. Il a fallu qu'un charpentier Bill Grundy percer les murs à l'aide d'un outillage pour effectuer cette découverte. Pour la chambre de la reine les canaux prétendus d'aération, ne sont donc rien moins que saugrenu puisqu'ils n'étaient pas apparents. Il en va tout autrement dans la chambre du roi ou nous pouvons voir ici une vue détaillée de leurs émergences sur les murs de la pièce.

Les deux filles **Isis** et Nephtys sont respectivement les quatrième et cinquième enfants de **Geb** et **Nout en l'ennéade**. Elles sont représentées sur un plan astral par deux étoiles : Sirius A et Sirius B. Ces « astres jumeaux » sont connus de certains peuples africains depuis la plus haute antiquité tels que les Dogons, lesquels prétendent détenir une partie de leurs connaissances des Égyptiens. Affirmations troublantes lorsque l'on sait que Sirius B n'a été découverte qu'en 1862 avec nos moyens astronomiques actuels qu'étaient censés ignorer les Anciens. Dans le jargon astronomique, cette étoile satellite de **Sirius** est répertoriée sous l'appellation de naine blanche. Elle serait composée d'une matière extrêmement dense. Les experts avancent le nombre faramineux de mille kilos centimètre cubes ! Ce mystérieux pouvoir de la matière correspond à merveille à ce que nous savons de **Nephtys**, la magicienne. L'étoile Sirius A est animée d'un mouvement propre dont **Sirius** B est naturellement tributaire. Ne dit-on pas de ces deux déesses qu'elles sont inséparables ? L'iconographie nous les montre fréquemment au côté d'Osiris, représentant la constellation d'Orion, les attributs que porte celui-ci seraient-ils emblématiques.

Le Neheh et le Héka, il s'agit là de l'union des sceptres, ceux-là mêmes qu'**Osiris** maintient croisé sur sa poitrine. Ce lieu précis de rencontre scelle les épousailles du dieu et de la déesse **Isis**. C'est l'un des aspects les plus importants de la symbolique égyptienne. Nous remarquerons que ce croisement se situe juste au-dessous de la chambre dite de la Reine. En de lointaines époques, cette cavité était réservée à une phase majeure de l'initiation osirienne. La chambre elle-même n'a jamais abrité le moindre ossement de sexe féminin. Son toit pentu nous vaut cette appellation par amalgame aux mastabas musulmans réservé aux femmes, contrairement aux hommes dont le toit était plat. Au-dessous de la chambre de la Reine, les lignes se prolongent après le croisement, elles sont ici matérialisées par la direction des conduits. Ce point de croisement des canaux pourrait contenir une cavité intéressante.

Rappelons qu'à l'époque supposée du Roi Kheops, l'étoile Al Nitak (représentant Osiris) se trouvait dans le prolongement sud du canal de la chambre du Roi à **45°** par rapport à l'horizontale. Si Kheops est né en 2491 av. J-C, une vingtaine d'années plus tard, cela nous amène en l'an 2472 avant notre ère (date envisageable pour le début de la restauration). **360** ans sépareraient cette époque de l'année 2832 av. J-C. L'étoile Sirius se trouvait alors positionnée dans le prolongement du canal sud de la chambre de la Reine, par **38°8'45"69**. Une autre date nous est donnée par la chronologie égyptienne 2783 av. J.-C. comme étant celle de la période sothiaque (lever héliaque de Sirius), la relation est là !

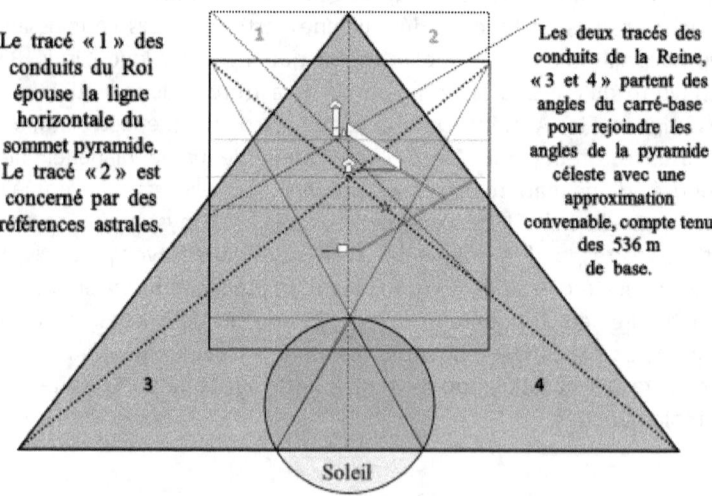

Les conduits à l'échelle de la pyramide céleste

Le tracé « 1 » des conduits du Roi épouse la ligne horizontale du sommet pyramide. Le tracé « 2 » est concerné par des références astrales.

Les deux tracés des conduits de la Reine, « 3 et 4 » partent des angles du carré-base pour rejoindre les angles de la pyramide céleste avec une approximation convenable, compte tenu des 536 m de base.

Rappelons que l'étoile ouvrait ainsi une durée de temps de 1460 années période pendant laquelle s'effectuaient de nombreuses corrections intercalaires, ceci afin que les divers calendriers repartent 1461 ans après sur des critères acceptables de remise à zéro. Cette date de 2783 av. J.-C. diffère donc de 49 années avec celle que nous avons calculée, mais il y avait deux calendriers sothiaques, l'un pour la haute et l'autre pour la Basse-Égypte. Leurs points de référence affichent un décalage de 145 ans sur la base de laquelle il faudrait établir d'autres calculs relatifs au déplacement du point vernal, ce qui s'avère extrêmement complexe, compte tenu de nos références actuelles. Nous nous en tiendrons à la vraisemblance de la date calculée depuis la trajectoire du conduit sud (2832 ans av. J.-C.) concernant l'étoile Sirius au passage du méridien. Ce parcours rend les deux conduits perpendiculaires aux pentes sud et nord de la Grande Pyramide. Précisons que contrairement aux conduits connexes existants dans « la chambre du Roi », ceux-ci ne percent pas au jour sur les faces extérieures, ce qui confirme s'il en était besoin, leur caractère non fonctionnel. Dans le contexte religieux de l'époque, ces canaux étaient de puissants conducteurs d'ondes, ils se révélaient opératifs à la suite de pratiques théurgiques que l'on peut considérer parmi les plus secrètes du rituel osirien. Le postulant bénéficiait alors d'instances particulières qui lui permettaient d'entrer en communication avec l'univers surréel et divin. Il en résultait une vision éclairée des choses de ce monde qui entérinait l'apport de pouvoirs supra normaux. Il est envisageable qu'une pièce ait été aménagée à cet effet sous le sol de la chambre de la Reine pour que la tête de l'initié se trouve au niveau du croisement des lignes de convergence. Visualisons le contexte simplifié formant un cercle autour de cette chambre, au centre duquel était censé se tenir l'impétrant : Pente 51,853974 x **4** = 207. Sommet 76,292052 x **2** = 152,584104 = 360.

4 et 2, ce sont les 42 assesseurs d'**Osiris** qui sont bien au rendez-vous. En l'attente du cérémonial, l'initié se trouvait au carrefour des lignes convergentes de la Grande Pyramide. En cela, les angles exposés étaient semblables aux quatre lignes de croisement des étoiles-cadres de la constellation d'Orion. Du fait de son décentrage, la chambre du Roi offre avec les orientations de ses canaux, un faisceau de lignes directionnelles du plus grand intérêt :

Cette diffusion à huit branches nous inviterait-elle à un voyage au sein de la Grande Pyramide ? S'agirait-il de doigts indicateurs désignant quelques secrets arcanes ? Les lignes en prolongement des angles révèlent des points précis. Leurs données géométriques et numériques sont autant d'idéogrammes propres à susciter la réflexion. Nous réalisons immédiatement que ces valeurs affichées ont une relation avec le croisement des étoiles-cadre. Est-il d'ailleurs besoin de flirter avec les astres ou de livrer à la question les degrés des pentes pour tenter d'élucider la raison de ces canaux réputés de ventilation ? Un simple tracé géométrique devrait suffire à nous convaincre de la juste disposition de ces conduits et du rôle capital que « les bâtisseurs d'éternité » leur ont confié. Les deux conduits sud et nord de la chambre de la Reine devraient logiquement percer sur les apothèmes à environ 80,7 m de la base pyramide. Le conduit de la chambre du Roi déboucherait à la 116e assise au-dessus du socle de la base.

Que notre lecteur nous pardonne ces étalages de données rébarbatives pour celui qui ne se livre pas à la recherche d'une « conduite » en compagnie de ces mystérieux bâtisseurs d'éternité. Les critères mis en place sont parfois déroutants par leur caractère insolite, cependant, si nous tentons d'en percevoir la signification et d'en accepter l'augure, nous découvrons de nombreuses lacunes, inhérentes à l'éducation classique que nous avons reçue. Celles-ci devraient se modifier en vertu du principe « science expérimentale », mais ce serait oublié le confort professionnaliste qui ne souhaite que rien ne bouge ou le plus lentement possible, tant d'intérêts sont en jeux que... souhaité cela, ne serait pas un témoignage d'humanitarisme.

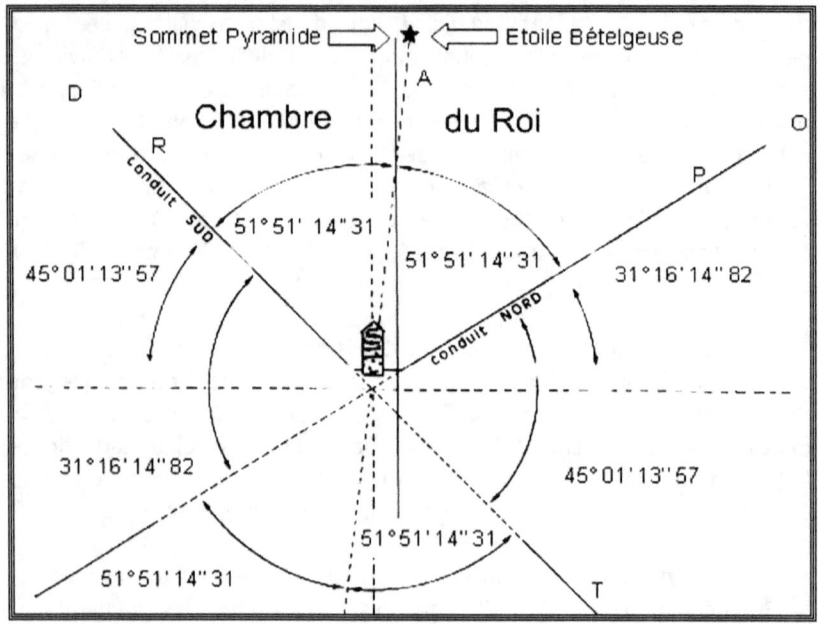

La Terre et la Lune

Si nous alignons les neuf chiffres composant tous les nombres en plaçant la virgule après le un. Si ensuite nous les multiplions par le diamètre de 360 et puis par le 360 lui-même afin de trouver unit la circonférence Terre Lune. Et si après un tel constat nous sommes toujours résolument athées, c'est que nous avons une déficience psychique concernant notre déduction objective. Ce qui ne saurait être votre cas cher lecteur.

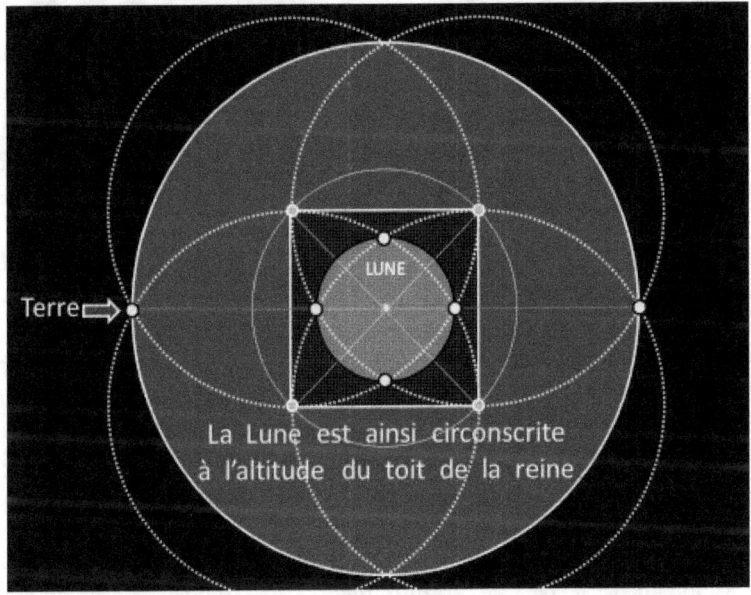

Nous voulons dire que si nous ne voyons pas que ce sont les deux triangles équilatéraux aux dimensions des faces de la Terre déterminent les arêtes du carré Lune, c'est que nous avons de sérieux problèmes d'acuités visuelles ou d'absence de cohérence méthodique. Car une telle coïncidence ne peut-être que voulu par le Principe Créateur pour nous inciter à concevoir au-delà de notre matérialisme immodéré une accession à la spiritualité.

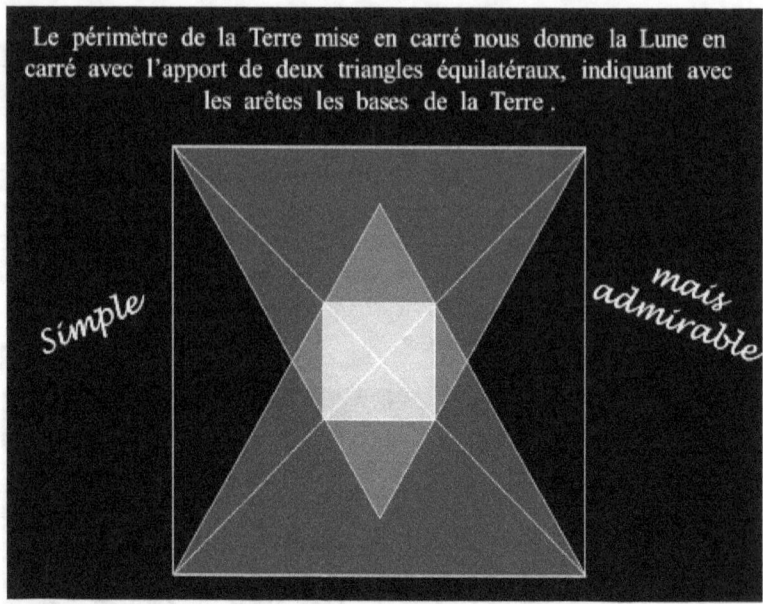

Le périmètre de la Terre mise en carré nous donne la Lune en carré avec l'apport de deux triangles équilatéraux, indiquant avec les arêtes les bases de la Terre.

Simple   *mais admirable*

Nous avons ici une vue de la Terre et de la Lune et nous constatons l'admirable rapport géométrique qui fait que le carré-base au centre de l'organigramme recèle la Lune en sa structure. Ce n'est là nous le voyons que cercles et angles imposés par le carré-base. La Terre et la Lune sont ainsi dessinées avec une rigueur confondante. Une telle perfection ne peut pas être attribuée au hasard et moins encore à une mystification. Ce qui signifie que ces deux astres qui nous sont intimes ont une relation spirituelle indéniable. Celle-ci ne saurait être rattachée à un phénomène de tribulations mathématique, c'est une constatation manifeste pour la plus grande satisfaction de la conscience lorsqu'elle est solidaire de l'esprit. On peut certes n'avoir aucune réflexion sur ce genre de graffiti, mais alors combien de phénomènes extraordinaires doivent nous échapper en cette vie, afin de conforter notre athéisme arrogant d'être pensant. Alors que ce graphique constitue le plus émouvant des mandalas.

Nous pourrions être amenés à rêver que les Égyptiens de cette lointaine civilisation étaient en possession de secrets qui leur fessaient connaître la rotondité des astres, les mesures et dispositions symboliques en cultivant un hénothéisme de référence. Nous en avons la preuve avec ce type d'illustrations qui représente une fresque démonstrative de cette science universelle dont ils étaient les nobles héritiers. La Lune et la Terre unies de manière parfaite avec un exact pourcentage, comment pouvons-nous dire simplement... *Oui, c'est curieux !* Alors que c'est miraculeux. Le Principe Créateur a placé en « la nature des choses » des jalons démonstratifs qui font appel à notre bon sens, notre logique et à notre honnêteté intellectuelle, pour évoluer, la voie consiste à suivre ces jalons d'OR.

Les anciens Égyptiens n'ignoraient pas ce que nous tentons de démontrer, nous avons des centaines de preuves que leurs connaissances étaient très élevées. Les grands hiérarques veillaient d'âge en âge à ce que **la Tradition Primordiale** soit au fait de l'enseignement. Elle apparaît encore aujourd'hui aux êtres de connaissances, çà et là sur les fresques en des complaintes inaudibles. Ce qui demeure une énigme, ce sont ces foules déambulant en ces décombres à la recherche d'on ne sait quoi ! La raison la plus commune consiste à imaginer que ces afflux humains sont là pour admirer des vestiges, mais sans qu'on le sache, il existe des raisons plus intuitives qui les poussent à découvrirent des évidences intimes que l'intellect ne peut expliquer. Ces appels intérieurs sont des expressions de l'âme, lorsqu'elle se trouve en errance nostalgique parmi les évanescences du vécu.

Il y a de nombreux indices analogiques qui devraient nous donner à réfléchir. Ils surgissent devant nous, le plus souvent opportunément, mais nous leur accordons rarement le crédit nécessaire. Estimant sans doute que seules des raisons pragmatiques doivent dominer la nature des choses dont nous dépendons. À l'opposé d'un tel raisonnement, cherchons à établir des adéquations plus positivistes que celles que nous donne l'actualité au quotidien. Elles nous emmèneront à une conception différente de l'ordre du monde. Hélas ! Le doute, en partie occasionné par l'image virtuelle, a désamorcé chez l'homme moderne, le réflexe de curiosité. Ses possibilités de déduction se sont alors dénaturées pour adopter un certain conformisme doublé d'un scepticisme attentiste, que seules ébrouent encore les perspectives du profit. Mais face à cette dormance techno-indolente s'éveillent prudemment les mystères de l'Égypte.

Le dieu Thot porte une tiare en forme de disque lunaire reflet de Râ Roi des dieux, dont il est le Vizir. C'est le magicien maître du Secret et de l'écriture. Le dieu à l'orée des temps aurait-il souhaité que « Iâh » la Lune nous montre le chemin de la raison ? Thot aurait-il misé sur les capacités déductives des êtres humains ? En cette hypothèse, il n'y a rien d'étonnant à ce qu'il nous ait abandonnés, bouleversés de désespoir ! Souhaitons qu'il demeure en chacun de nous l'essentialité de ce sélène rayonnement qui devrait illuminer nos vies ! Soyons satisfaits qu'une structure telle que la Grande Pyramide ait le pouvoir d'être l'écrin discret de la Lune, symbole de tous les mystères.

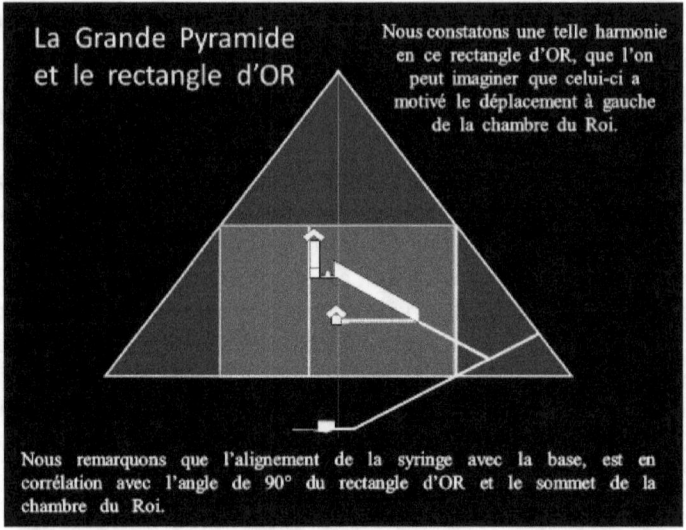

L'esprit d'une « **Tradition Primordiale** » est donc inséparable des réalités universelles insérées au sein de ce prodigieux édifice. Ses secrètes ramifications sont codées pour se révéler à l'intelligence lorsqu'elle est étroitement associée à l'intuitif. Un rectangle d'OR définissant en son carré l'architecture interne a de quoi nous ravir. À la lumière de ce que nous avançons, nous ne pouvons concevoir qu'un homme, fut-il Roi, ait pu construire à sa gloire une œuvre aussi complexe, sans autre objectif qu'une ambition post mortem de reconnaissance de pouvoir.

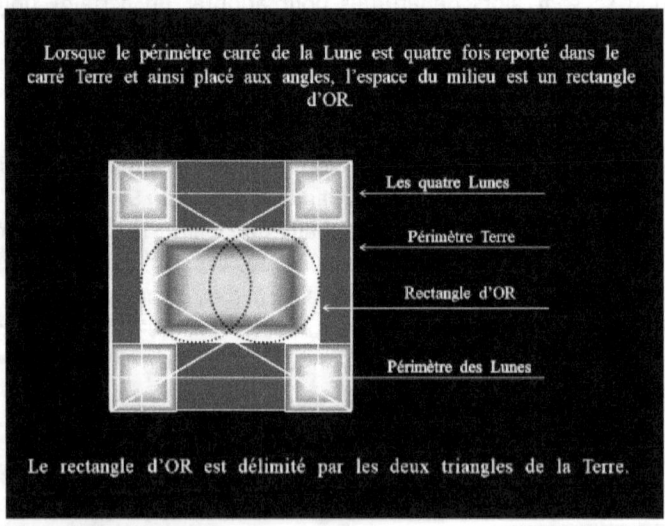

Ce qui va à l'encontre de toute démarche à caractère spirituel alors même que cette architectonie relève indubitablement des plus grands mystères. Aussi, clamons-nous qu'en aucun cas cette jauge universelle, ce prodigieux parangon n'a pu être destiné à une humaine nature, fût-elle pharaonique. Ce fait repandu et enseigné dans les universités à une échelle mondiale constitue une malversation, sacralisée par un consensus qui ne repose sur rien de tangible et qu'une logique associée au bon sens refuse d'accréditer.

Le système solaire et la grande Pyramide

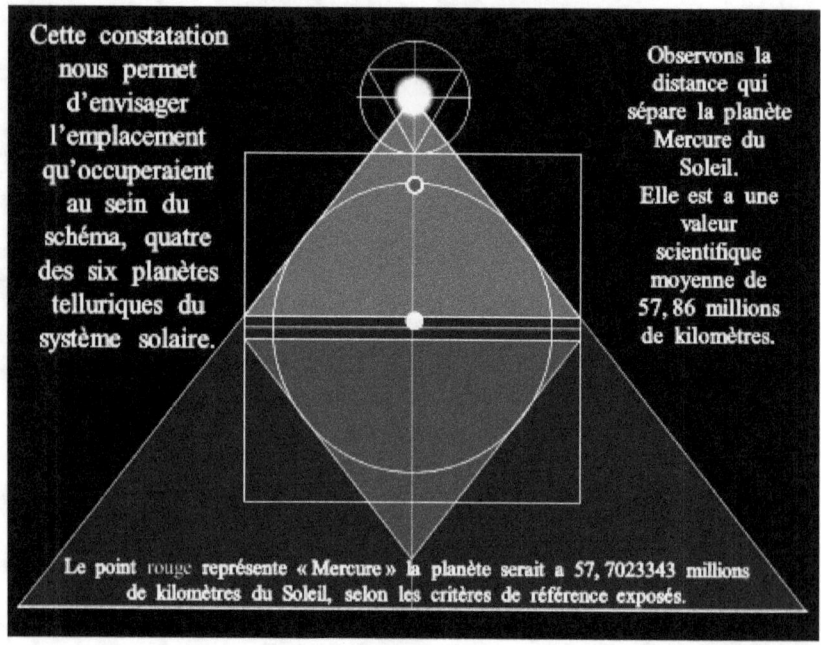

Le rapport respectif des masses comparées de la Terre et de la Lune est de 81,5 pour 18,5. Nous remarquons que l'inversion a quelque chose de curieux sur le plan de la réciprocité, à moins que ce ne soit là que « pur hasard » ! La Terre ⊘ 12734,94192 ÷ par la clé 1,273239544 = **10002** Dieu = **102** en Primosophie, lesquels chiffres regroupés font « 3 » en zéros ou en nombre ? Les « 9 » planètes traditionnelles correspondent aux « 9 » chiffres de tous les nombres.

Il n'est pas aisé de répertorier le nombre des planètes telluriques du système solaire. Doit-on prendre en considération la Lune, Cérès, certains volumes importants tels que Charon le satellite de Pluton ? Le mieux est de simplifier les choses en nous référant à l'avis des scientifiques ! Ainsi devrons-nous en récapituler cinq et facultativement Cérès, mais il semblerait qu'il y ait hésitation à placer ce corps céleste parmi les planètes telluriques. C'est donc cinq planètes à périodicités cycliques inégales qui occupent autour du Soleil l'espace du cycle précessionnel de 26 000 ans. Dans ce vaste malstrom où le temps régit ces domaines et applique ses lois, il est bien difficile d'entrevoir une logique satisfaisante qui répond aux déductions du savoir. Pourtant, ce monde stellaire est en équilibre permanent comme s'il avait à rendre compte d'âge en âge de la précision de ses ordonnées. Dans cet immuable ballet, tout incident de trajectoire apparaît pour le moins anormal et suscite l'inquiétude.

Ce sont nos deux pyramides schématisées **réelles et virtuelles** qui vont nous servir de références. Nous savons le rôle qu'elle joue sur les plans structurels, cycliques ou chronologiques, lorsqu'il s'agit de reconvertir les mètres en années. Sur le plan des dispositions planétaires, nous allons utiliser les avantages que nous procure la schématique. Nous savons déjà qu'il y a une relation convertible des distances en ce qui concerne le mouvement elliptique effectuée par notre planète autour du Soleil. Les 152,339963 m et 147,1317686 m de la ceinture au centre du schéma représentent les distances d'éloignement solsticial en millions de kilomètres de la Terre. La division par deux de la ceinture centrale nous donne le rayon moyen de 149,598 m équinoxiaux.

Il nous suffit donc de déplacer la virgule de six unités pour retrouver en millions de kilomètres les distances Terre – Soleil. Tout cartésien bon teint est épouvanté à l'idée de déplacer une virgule, peut-être en mémoire de quelques comptes en banque qui vivent très mal les déplacements à gauche. Une virgule n'est qu'une virgule... point ! Ceci étant, tout universaliste qui procède sans vergogne aux autodafés des virgules, joui par simple déduction mentale de retrouver le « tout en tout ». Il n'est donc nullement anormal de voir figurer sur la partie verticale de notre schéma pyramidale, l'étalement évaluatif que nous proposons, celui des planètes telluriques de notre système solaire. Si nous en avions la volonté, il nous faudrait pénétrer des domaines plus subtils pour en extraire la quintessence, pour effectuer des rapports d'idées que la logique réfute, mais que pressent l'intuitif. Ce sont les rêves éveillés qui nous poussent à réaliser l'improbable, non pour valoriser notre ego à la manière des stratèges, mais pour découvrir les réalités cachées dans le commun des choses. Nous allons malgré tout tenter de faire figurer en notre schématique les planètes telluriques du système solaire.

Sachant pertinemment que ces distances peuvent être remises indéfiniment en question de par leurs mouvements orbitaux et qu'elles pourraient motiver moult réflexions. Cependant leurs orbites sont classées et les références qui s'y rattachent vont nous permettre une approche convenable de leurs situations en la verticalité de la Grande Pyramide. Nous allons voir que là aussi, les agencements qui nous sont imposés nous procurent des points de recoupements intéressants. Ce qui revient à dire que les aspects cosmologiques que nous découvrons ne se limitent pas à la constellation d'Orion et que plus de science nous mènerait à une réalité synthétique universelle au sein même de ce monument.

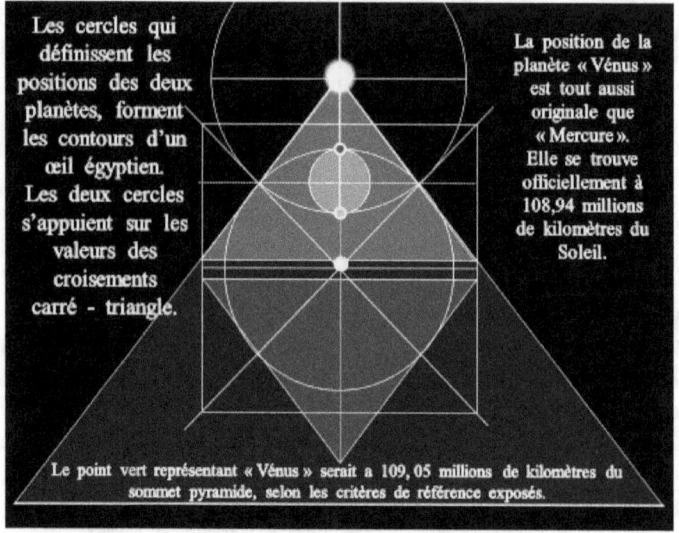

Sur l'image, l'emplacement de la planète Mercure. La valeur moyenne scientifique de son cycle autour du Soleil est de 57,9 millions de kilomètres, périhélie 46 et aphélie 69,8. Le point que nous trouvons est à **57,702**. Il est déterminé par **le cercle intérieur des apothèmes** sur lequel se tient la planète **Mercure**. Nous voyons que les quotas affichés ne coïncident pas exactement et nous ne pouvons affirmer que les valeurs indiquées par la pyramide sont plus fiables. Mais il nous est possible de dire qu'elles sont plausibles, compte tenu d'une valeur moyenne fluctuante qu'il serait plus logique de considérer sur des milliers d'années.

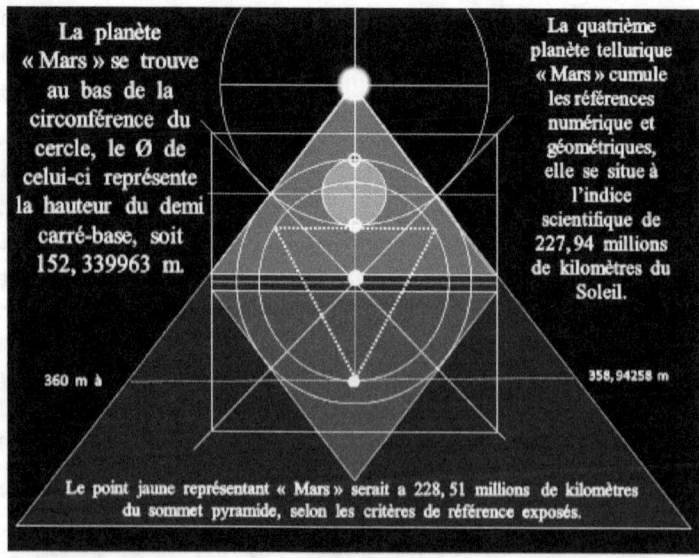

Le rayon du cercle de **Vénus** part du sommet de pyramide pour rejoindre en sa circonférence le cercle de **Mercure**. Les deux cercles esquissent alors un œil égyptien du plus bel effet. La valeur moyenne du cycle est donnée pour 108,2 millions de kilomètres (entre 107,5 et 108,9). Toutes proportions gardées nous sommes proches avec **109,05**, et nous pouvons admirer cet étonnant rapport. Ce **0,85** de différence est admissible compte tenu de ce que nous avançons en matière de décalage des valeurs admises dans le temps. La Grande Pyramide contiendrait dans sa structure les indices quantifiés de cette harmonie.

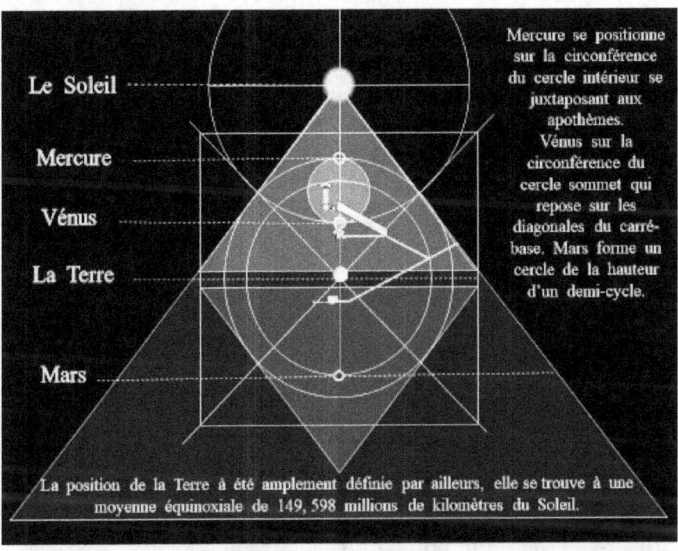

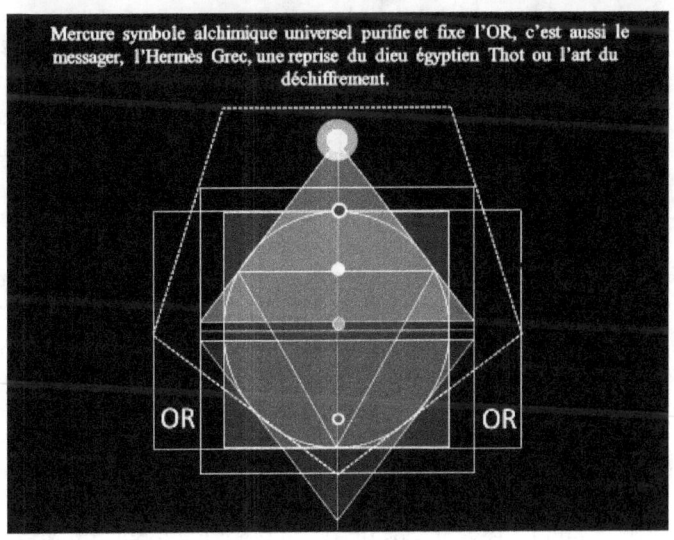

Ce graphique concerne la planète **Mars**. L'indication principale est de constater que cette planète est à la pointe du triangle équilatéral déterminé par **Vénus**. La planète se situe sur la circonférence du cercle que forme la Terre au bas du carré-base. Avec ses 227,94 millions de kilomètres en valeur moyenne, **Vénus** est donnée pour évoluée de 206,65 à 249,22 millions de kilomètres autour du Soleil. Nous la plaçons à un indice de **228,51** étant donné que les distances peuvent considérablement se modifier avec l'éloignement. Sur ce récapitulatif nous voyons apparaître l'esquisse de la structure intérieure et nous découvrons que la pupille de l'œil recèle la chambre du Roi. Certes, pur hasard persévère en ses facéties, mais il ne peut en nos méninges innovant ôter le postulat ! Il est vrai que pour certains, tenter des comparaisons sait brutaliser ces neurones, alors que pour d'autres sait tout simplement s'ingénier à comprendre les mystères de la vie. Nous avons là le positionnement numérique des planètes telluriques de notre système solaire. Les distances et positions s'inscrivent en une curieuse géométrie qui interpelle la réflexion. Nous pouvons être certains qu'elles ont des références similaires à celles que nous avons découvertes dans le Soleil, la Lune et la Terre.

L'œil **Mercure – Vénus** s'applique sur les apothèmes de la pyramide, le **Soleil** est au pyramidion et la **Terre** au centre du carré-base. Quant à **Mars** elle définit un cercle toit du roi, croisement syringe. Admirons cette magnifique composition anthologique des formes géométriques qui entoure ce rectangle d'OR lequel épouse le carré pyramide. Nous savons qu'autant de concordances ne peuvent pas être amalgamées à des coïncidences. Retrouver les mécanismes numériques qui l'animent, c'est découvrir en soi l'expansion analogique que l'on peut établir dans l'exhalaison de notre réceptivité. Ces voies sont celles de la spiritualité, certes différentes de celles traditionnelles aux religions, mais elles activent le relationnel en impliquant la conscience. Celle-ci peut alors établir une corrélation avec ces fascinantes créations que sont les planètes que nous venons de décrire. À une échelle autre, nous avons la Terre sur laquelle nous subsistons et la Lune qui l'environne. Mais nous méconnaissons les subtiles relations que nous pourrions avoir avec cette profusion d'éléments stellaires qui égaye nos nuits, et nous ignorons celles plus intimes que nous devrions avoir avec le soleil.

En tant qu'être pensant, nous ne pouvons réfuter le bien-fondé des éléments cosmologiques, ils sont un prolongement de notre intimité, les témoins de nos sentiments, les fibres de notre évolution. Vivre en symbiose avec le créé, c'est harmoniser sa vie, c'est s'intégrer à la nature, c'est coaliser avec l'esprit muet des choses, c'est aimer la création comme nous-mêmes. La création est l'image la plus authentique que peut donner Dieu de sa personne. Le non-sens exhaustif serait de vulgariser le créé et d'imaginer un Dieu semblable à ce que nous sommes, cela signifierait que nous banalisons l'existence et que nous vénérons un Demiurge qui n'a nul critère relationnel avec la nature des choses. Rendre un culte à une créativité de ce type, ce serait établir une inspiration narcissique qui serait la négation de nos états de références. La façon la plus logique d'aimer Dieu, c'est d'aimer sa création. La plus belle des prières, c'est d'éplucher une orange en pensant à lui, c'est de suivre la vaguelette qui caresse nos pieds en pensant à lui, c'est de regarder ses mains en pensant à lui. C'est de voir Dieu en tout, même en l'inerte, le calme témoigne de sa présence et sa parole est le silence.

La NASA et la Tradition Primordiale

Apollon est si proche d'Apollo que ce jour-là la NASA a préféré enlever la haine du « N » pour apprécier le « O » d'exclamation… !

Rien de surprenant à retrouver le nom de ce dieu grec dans un sigle de la conquête spatiale, n'était-il pas au berceau de notre civilisation ? Ce qui est plus étonnant, c'est de constater le lien entre ces exemples de rapports de faits et les préoccupations spatiales de notre société contemporaine. Sur écusson que nous allons dépeindre, nous pouvons remarquer la présence de la constellation d'Orion, ainsi que les tracés d'un triangle équilatéral intimement liés à la notion d'union sphérique. Le volume prédisposé de la Grande Pyramide messagère, la concordance symétrique des principes de compositions et beaucoup d'autres mystères qui demeurent présents face à une logique inexplicable.

La facilité, élément dormitif de l'esprit, nous suggère bien évidemment le concours du hasard, mais toute tentative de réflexion nous éloigne de cette hypothèse. Il s'agit rappelons-le, d'un voyage Terre – Lune, qui est une forme d'union sacrale dont nous avons longuement dépeint l'intérêt en nos animations. La NASA se démarquerait-elle à ce point de la vox populi pour demeurer résolument en altitude, là où elle n'a de compte à rendre qu'à « Dieu le Père » ? Nous considérons qu'en nos temps interlopes, une telle sélectivité n'est pas digne de l'esprit fédératif des financiers que sont les imposables.

À l'opposé de cette constatation, la révélation à laquelle nous procédons peut engendrer l'espoir dans les méninges désabusées. C'est la voie qui nous fut indiquée pour responsabiliser l'être humain face à une nocive influence médiatique dont il est aujourd'hui tributaire. Désinformation, ultra consommation publicitaire, jeux d'argent, louange des libertés de mœurs à l'irresponsabilité politique, c'est là l'arpège de notre vie actuelle ! Face à cela, les grains en notre besace ne sont plus destinés aux sillons dûment alignés, comme il en allait naguère, mais aux quatre vents de la confusion, aux fossés que nul ne regarde, aux fissures que nul ne soupçonne, aux épreuves que nul ne pressent. Cette profusion constitue l'espoir de la résurgence aux confins de la désillusion. En ce début du troisième millénaire, le citoyen lambda, gagné par l'ivresse que procure l'espace, ressent une légitime fierté en l'avancée des sciences. Aussi, cautionne-t-il chaque exploit, avec un rien d'ambition conquérante liée à l'expansionnisme du génie humain. Cependant, si nous sommes attentifs à certains détails, généralement occultés au grand nombre, nous pouvons nous montrer interrogatifs devant ce qu'il nous est donné de constater. Ne doutons pas qu'une étude plus complète pourrait élucider cette problématique. Ce n'est toutefois pas le but de cette étude, nous nous en tiendrons en ce qui nous concerne, à la Grande Pyramide et à la constellation d'Orion. Revenons quelques années en arrière, précisément au début de la conquête spatiale, avec les missions « **Apollo** », objectif... Lune.

À l'époque, un blason allégorique sous forme d'écusson est conceptualisé par la NASA pour représenter l'ensemble des opérations ayant trait au programme APOLLO. Devant l'étrangeté de cette composition, nous sommes tenus à nous poser la question suivante concernant le choix de cet écusson : relève-t-il d'une haute science hermétique, d'une technologie avant-gardiste occultée, d'une candeur inspirée, d'une heureuse prémonition, d'une démarche avisée à caractère ésotérique ou plus prosaïquement d'une banale logique cartésienne dont nous aurions oublié les fondements ?

Nous conviendrons que **la constellation d'Orion**, tout autant que les mystères que nous nous ingénions à dépeindre n'ont, a priori rien à voir avec la concrétisation d'une série de voyages circumlunaires. Cette considération s'avère troublante du fait que sur cet écusson la trajectoire de la capsule spatiale, illustrée par la barre du A triangulaire, est emblématique des critères cachés de l'ancienne Égypte. Procédons par analyse :

« **Apollo** » est bien évidemment « **Apollon** », le dieu grec archétype de la beauté masculine. Il était aussi et la chose est plus subtile, le dieu à « **l'arc d'argent** ». Arc = arche = arc-en-ciel, angle de la pyramide = lien entre le Ciel et la Terre. Lien que nous dépeignons, souvenez-vous, avec les valeurs de l'arc-en-ciel approprié aux angles du premier monument de Gizeh. Quant à l'argent, sans humour déplacé, c'est le métal lunaire par excellence, comme l'or est représentatif du Soleil. Apollon est né sur une île, entrevoyons avec ce terme un site restreint entouré d'une onde homogène idéalement infinie. Il va de soi que ce qui s'applique à l'île sur l'océan peut s'appliquer à un corps sidéral. À la naissance d'Apollon, des cygnes (*qu'il serait plus avisé d'écrire « **signes** »*) s'astreignent à faire « 7 fois » le tour de l'île où le dieu est né. Ne comptons-nous pas 7 étoiles ? Le symbole affectif du dieu est un « trépied » (*comprenons : triangle équilatéral, ce sont les trois points qu'il trace sur le sol*). Apollon est le seul à savoir combien il y a de grains de sable sur les plages du monde. Voyons en cette métaphore apparemment dénudée de sens, une évocation de puissance numérale, combinée à la multiplicité des astres dont il est censé en mesurer l'étendue. Allusion analogue au mot Abraham, père des multitudes, entendons, père des nombres ! L'écusson que nous décrivons regroupe l'ensemble des opérations projetées Terre – Lune du programme Apollo.

Si l'inventaire mythologique légitime est l'adoption du dieu en tant que patron de cette entreprise, il s'avère beaucoup plus difficile de justifier les options cumulées à caractère « ésotérique » que nous allons tenter de dépeindre. Un premier exemple nous est donné avec le rapport existant entre la Lune, la Terre et le grand cercle de cet emblème. Nous constatons qu'à 0,5 % près, celui-ci est semblable à cet autre que nous avons maintes fois exposé. Cette infime différence est probablement due aux anamorphoses des duplications électroniques dont nous sommes tributaires.

La couronne où se trouve inscrits les termes « **Apollo – NASA** » est composée de deux cercles le rayon pointé (comprenons : le milieu de l'épaisseur de la couronne entre les deux cercles) se situe à l'endroit de la ligne du croisement, rapport astronomique des étoiles d'Orion. Rappelons à nos lecteurs que la connaissance de ce croisement relève d'une initiation égyptienne de hauts niveaux. En aucun cas ce tracé ne peut être fortuit ou dépendre d'une recherche à caractère aléatoire de type profane. Ce sont des êtres ayant bénéficié d'un enseignement supérieur qui ont placé le baudrier au centre dû « À triangulaire ». Si ce n'est pas le cas, le ou les concepteurs de l'époque, qu'ils en aient été ou non conscients, ont bénéficié d'une influence parapsychique efficiente. Celle-ci avait-elle pour dessein de rassurer les rares **Initiés** éparpillés de par le monde, du caractère louable et surtout véritable de la mission Apollo ?... Nous ne saurions l'affirmer ! Tous les documents ayant trait aux expéditions sont aujourd'hui officiellement égarés, même les recherches technologiques sur le LM ce qui est à peine croyable pour une organisation de ce type dont le détail douteux le plus infime est un risque d'échec.

Le Triangle équilatéral sur le centre des astres.

La Terre et la Lune

Soyons clair, il n'est pas question de mettre en doute la haute compétence des scientifiques de l'aérospatiale, moins encore, de l'ingéniosité, du courage et de l'audace dont ont fait preuve ces hommes pour relever un tel défi. Mais, disons-le tout net, dans les années 1960, années où les techniques électroniques étaient « rudimentaires », l'aventure n'était pas seulement risquée, mais franchement expérimentale, dans le sens le plus aventureux du terme. Tout ingénieur spécialisé en technologie spatiale et… honnête (la précision n'étant pas superflue dans le contexte) le reconnaîtra ! Car sur un plan technologique pure cette expédition était une impossibilité, la science n'ayant pas encore atteint ce niveau de maîtrise.

L'empattement des pieds du « A », forme avec la pointe sommitale, un triangle équilatéral. Sa base repose sur le centre de la nébuleuse d'Orion. Ces constatations ne relèveraient d'aucune énigme si le prolongement des côtés de ce triangle ne nous plongeait pas en une certaine perplexité. Si l'on place un rapporteur au centre du cercle Terre, l'angle formé par la circonférence lunaire est de 23°27, celui de l'inclinaison de l'axe terrestre sur l'écliptique. Le A majuscule ne se justifie point davantage que la présence sur cet écusson de la constellation d'Orion. Puisque tous deux y figurent en bonne place, ingénions-nous à en pénétrer le sens.

Nous invitons notre lecteur à procéder de même en cet examen : qu'il place la pointe de son compas sur l'extrémité du triangle à l'endroit où celle-ci recoupe la circonférence du grand cercle. L'autre pointe aura pour écartement le même emplacement, il suffit alors d'effectuer vers le haut un arc de cercle pour constater que celui-ci passe sur le centre de la **Lune**. L'arc de cercle se dirige lui sur le centre de la **Terre**. L'angle formé par les points droits - gauche et centre Terre est rigoureusement celui du sommet de la Grande Pyramide. D'où le cumul de ces coïncidences qui n'en sont probablement pas, mais alors… à qui profite la démonstration ?

Rappelons-nous les énigmatiques recherches scientifiques étatsuniennes qui eurent lieu au cours des années 1970 sur le plateau de Gizeh. Les plus grands savants et autres prix Nobel se rendirent à cette époque en Égypte ! Les tentatives effectuées sur le détournement supposé par les pyramides des rayons cosmiques affolèrent littéralement les instruments utilisés. La presse de l'époque s'en fit l'écho, photos à l'appui, ce qui prouve, s'il en était besoin, le sérieux de l'affaire. Alors que tout a sombré aujourd'hui dans les abysses du non-dit ! Elle pourrait refaire surface avec pour base l'uranium-thorium des Japonais et leurs recherches des volumes vides, que révèlent la traversée des muons dans la masse pyramidale. Mais il s'agit là tout autre chose.

Traçons, si vous le voulez bien, une droite réunissant le centre de la **Terre** et une autre le centre de la **Lune,** nous constatons que les deux lignes qui en résultent forment la base de la Grande Pyramide. Les apothèmes définissent le centre des deux astres, avec la précision des angles, le sommet du pyramidion atteint la circonférence du cercle intérieur.

La ligne verticale centrale de l'édifice s'étire du centre des lettres **APOLLO** au pied du « A » en passant par le point central de la nébuleuse d'Orion, lequel représente la base de la pyramide. Le cercle intérieur nous indique avec précision « l'entrée » de la grande pyramide. Le vide intérieur de la lettre A est assimilable à une flamme ou un fer de lance d'angle 30°. En cela il trace avec sa ligne centrale les trois étoiles du baudrier d'Orion. Le « LL » sémitique évoque le nom de Dieu « EL ». Cela se traduit par tout ce qui s'élève, ce qui possède une puissance expansive. On le retrouve dans les racines « AL » Allah (le tétragramme A.L.L.H en écriture arabe). Vus du haut du pyramidion, 111,111 degrés définissent l'écartement des circonférences Terre – Lune. Nous avons vu par ailleurs que ce nombre est représentatif du déplacement du point vernal.

ORION en première vue

Terre – Lune Hexagramme et carré

Il est tout à fait remarquable de constater que le triangle équilatéral donné par les pieds du « A » provoque de chaque côté de ces lignes un hexagone pour la Lune et un carré pour la Terre, ce qui n'est autre que les valeurs hermétiques du « 64 » ÷ par 1,23456789 = 51°,84 l'angle de la Grande Pyramide à peu de secondes près, racine carrée 7,2 nombre sacré. 72 x 360 = le cycle 25920 ans. Géométrie : hexagone + carré 6 + 4 = 10 premier des nombres.

La trajectoire allégorique Terre Lune imaginée par les auteurs du blason prend son départ sur le bord du golfe du Mexique à Cap Kennedy, elle passe par le point central du sigle. Cette trajectoire coupe le côté du triangle équilatéral à l'endroit de pénétration de la circonférence Terre. Notre lecteur dont nous avons amplement sollicité l'attention aura perçu que le hasard peut favoriser un certain nombre de rapports. Mais lorsque ceux-ci se multiplient et se montrent conformes à l'esprit de la Grande Tradition, cela s'avère plus énigmatique qu'il n'apparaît.

L'une des conclusions que nous pourrions exprimer en vertu de cette analyse, c'est que le fossé s'élargit entre « la masse conditionnée et l'élite inspirée ». À court terme, nous avons fait un choix de société et à échéance il y a un risque de génocide intellectuel qui mènera à une paupérisation de l'entendement humain. Cette dégénérescence qui est déjà évidente en nos sociétés ne se limitera pas demain aux plus démunis, nous sommes tous concernés. À l'époque des grands dangers que nous encourons, ce ne peut être que la spiritualité qui nous permettra de surmonter ce drame, si tant est que l'on puisse encore entretenir cet espoir. Un futur responsable est l'affaire de tous. Pour cela, il nous faut un dessein commun, planétaire, qui ne soit pas rivé à une impuberté chronique source de tous les égarements, mais à ce bien-être collectif engendré par l'espérance et l'application des lois.

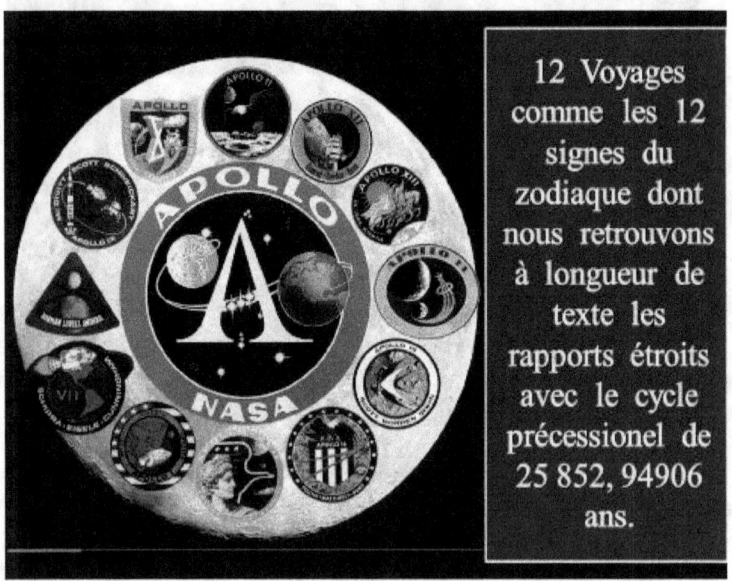

12 Voyages comme les 12 signes du zodiaque dont nous retrouvons à longueur de texte les rapports étroits avec le cycle précessionel de 25 852, 94906 ans.

Nous sommes certes trop nombreux ! Mais, nous pouvons résoudre ce problème en deux siècles de façon drastique sans qu'il soit besoin d'avoir recours à des méthodes inhumaines. Ce que nous devrions déjà envisager c'est **« une gouvernance planétaire à une échelle sapientielle »** 30 000 êtres réputés d'exception sur 8 milliards et nous sauvons le monde, ils existent et possèdent toutes les vertus, **trouvons-les** ! Il est urgent que les réalités sur le passé, sur les idéologies, les inspirations religieuses, les besoins concrets et spirituels des êtres en évolution que nous sommes soient prises en considération.

Nous raisonnons avec nos portables autour du cou sur lesquels apparaissent implicitement ces trois mots : **croissance, argent, puissance**. Mais où nous mènera-t-elle cette infinie croissance qui nous oblige à courir les bras en l'air, le regard rivé sur la Lune (symbole d'argent), alors que le ravin que l'on ne saurait voir pour cause d'engouement irraisonné n'est plus qu'à quelques pas de nous ? L'argent est une valeur fausse et la puissance dépend de l'argent.

Ne nous contentons pas d'être les gouttes d'eau, soyons l'océan qui inspire le respect et dont les asservis aux pétrodollars craignent les tsunamis. L'axe de nos recherches nous amène à des réflexions complémentaires sur la raison de vivre, sur l'état de conscience, sur la finalité de l'existence. Nous pourrions unir nos pensées autour d'une constatation multimillénaire qui nous loue les vertus d'un Principe Créateur dont nous cumulons les preuves ? Ce Principe n'est pas inféodé à une race, à une élite, à une religion, il ne nous prône pas une philosophie existentielle, il est simplement représentatif d'une union sacrée. Si nous prenons conscience de cela, cette union nous pilotera vers des aspirations communes et salutaires. Le plus vieux monument du monde est un sanctuaire, un réceptacle scientifique, le naos de la symbolique, le bétyle des dieux, soyons les fervents adeptes de ce que témoigne sa conception. Il est grand temps de fédérés nos sentiments autour d'une idée de renaissance, la source ce doit d'être spirituelle, car à l'image du communisme, l'idéologie aussi louable qu'elle apparaisse ne fédèrent pas les hommes. Cette spiritualité doit être étayée de preuves irréfutables, et nous sommes en mesure de les présenter.

L'alchimie restera toujours notre meilleure référence en matière de connaissance. L'icône alchimique a le pouvoir de sélectionner les individus réceptifs à ces apparentes aberrations toute en les propulsant vers l'espérance. Cette espérance dont on doute aujourd'hui qu'elle est encore de ce monde. En bas à droite de cette illustration **un Soleil apollinien** éveille l'homme pour le convaincre de cheminer dans les sphères de la réflexion et parvenir ainsi à la connaissance. Sur ce graphisme, la Terre est au centre d'où s'évade un cône à 23° 27, lequel représente l'inclinaison de notre sphère sur son axe. Le Soleil est à 30° soit à la première heure des 12 du jour ou de la nuit. La Lune est toute en haut au centre, elle est illuminée par la lumière du Soleil, son disque est sensiblement à l'échelle de la Terre. En bas à gauche un personnage cherche la lumière en l'obscurité, le « 3 » et le « 6 » s'impose à lui avec le cercle de 360°. Les deux petits triangles équilatéraux aux centres des sphères ont eux aussi un langage ésotérique. Placés comme ils sont, ils nous indiquent que dans la rotondité de l'astre du jour, ils forment une étoile hexagonale dont le périmètre affichera les valeurs de 7 236 012 kilomètres. Ou en toute réciprocité 72 – 360 – 12, lesquels nombres définissent ce que représente le cycle de 25 920 ans. 72 ans pour 1°- cycle de 360° - 12 signes du zodiaque, c'est également l'implicite périmètre de l'**étoile hexagonale incorporé dans le Soleil**. Ce genre d'iconographie alchimique ne s'adresse pas aux néophytes à la recherche d'éléments de connaissance, elle se limite à rappeler aux lecteurs initiés ce qu'elle représente, afin qu'il soit attentif au contexte. Nous la mentionnons par rapport à l'APOLLON d'APOLLO qui lui aussi préside à un cheminement qui n'est pas nécessairement celui des étoiles.

Avec cet écusson, il se pourrait que la NASA ait bénéficié de précieux auxiliaires exogènes. Mais, si d'aventure elle a réalisé ce programme en toute innocence... il est certain que le jour de sa réalisation, des auxiliaires de l'espace cognitif se sont manifestés. Il se peut même que des dizaines d'ordinateurs fussent regroupés parmi les plus performants pour accomplir ce résultat, ce serait alors la preuve que les agents d'une certaine harmonie universelle ne nous abandonnent pas, tout en pratiquant l'humour du clin d'œil à l'adresse des rares grands initiés de ce monde. Ces initiés ne sauraient raisonner sur des idéations matérielles erronées. Ils savent que « **la conscience** » est inhérente à l'âme et qu'elle est par définition incorruptible. Ils savent également que le devoir est de valoriser moralement sa vie, en hommage aux espérances du Principe Créateur. Cette conscience est le véritable apport créatif que nous devons faire évoluer au cours de notre existence, selon les Égyptiens elle se tient au niveau du plexus solaire près du cœur. Quand le mental et la conscience sont agrémentés d'un pouvoir de réflexion, la vie n'a plus ce caractère égoïste qu'elle a tendance à entretenir. Lorsque ce niveau est élevé, il influence le mental afin que les décisions soient d'un caractère qui ne puisse nuire. C'est cela la conscience, la part certes inconsistante, mais vertueuse de nous-mêmes.

Ondes et Pyramide

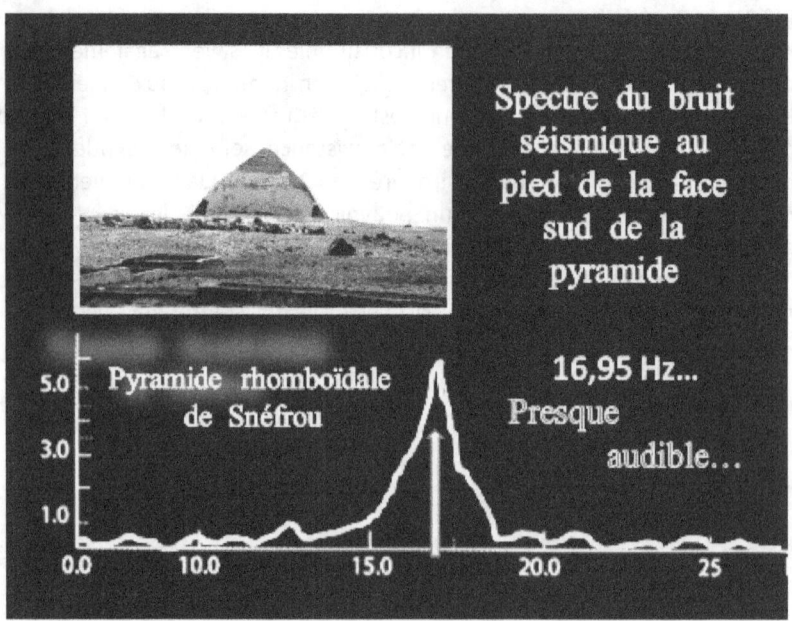

Soumis à la sécheresse de l'air que générait un intense ensoleillement, la Grande Pyramide avait la capacité d'emmagasiner beaucoup d'énergie calorique, il lui était alors possible de restituer celle-ci par un effet de synthèse dynamique engendré par l'humidité du sous-sol. Il est tout à fait probable que des veines de cuivre couraient sur les arêtes pour faciliter cet échange, notamment par temps d'orage. L'électricité était connue des anciens Égyptiens, mais pour d'évidentes raisons son exploitation était limitée. Des fresques aux évocations allégoriques sont là pour le prouver. Quant à son utilisation, cela demeure à ce jour dans le domaine des hypothèses ! Le fait de n'avoir jamais retrouvé de traces de suie sur les cloisons des tombes souterraines par ailleurs abondement imagé incite à la réflexion. Quant à l'hypothèse des miroirs de réfractions par 60 m de fond en parcours labyrinthique, avec un Soleil cheminant en cours de journée, de telles suppositions permettent d'évaluer le quota d'intellections des gens soi-disant qualifiées qui émettent ces hypothèses afin que l'électricité soit bien le fruit de notre modernité. En marge de cela, le fait de tenter d'évaluer le volume vibratoire des monuments pyramidaux s'avérait jusque-là des tentatives fantaisistes. Aujourd'hui des organismes scientifiques internationaux, dûment officialisés, ont divulgué une partie de leurs travaux. De multiples relevés ont eu lieu en divers endroits de la planète, ils sont tout à fait étonnants et prometteurs. Ce n'est toutefois pas l'axe de nos recherches, nous en faisons état pour corroborer le caractère complexe de ces œuvres pyramidales d'un autre temps que nous ne cessons d'étudier et d'admirer. Il en est ainsi de la pyramide de rhomboïdale de Snéfrou, le spectre du bruit séismique de la face sud-est 16,95 Hz, ce qui signifie qu'il est presque audible. Nous n'avons pas pu nous procurer les références séismiques de la Grande Pyramide, nous le déplorons, mais celles de Mykérinos affiche agréablement ses 261 Hz « do » de l'octave inférieure.

La clé chronologique

Observons bien ceci ... !

La circonférence du **cercle** est celle du Soleil en laquelle est circonscrit un triangle équilatéral. Nous observons que la hauteur de celui-ci est égale aux côtés du carré, cette hauteur réalise 1 044 428,444 km

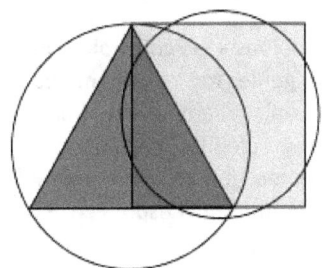

La valeur de la clé
0, 01178511321
a pour principe de changer les mètres en années.

Sont représentés ici
le cercle, le triangle et le carré,
base de la géométrie traditionnelle.

Si nous divisons le diamètre du cercle de surface égale au carré par 100 millions, il nous procure la clé chronologique dont nous faisons état, elle a pour valeur 0, 011785113 m.

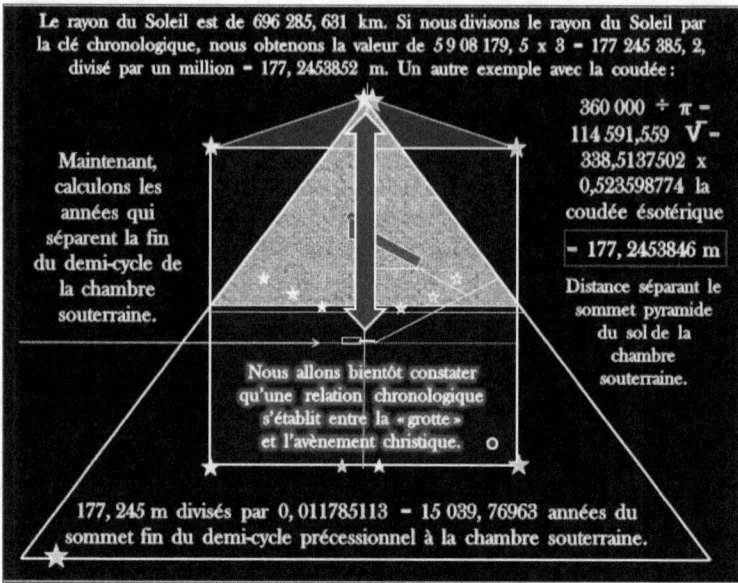

Souvenons-nous que ce que nous appelons « **clé chronologique** » est une référence à un nombre qui permet de changer **les mètres en années** sur la ligne verticale du schéma. Ce simple énoncé paraît tellement extravagant que l'on aurait tendance à ne lui accorder aucun crédit. Cette attitude de rejet permettrait séance tenante de regagner le sous-sol rassérénant du conformisme, mais sûrement pas de demeurer l'esprit en éveil face à l'immensité des mystères qui s'offrent à nous.

Avant toutes choses, il importe de justifier sur le plan des valeurs absolues le nombre 0,011785113 lequel permet cette transition. Nous avons relevé une dizaine de cas où il s'impose dans un contexte universel, dont celui présenté ici, et puisque ce nombre est issu de la lumière, il se doit de la traduire en unités de temps. Un exemple parmi d'autres nous est donné avec la valeur du cycle de 25 920 ans. Composons la clé chronologique dans son utilité courante de 0,11785113 placé au X^2 = à 0,0138888888 x **25 920** cela nous donne les degrés du cercle, soit **360°**. Une multitude de combinaisons implique la valeur de ce nombre pour évaluer les distances en unités de temps, dont les estimations les plus importantes pour nos recherches sont celles inhérentes à la Grande Pyramide. Là encore, nous avons une confirmation de la valeur de la clé chronologique. Au terme de la syringe, la chambre souterraine que nous prenons à témoin, n'est pas l'erreur que l'on s'ingénie à souligner sous forme de « cavité sépulcrale inachevée ». Nous verrons bientôt qu'elle tient un rôle tout à fait crédible en son espace dimensionnel.

L'apport subtil de la lumière occupe les lieux plus sûrement que les esprits, car elle attend de nous les rapprochements salutaires qui tardent à se manifester. Les calculs de probabilités ont les limites que leur accordent nos capacités cognitives, aussi serait-il judicieux de les mesurer à l'aune de la Grande Pyramide. À l'**aune** tout court d'ailleurs, car cette ancienne mesure qu'était l'aune ne faisait pas, comme il est souvent mentionné : 1,18 à Paris, mais plus précisément 1,1785113 m, ce qui est ô combien, plus crédible.

L'aune dont la réputation a franchi allégrement les âges, est la résultante d'une simple opération : l'immuable racine de 2 = 1,414213562 ÷ par le 120 = « sang vin du Graal » = 0,011785113 l'unité de conversion en rapport avec le mètre dont nous faisons état. Cette illustration prend pour exemple la chambre souterraine et le nombre d'années qui la distancie de la fin du demi-cycle. Ces 15 039,737 années se trouvent à 12 548 années de l'année zéro de notre ère ou à 0,60 cm près la hauteur de la Grande Pyramide (cela relève des mesures intérieures de la chambre). L'état actuel de la chambre souterraine ne permet pas les précisions souhaitées, mais nous pouvons augurer de l'harmonie des valeurs originelles en vertu de ce que nous savons de l'ensemble. Si nous prenons en considération l'ennéade égyptienne, nous augurons une relation avec la grotte platonicienne et la lumière solaire.

Le 9 ennéade x √2 = 12,72792206 x **1 392 571,262** (diamètre du Soleil) = 17 724 538,48 ÷ 100 000 et considéré en mètres = **177,2453848** m ou la distance qui sépare le sol de la chambre souterraine du sommet de la Grande Pyramide en incluant la lumière du Soleil.

La chambre souterraine se tient à 30 mètres sous les fondations de la pyramide, elle est appelée « la grotte chaotique ». Devrions-nous considérer cette cavité comme étant l'indice du dernier des **Grands Déluges universels** ? Les dates concernant cette catastrophe ne peuvent qu'interpeller le chercheur. Une chose est sûre, la Terre a enregistré au moins un désastre à une échelle planétaire au cours des 20 000 dernières années. On peut ajouter sans risque d'erreur qu'un ou deux cataclysmes de moyenne ampleur ont suivi à des millénaires d'intervalle. Les comptes rendus d'études scientifiques nous incitent à placer en première position celui qui a englouti « l'Atlantide », évoqué par Platon dans le Timée. À l'égard de tels faits, le scepticisme scientifique devient une innocence, car il ne fait aucun doute que de vastes régions de notre planète ont eu à subir des bouleversements de première grandeur, atlantique ou pas. L'altération des preuves ne récuse en rien le phénomène, nous n'ignorons pas que le maelström des siècles fustige de ses décrépitudes la nature des choses. Le centre du drame au pléistocène concernait-il la dorsale médio-atlantique, les Bahamas, les plateaux péruviens ou boliviens ? Il est impossible de le savoir avec certitude, mais nous ne devons pas douter que cette catastrophe ait eu lieu, probablement à la fin de ce que nous considérons être la dernière glaciation. Le niveau de la mer était considérablement plus bas qu'il n'est aujourd'hui : rien moins que 105 m entre moins 14 000 et 2 000 avant notre ère, 120 m de niveau entre 17 000 ans et nous. Nous devons souligner l'importance de cette élévation des eaux océanes, elle explique en partie l'altération ou la suppression d'indices révélateurs. De nombreux artefacts sur la surface du globe posent des points d'interrogation, mais aussi les sous-sols en leurs analyses. Et puis, il y a des cas où l'effacement total ou partiel des sites répertoriés doit être attribué au réemploi méthodique des ruines par les générations successives d'êtres humains en reconditionnement sociétal.

La disparition tient également au fait des ravages exercés par les phénomènes climatiques, la dissolution végétale des minéraux ou plus simplement l'usure du temps ! Les anciens textes sur lesquels nous nous sommes penchés parlent d'obscurcissement du ciel, de pluies torrentielles, d'une brusque montée des eaux. Il est aussi question d'étoiles, de serpents (cycle), d'excavations et plus précisément de « 7 îles ou 7 cavernes ». Si nous tenons pour plausible la date avancée de **12 548 années** avant notre ère, la hauteur de la cavité située à 30 m sous le socle de la Grande Pyramide pourrait être l'élément représentatif de l'un de ces cataclysmes.

Curieusement, ces « **30 mètres** » arrondis sous le socle pyramide nous donnent en années 2 545,584417 années, divisées par deux 1272,792208, cette valeur divisée par « 900 » = **1,414213562** (la racine de « 2 ») laquelle divisé par **120** nous restitue la clé chronologique de 0,011785113. L'espace chaotique de la chambre souterraine pourrait symboliser un déluge. Hormis, cette supposition, nous noterons un nombre d'années de reconditionnement général de la nature qui n'est pas inconsidérée pour un déluge de cette ampleur. Celui-ci a-t-il eu pour origine un basculement des pôles géographiques ? Des fragments de comètes géantes ayant croisé la trajectoire de la Terre ? La mise en orbite autour du Soleil d'une planète errante genre Vénus, (lire Vélikowsky) des pluies météoritiques criblant terres et océans, les déplacements soudains de plaques tectoniques ? D'intenses éruptions volcaniques, des explosions solaires de grandes intensités, engendrant des flots de muons avec la porosité possible de la ceinture de radiation de Van Allen ? Beaucoup d'hypothèses, aucune certitude. Nonobstant, disséminées dans le monde, des analyses géologiques sont là pour témoigner d'une telle catastrophe. Des contrées prospères disparurent, des situations topographiques furent profondément modifiées, des populations entières furent englouties. Il y a pléthore de témoignages en ce qui concerne des ossements d'animaux amoncelés en des espaces restreints, comme pressés en ces lieux par un phénomène brutal de raz-de-marée.

Des indices manifestes laissent supposer que l'Égypte ne fut pas épargnée. Il ne fait toutefois aucun doute qu'une partie des habitants de races composites survécurent à la tragédie grâce aux dispositions préconisées par les hiérarques. En ce qui concerne la Grande Pyramide, objet de nos études, d'étranges résidus furent relevés au cours des siècles par ceux qui la visitèrent intra-muros. Il est alors question de couches de sel incrusté sur plus d'un centimètre sur les parois, des ossements et des monceaux de sédiments marins, des marques de corrosions sur le revêtement censées être celles atteintes par le niveau des eaux. Précisons toutefois qu'il ne pourrait s'agir que du second Déluge, nous le situons aux environs de 4 500 avant notre ère. Le lithographe David Roberts a ébauché en son temps, un tableau du site de Gizeh où apparaît très nettement au tiers du revêtement pyramide, une teinte plus foncée sur l'entendue horizontale des apothèmes. Si nous élargissons le cercle, nous constatons qu'une polémique est née autour de l'érosion qui a creusé des strates sur les contours morphologiques du Sphinx. Selon des experts en géologie, chaque jour plus nombreux, il ne s'agirait pas d'un ravinement éolien, mais d'une corrosion pluviale ou marine, celle-ci répondant à d'évidentes caractéristiques.

Nous verrons plus loin que sur un plan symbolique, ce qu'il est convenu d'appeler « la lumière spirituelle » n'a de sens que lorsque le monde est plongé en la nuit. **La grotte** prédispose à cet état, mais aussi à l'émergence. Le magma chaotique appelle à l'ordre par le labeur et la situation des galeries montantes renvoie à l'évolution. Le couloir ascendant n'a-t-il pas un rapport direct avec la recherche de **la lumière,** que ce soit celle du soleil ou celle de la connaissance ?

Selon certains critères de datation, la situation du premier Déluge se serait normalisée aux environs de 12 000 ans av. J.-C. jusqu'à la base de la pyramide virtuelle, on peut raisonnablement penser qu'il s'ensuivit une lutte ardue pour le maintien de la vie et le regroupement des sociétés humaines dispersées par le cataclysme. C'est sensiblement à cette époque que l'on doit envisager l'apparition des « Neterou », selon nous, entités exogènes de morphologie semblable aux êtres humains, guides spirituels omniscients, encore appelés. « Jerou ou Chebtiou ». Ils furent suivis des « Shemsou-hor » de formation semi-humaine, lesquels s'employèrent, selon les textes, à réorganiser la vie communautaire de l'Égypte archaïque. Laquelle était loin d'être ce qu'était l'Europe au paléolithique où la massue dominait le sophistiqué doigt d'honneur. Les fouilles archéologiques du Sinaï datant de 15 000 ans et plus le prouvent surabondamment. Les habitats ordonnancés, les fresques et serrures de portes l'affirment au-delà des considérations de ceux qui désireraient qu'aucune découverte ne vienne à changer les choses. Il est évident que la lointaine Égypte avait un temps d'avance sur le reste du monde, ce qui a peut-être déterminé le choix de ces entités venues d'un ailleurs sans consensus où la vérité est dominante.

D'après Manéthon, ces datations correspondent à « **l'ère des esprits de la mort** ». Elle aurait dû débuter avant le déluge alors qu'une erreur probable de datation la situe ultérieurement au cataclysme. Au cours de cette période d'instabilité due à des éléments cataclysmiques, on voit mal comment une civilisation naissante aurait pu se consacrer à l'édification de monuments pyramidaux témoins de sa grandeur. Ne serait-il pas plus raisonnable, et nous le démontrons, de discerner en ces œuvres monumentales, un message à caractère philosophique, mais aussi scientifique, destiné aux êtres du futur. Ce message aurait pour intention d'interpeller les navigateurs planétaires que nous sommes afin que nous prenions conscience d'une réalité existentielle plus appropriée à notre condition humaine que les salivations procurées par l'hédonisme des paradigmes bancaires. Nous voulons parler d'une approche moins grégaire, plus responsable, moins sottement médiatisée, moins puérilement rivée au magma quotidien qui n'a pour élévation mentale que les criailleries que motive un ballon passant entre deux bouts de bois.

Ainsi perçu, ce message pourrait-il demain, être la base d'un renouveau sociétal humain ? L'hypothèse d'un « message caché » en attente d'être propagé n'est pas à rejeter, étant donné que les mythologies nous éclairent sur la part de responsabilité qu'auraient eue les hommes de cette époque dans le déclenchement de ces catastrophes en séries, présumées naturelles !

La chambre souterraine dont il est question se trouve judicieusement placée afin, peut-être, de nous engager à prendre conscience des événements révélateurs que nous exposons. Deux mille années environ séparent le centre de la chambre souterraine du départ du cycle d'Orion.

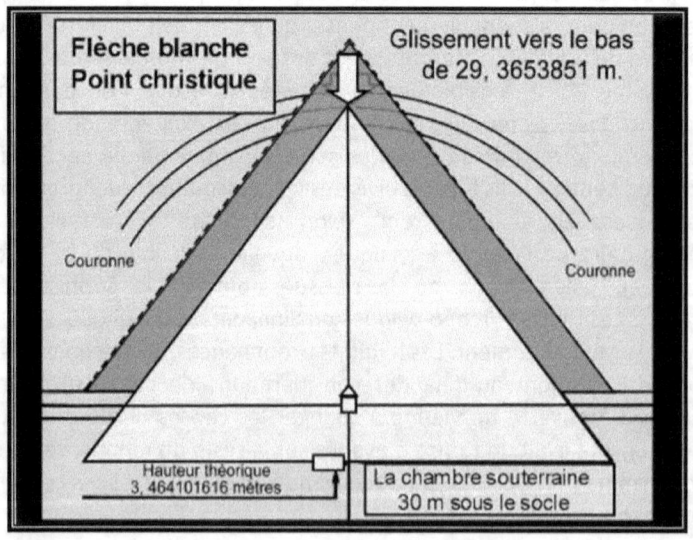

C'est un clin d'œil sur l'année zéro de notre ère et sur un bimillénaire en déliquescences moral. Serait-ce là le signe du non-retour dans la détérioration d'un système sociétal où la lumière n'est plus qu'un point en haut d'un long couloir. À l'entrée de la grande pyramide, celui-ci à un angle de 26°34 dans un carré de 90°, ce qui nous donne 90 moins 26,34 = 63,66 x 2 = 127,3239544 c'est la clé d'ouverture de la pyramide. La longueur de la descenderie est de 105,352 m. 360 moins 105,352 = 254,648 ÷ 2 = 127,3239544 de nouveau la clé. Nous conviendrons que ce type de rapport est plus qu'un concourt de circonstances. La situation actuelle de cette chambre que l'on peut symboliquement imaginer être la grotte messianique, à des concomitances avec les dates christiques, nous le verrons sous peu. Enfin, la chambre souterraine nous donne avec précision les mesures du globe terrestre, sous trois aspects : pôles, équateur et ligne troposphérique. Nous l'avons vu, sa descenderie (syringe) positionne un parfait parallélisme avec l'alignement du baudrier d'Orion alors que de nombreux rapports « d'experts » qualifient cette pièce avec une suffisance outrecuidante d'erreur conceptuelle (sic)... ! Ceci étant, il n'est pas exclu que cette chambre souterraine ait subi de sérieux bouleversements lors du second Déluge, alors que dans l'esprit des matérialistes aux neurones dégradés ce n'est là qu'une erreur de conception concernant une chambre mortuaire qui avait été envisagée avant la construction, puis abandonnée au bénéfice d'autres chambres mortuaires en élévation.

Sur notre illustration, le glissement vers le bas du volume de la Grande Pyramide prise en sa valeur sur le Socle à la hauteur de 146,608168 m, nous donne le résultat étonnant déjà constaté, mais qu'il est bon de se remettre en mémoire. Comme nous le voyons ici, la base étant abaissée au centre de **la chambre souterraine**, la pointe extrême du pyramidion indique **l'année zéro de notre ère**, avec une précision au dixième de millimètres. La chambre souterraine est un cas à part. Cela est dû au fait que l'on ne peut la mesurer avec précision et que toute interprétation livre des arguments à la critique. En tant que chercheur pouvant évaluer les dimensions en fonction de critères numériques déjà exposés, nous pouvons considérer que ces valeurs sont exactes ou très proches de la vérité.

Après avoir compulsé des quantités d'ouvrages sur les mesures possibles ou envisageables, il nous faut estimer, pensons-nous, les périmètres suivants :

Longueur : 14,05 m x 2 = 28,10 m. Largeur : 8,25 m x 2 = 16,50 m. Total : **44,60 m**.

Forts des nombreux indices que nous avons déjà relevés au sein de l'édifice, nous pouvons présumer qu'il s'agit d'une mesure sacrée. Voyons la logique des choses à 0,17117064 près :

Cela nous amènerait à déduire une valeur réelle ou approchante de : « 44,42882936 m ».

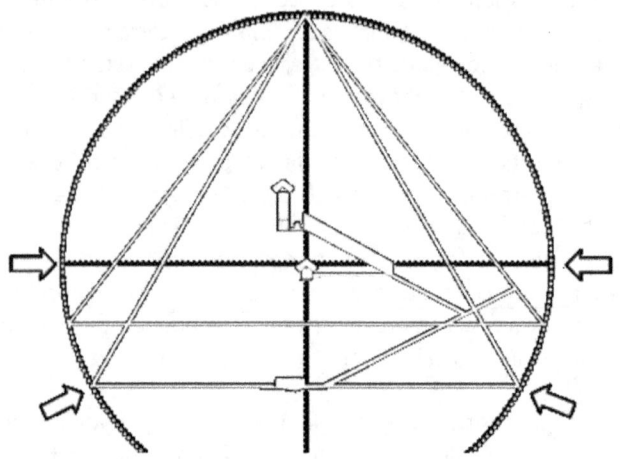

Nous remarquons que le diamètre du cercle passe
par le toit de la chambre de la Reine.

Autrement dit, la circonférence de la racine de « 2 » multipliée par 10. Ce nombre a un rapport avec l'échelle chronologique à laquelle nous recourons. En résumé, nous aurions ici les trois critères numériques les plus utilisés dans les rapports structurels de la Grande Pyramide : le nombre pi - les racines de 2 et de 3 - le nombre chronologique et la clé d'ouverture. Souvenons-nous que la hauteur du triangle équilatéral circonscrit dans le Soleil a pour valeur 1 044 428,447 kilomètres donc une petite ressemblance avec le « 44,42882936 ». « Les nombres s'immiscent en nous, tels les ribosomes des chaînes ADN. Ils inoculent leurs mystères en nos états de conscience. Ils nous plongent en nos origines archétypales, nous pétrissent de valeurs insoupçonnées et tracent de l'aurore au crépuscule la réalité de nos âges. »

Tous commentaires s'effacent devant la vérité nue, nous avons là un exemple évocateur de ce que nous cherchons à faire valoir. La Grande Pyramide est l'œuvre d'exogènes, sa perfection en toutes choses le prouve surabondamment. La confirmation tient à notre pouvoir de déduction.

Le nombre est dans l'ADN, l'ADN est dans le nombre

Quatre formes géométriques présidaient au tracé schématique : **le cercle, le triangle, le carré, le pentagone**. En ce qui concerne l'aspect mathématique, il est incontestable que le chiffre « **4** » guide ce concept général et qu'on peut lui associé le qualificatif de connaissance, car la perfection est là.

Pour suivre le cheminement ésotérique des connaissances incluses en la structure pyramidale, il nous faut donc accepter quelques exigences de principe. Toutes répondent à une logique cryptographique correspondant à des lois cosmiques d'harmonie, allant de l'astral à la nature microphysique. La première règle qu'il nous importe de connaître pour pénétrer les critères de cheminement implique la suite progressive des chiffres définissant le caractère d'un nombre. Autrement dit, l'alignement dans un ordre de rang. C'est ainsi que s'établit une logique d'imbrication, englobant formes, nombres et périodes de temps.

Un exemple élémentaire d'organisation tient à la concordance de 1.2.3.4.5.6.7.8.9, et par définition à cette discordance de 1.2.5.9.4.7.8.3.6. Le second a une signification que nous devons octroyer au premier, avec un supplément d'information qu'il nous faut découvrir. Une floraison de **nombres aux décimales harmoniques** constitue la structure générale. Celle qui sied à **la Terre** « **12734,94192 km** » s'applique à son diamètre moyen. Ce nombre ne peut avoir qu'une réalité théorique puisque le dernier chiffre qui le compose annonce les centimètres. Convenons que la Terre, en sa subtile entité, ne saurait se reconnaître parmi les milliers de noms que lui ont attribués les hommes au cours des âges. Parvenue à maturation de masse, le seul patronyme qui lui convient est celui de sa précision numérique. L'ordonnance des chiffres qui la compose définit plus sûrement sa réalité que mille appellations aux étymologies aléatoires.

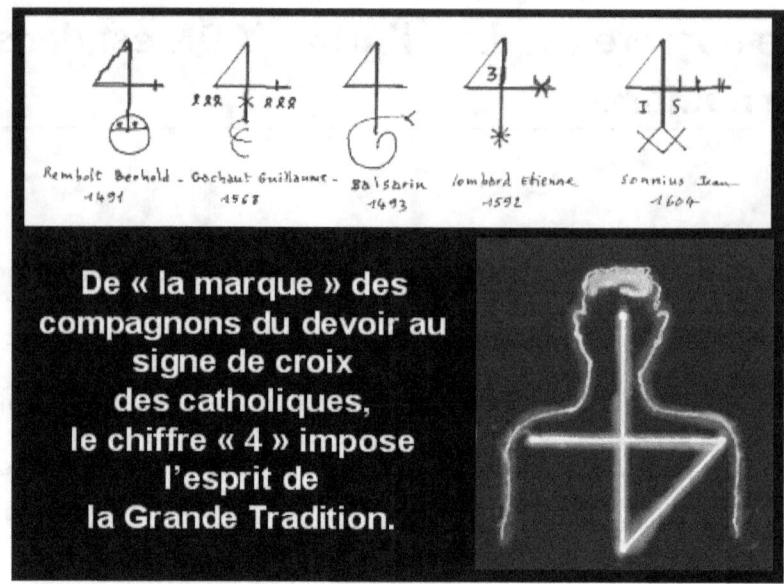

La seconde règle a trait au positionnement de la virgule séparant un chiffre ou un nombre d'une suite décimale. En cet immense athanor qu'est le volume pyramidal, le positionnement de la virgule, sur le plan de la symbolique, a une importance relative alors qu'il est primordial en arithmétique. Seuls comptent l'emplacement des décimales et leur positionnement numérique. Si nous prenons l'exemple du « 36 », sans doute le plus beau et le plus mystérieux des nombres, il nous importe de voir le « 3 » précéder le « 6 ». Nous pouvons avoir 0,36 – 0,0000036 – 3,6 – **360 nombre directeur** – 3600 - 360 000 000. Le « 36 » est donc porteur d'un ésotérisme particulier. Le savoir ne laissant aucune place à la connaissance, ces formules se dissolvent au font des puits de science expérimental qui ne saurait admettre une science universelle. On admettra que ce concept particulier doit s'appliquer à tous les nombres découverts ou à découvrir constituant la structure générale des édifices sacrés. Cette calligraphie est ainsi agencée, elle est faite pour procurer des sentiments rassérénant sur le mode de créativité attribué aux domaines de l'hermétisme. L'enseignement des compagnons bâtisseurs était à l'origine profondément imprégné de l'esprit Primordial de Tradition. Celui-ci s'immisça dans les religions sous des formes variées où il prit parfois une signification moins hermétique. Après l'aspect trinitaire 1 + 2 = 3 de la prime création, le « 4 » impose ses bases de « connaissances » lesquelles ont été véhiculé jusqu'à nous pour nous instruire de **la Tradition Primordiale**, le parcours étant jalonné du symbolique **chiffre 4**. Nous avons vu que la Grande Pyramide place deux chiffres en exergue : le « 3 » avec le triangle des apothèmes (vision en coupe) et le « 4 » avec le carré base (vision en plan). La Tétraktys de Pythagore 1+2+3+**4** = **10 - le premier des nombres**, celui d'Horus symbolisant l'intelligence humaine. Les mêmes critères se retrouvent en astronomie avec le tracé de la constellation d'Orion. Il ne fait aucun doute que l'iconographie alchimique a guidé pendant des siècles les néophytes sur les chemins de la lumière, souvent à l'aide de nombreuses suggestions où figurait le chiffre « 4 ». Le chiffre « 4 » clé de la Grande Pyramide est intimement lié à celui d'**Horus** et de sa mère **Isis**. En primosophie M - U = 108.

Clé - 1 + 2 + 7 + 3 + 2 + 3 + 9 + 5 + 4 = 36 + 4 = **40** (le carré)

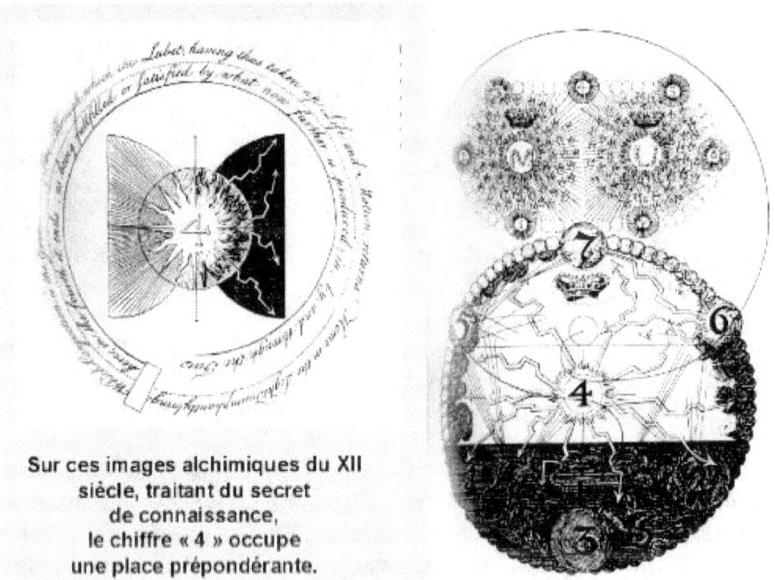

Sur ces images alchimiques du XII siècle, traitant du secret de connaissance, le chiffre « 4 » occupe une place prépondérante.

Ce n'est donc pas un hasard que la Terre affiche une circonférence moyenne de 40 008 km que divise 360° avec 111,1333333 km aux 4 fois 1 et 3, par tranche de cercle. Le « 4 » est donc le chiffre de connaissance, c'est celui de la déesse Nout quatrième création en l'ennéade égyptienne, deux pieds, deux mains au sol, mais le corps dans les étoiles. Relation que doit avoir l'initié aux mystères, mains 360 et pieds 360 ou deux fois 90-81-72-63-54 les doigts joints pieds et mains 720 = 9 ennéade. Le corps de Nout propulse le « 4 » vers le ciel. La clé numérale nous permet d'accéder aux arcanes structurels de la Grande Pyramide. Prenons un cercle, donnons-lui une circonférence de « **4 mètres** », son diamètre nous révèle la clé : 1,273239544 m.

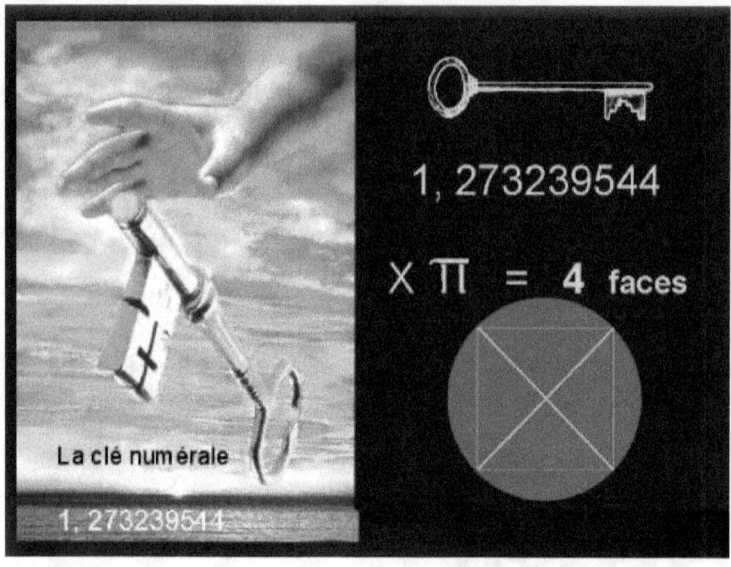

Après le triangle, △ symbole manifeste du feu et du **Père**, troisième formes de la création, le symbole de la mère éternelle est illustré par ▢ le carré. Le מ « mëm » hébraïque (la femme), valeur 40 000 ou considéré en kilomètres, **la Terre** en sa circonférence moyenne. Sur un plan qui ne peut s'envisager autrement que sous le sens de la perception symbolique, les anciens affirmaient que la Terre était carrée. Il s'agissait là d'un choix judicieux des Hiérarques attachés à **La Tradition Primordiale**. Ils soulignaient ainsi le rôle prépondérant de notre planète dans l'univers.

Nous avons donc dans l'ordre de 0 à 10 - le 0 avec l'œuf ovoïde - le 1 avec le cercle - le 2, le cercle avec son diamètre vertical - le 3, triangle équilatérale - le 4, carré - le 5 pentagone - le 6 hexagone - le 7 heptagone - le 8 octogone - le 9 ennéagone - le 10 œil du faucon. Nous remarquerons que dans la mythologie égyptienne tous les polygones à partir du 5 représentent les enfants de Geb et de Nout.

Maintenant, voyons les choses sur un autre registre. Il a été donné à la femme le pouvoir d'enfanter, or, depuis l'instant où elle est fécondée, sa nature se dédouble. Cette symbolique est intéressante à étudier, elle évoque la naissance de l'intelligence horienne apte à découvrir le sens caché des choses. Le mystérieux pactole que recèle la Grande Pyramide est un hommage rendu aux possibilités déductives de l'être humain. Celui-ci doit pressentir une autre finalité à l'exemple de cet obsessionnel tombeau d'une convention sans fondement qui fait fi de la logique la plus élémentaire. Voyons comment s'effectue la naissance d'Horus avec le 4 et le 1 lesquelles font 5.

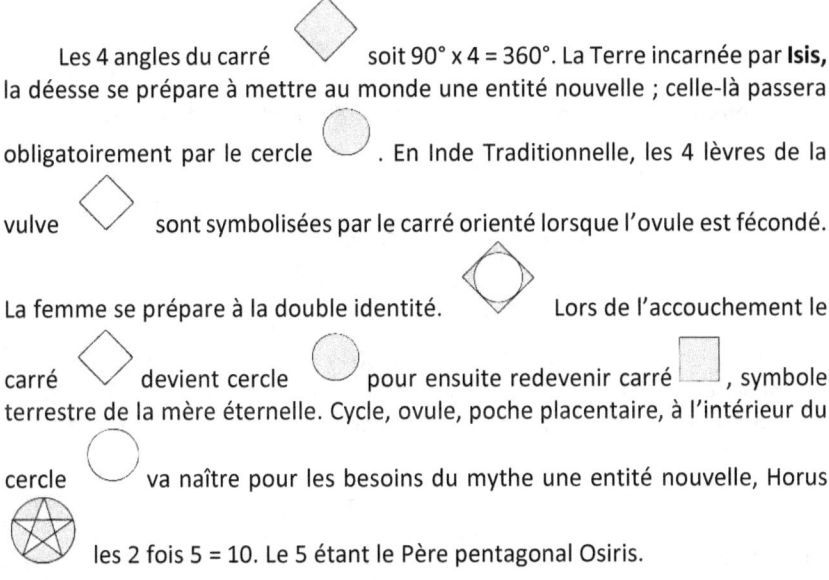

Les 4 angles du carré ◇ soit 90° x 4 = 360°. La Terre incarnée par **Isis,** la déesse se prépare à mettre au monde une entité nouvelle ; celle-là passera obligatoirement par le cercle ○. En Inde Traditionnelle, les 4 lèvres de la vulve ◇ sont symbolisées par le carré orienté lorsque l'ovule est fécondé. La femme se prépare à la double identité. ◇ Lors de l'accouchement le carré ◇ devient cercle ○ pour ensuite redevenir carré □, symbole terrestre de la mère éternelle. Cycle, ovule, poche placentaire, à l'intérieur du cercle ○ va naître pour les besoins du mythe une entité nouvelle, Horus ☆ les 2 fois 5 = 10. Le 5 étant le Père pentagonal Osiris.

Le « 1 » rejoint le « 0 » d'Atoum qu'il précède pour réaliser « 10 ». Le premier des nombres est né, il arrive après les « 9 chiffres ». L'ennéade désormais est apte à constituer l'infinité des nombres en puissance d'être. Femme - les 4 lèvres (les 4 faces de la pyramide). Femme fécondée (double aspect, le reflet dans l'eau de la Pyramide). La Terre, mère éternelle (base de la pyramide vue du ciel, assise immuable).

La mise au monde (la révélation symbolique interne). Le crâne du fils (apparition de l'intelligence conscience en 5 points). La création originelle nous invite obligeamment à percevoir la symbolique qui se dissimule en toute chose. Les « 3 faces » du triangle △ et les « 4 faces » du carré □ nous en donnent un aperçu lors du classement chromosomique. Les deux chromosomes sexuels forment le tétraèdre chez l'homme et l'hexaèdre chez la femme :

Homme XY. En commun avec la femme **X** Particularité masculine **Y.**

Osiris  **Tétraèdre** vu du haut = **Y**

Femme XX. En commun avec l'homme **X** Particularité féminine **X**.

Isis 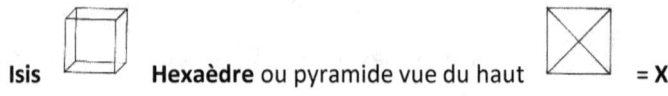 **Hexaèdre** ou pyramide vue du haut = **X**

Isis est enceinte. Par la symbolique , nous réalisons immédiatement l'intimité que peut avoir l'enfant avec sa mère. En sa qualité de « **mère** », **Isis** incarne le verbe aimer « **meri** », mais aussi la Pyramide vue du Ciel = 40 + 360 = 400. « **mr** » signifiait pyramide, en Ancien Égyptien. 400, c'est la valeur du « **tav** » , la dernière lettre de l'alphabet hébraïque, 400 en circonférence) ÷ π = ∅ **127,3239544.**

Avant même d'être né, le jeune dieu prouve à sa mère l'amour qu'il lui porte, avec le « 4 », cette circonférence sacrée dont il est issu. Le devoir qui est désormais le sien, consiste à boucler la structure ennéade pour envisager l'architecture infinie des nombres :

1,273239544 ÷ 4 = 0,318309886 X π = « 1 »

Ne lit-on pas dans les textes : « *Horus qui est en Sothis...* » Entendons par ce laconisme, l'étoile Sirius que représente **Isis** le cercle compris dans le carré nous communique la valeur 5

Diamètre du cercle, gestation en l'étoile Or, si un cercle a pour valeur symbolique 360, il a pour diamètre : 114,5915589 x 5 = 572,9577951. Si nous divisons cette valeur par l'ennéade ou encore les 9 mois de gestation dans le ventre de sa mère, nous obtenons : **63,66197724** x par le 2 de mère fils = **127,3239544.** Entrevoyons là « le rayon divin » émis lors de la naissance de l'enfant. L'avènement ayant eu lieu, il s'ensuit une prise de conscience de l'entité horienne. Le cordon ombilical étant rompu, le jeune dieu se sépare de sa mère. Si nous récapitulons « **Horus** de l'horizon » est en gestation ,

« **Isis** » est mère 🔲 l'étoile est née ⭐, c'est un pentagone. L'étoile contient en son sein, les 5 x 2, le « 1 » et le « 0 » = le **10**, premier nombre, il boucle l'ennéade. **La pyramide** se compose de « 1 » sommet et « 4 » angles =

« **5** » ÷ 360 = 0,01388888888 $\sqrt{2}$ = 0,11785113 le nombre chronologique qui nous permettra désormais d'évaluer les années au sein de la Grande Pyramide.

Allons plus loin dans la normalité : rayon 63,66197716 x 5 = 318,3098858 x 36 = 11 459,15588 x π = **36 000**. Ce dernier nombre a un fort accent sumérien. À force d'émettre des bulles, il se pourrait que ce poisson ait attrapé « le hoquet », en ce cas, ce serait un poisson « mage hic » ! Rappelons-nous qu'il

s'écrit en sumérien **36 000** 🐟. Le pictogramme ressemble fort à un vertébré aquatique qui aurait avalé quelque chose, le 14ᵉ morceau du corps d'Osiris peut-être ?

D'autant que le nombre **3600** 🐟 n'a lui visiblement rien avalé. Il faut souligner qu'en ces époques reculées où la « **mr** » était belle, la parole de connaissance (sexe) n'était pas encore avalée par le poisson, la Grande Pyramide affichait fièrement ses **3600 m** de structure. Mesure effectuée à partir du fruit du socle ou 450 m rapportés 8 fois en référence des demi-bases.

3600 ÷ 9 = 400, ce nombre divisé par π, nous retrouvons le nombre d'**Horus 127,3239544**. Si la déesse **Nephtys** marque la fin de l'ennéade avec le chiffre 9, **Horus** marque le début du développement créatif avec le nombre 10. Les 3 premiers chiffres en témoignent, **127**,3239544, leur total : **1 + 2 + 7 = 10**

= 🦅 (le faucon égyptien). Ce signe est similaire au hiéroglyphe ⋂ = 10, l'entrée d'un sanctuaire, d'une grotte, l'orifice d'un antre à partir duquel nous pénétrons dans un autre univers. Grâce au sacrifice du père, l'étoile est née, elle est porteuse d'espérance. **Osiris** 14 ÷ π = 4,456338407 que divisent « **les 7 étoiles d'Orion** » = 0,636619772 (rayon de la clé numérale). Que notre lecteur nous pardonne ces amoncèlement de références, mais elles constituent l'abécédaire de la connaissance.

Le Rayon Horien illuminera demain la création, nous allons voir pourquoi. Si ce « sacré » **Oanesse** (voir mythologie sumérienne) nous a visiblement fait le coup du poisson, c'est que bientôt peut-être, le poisson qui n'est autre que « l'**OA** nesse » doit renaître en surface. Les deux jarres du « Verse eau » sont pleines. Merveilleux « présents » ou redoutables « cas d'eaux », cela dépendra de notre comportement futur. Il est grand temps que nous mettions un peu d'Alpha dans notre Oméga et qu'**Horus** arrache les organes génitaux de **Seth**, même si cela doit lui coûter un  mythologique.

La première réalité de la clé numérale se manifeste par le « **1** » ÷ π = 0,318309886 x par les **4 bases** = 1,273239544 m.

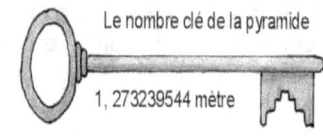

Nous avons vu que la seconde réalité de la clé permet de découvrir les différentes hauteurs du monument en fonction des distances mesurées à partir des demi-bases et inversement. Exemple :

Demi-base 115,5570209 m x **1,273239544** = 147,1317686 m.

Cette dernière valeur correspond à la hauteur de l'édifice sur le roc. La troisième réalité de ce parangon universel nous révèle la ligature Terre – Lune par la simple mise au carré de ce nombre :

1,273239544 X^2 = **1,621138936** (la ligature des diamètres moyens Terre – Lune). Il suffit pour cela de multiplier le résultat par 10 000 et de le considérer en kilomètres :

1,621138936 x 10 000 = 16 211,38936 km – **12 734,94192** km (la Terre en son ⌀ moyen) + **3 476,447444** km (la Lune ⌀ moyen). La quatrième réalité de notre merveilleux nombre support de l'alchimie traditionnelle est bien évidemment de réaliser après la Terre et la Lune : **le Soleil** et cela dans la gloire de l'ennéade, principe natif de tous les nombres existants :

1, 2.3.4.5.6.7.8.9 ÷ **1,273239544** (la clé) = 0,969627354 x 2 = 1,939254708 $\sqrt{2}$ = 1,392571258 (diamètre Soleil) x 1 000 000 = (considéré en kilomètres) **1 392 571,258** km (⌀ **du Soleil**).

Puisque nous sommes au registre du merveilleux, la cinquième réalité, nous oblige à constater qu'une haute science numérique lie la Terre à la clé pyramidale, laquelle nous aide à ouvrir les portes secrètes de notre univers préhensile.

Souvenons-nous : **1,273239544** + 0,0001273239544 + 0,0001273239544

Grande clé + Petite clé + Petite clé

= 1,273494192 x 10 000 (considéré en kilomètres) = **12 734,9419** km.

∅ Terre aux pôles--------------------------- 12 713,5459 km.

∅ Terre à l'équateur------------------------ 12 756,33794 km.

∅ Diamètre moyen de notre planète : **12 734,94192** km.

Total des trois = 38 204,82576 x π = 120 024 ou... **le jour** et **la nuit**.

Cette horloge emblématique n'est-elle pas la plus belle des notions de temps ? À ce stade le scepticisme devient une innocence pathologique ! Voltaire lui-même se serait trouvé satisfait :

L'univers m'embrasse et je ne puis songer que cette horloge existe et n'ait point d'horloger.

1, 273239544 = La clé numérale de la Grande Pyramide.

1 **27, 32** 39544 = Jours de rotations de la Lune autour de la Terre.

1 **27, 32** 39544 = Jours de rotations synodiques des la photosphère solaire

1 **273,2** 39544 = Le zéro absolu de Kelvin correspondant à - 273, 2 degrés Celsius.

1 **273** 239544 = Jours de gestation dans le sein maternel.

La sixième réalité provoque la réflexion et engendre la perplexité : Les « **7** étoiles d'Orion » se divisent en **3** (baudrier) et en **4** (étoiles-cadre). Voyons comment les nombres que nous décrivons peuvent rentrer en rapport synthétique avec les aspects de la cosmologie pour ravir l'initié aux mystères, mais aussi pour procurer chez le profane un éveil de la pensée et l'assurance que ce qui est exposé est empreint d'une vérité sacrée.

3 x π = 9,42777959 x **4** = 37,69911184.

1,273239544 X² = 1,621138936 x π = 5,092958172

5,092958172 + 37,69911184 + = 42,79207001 ÷ 2 = **21,39603501**

12 734,94192 (la Terre ∅ moyen) - 21,39603502 = **12 713,54589** km (**Terre aux pôles**)

12 734,94192 (la Terre ∅ moyen) + 21,39603502 = **12 756,33796** km (**Terre à l'équateur**)

La septième réalité du nombre pyramidal lève une partie du secret des « 14 morceaux » du corps tronçonné par le dieu Seth ou « 7 » :

14 (Osiris) ÷ π = 4,456338407 ÷ **7** (Seth) = 0,636619772 x par les « **2** » antagonistes = **1,273239544** (la clé) laquelle ouvre le coffre des 14 étoiles schématique d'Orion pyramide.

Nous nommons parfois cette clé numérale « **Le nombre d'Horus** ». Le dieu, fils d'Osiris, ne rentre-t-il pas en lutte contre le dieu Seth avec l'espoir de venger son père ? La Tradition Primordiale veut que la Grande Pyramide soit dédiée à Osiris et par voie de conséquence à l'étoile Al Nitak. Nous avons vu que sur un plan céleste cette dernière représente le dieu, elle est alors détentrice du nombre « **360** », le plus sacré de tous les nombre représente le cercle dans le carré que symbolise le « **4** » : 1,273239544 - 0,1273239544 x π = 3,60 x 100 (ou le sang du Graal, nous aurons l'occasion de réaliser pourquoi) = **360**. 0,1273239544 x 360 = 45,83662358 x π = **144** m, nombre biblique et hauteur de la Grande Pyramide en mètres, sans le pyramidion. Un tableau pour mieux en évaluer la diversité de ces ramifications :

Vision symbolique de cette harmonie. Nous avons souvent évoqué le nombre 10, premier des nombres émergeant à la suite de l'ennéade en la Genèse égyptienne. Après le créateur « Atoum 0 » suivent les chiffres de 1 à 9 représentant les dieux traditionnels, en commençant par le Père des dieux, jusqu'à son arrière-petit-fils le dixième élément, **Horus.** Cela nous permet de préciser que l'Égypte n'était aucunement endoctrinée par un polythéisme, elle pratiquait un hénothéisme, ce qui signifie que Dieu créateur (Atoum) avait toute-puissance sur l'ensemble des dieux. Mais pour le peuple, les dieux avaient une affinité familière qui les rattachait à un lieu, à une colline, à un lac, à un temple, particularité que n'offrait pas le monothéisme. Cela explique pourquoi le culte d'Amon fut si longtemps préservé.

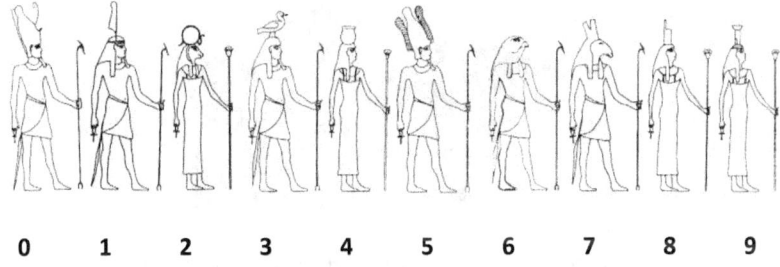

0   1   2   3   4   5   6   7   8   9

Le « 10 - Horus », premier nombre après l'ennéade est assimilable à une boucle, il est en cela comparable au 360° x 10 = **3 600,** en mètres le périmètre structurel de la Grande Pyramide ou encore les 3600 secondes en une 1 heure. Ce nombre était royal pour le sumériens.

Les formes en la nature se lient et se délient, elles sont symbolisées par **les deux serpents d'Hermès Trismégiste (**caducée emprunté à la connaissance par les médecins occidentaux).

Une représentation des deux serpents enlacés se trouve sculptée sur une coupe ayant appartenu aux Rois de Sumer, 2600 ans avant notre ère. Sur l'illustration moyenâgeuse ci-contre, les deux serpents ne s'affrontent pas, ils lient leurs connaissances autour de l'œuf cosmique (représentation du zéro) pour engendrer l'ellipse ailée d'ADN évolution. Les « 4 » fils d'HORUS participent à une symbolique relevant de la Tradition Primordiale. Ils sont représentatifs de la constellation d'ORION impliquée dans la réalisation de **la Table d'Émeraude**.

Le « 4 » représente les étoiles-cadre d'Orion alors que les trois premiers sujets nantis d'une croix symbolisent les étoiles du baudrier. Le lotus porteur de lumière emblématise la pyramide reflétée avec le 3 et le 4. Sur le piédestal, le cerbère aux 4 mamelles nourrit et protège le « 4 » de la connaissance. Il est utile de se souvenir que la constellation d'Orion fut choisie en tant que référence schématique par les exogènes concepteurs des édifices de Gizeh, et que cette formation stellaire devenait un report symbolique pour les initiés égyptiens.

Les religions et leurs mystères

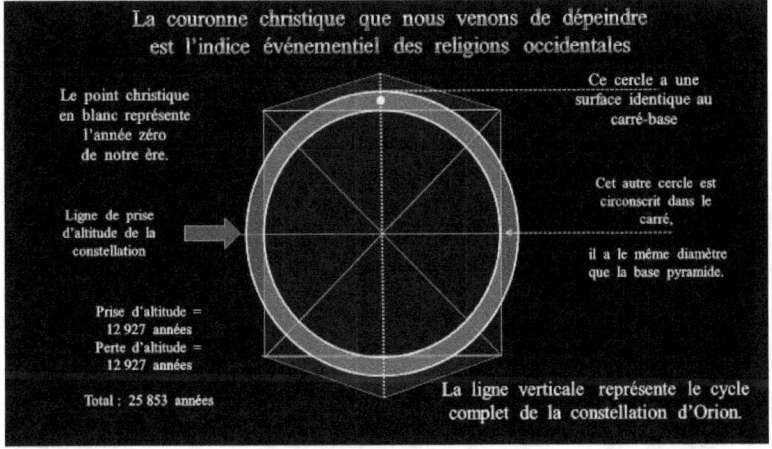

Pour pouvoir suivre le déroulement des situations chronologiques, il est demandé aux lecteurs de s'imprégner de l'aspect structurel du schéma. Le départ de la constellation d'Orion se réalise au centre, mais, parvenu en haut de la schématique nous avons pu observer qu'il n'y a qu'un demi-cycle d'achevé. L'autre moitié prendra naissance au sommet inversé de la pyramide virtuelle et n'aura de fin que parvenue au centre du schéma, là où commencera un nouveau cycle de 25 852,47453 années (cycle moyen). Le plus souvent, dans le but de faciliter les calculs, ce cycle est indexé à 25 920 ans. Le grand cycle a de nos jours 25 776 ans, avec des années en plus ou moins selon les pays, quand ces années ne sont pas arrondies à 26 000 ans par effet de commodité. La Terre subit des influences de parcours lesquelles modifient sensiblement ses valeurs en cours de cycle. Le mouvement rétrograde est de 50''29 chaque année, ce qui signifie que le cycle moyen est de **25 852,94906** ans, c'est celui que nous avons adopté, mais il ne peut être calculé que sur de très longues périodes. Précisons que ses variables reviennent à leurs taux initiaux au terme du temps cyclique. Cette horloge céleste d'une immuable harmonie s'étale sur des âges inappréciables à l'échelle humaine, il nous faut donc procéder avec ces données à caractère universel que nous inspire la Grande Pyramide avec ses deux aspects réelle et virtuelle dans leurs verticalités.

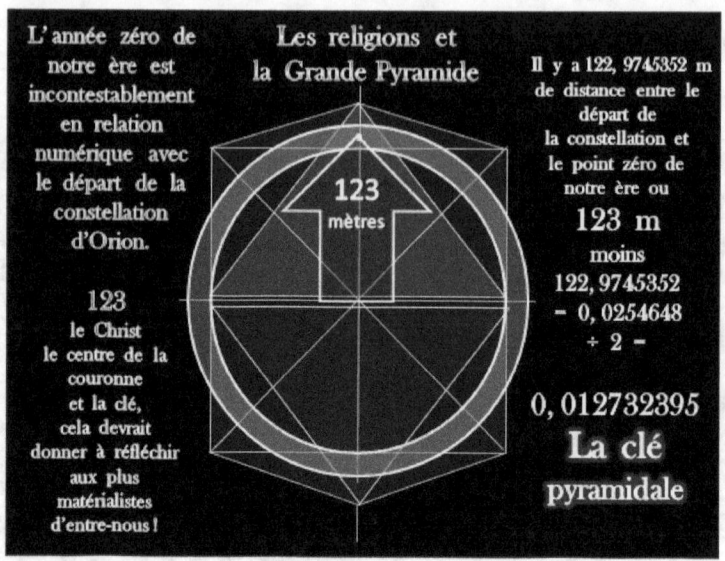

Cette illustration constitue le début d'une série de « coïncidences » spécifiques à l'année zéro de l'ère christique. Les singularités auxquelles nous faisons allusion concernent les nombres, la géométrie, les aspects structurels et les connotations astronomiques. Ces singularités se rapportent directement ou indirectement à l'avènement du Christ, à son message. Nous pourrions envisager une succession de manifestations hasardeuses, tel qu'il nous est parfois donné d'en connaître à l'échelle existentielle. Cela serait faire fi des impératifs auxquelles est confrontée la raison, lorsqu'elle se trouve face à des énigmes. L'intelligence se doit de résoudre ce qu'elle a plus ou moins assimilé sans bien le concevoir, pour cela il nous faut tenter de raisonner. Le point zéro de notre ère se trouve au centre de la couronne, et sur cette illustration nous voyons mentionné le nombre **122,9745352 m**, si nous prenons en considération le nombre **123 m**, il apparaît avec une légère incomplétude décimale. Ce résultat nous fait constater le particularisme de la science universelle. Cette différence 123 que nous aurions tendance à voir figurer par désir de perfection se résume à **122,9745352 + 0,0254648 = 300**. Pourtant si nous tentons de raisonner cette différence nous donne deux fois la clé pyramidale 0,012373239544 x 2 = 0,0254648 alors que nous avons vu qu'un tel nombre 2,54648 divisé par deux est celui de la clé 12732,39544, il nous procure le diamètre moyen de la Terre, 12734,94192 km. Le point premier de notre ère a donc ici une réalité mystique et didactique qui ne peut être contestable.

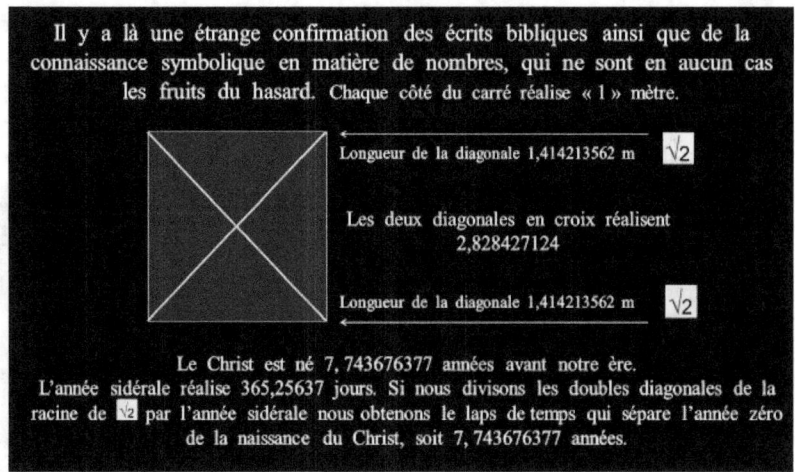

Ne pas être troublé par de telles démonstrations signifie clairement que rien de ce qui est enseigné ne pourrait nous émouvoir, surtout pas ce type de révélations mathématiques. La couronne en question a une épaisseur qui lui est donnée par les dimensions respectives des deux cercles. Sur le plan de la logique, l'un comme l'autre affiche avec une parfaite cohérence, les départs officiels des trois principales religions occidentales, alors qu'au centre, se situe l'avènement christique. Ce n'est nullement une interprétation, c'est un fait, qui n'est pas divulgué par l'enseignement religieux ! La question se pose : comment le hasard peut-il tenir en ces monuments un rôle aussi subtil ? Pour ce qui est du monde occidental, les trois religions indiquées ont pour vocation d'être représentatives de moralités au sein d'une population continuellement perturbée par les conflits et les haines. Mais elles n'ont pas toujours été à la hauteur de leurs engagements, elles ont largement contribué aux distensions des courants de pensée, quand elles n'ont pas enfreint délibérément leurs propres règles. La question se doit d'être posée : qu'en aurait-il été si les dogmes prodigués par ses états religieux avaient fait défaut ? Quel serait l'inconséquent qui miserait plutôt sur la sagesse des dirigeants de sociétés, ainsi que sur la docilité des peuples ? La culpabilité ne saurait donc concernée exclusivement l'attitude religieuse, mais plus généralement tout dirigisme instrumentalisé qui consiste à illusionner ses semblables pour mieux les assujettir. Les idéologies les mieux fondées n'étant pas à exclurent. Il est donc judicieux d'être réservé dans nos déductions et de considérer que chaque époque a eu ses problématiques. Le temps et ses conformités ne nous permettent aucun jugement si ce n'est celui des comparaisons, qui ne peuvent que dérouter nos états de penser. Car il s'avère amphigourique d'imaginer des situations que nous n'avons pas vécues et d'effectuer des rapprochements inadéquats. Nous avons remarqué qu'un cercle dont la circonférence se juxtapose aux apothèmes index l'ère de la restauration du monument sous Kheops. Quant au pentagone, il nous précise dans le contexte qu'il s'agit d'une œuvre spirituelle subordonnée à une Science Universelle. Elle a été mise en application par des exogènes de l'âge de lumière, nommé Orion, ceux-là mêmes à qui il était prêté don de visualiser l'avenir. Nous avons ici un triangle équilatéral de 360 m de côté dont la pointe coïncide à la perfection avec **la situation natale du Christ**.

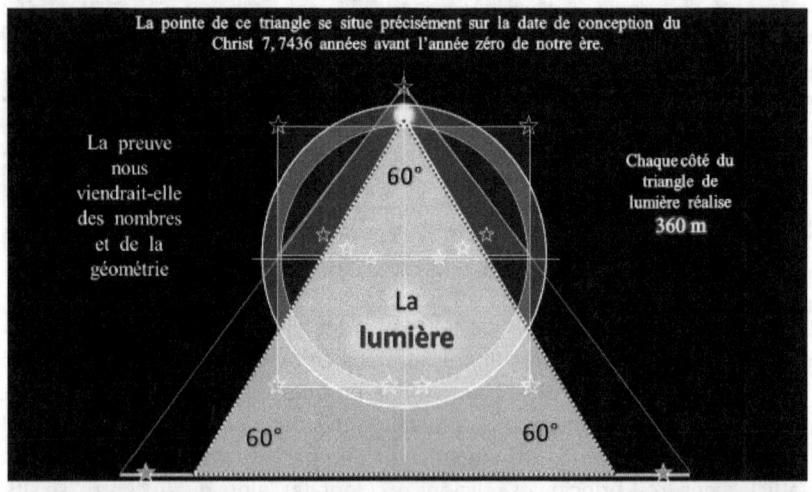

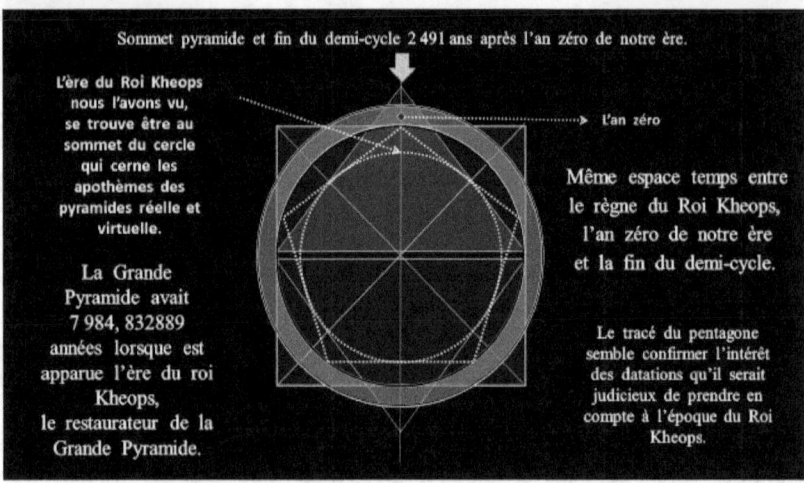

Pourquoi ces concepteurs étaient-ils ainsi motivés par le futur ? Pourquoi se sont-ils sentis tenus de nous léguer une telle connaissance ? Pourquoi ont-ils fait choix de ce mode de transmission plutôt que d'une série de stèles ou de parchemins explicatifs que l'on aurait découverts dans quelques chambres aux grés des fouilles ? Le message est d'une infinie complexité, il est donc raisonnable de penser que nous ne possédons pas encore les capacités intellectuelles qui nous permettraient d'appréhender cette dimension que nous proposent les Exogènes. Mais nous avons aujourd'hui un pied dans l'entrebâillement de la porte aux étoiles, elle ne peut se refermer sans nous blesser et si nous ne pouvons que l'entrebâiller, d'autres que nous un jour l'ouvriront.

« Que le hasard est beau ! » avons-nous le désir de nous exclamé devant la perfection de ces agencements. N'est-ce point-là, la lance du légionnaire romain perçant le poumon du Christ lorsque le triangle contenant du Graal est ici **traversé en son milieu** ? Y a-t-il plus belle évocation que **les trois Maries** avec les trois étoiles et ce point de pénétration qui est précisément celui de **la croix d'Orion**. L'image christique s'impose alors comme une évidence en la structure schématique ? Là encore, nous avons une profusion de zéros parmi les probabilités.

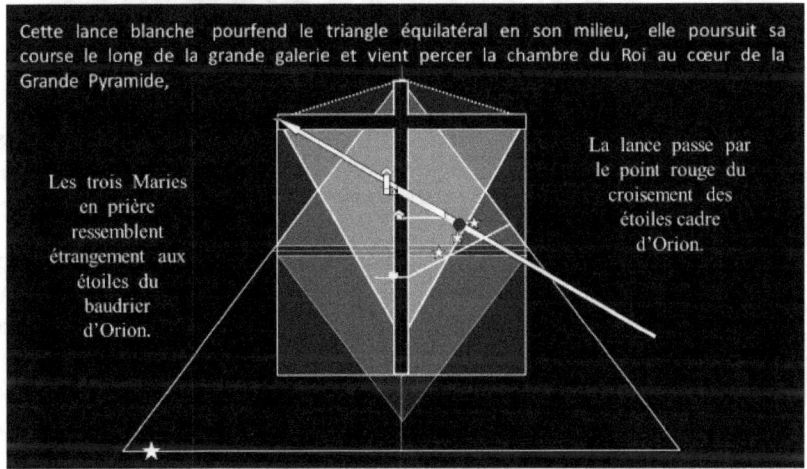

Cette lance blanche pourfend le triangle équilatéral en son milieu, elle poursuit sa course le long de la grande galerie et vient percer la chambre du Roi au cœur de la Grande Pyramide,

Les trois Maries en prière ressemblent étrangement aux étoiles du baudrier d'Orion.

La lance passe par le point rouge du croisement des étoiles cadre d'Orion.

Il est raisonnable d'estimer notre science expérimentale perfectible, face à la science universelle qui nous est préconisée en la structure pyramidale, mais elle manque de déclencheurs cognitifs pour appréhender ce qu'il nous est donné de découvrir. En d'autres termes, notre monde actuel est tellement impliqué dans la dépendance qu'offre la matière, que nous n'avons plus de réactions discursives pour nous permettre d'envisager une philosophie évolutive plus adaptée à notre développement technologique. C'est précisément ce que semblent nous proposer les exogènes dans les arcanes de la Grande Pyramide, une évolution psychique nécessaire et urgente.

Les trois têtes étoilées du baudrier sortent du Graal.

Les ailes de nuit pour aller dans les étoiles chercher le cycle, offert par le serpent.

Roi + Reine, pyramides réelle + virtuelle placées sur une colline.

Le départ en altitude d'Orion, sous le Lion.

C'est de son corps que le pélican nourrit ses petits.

L'arbre du temps solaire commence par 11… 785113

« Vaincre la matière et la crainte de l'inconnu, en se nourrissant de sa propre connaissance… »

« La connaissance passe souvent par l'orifice de nos yeux, mais elle peut être éblouissante pour le diaphragme de notre compréhension, c'est alors que se ferment nos paupières d'approbation ! »

L'imagerie alchimique le plus souvent incomprise est révélatrice de l'hermétisme d'antan, elle véhicule sous des aspects a priori impénétrables, l'essence même de l'ésotérisme ancestral relevant de **la Tradition Primordiale**.

La Jérusalem céleste

À l'instar des hiéroglyphes égyptiens, les représentations imaginaires de ce corpus invitent l'impétrant aux mystères à suivre la voie de la découverte. Il lui suffit de laisser parler en lui ce duo méconnu que représente l'intuitif et le discursif, cela afin d'éveiller ses sens à une vision moins restreinte, plus universelle que celle qui lui est proposée au quotidien. Cette évocation de **la Jérusalem céleste** comporte un carré, que nous devons considérer comme étant le carré-base de la Grande Pyramide. Les portes qui l'entourent sont des invitations à en pénétrer la nature, elles évoquent également les signes zodiacaux.

Après le retour des croisades et jusqu'à la fin du XVIIe siècle, les initiés occidentaux eurent recours à une abondante imagerie pour célébrer les mystères d'une science orientale héritière de la Grande Tradition. Une iconographie hermétique au monde profane s'insinua dans les arts et lettres, elle se voulait le sceau d'une science élitiste à laquelle beaucoup adhéraient sans en percevoir clairement l'affectation. Ces calligraphique iconographique mêlaient habilement l'art profane aux codex de l'imagerie religieuse - les motifs ciselés des cathédrales en sont de parfaits exemples. La Jérusalem céleste ne déroge pas à cette approche masquée d'innocence que l'on prête aux vertus de la foi. L'athée primaire ricane en sourdine de ces attrape-nigauds, mais l'érudit médite sur le sens caché ! Par le respect qu'ils inspiraient, les motifs religieux devinrent très vite les supports d'un hermétisme sibyllin qui n'était pas toujours perçu comme fervent du dogme. C'est ainsi que **la Jérusalem Céleste**, décrite avec nombres et mesures dans l'Apocalypse de Jean, servit souvent de motif d'illustration sans que l'église puisse évoquer en ces esquisses suspicion ou sacrilège. La gnose enjuponne ses enfants quand brille le regard de l'ogre. Le chapitre 7/15 de l'Apocalypse nous précise entre autres : « *Et celui qui est assis sur le trône dressera **sa tente** au-dessus d'eux* ». Est-il besoin de préciser ce qu'est « la tente » ?

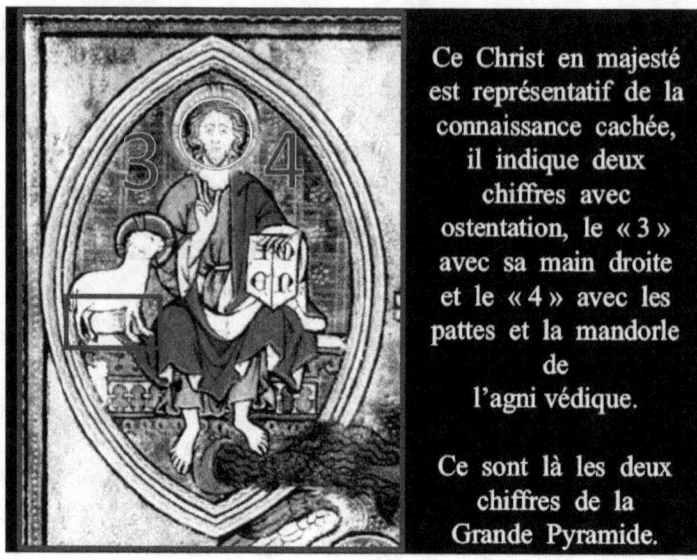

Ce Christ en majesté est représentatif de la connaissance cachée, il indique deux chiffres avec ostentation, le « 3 » avec sa main droite et le « 4 » avec les pattes et la mandorle de l'agni védique.

Ce sont là les deux chiffres de la Grande Pyramide.

Il s'avérait judicieux de focaliser son attention sur la gestuelle des personnages sans être inhibé par l'aspect religieux ou l'enseignement dispensé. Lorsque les connaissances acquises le permettaient, la codification s'établissait entre ce qui relevait de l'imagerie intemporelle et ce qui relevait de l'analyse spéculative. Chez les gens de métiers constructeurs de cathédrales et compagnons du devoir, des enseignements étaient dispensés sous le couvert des loges, ce qui incitait naturellement à l'observation au second degré. Les compagnons furent très tôt les sujets vecteurs de connaissance cachée qui privilégiait l'évolution individuelle. Afin de ne pas encourir les représailles des ordres cléricaux, il s'avérait nécessaire de fragmenter les indices de connaissances en des œuvres de caractère mystique, sans qu'un soupçon se manifeste dans le regard intolérant des inquisiteurs. C'était un art que pratiquaient avec talent les maîtres d'œuvre, leurs inspirations étaient toujours motivées par cette Grande Pyramide d'Égypte qui avait réputation de détenir tous les secrets du monde. Nous voyons ici l'une de ces adaptations avec un des détails extraits de la composition générale. Un ange mesure en main, arpente une bande au sol afin d'en établir la distance chiffrée. Alors que l'Archange tente de convaincre un saint homme non-initié à pénétrer le carré pyramide pour acquérir la connaissance. Celui-ci nous le voyons se pleutre en sa foi et se montre retissant auprès de l'archange par crainte de trahir ses convictions.

Le Principe Créateur dans la Tradition Primordiale

Ceint de sa mandorle, le Christ est hautement représentatif du dédoublement de la personne. Ses pieds enlacent un chaudron fumant, symbole de dissimulation des faits et des formes à méditer. Le débit se métamorphose en eau dans laquelle nage le poisson des légendes à demi éclipsées par les entrelacs celtiques du mystère il remonte le courant. Les chiffres implicites que l'on put découvrir au premier coup d'œil nous renseignent sur les données primaires de la quête. Derrière l'imagerie banalisée transparaît la connaissance cachée, vérité occultée à celui que ne sollicite pas l'intuitif et dont l'ego ne maîtrise que les diversités de la matière. La recherche porte ses fruits, les motifs deviennent cohérents, le sens caché des choses révèle une vision singulière et prometteuse. Pour autant, doit-on évincer l'aspect spirituel de la thématique ? Certes non, il nous faut le transcender, le propulser au-delà du verbe pour découvrir la beauté ludique de la projection picturale. La schématique que nous développons est comme il convient retournée, elle inspiré une double mission, sociale envers le peuple et ésotérique parmi les esséniens et les nazaréens du pays d'Israël. Ce ne peut pas être une icône quelconque que le hasard aurait placée entre les mains du Christ, il s'agit d'une référence graphique issue de la Tradition Primordiale, représentative de la constellation d'Orion. Le fait que ce pictogramme soit retourné indique son sens caché, allégorie symbolique que la gnose chrétienne tenait à protéger. Beaucoup d'artistes inspirés dont Léonard de Vinci retournait une partie de leurs œuvres ou écrits pour indiquer le double sens qu'il fallait leur prêter.

Le Christ et ses supports chronologiques

Il existe une relation entre **le point année zéro de notre ère** et **le point crucial** que nous mentionnons. Entendons par ce jargon peu conventionnel, le point de croisement des étoiles-cadres d'Orion. Ces deux derniers points sont réunis par le côté d'un triangle équilatéral aux incidences remarquables.

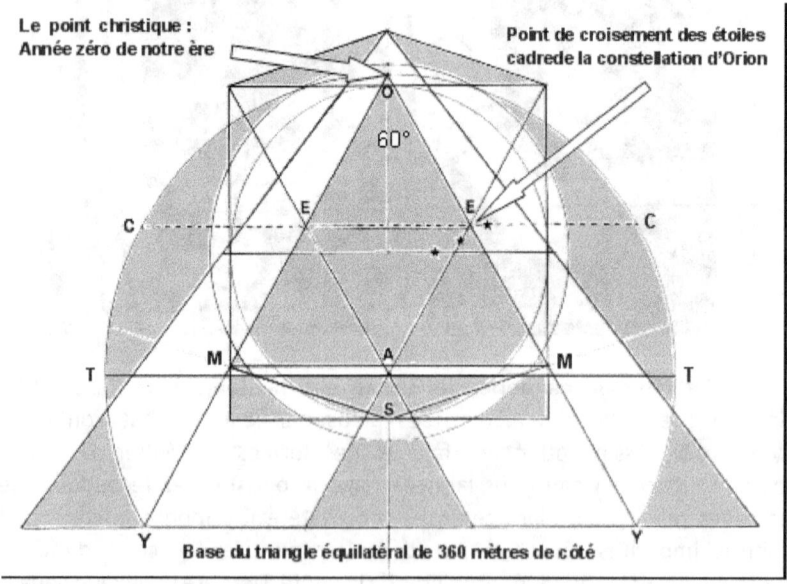

Le point "O" placé au centre de la couronne indique « **l'année zéro** » de notre ère, (nous aurons l'occasion d'aborder son aspect chronologique). Le point E indiqué par la flèche « **le point crucial** » il n'est autre que le croisement des lignes ayant pour référence les 4 étoiles cadre de la constellation d'Orion. Le triangle équilatéral O. E. E. A résultant de cette situation est numériquement identique au triangle constituant le pied du calice Graal. Par définition, il s'inscrit dans la circonférence qui est celle du Soleil. En procédant à l'étude de ces paramètres, nous en déduisons que le message christique est de toute éternité et que l'époque de sa révélation concrète n'est qu'un temps pointé. Ce Grand Initié qu'était Jésus, ce Christos adoubé (Kris, racine sanskrite = sacré = Krishna ou Christos = le purifié), sa théurgie prédicatrice avait pour mission première de raviver auprès des connaissants pratiquants de l'essénisme ou du nazaréisme, une flamme vacillante sur le point de s'éteindre, celle de **La Tradition Primordiale.** Un tel message répondait aux critères d'une science hermétique, agrégée sous le sceau du secret dans les dernières écoles ésotériques de l'Égypte hiératique. Peu nombreux étaient les disciples aptes à saisir la portée universelle du message dispensé, moins nombreux encore ceux qui se montraient capables d'en véhiculer oralement les fondements vitaux. Nazaréens et futurs ébionites tentèrent à l'ombre du sectarisme ambiant de transmettre les valeurs gnostiques dont ils étaient dépositaire, mais ils ne purent éveiller en la multitude la grâce du discernement. Ce fut donc la simplification légendaire que nous connaissons au détriment d'une démarche plus concrétée. Ce que n'avaient pas saisi à l'époque pharisiens et sadducéens les farouches inconditionnels de l'orthodoxie hébraïque.

La seconde mission christique était de populariser l'approche spirituelle, entendons par une telle évocation, de la rendre abordable à la foule cosmopolite des « Gentils », ce qui était loin d'être une évidence. Ceux-ci étant résolument tenus à l'écart des dogmes ritualisés par les sadducéens et les pharisiens. Il n'était pas permis à cette classe de réprouvés d'avoir accès à l'espérance divine. Jésus aura ainsi tenté d'ouvrir la voie spirituelle à des dizaines de milliers d'entre eux, cela en marge des autorités religieuses et des lois instituées. Bien que distincts, les deux messages cités n'étaient pas incompatibles, mais ils étaient difficilement applicables dans le contexte subversif de l'époque.

Des décennies après la disparition du Christ de la vie publique, les tenants d'un support idéologique qu'étayait le pouvoir temporel, scotomisèrent le double aspect du message. En recomposant une historicité idéelle, faites de vérités contrefaites, combinées à un surréalisme simpliste, au détriment d'une humaine simplicité. Une conjonction opportuniste de gens de pouvoir, tel qu'Eusèbe de Césarée et l'empereur Constantin fondèrent les lois qui allaient régir le dogme. Ainsi, dès le quatrième siècle, des prosélytes conditionnés par cette engeance sulfureuse diffusèrent une option déifiée de la présence christique. Extrait de l'imaginaire, ce choix avait pour dessein, d'asseoir un pouvoir fusionnel temporel et intemporel en créant l'illusion théocratique sur des foules illettrées en mal d'être et de devenir.

Nous en déduisons qu'aux origines du message christique prévalait une Gnose aux conceptions égyptiennes et pythagoriciennes instruites par les esséniens. Le message christique avait pour perspective de démontrer la raison du « **Père** » (entendons : le Principe Créateur) à travers les analyses tangibles du créé. Hélas, de nombreuses interpolations furent pratiquées sur les textes originaux de la part de ceux qui se proclamaient détenteurs du message christique. Peut-être ont-ils contribué à entretenir une conduite morale auprès d'une population désabusée, mais de telles inspirations sont discutables lorsque qu'il s'agit de vérité simple abusivement transfigurée. En nos temps actuels où les analyses qui se veulent objectivent se sont vulgarisés, il en résulte une déconsidération du phénomène religieux. La candeur infantile qui en émane n'est plus à même de satisfaire l'esprit si elle persiste encore à solliciter les consciences. Aujourd'hui, le message se doit d'atteindre le cœur et l'esprit par cette faculté que Dieu aurait souhaité voir s'activer en nous... **un état de conscience, déductif et valorisant, digne des êtres humains que nous sommes** !

Au lieu de cela, nous feignons l'indifférence ou appliquons la foi aveugle du dogmatisme ou encore l'arrogant dédain de l'athéisme qui n'est autre qu'un sophisme élémentaire. Ces trois aspects du grégarisme populaire nous éloignent chaque jour de nos responsabilités individuelles et inhibent nos états de conscience ! Quant à l'agnosticisme qui consiste à rejeter ce qui se voudrait inaccessible au genre humain, peut-être serait-il préférable de s'en assurer avant que de supposer un nihilisme en la nature des choses, alors qu'il n'est que leurre en notre raisonnement.

Revenons à notre « Point christique » le merveilleux se dissimule dans les nombres. Sans la résolution de ceux-ci, ce que nous tentons de démontrer ce résume à de menus dessins, lesquels, le temps d'un regard satisfont l'œil par leurs concordances. Mais ce jeu est un message chiffré qui nous vient de la nuit des âges pour éveiller notre mental assoupi. Oublions un instant nos préjugés et nos doutes pour nous livrer à des comparaisons, ne serait-ce que pour prouver que l'auteur se fourvoie et qu'il n'y a rien de juste en cela. Remémorons-nous cette démonstration avec l'année zéro de notre ère, le nombre 0,02546479 m c'est-à-dire deux fois la clé pyramide, ajoutée à 122,9745779 = **123**,00004 m. Faisons abstraction des centièmes de millimètre pour ne considérer que les **123** mètres. C'est le rayon trilitère mythique, en primosophie c'est le verbe aimer = **123** « mer » = pyramide (en égyptien). Le Christ en croix, ce nombre est placé sur son front, si cela n'est pas un miracle, c'est quoi alors... un miracle ?

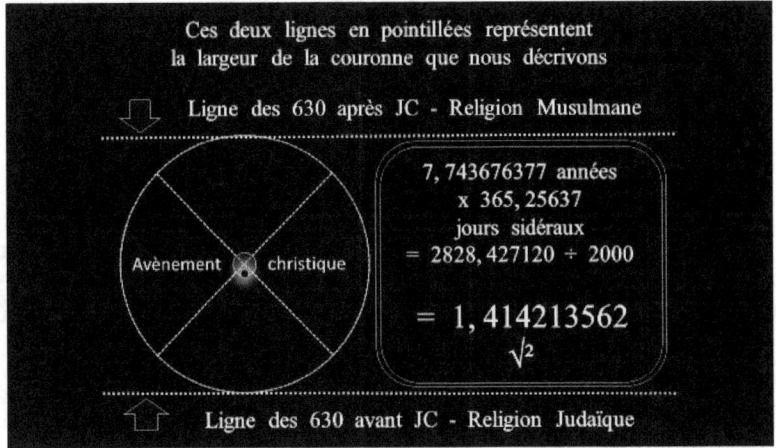

Ce que nous pourrions reconnaître comme étant un authentique miracle, c'est que parvenu au troisième millénaire la légende du tombeau persiste à estomper les preuves de la vérité. À défaut de critères plus raisonnables, ce consensus est admis par des centaines de milliers de diplômées. L'unique avantage d'une telle constatation, c'est qu'elle nous renseigne sur les capacités intellectuelles de nos sociétés aux influences médiatiques. Les raisonnements qui tendraient à prouver qu'il existe d'autres courants de pensée valorisants ne sont pas argumentés par la logique, le doute persiste sur ce que nous sommes et allons êtres.

Nous avons déterminé, avec la rigueur que nous nous efforçons d'avoir, le point « **zéro de notre ère** ». Il est inscrit dans la chronologie pyramidale du cycle précessionnel. La logique voudrait que cette année « zéro » coïncide précisément avec la naissance du Christ, ce n'est pas le cas. Certains principes nous ont aidés à déterminer cette date. À l'époque dite « messianique » où se déroulaient ces événements, une conception religieuse austère gérait les phénomènes sociétaux. Les légistes se référaient à une tradition séculaire, elle avait ainsi pouvoir sur les événements existentiels de la communauté qu'ils régissaient. Il y a plus de deux millénaires en Israël, chaque individu était soumis dès sa naissance à ce mode d'assujettissement, à plus forte raison si des conditions dynastiques l'y contraignaient.

Il nous est dit que Jésus était « de lignée davidique » par sa mère et par son père nominal également. Nous pouvons schématiser trois étapes, autrement dit les trois naissances qu'était appelé à vivre un garçon de son âge.

Première naissance - circoncision : Celle, on ne peut plus physique, de la venue au monde.

Seconde naissance - cérémonielle : À 7 ans, l'enfant était censé parvenir à l'âge de raison.

Troisième naissance - officielle : À 14 ans selon diverses sources, le passage à l'âge viril.

Ces trois étapes étaient tellement ancrées dans les mœurs, que pour les Juifs d'alors, il était peu question de tenir compte de la naissance effective (circoncision) du fait des nombreux décès à la nativité. Plutôt estimaient-ils le franchissement de deux seuils, celui de l'éducation rabbinique et le choix d'une carrière existentielle. Les trois « **naissances** » mais surtout les deux dernières donnaient lieu à des cérémonies familiales. Pour la théocratie en place, **la troisième naissance** était l'âge de l'engagement. Par le fait même, l'aspirant à la vie se destinait alors à choisir un métier de caractère sacerdotal ou profane.

La date retenue en ce qui concerne l'année zéro de notre ère pourrait donc n'être point due, comme certains le supposent, à une négligeable confusion, mais à un choix parmi les options présumées de la naissance. Rappelons que le taux de mortalité infantile était beaucoup plus important qu'il ne l'est aujourd'hui, il fallait donc vivre d'abord et envisager ensuite. Nous n'accordons pas un aspect déterminant à cette hypothèse, mais la législation en vigueur expliquerait les dates, au premier abord, incohérentes que nous livrent les deux évangélistes Luc et Mathieu. L'un semble faire référence à la naissance physique du Christ à la fin du règne d'Hérode le Grand, alors que Mathieu nous situe l'événement à la fin du règne d'Archélaos destitué en l'an 6 de notre ère. Fort judicieusement, Luc précise que le fait eut lieu sous Cyrenius lors du recensement ordonné par l'empereur. Ce qui fait dire à plusieurs historiens spécialistes de l'époque, qu'il est logique d'envisager cette naissance 7 années plus tôt, précisément 7 années et quelques mois. De telles incohérences de datations ont d'étranges analogies avec ce que nous exposions il y a un instant, sur les mots « naissances » en Israël à cette époque, ce qui a pu motiver ces confusions.

Or c'est précisément là que notre chronologie se recoupe, avec ce que nous suggèrent nos modernes exégètes.

L'année zéro de notre ère se situe, nous l'avons fréquemment souligné, à 7,41755 m au-dessus du carré base ou encore 629,40 années plus haut que cette ligne. Selon ces nouveaux critères de découvertes, il nous faudrait tenir compte d'un point de départ légèrement moins élevé, plus proche du carré base de 0,087416748 m ou 7,74 années. Pardonnez-nous cher lecteur pour ces fastidieuses déductions, mais c'est le prix imposé par la rigueur pour qu'elle nous livre le merveilleux. Penchons-nous à nouveau sur notre schéma en prenant la hauteur du triangle équilatéral inscrit dans le Soleil (il forme le pied du Graal). À l'échelle de la pyramide, cette hauteur représente 104,4428439 m. Si nous ajoutons à cela la hauteur du calice Graal, triangle égal à 200 m, puis la distance carrée base (naissance physique) 7,417557055 m, ces trois mesures représentent un total de 311,860401 m.

311,860401 mètres moins la hauteur du triangle équilatéral de 311,7691455 mètres, cela nous donne la naissance première du Christ à 7,743285957 années avant l'année zéro de notre ère ou encore, par commodité : 7,743676377 années, ou 4 millièmes de m/m de différence sur la hauteur de l'édifice.

Le triangle équilatéral qui repose sur la base céleste réalise (avec la petite différence que nous allons justifier) 360 m de côté. Sa pointe atteint avec une précision confondante le point de naissance du Christ. Ce sont là les 360° de la lumière spirituelle, ainsi que le total des dix doigts de nos mains, elles sont égales au 360 lorsque celles-ci sont jointes.

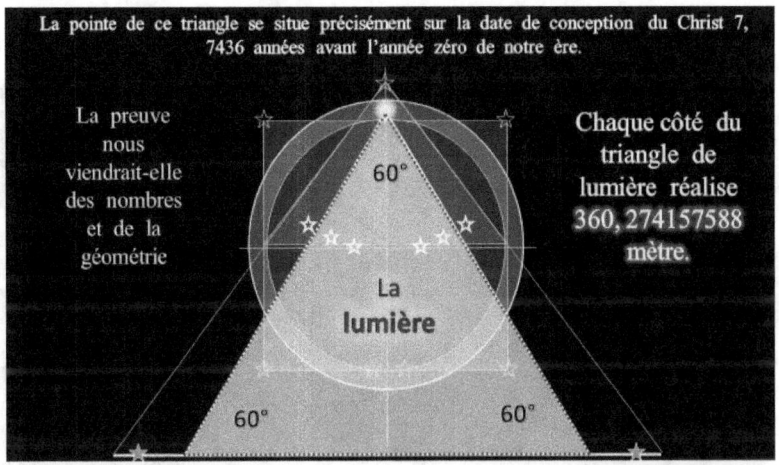

Les 360 vases d'albâtre que les prêtres égyptiens puisaient chaque année dans les eaux du Nil. Ce nombre universel est aussi celui des Sumériens qu'ils assimilaient à l'éternelle lumière et à la royauté. Quelles preuves faudrait-il au-delà de celles-ci pour nous convaincre de la réalité christique ?

À ce stade, une question se pose, lancinante, dérangeante, déroutante entre toutes : comment pouvaient-ils savoir ces concepteurs réalisateurs, qu'il allait naître en ces lieux et âges, un être réputé fils de Dieu ? Selon nous, une entité physiologiquement humaine qui se devait d'accompli selon un plan divin, une mission de remémoration des valeurs spirituelles en déliquescence. La société se contente de l'euphémisme « petit Jésus », cependant notre personnage perdure depuis plus de 2000 ans. Lorsque celui-ci quitte l'ombre des églises, nous le retrouvons sur les sentiers de la connaissance en conseiller sapientiel des lacunes humaines. Recouvrons pour notre plus grand plaisir, le triangle qui a pour côté 360 m dont la pointe s'harmonise avec la date de naissance de Jésus. Nous remarquons ici une suite de décimale que nous n'avons volontairement pas prise en compte lors de la première évocation, car cela demandait un développement explicatif qui ne correspondait pas au sujet traité. Notre 360 à une imprécision de 0,274157588 de côté le triangle a donc trois fois **360,274157588** m de côté. Tout ce qui touche le Christ est merveilleux, mais il nous faut aller au-delà du commun pour nous enthousiasmer. Nous pourrions déplorer le fait que ce nombre soit suivi de ces 0,274157588 décimales, ce qui tendrait à ôter la pureté du nombre « **360** ». Ce serait douter de la sublimité de l'œuvre, la racine de 0,274157588 ne nous donne rien moins que la coudée qui a construit la Grande Pyramide, soit : 0,5236006 m, c'est plus que merveilleux, c'est inimaginable et d'une beauté sans pareille :

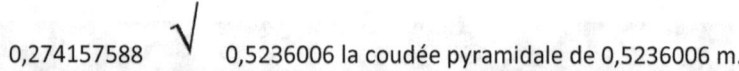

0,274157588 √ 0,5236006 la coudée pyramidale de 0,5236006 m.

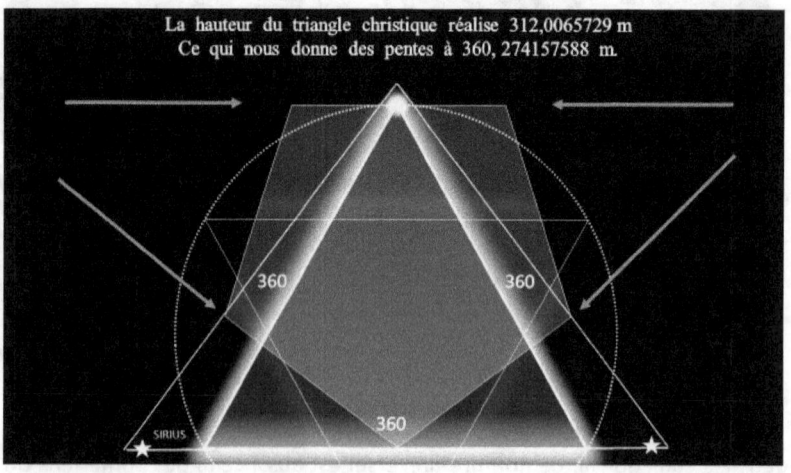

La densité des témoignages nous rend perplexes, ils sont nombreux, précis, évidents et à l'exemple de ces formules numérique nous trouvons des preuves dissimulées dans les preuves. Il est manifeste que si nous tenons compte de l'ensemble de ces formules, nous ne pouvons pas concevoir en ce contexte une « œuvre humaine ». En faisant abstraction de l'époque en laquelle cette élaboration eut lieu, nos capacités actuelles en matière de performances numériques nous permettraient peut-être d'envisager cinq ou six combinaisons qui accepteraient d'autres engendrements à condition que les nombres ne dépassent pas cinq ou six chiffres et que la structure ne soit pas forcément celle que nous exploitons. Alors que nous avons en ce monument des centaines d'engendrements à plus de dix décimales, dans une structure strictement pyramidale. Ce qui oblige à conclure que la chose n'est plus à l'échelle de nos capacités humaines et moins encore de nos connaissances. Si nous ajoutons que tout cela c'est passé au paléolithique, nous faisons se dissoudre toutes les tolérances et occasionnons un rejet en bloc, car nos degrés d'évolution nous font rejeter tout ce qui ne nous a pas été enseigné, comme étant douteux et peu crédible. Pourtant il y a des évidences que le seule bon sens devrait accepter.

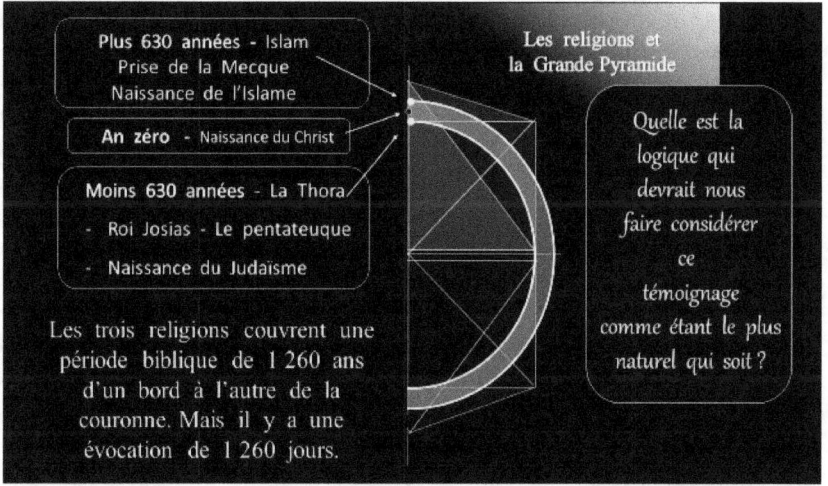

11/3 Apocalypse de Jean « Les deux témoins ». « Et je donnerai à mes deux témoins de prophétiser, revêtu de sacs, pendant 1 260 jours. » 630 + 630 = 1260 ans.

11/4 *Pérennité lumière* « Ce sont les deux oliviers et les deux lampadaires dressés devant le Seigneur de la terre. » *2 + 2 = 4 la connaissance gnostique.*

Nous avons là un ensemble de données qui porte à réflexion. C'est précisément ce caractère pluri conditionnel qui nous place sur la voie de la connaissance et celle de Jésus l'universel. C'est sous le règne de **Josias Roi de Juda** en terre de Canaan, exactement en **630 av. J-C**, que furent compilés les textes mythologiques, tout autant qu'historiques, relatifs à la Torah. Les cinq livres composant « **le Pentateuque** » regroupent : La Genèse – L'exode – Le lévitique – Les Nombres – Le Deutéronome, c'est-à-dire l'histoire des peuples de la Bible dont l'historique a servi de trame aux trois plus importantes religions de la planète. **630 av. J-C**, c'est le siècle de rupture du cordon ombilical qui reliait jusque-là le peuple juif à l'Égypte traditionnelle. Cette date, symbolique entre toutes, se manifeste également par la disparition de l'**Arche d'Alliance**.

Le prophète Jérémie n'ignorait rien de l'importance de cet événement et des déchirures que cela provoquerait dans les siècles à venir. Souvenons-nous de l'arc-en-ciel. **629** ou **630** av. J-C, c'est également la date qu'avancent les historiens pour la venue au monde de Zarathoustra, le Zoroastre grec. Rappelons que cet homme remarquable enseigna une religion d'amour où le feu purificateur constitue aujourd'hui encore, bien que minoritaire, une des traditions symboliques les plus marquantes de l'Iran.

Mais revenons à l'Égypte. Entre l'invasion assyrienne d'Assarhaddon en 671 av. J.-C. et l'invasion des Perses avec Cambyse II en 525 av. J-C, les hiérarques furent contraints d'admettre que l'Égypte ne serait plus jamais ce qu'elle avait été. C'est ainsi que, parallèlement à l'apogée de l'Assyrie, on devait assister au déclin de la civilisation la plus remarquable de l'antiquité. L'Égypte sacerdotale procéda alors à un enfouissement concerté de **La Tradition Primordiale** dont elle était dépositaire. Les Grands Prêtres décidèrent de mettre **la clé** sous les ruines des temples et **la serrure** dans les religions nouvelles en émergences. Il y eut bien par la suite quelques tentatives hégémoniques dans la lignée de celles de Néchao II pour retrouver le prestige d'antan. Mais l'épopée se terminera lamentablement et « La Grande Égypte » se tapit sur les bords du Nil pour apparemment ne plus se mouvoir. Le point - 630 av. J-C. nous indique la fin du carré base et le début de l'épaisseur de la couronne de quadrature. Cette dernière se trouve à l'intérieur du linteau de 144°.

La couronne possède une largeur circulaire de : 14,8351142 m ÷ 0,011785113

(clé chronologique en année pyramidale) = **1 258,801184 années**. Traditionnellement 1 260 ans

Cette période de temps de **1260 années** aura vu éclore les esprits les plus brillants dont l'Antiquité a éternisé le souvenir : de grands mystiques, de Bouddha à Mahomet en passant par Jésus, Zoroastre et Mani. Ceux-là ont profondément modifié les critères spirituels qui allaient engager les temps futurs. Alors que des mathématiciens, des moralistes, des philosophes, de Pythagore à Proclus en passant par Confucius, Tsong-Khapa, Platon, Shankaracharya ou Apollonius donnaient une impulsion cognitive pour de nouvelles émergences en la collectivité humaine. Sur un plan stratégique, des conquérants et meneurs d'hommes peu communs, tels qu'Alexandre, César ou Cyrus ont agité les frontières du monde antique.

Le Principe Créateur dans la Tradition Primordiale

Il est tout à fait étonnant que ce soit précisément cette période de temps qui est vu naitre autant de tempéraments hors du commun, lesquels eurent tous pour intention d'influencer la collectivité humaine. Cet espace-temps d'un peu plus de mille années en corrélation avec l'épaisseur de la couronne aura engendré les plus grands génies, les plus éloquents mystiques, connu les plus grandes invasions et les déplacements humains les plus notables dont l'histoire a conservé le souvenir.

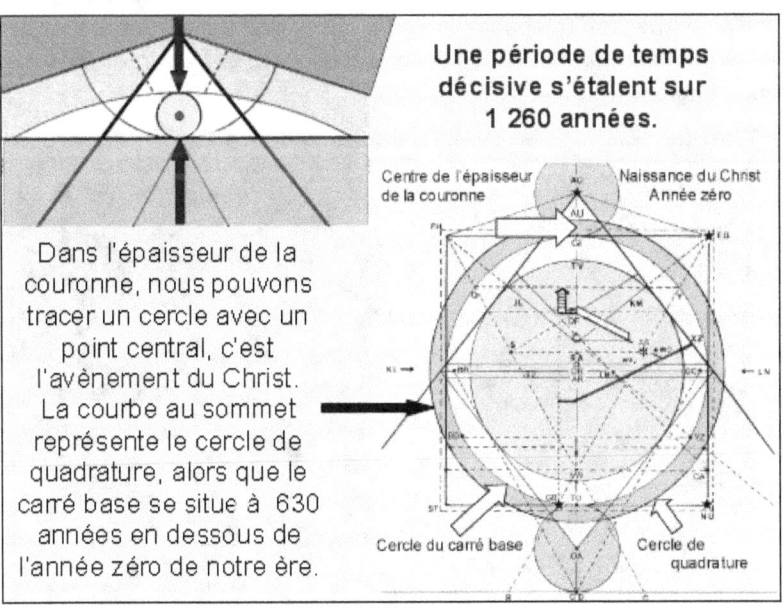

En 630 avant notre ère, une dialectique nouvelle semble s'imposer ; elle assure la prééminence de « la cérébralité » sur « la conscience ». Cette dernière fut fragilisée par le bouleversement des mœurs, alors que jusque-là il apparaissait que psychisme et conscience bénéficiaient d'un équilibre satisfaisant. 630 av notre ère, détail significatif, les premières pièces de monnaie sont frappées en Asie Mineure. En son point bas, la largeur de la couronne s'identifie avec le haut du carré-base. Elle constitue un pont, un anneau de lumière, une frontière au-delà du temps sacré, mais aussi une béance ouverte sur le monde futur. Cette ascension sera principalement orientée sur l'épreuve des tentations morales, celle du pouvoir facilité par les échanges commerciaux, les conquêtes, la notoriété, tout ce qui va de pair avec l'appât du gain, cela, au détriment de l'ancestrale connaissance qui favorisait l'ascension du soi par la quête spirituelle. Nous, êtres humains, allions désormais devoir vivre à l'extérieur du cercle formé par la couronne. Nous allions devoir osciller entre une application dans le concret et la nostalgie d'un appel intuitif. Celui-ci est chaque jour plus évanescent, car chaque jour nous nous éloignons de ce paradigme « couronné » de 1260 années où ce sont affronté ces courants antagonistes la spiritualité et la matérialité.

« Et la femme s'enfuit au désert où elle a un lieu préparé par Dieu pour qu'on l'y nourrisse pendant 1 260 jours. » Apocalypse 12,1 – 12,6

Les jours marquent un indice de temps. Sans en avoir vraiment conscience, l'humanité entamait l'âge des grandes épreuves psychologiques. Cet âge aujourd'hui est loin d'être révolu, il est seulement entré dans la phase aiguë de son dénouement. C'est pour cela que nous nous devons d'établir des sources spirituelles authentiques, des preuves irréfutables afin qu'est lieu le partages entre ceux que l'**OR**ion désigne et les autre en plus grand nombre que l'**argent** domine.

Allégorie de la création du monde soutirée d'une bible en mauvais état datant de l'année 1602. Nous remarquons combien est présent en la mandorle, le triangle équilatéral symbole de la lumière spirituelle. Figurent, en juste place, la Lune, le Soleil et la diversité de la création à travers la pensée ontologique des rédacteurs bibliques. **Le Principe Créateur** évolue au centre d'une matière animée. Nimbé du triangle significatif de sa paternité, celui-ci symbolise la lumière aux origines numériques et géométriques du créé. Que devons-nous pressentir en cette imagerie ? Un touchant infantilisme pictural ou une transcendante connaissance voilée, l'art serait-il dans l'interprétation ? Si nous devions faire circuler un message qui serait censé sensibiliser un vaste public, nous aurions tort de le résumer en des formules algébriques et mathématiques.

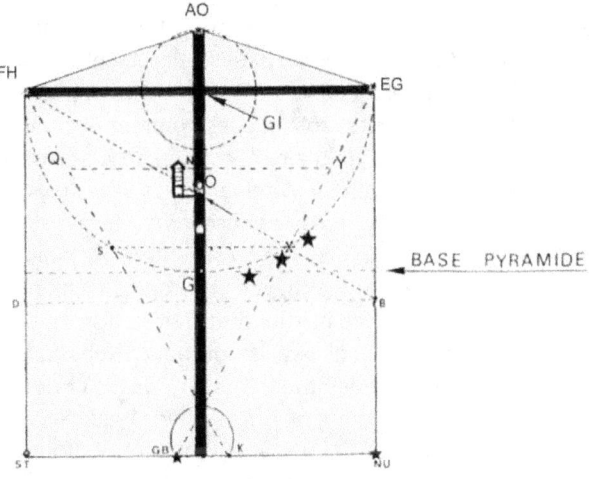

Sans forcer notre imagination, nous voyons que **la croix christique** prend naturellement sa place au sein de la schématique traditionnel. Qui plus est, cette trajectoire passe par le centre de la croix d'Orion, elle atteint en « O » la verticale au centre du schéma, ceci, à l'endroit précis du couloir d'entrée, socle de la chambre du Roi. En fin de course (FH), cette ligne rejoint l'emplacement symbolique de la main du Christ (FH et EG). Le point (GI) marque l'endroit où se tient le front couronné du supplicié. Le crâne se trouve théoriquement placé entre le carré base et le cercle de quadrature (non apparent sur cette illustration). Les pieds du Christ martyrisé se positionnent en haut de (GB – K), au fond du vase Graal, sur le sommet du triangle solaire, la lumière du triangle constitue par ce fait, un support d'élévation. Quant au point crucial de la croix christique, son rayonnement s'élève jusqu'à l'horizontale du **cœur du Roi** par **120°** d'angle. Nous pensons au Graal, au calice au **Sang + vin**; l'allusion prend ici toute sa signification. Mieux qu'une parabole que n'auraient pas manqué d'altérer les effets du temps, « le **Père**, par son mandataire le **Christ** missionné » nous laisserait ainsi un inaltérable message édifié par les nombres et la géométrie. Au pied de la croix, les trois étoiles du baudrier ont cédé la place aux **mages** (visiteurs de la grotte) puis aux « **Saintes femmes** ». Celles-ci représentent les « **3 Marie** » de la tradition. Elles sont comparées à la **Terre** (pour le corps), à la **Lune** (pour l'esprit) et au **Soleil** (pour l'âme). **Marie,** équivaut en primosophie à **123** résultats également similaires au verbe « aimer ». Non seulement « **la Tradition** » est présente, mais elle s'impose à notre entendement. Hélas, combien d'entre nous aujourd'hui vibrent à elle ? Les tracés architectoniques des églises anciennes permettent encore de différencier les lieux de culte, des salles de fêtes ou supermarchés ! Qu'en sera-t-il demain... si demain, il y a ?

L'Ankh, ce merveilleux symbole ☥ est à l'image d'une « intelligence cosmique » rayonnant d'espoir, de vérité et de justice. L'Ankh n'a qu'un lointain rapport avec « la croix patibulaire » qui a servi de supplice à « **Jésus le missionné** ». C'est pourtant cette croix que les hommes ont retenue en leurs louanges et supliques. Dès lors, la chair et l'esprit martyrisés associent **Dieu** à notre désarroi intime. Après avoir vu s'éteindre « les Sages mystiques » et vu

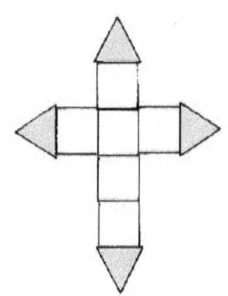

se dénaturer « la gnose » dans le secret des sectes, la croix du supplicié s'est lentement imposée à l'esprit chrétien. Le dévot a progressivement assimilé la souffrance que lui procurait la disparition des valeurs traditionnelles à la souffrance (physique celle-là) de son rédempteur (sic). **Jésus-Christ**, l'initiateur réformateur, a été martyrisé au centre d'un **cube ouvert** (pierre cubique franc-maçonnique emblématique de la Terre) base de la pyramide sacrée, passage indispensable du parcours que les hommes ont tant de mal à franchir. L'autre référence, la croix patibulaire ✝ est le plus souvent adulée au premier degré. Les Templiers conseillaient aux néophytes de la piétiner, car, disaient-ils : « c'est l'objet de la honte humaine... ». Ne serait-il pas séant de penser que le **Christ** n'est pas mort pour que subsiste en l'esprit une croix de bois témoignage accessoire d'un message de souffrance passablement altéré, mais sur « **la croix cosmique du croisement d'Orion** » de telle façon que cette croix s'érige en tant que symbole de la **Tradition Primordiale universelle** ? Pour une conscience éclairée, ceci devrait constituer une distinction substantielle. Le message se devait d'être subtil, il le fut !

« *Eloi...Eloi...lama sabachtani...* » Symbolique ou non, ce sacrifice, n'aura pas été inutile puisqu'il aura permis à des générations d'être sensibilisées par une notion de paix et de justice, permis d'élever les états de conscience vers une autre réalité. L'existence nous montre que l'on peut cheminer loin de l'amour des autres, dans le doute de soi, dans la révolte intérieure, pour enfin percevoir une raison d'être. C'est en franchissant les bornes de ce matérialisme débridé ou de cet hédonisme illusoire, que nous nous devons de méditer sur ce qu'est la référence spirituelle. En dehors des aspects de la gnose chrétienne, nous pouvons constater le témoignage évident que procure le sacré dans **la tradition musulmane**. Ses volutes de faïence et ses arabesques de pierre au raffinement inouï ne sont que référence à « **l'esprit de tradition théologale** » lequel transparaît en chacune de ses structures géométriques. Soulignons parmi les merveilles exposées, le double quadrilatère ou étoile à 8 branches, (mosquée de Cordoue), les coupoles hémisphériques et leurs nervures aux mille tracés, les tours et les spirales éloquentes. Les colonnades, mais aussi les hauts de portes en arcs outrepassés qui invitent le visiteur à pénétrer la lumière. Le **nombre** est présent dans la multiplicité des **formes** que transcendent les couleurs.

L'hindouisme et **le bouddhisme tibétain** ont hérité tous deux de la tradition de base; les mandalas donnent la note juste, l'iconographie est sérieuse comme le son des trompes et rieuse comme le safran des robes. En ces lieux de culte, nombres et formes sont constamment présents, mais ils ne s'imposent pas au regard, il faut faire l'effort de la démarche pour entrevoir les vérités cachées. Elles sont là ces vérités, à peine dissimulées en la pénombre de notre solitude humaine. À l'image de cette représentation, méditons comme le fait cet énigmatique oiseau qui semble réfléchir sur les qualités cachées de l'androgynie alchimique. Les 13 parcelles du corps osirien, qu'Isis a retrouvé, ont germé en une matière panifiable.

La quatorzième parcelle introuvable représente le sexe, témoin devant Dieu de l'évolution du genre humain. La Lune en « croissance » procure l'argent, donc la richesse, certes, mais l'équilibre s'exerce par le haut, entre la coupe du trismégiste aux futures ailes et le serpent tentateur. Vaincre la tentation, c'est honorer la condition humaine. Soyons dignes de ce qui nous a été donné, utilisons les ailes procurées par l'espérance, l'oiseau médiateur en sera témoin.

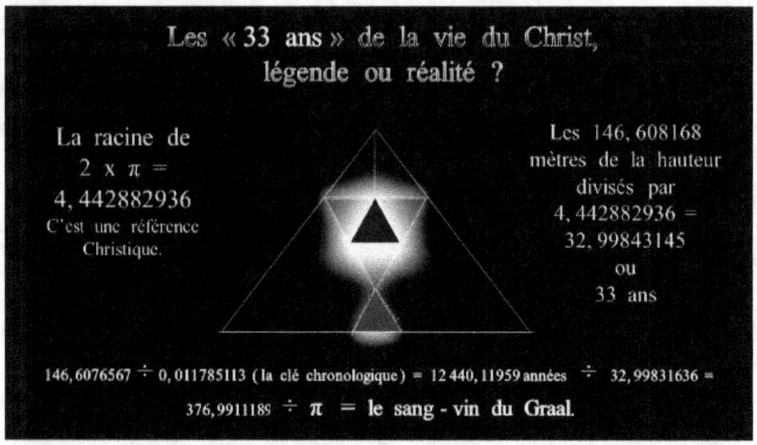

La signature est là, elle est composée par la géométrie et les nombres, car ceux-ci ne s'interprètent pas, les résultats qu'ils nous donnent « sont ou ne sont pas ». Les jours sidéraux séparant le point zéro de la date de conception christique affichent clairement la racine de 2. Cette racine est l'une des grandes constantes de l'univers que le hasard a bien voulu placer en ce tombeau. Avec le triangle équilatéral, l'offre concerne également la racine de 3 et par ailleurs, nous avons vu que la distance séparant l'année zéro de la prise d'altitude d'Orion indique « 123 m ». Si ces faits sont vérifiables, si ce ne sont pas des affabulations et que malgré ce constat l'humanité n'en tient aucun compte, c'est que l'humanité est dans l'incapacité d'avoir un sursaut salvateur. C'est que l'humanité est réduite à la confusion par absence de facultés déductives. C'est que l'humanité n'a plus le désir de son évolution, mais celui de sa subsistance. La spontanéité affective est éteinte avant même d'envisager l'opportunité d'un processus générateur. Entendons-nous parler en religion de preuves établissant des certitudes en matière de dogme, des datations engendrant des indices géométriques ou encore des ordonnances cosmologiques en regard de fait historique. Non, la foi doit se limiter à l'espérance psychique que valorise l'intuition sans que rien ne l'attache à la temporalité. Cependant nous devons savoir que notre monde est composé de certitudes disposées en improbabilités, ceci afin que nous ayons la foi et le mérite de les découvrir. Le génie étant une rupture de la normalité, c'est pour cette raison que l'on ne peut pas dire à un astrophysicien que le Soleil, la Terre et la Lune sont reliés par des nombres sans qu'il vous rie au nez.

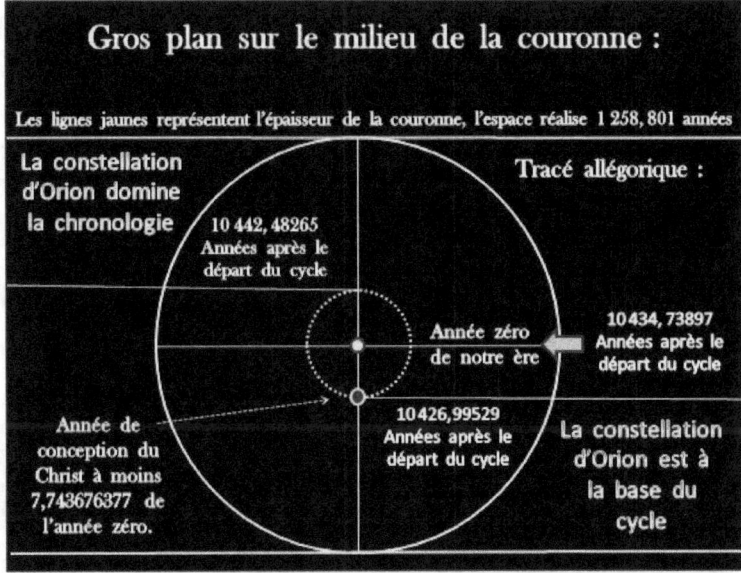

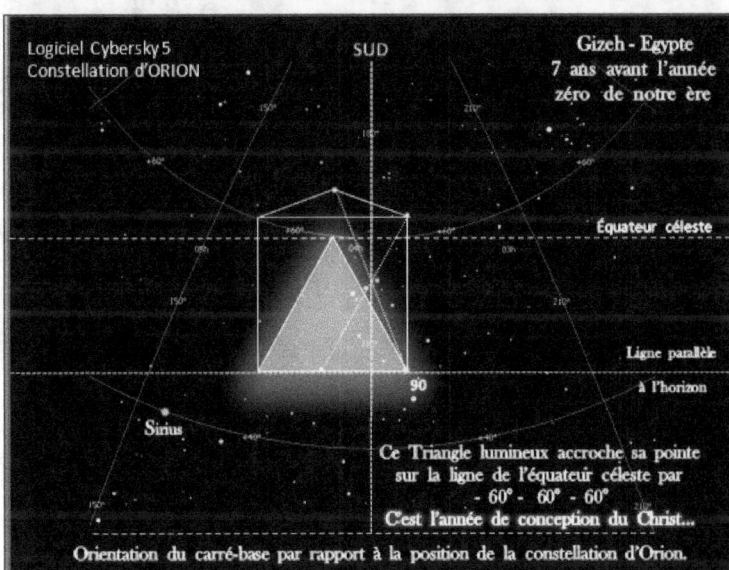

Ce gros plan nous donne une approche complémentaire d'information. Les deux points de circonférence sont à l'image d'un Soleil et de sa planète. Le point haut (année zéro de notre ère) est représentatif de l'entrée de Jésus dans l'âge supposé raisonnable qu'est le nôtre et ce n'est peut-être pas si anodin. Ce deuxième âge donnait lieu à une cérémonie de passage qui marquait la fin de l'enfance et le prélude à un état responsable que nous nommons maturité. Jésus le missionné allait quitter les siens pour évoluer jusqu'à l'âge de dix-sept ans sous la houlette disciplinaire de l'école essénienne, mais aussi selon les néoplatoniciens, pythagoricienne. Pythagore afin de se plonger en la sublimité des connaissances, aurait vécu longtemps dans les temples d'Égypte. Jésus suivi une voie semblable, très jeune encore, il prit congé de l'enseignement esséniens et accompagné de deux de ses professeurs il gagna l'Égypte, le temple de Memphis où il étudiât de nombreuses années. La satisfaction qui devrait résulter de cette étude dépend bien évidemment de l'intérêt que nous portons à ce mystérieux codex de connaissance. Considérée en sa conjoncture, cette figure symbolique devrait solliciter la sensibilité du visiteur. Si ce n'est pas le cas, la plus belle des choses, hélas, ne sera jamais pour lui qu'une curiosité sans interprétation objective et sans sublimation subjective.

Eglise de Josselin Morbihan

La Grande Tradition resurgit parfois en des endroits inattendus avec cette note juste que confère l'universalité de la connaissance.

Le cercle de quadrature

Sur cette image, nous voyons la constellation d'Orion redresser sa forme inclinée sur le méridien pour adopter au départ de l'an « 1 » une position orthogonale. Autrement dit, 7 années avant l'année zéro de notre ère à l'époque de la conception du Christ, la conformation se plaçait droite et verticale sur la ligne d'horizon. Elle traçait le plus naturellement du monde le schéma de la Grande Pyramide, car c'est en ces célestes lieux que se tient **le message du troisième millénaire.** Certes, des sourires dubitatifs ne manqueront pas d'éclore à cette affirmation, car cela n'a jamais été entendu à la télévision. Il est vrai que pour pénétrer les arcanes de ce niveau de compréhension, il faut y adjoindre des qualités de raisonnement, de déduction et de rapports de probabilités qui ne sont généralement pas le fait de la multitude. Un sourire dubitatif est une trappe par laquelle on essaie de s'infiltrer lorsqu'on ne voit pas la porte. C'est la multiplicité des signes plus encore que leur importance qui devrait nous interpeller. L'éveil, ce n'est pas lorsque l'on met les deux pieds hors de son lit, c'est lorsque l'on prend conscience des orientations de sa journée. À la lecture de ces descriptions, nous nous devons de réfléchir à ce que représentent ces données. À ce qu'elles cherchent à nous faire comprendre, à ce qu'elles démontrent en dehors des faits historiques toujours contestables. Les perfections géométriques qui résultent de ces études sont autant de preuves avérées qui devraient nous exhorter à la méditation.

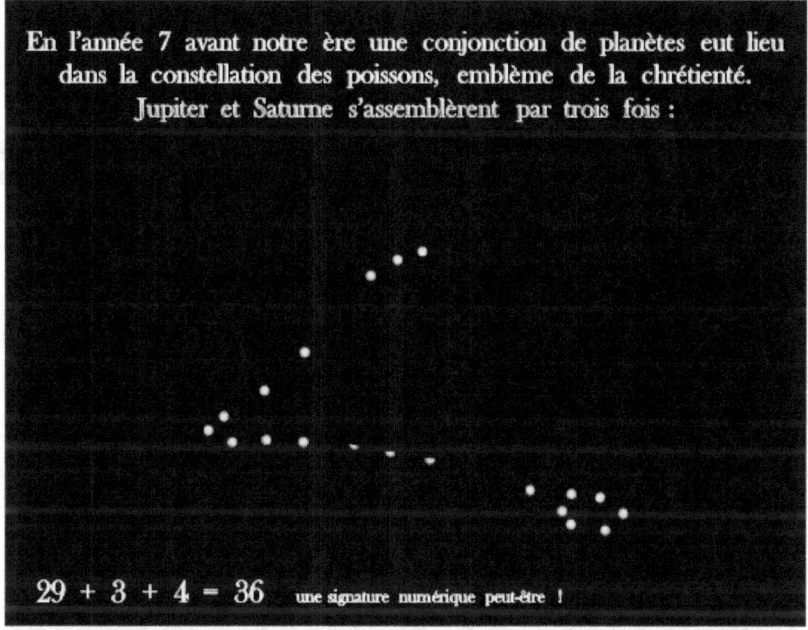

Soulignons au passage les corrélations de phénomènes célestes avec la date de naissance du Christ. Les poissons, nous l'avons signalé à plusieurs reprises, alimentent la symbolique égyptienne et celle des premiers gnostiques chrétiens que furent les ébionites. Celui qui « verse l'eau » sera-t-il au rendez-vous du passage zodiacal ? La constellation des poissons forme un triangle ou avec un brin de lyrisme, un vol d'oies sauvages en destination de l'esprit. La multiplicité des résolutions symboliques est un facteur de concordance, surtout s'il s'agit de contextes cumulatifs. Le Jésus de la tradition cumule les rendez-vous ésotériques au point que ceux-ci affirment sa réalité plus que ne peuvent le faire les historiens en absence de certifications. Jésus est venu en un temps ou les problèmes de civilisation étaient semblables à ceux que nous connaissons aujourd'hui, même différence de classe entre les gens aisés et les pauvres, même haine ethnique et sociétale, même inégalité entre la nourriture que l'on quête et la fortune que l'on rentabilise, même d'espérance dans la conscience du juste et même indifférence dans celle du fortuné, les âges se meurent en laissant leurs mœurs.

Il n'y a pratiquement pas de références à la Grande Tradition parmi les œuvres qui nous sont contemporaines, il en est quelques-unes rarissimes méconnu du grand public. Elles sont généralement l'œuvre de chercheurs d'une époque révolue, sculpteurs, maître d'œuvre, compagnons du devoir ou artistes travaillant sous la conduite d'un maître en spagirie. Ces rares évocations de la Tradition Primordiale méritent d'être soulignées. L'esprit d'évolution nous a précédés sur le chemin de la découverte, mais le dragon matérialiste assoiffé de pouvoir a eu raison de ses espérances. Aujourd'hui, c'est l'ultime et dernière chance offerte à l'humanité, « *elle sera spirituelle ou ne sera pas… !* » Malraux ce grand penseur avait vu juste en soulignant en une phrase notre pusillanimité face à l'essor problématique de nos élévations de pensée. Comme le feraient des millions de "supports Terre", inquiétons-nous un peu tout de même de cette blessure à la cheville de l'avant-centre du Réal Madrid pour le match de dimanche, sera-t-il en état de jouer ? Demandez à votre voisin ce qu'il en pense et renseignez-vous auprès d'un dirigeant sportif, voyez aussi son bulletin de santé sur Facebook. Et n'oubliez pas de charger vos batteries pour le concert de klaxons en cas de victoire. N'oubliez pas non plus de laisser en permanence la radio allumée pour savoir le cas échéant, qui le remplacera et combien ça coûtera !

Moralité, nous méritons nos politiques, nos amuseurs publics, nos désinformateurs, nos tueurs d'abeilles et nos empoisonneurs d'océans. Nous méritons nos comportements infantiles, nos cheminements hasardeux, notre incapacité à évoluer au rythme de nos technologies. Notre dextérité est à l'échelle de nos facultés stratégiques qui consiste à rentrer un ballon entre deux bouts de bois alors que d'autres ne veulent pas qu'il rentre. Notre fierté, c'est de payer offrande à nos dieux vivants 10 000 fois plus en un jour que des ouvriers exsudant dans les mines de fond. Notre fierté, c'est de pratiquer le vide par le vide afin qu'aucun vide ne vienne vider le vide que nous vidons dans le vide, c'est é-vide-ment vide de sens. Ne nous méprenons pas sur la gratuité de cette ironie, ce n'est aucunement le sport qui mérite la moindre critique, c'est l'exploitation qui en est faite par l'assujettissement planifié de la candeur humaine. Alors même qu'une mobilisation de toutes les consciences s'impose pour tenter de sauver la jolie couronne bleue qui a désormais beaucoup de difficultés à purifier « l'ère » de notre maman planète violentée.

L'avènement christique

Le fait est suffisamment étrange pour être souligné. Des historiens se sont penchés sur le Ciel de Palestine afin de visualiser la position des astres à la date de naissance du Christ. Il se trouve que les étoiles du baudrier d'Orion affichaient sur la méridienne un angle au sol de 51° 51'. Soit l'angle exact de la Grande Pyramide, premier symbole spirituel au monde. Ce stupéfiant monument dont le volume défie le temps et dont le contenu scientifique est une énigme pour le savoir actuel, peut-il être en toute impartialité considéré comme étant une œuvre humaine ? Si c'était le cas, nous devrions accepter que d'autres civilisations aient atteint un stade de connaissance supérieur à celui que nous connaissons aujourd'hui, ce qui est peu probable, pour une raison très simple qui s'avère toujours la même. Lorsqu'une communauté atteint le degré de créativité qu'est le nôtre, elle a rarement en parallèle la philosophie nécessaire pour gérer ses avancées technologiques. Elle s'imagine qu'en ayant le contrôle du matériel scientifique, elle a le contrôle de son emploi. C'est méconnaître le caractère humain. Lorsqu'il est non universalisé et peu spiritualisé, il est fatalement tributaire de ses manifestations égotiques dominantes. Cette absence de discernement a occasionné l'anéantissement de plusieurs sociétés humaines avant la nôtre. C'est un cap qui demande pour son franchissement une maturité de réflexion. Donc, aucune civilisation de ce type n'a pu être conceptrice de la Grande Pyramide. Il aurait été nécessaire pour cela, d'avoir un degré d'élévation psychique, de consciosité et de spiritualité que nous n'avons pas encore atteint. Ces pyramides ont été mises en place pour nous inciter à réfléchir à un échelon supérieur de notre évolution, admettre unanimement la présence d'un Principe Créateur universel. C'est principalement pour cette raison que ces concepteurs ce sont ingéniés à nous en donner la preuve. Mais pour l'homme sujet abusé par ces gouvernances dominatrices, toutes preuves exposées non médiatisées sont inconsidérées. C'est ainsi que les instances dirigeantes entretiennent une polyphonie collective pour s'assurer d'un grégarisme idéologique. Des milliers d'années après un message ô combien signifiant, nous persévérons à utiliser ces capacités cérébrales qui nous furent prodiguées par le créateur. Mais utiliser de quelle manière, si ce n'est en des privilèges personnels, au détriment d'un équilibre planétaire doublé d'un immense désarroi communautaire. Certes, notre cerveau n'a pas évolué depuis cette époque du paléolithique et Cro-Magnon est tellement proche de Gros-Pognon qu'il est plus facile en matière d'évolution d'en changer les syllabes. Les maîtres du monde ont toujours souhaité que les moralistes soient évincés du cadre public, ces importuns dont l'audace est de souligner leurs lacunes. Aujourd'hui le mercantilisme a gagné ses Légions d'honneur, le temps a épuisé les exhortations des prophètes, les hommes ne sont plus à l'écoute de leur conscience. Celle-ci est refoulée tel un handicap dévalorisant dont on n'a nul besoin pour rentabiliser son job. Les héros sont ceux qui triomphent de l'autre, plus d'argent, plus de pouvoir c'est seulement en possédant ces références qu'on est supérieur.

Le supplicié Jésus gravissant les pentes du Golgotha ne portait pas sa croix, il portait la poutrelle horizontale de cette croix, autrement dit : l'aspect temporel que nous avons tant de mal à assumer, le spirituel étant le pieu de souffrance vertical de l'esprit de tradition, celui qui est mentionné à l'origine des connaissances humaines. Cet aspect gémellaire représente le véritable point de croisement exploité par les religions, c'est le « didyme », l'ARN chromosomique, le taôma du Nouveau Testament. Le Christ n'a fait que ponctuer l'annonce initiale de la Grande Tradition. Les plausibilités cognitives qui nous furent accordées aux origines devraient nous permettre de décrypter le message. Ce n'est pas lui, Christ, qui demandait à être honoré comme le laissent supposer certaines officines de la catéchèse. Ce qu'il prônait c'est une manière d'être et de se comporter vis-à-vis du Principe Créateur. À notre époque, hélas, pour accepter un courant philosophique en marge de l'enseignement grégaire dispensé, il nous faut y consacrer du temps et être pourvus de cette grâce que distille l'intuitif. Si nous sommes inféodés à un monde affairiste où rien de ce qui concerne la quête spirituelle n'est tenu pour crédible, comment accéder à la vérité ? Si par défaut de choix, nous nous trouvons placés à l'écart de ces deux courants de pensée, nous ne pouvons qu'être prostrés sur nous-mêmes, ou encore, sacrifier toute dignité aux suppôts du superficiel. En ce cas, nous devenons des ombres en errance, l'un des cinq éléments égyptiens de décomposition.

Depuis le début de ces descriptions, notre lecteur aura observé que ce sont les recoupements géométriques et leurs indices numériques qui justifient les dates que nous mettons en avant, celles-ci sont en rapport avec les faits historiques répertoriés. Lorsque dans la structure schématique une démarche pointée focalise un certain nombre de convergences, il y a tout lieu de penser qu'il s'agit là d'un fait important, plus évident parfois que la notoriété qui lui est accordée. Pour ce qui relève du **Christ,** année zéro de notre ère, aucun point ne réunit autant de paramètres, si ce n'est le croisement des étoiles-cadres d'Orion ou le toit de la chambre de la Reine. Pour chaque élément pointé, nous devons envisager un événement exceptionnel de l'histoire des hommes ? Toutefois, la question se pose avec une acuité renouvelée. Comment ces bâtisseurs d'éternité étaient-ils à même de prévoir un futur aussi lointain ? Comment pouvaient-ils envisager 10000 ans avant notre ère contemporaine que naîtrait un être d'exception dont l'existence serait l'objet d'une symbolique élaborée, d'une singulière historicité et d'un théisme absolue.

Il y a grosso modo trois manières d'envisager la question. La première consiste à ne voir là que sottises indignes d'un esprit rationnel dont l'attitude consiste à se détourner sans plus d'attention de ces balivernes lamentables. La seconde manière est d'accepter tout d'un bloc avec la candeur frénétique d'un Piazzi Smyth mesurant la pyramide avec un mètre d'arpenteur et une lime pour que concordent ses visions.

Si ces deux manières antithétiques ne nous paraissent pas très appropriées aux qualités d'esprit que nous prétendons, il nous faut opter pour une autre conduite : examiner au plus près les mesures, jauger des probabilités et vraisemblances, établir des analogies, confronter paramètres et donnés à des critères scientifiques, établir des plans à des échelles rigoureuses, explorer historicités et mythologies et ne pas accorder la moindre concession à l'arrangement ou à l'approximation.

C'est l'examen de ces paramètres qui établira selon nous, la plus probante impartialité, c'est aussi l'option que nous avons adoptée. Ceci n'exclut en rien les imprécisions de quelques dixièmes de millimètres sur des centaines de mètres. Cela peut résulter du degré de fiabilité des machines, des dilatations sismiques, du cumul des nombres, des reconversions de mesures, des choix de documents, autant de petits facteurs taquins qui ne sauraient altérer la crédibilité de la démarche. Nous n'écrivons pas dans le dessein de faire l'apologie de la Grande Pyramide, même si ce monument mérite largement toute l'attention qu'on lui porte. Nous n'écrivons pas davantage pour susciter une adhésion quelconque à une doctrine, à un système, mais bien pour laisser au fond des filtres incrédules du mécanisme contemporain les traces aurifères d'un autre âge. La date christique en question occupe avec une précision bouleversante le centre de la couronne créé par le cercle de quadrature. Aussi est-il aisé d'en déduire que ce point « **crucial** » fut calculé par des êtres pourvus d'étonnantes facultés de connaissances. L'épaisseur de cette couronne est de **14,8351142 m**, divisé par 0,011785113 m (la clé chronologique) cela nous donne : **1 258,801184 années** d'un bord à l'autre. Si nous multiplions l'épaisseur de cette couronne par Pi, nous obtenons :

Ø 14,8351142 m x π = 46,60588577 m en plaçant « 1 » devant ce nombre, nous constatons une à 2 m/m près de la hauteur sur le socle de la Grande Pyramide, 146,608168 m.

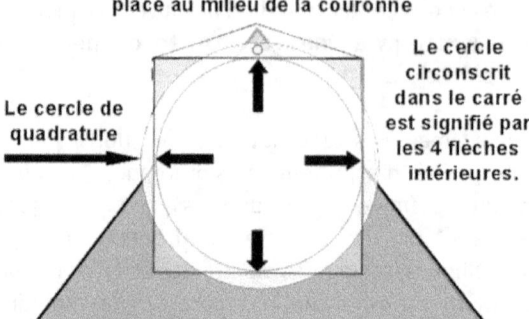

Nous appelons « couronne » l'union des deux cercles

Curieusement, ces 46,60588578 m de circonférence sont identiques à la longueur de ce chef-d'œuvre intérieur qu'est **la Grande Galerie** à encorbellements. Elle mène à la chambre du Roi et sur l'étendue de sa longueur au sol, celle-ci est donnée pour 46,61 mètres, mesure établie à l'aide d'un rayon laser. Autrement dit, la longueur de la Grande Galerie placée en cercle aurait pour diamètre la largeur de la couronne dont le point central représente l'année zéro de notre ère. La valeur nous apparaît si précise qu'elle ne peut être que délibérée, en le formulant autrement, imaginée sciemment par les concepteurs. Une question alors suscite une réponse : la Grande Galerie aurait-elle pour fonction de nous instruire sur cette période de temps exceptionnelle de près de 1260 années que connut l'humanité ?

Ce qui est révélateur et réellement prodigieux c'est que la chambre souterraine en question est tout simplement assimilable à **la grotte de la nativité**. Sur un plan symbolique, la vie de Jésus est alors figurée par l'élévation vers le sommet de la pyramide, autrement dit, l'ascension vers la couronne. Mythe et réalité ne peuvent être plus unis et plus explicites qu'ils le sont en cette démonstration !

La chambre souterraine est considérée par les spécialistes comme une pièce sépulcrale dédaignée donc inachevée et sans intérêt particulier.

Concours de circonstances : sous le règne du Roi Khéops, le restaurateur du parement de la Grande Pyramide, le centre de cette chambre souterraine se situait à mi-hauteur du niveau qu'occupait la mer méditerranée par rapport au socle de l'édifice, environ 29 m de la surface de la mer et à environ 30 m de la base sur le plateau. On pourrait en déduire qu'une emblématique **naissance en la grotte** symboliserait la théophanie (lumière divine en les ténèbres), alors que **le milieu de la couronne** symboliserait l'époque transcendantale de la croix cosmique. En ce qui concerne la hauteur de la pyramide, elle pourrait représenter le parcours existentiel de la vie du Christ. Cette vision des choses est connexe au Nouveau Testament. L'existence du Christ est limitée à une activité de 33 ans. Nous tenterons de comprendre pourquoi. Il ne s'agit pas d'adhérer inconditionnellement à ces faits amplement controversés, mais de savoir s'ils ont une réalité ésotérique en la schématique pyramidale. L'essentiel pour nous tient aux anagogies qui précèdent les croyances. Sont-elles ou non indissociables de l'esprit que l'on prête à la **Tradition Primordiale** ? Pour le « connaissant », la souveraine vérité ne peut pas être extraite de la foi, mais de la cohérence des indices hermétiques dans le contexte existant. La Grande Pyramide serait à ce titre une référence indéniable.

Au terme de sa courte vie publique rendue mémorable par la métaphore et le prêche, **le Christ** aura su raviver l'entendement des supports symboliques traditionnels. Il aura surtout dispensé l'amour divin, le seul qui soit sans condition. Par son martyre et sa mort supposée ou réelle, mais délibérément ordonnancée, il aura souhaité nous montrer l'authentique chemin de **la quête spirituelle**. La croix est à la base de la vie, c'est le premier symbole humain. Elle définit les deux dimensions, elle suggère l'ellipse chromosomique, la fonction des hémisphères corticaux, elle est le centre du cercle et du carré, elle matérialise les points cardinaux, la croisée des chemins, ses valeurs sont ascensionnelles et linéaires, abyssales et solsticiales. La croix est "le" signe par excellence. Nous les modernes avons tout exploité, tout risqué, tout rentabilisé, tout répertorié, tout compris... sauf le chemin que le Christ nous montrait avec opiniâtreté, celui du **lien Terre–Ciel**. Au lieu de cela, nous avons démythifié la portée de cette symbolique disséminée au sein des mythologies et nous avons galvaudé l'esprit de connaissance. Vingt siècles plus tard, nous n'avons toujours pas saisi que ce n'est pas l'acte de crucifixion en tant que tel qu'il nous faut encenser de nos dévotions, mais l'acte de création accompli par le » **Principe Créateur ».** Ce leitmotiv inlassablement ressassé par le Christ « le Père, mon Père » avait à l'époque une logique de perception qu'elle n'aurait pas forcément aujourd'hui. Le père était le sujet familial de référence. C'était l'incitation naturelle de rapprochement de la créature vers son créateur. Autrement dit, la difficulté était la suivante : comment inviter l'homme à s'émouvoir de manière affective de la création, afin d'entretenir un lien permanent et respectueux avec le Principe Créateur ? Le terme le plus concis, le plus suggestif, mais aussi le plus simple pour des gens simples, était... « **le Père** » celui qui féconde la vie, qui inspire la morale, qui insuffle la conscience.

C'est la voie salutaire que **le Christ** indiqua et qu'il révèle encore dans les actes liturgiques ou métapsychiques. Hélas, alors même qu'il nous montre la Lune, nous, pauvres humains... avons l'œil rivé sur ses doigts qui n'enserrent malheureusement nul dollar. La croix n'est pas celle du supplicié. Les Templiers l'avaient non seulement pressenti, mais reçu en tant qu'enseignement lors de leur quête orientale. Les cathares également ne l'ignoraient point puisqu'ils se référaient de ce grand méconnu qu'était Mani, c'est pour cela qu'ils sont morts torturés par une autorité imbue de pouvoir temporel. Toute politique aujourd'hui est tributaire d'un lobbysme financier qui ne diffère en rien de ces méthodes inquisitrices, si ce n'est par le voile médiatique de l'apparence. Aujourd'hui nous nous montrons horrifiés par la torture du corps alors que la torture de l'esprit, en rien plus secondaire, est le fait quotidien de nos sociétés sans âme. Notre bonheur se concrétise par un paradoxe, nous sommes devenus des consommateurs, mais cette appétence est biologiquement ruineuse et cette cupide addiction aura une fin spéculative.

Par l'abnégation significative de sa personne, le Christ nous indique depuis plus de 2000 ans le chemin, celui des nombres et de la géométrie en passant par l'astronomie. Pourquoi les nombres et la géométrie ? Parce que ce sont les valeurs natives, authentiques, inaltérables. Leurs résultats ne s'interprètent pas à l'infini comme l'intention philosophique ou la phraséologie dogmatique attachée aux religions. Les nombres sont ou ne sont pas et si **ce divin est**... alors ami lecteur, il est grand temps que nous songions à réformer notre comportement. Plus de 2000 ans de réflexion cela devrait suffire à une option responsable. Il y va de la vie d'une petite planète bleue, qu'un jour on nous offrit comme support à notre germinale verticalité.

33 ans (années d'existence théoriques de Jésus) x 0,011785113 (clé chronologique) = 0,388908729 x 1000 = 388,908729 ÷ √2 1,414213562 = 0,**275**. Multiplié par la coudée pyramidale de 0,5236006 m = **143,9901648 m.**

Soit exactement au millième de millimètre près, **la hauteur de la plateforme** à partir du roc, au-delà, c'est le nombre PI du pyramidion avec une hauteur de 147,1317686 m. Cette plateforme exprime **le temporel** avec Pharaon gouvernant, alors que le Pyramidion lui est d'ordre **spirituel** avec l'Our'ma et les 12 Hiérarques. Rappelons que ce pyramidion ou gnomon emblématisait hier encore l'âge d'Or. Malheureusement il est détruit, et ce n'est pas seulement l'effet du hasard, nous verrons bientôt pourquoi. La distance maximale relevée depuis la base du socle jusqu'au sol défoncé et bosselé de la chambre souterraine atteint la valeur théorique de 30,5738353 m. On comprendra que ce dernier relevé est à considérer à quelques centimètres près du fait de l'état des lieux (voir de 30 ou 40 centimètres dans le pire des cas). D'après une synthèse de différents relevés, la hauteur de la chambre serait alors de 3,464101614 m (aux décimales évidemment théoriques), ce serait deux fois la valeur de $\sqrt{3}$. Ce qui fait que le milieu ou rayon de cette cavité peut être évalué à l'indice de **1,732050807** m ($\sqrt{3}$). 30,5738353 m + 147,1317686 m = 177,7056039 moins 1,732050807 m (mi-hauteur grotte) = 175,9735531.

Le résultat incite à l'opération suivante : 175,9735531 m moins la distance séparant l'année zéro de **la fin du demi-cycle précessionnel**. Valeurs évaluées en mètres : 175,9735533 m moins 29,3653851 m = **146,608168 m** (la hauteur de la Grande Pyramide sur son socle).

Ce résultat est tout bonnement merveilleux et les quelques dixièmes de millimètres en rapport avec la profondeur de la grotte ne changeraient rien à l'affaire. Notre lecteur aura remarqué que $\sqrt{3}$ et $\sqrt{2}$ jouent en nos calculs un rôle de première importance :

1,414213562 x π 3,141592653 = **4,442882936**

Ici les 146,608168 m de la hauteur sont pris à l'indice non de la coudée pyramidale de 0,5236006 m, mais à celui de la coudée ésotérique, soit 0,523598774 x 280 = 146,6076567 m. Nous constatons qu'il y a une infime différence avec les décimales. Ce genre de dissemblance numérale que nous appelons « respiration » est indispensable à la précision du calcul suivant :

146,6076567 ÷ 4,442882936 = 32,99831636 ou **33 ans**. Les 146,6076567 m précédemment adoptés divisés par la clé chronologique de 0,011785113 nous révèlent à une échelle précessionnelle 12440,07222 années. Divisées par les 33 années christiques ou plus précisément 32,99831636 années que nous venons de considérer, cela fait des coupes de 376,9911193 années. **376,9911187** années ÷ π = **120** x 3 = 360 (le **sang** et **vin** de la coupe).

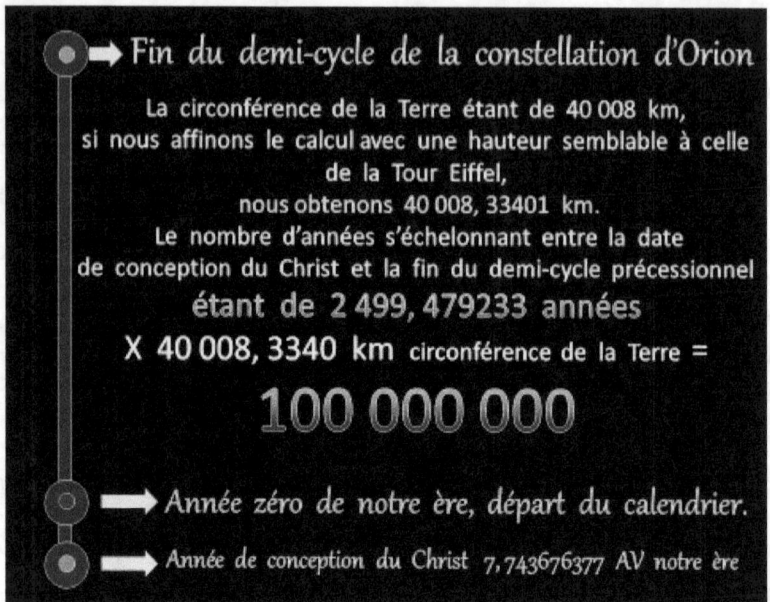

Ce qui nous amène à préciser **376,9911187** années divisées par les 12 disciples, signe prépondérant de la démarche christique, puis par le premier nombre d'un Horus justicier, il nous donne « PI ». N'assimilons pas cette suite de résultats à une pensée **Créatrice Universelle**. Non, ne soyons pas aussi crédules, vénérons plutôt le « hasard », ce bougre est si industrieux qu'il mérite bien une part de notre attention. Comment imaginer sans l'assistance d'un concept créateur qu'autant d'éléments fondamentaux aient pu se mettre en place avec une aussi parfaite harmonie ? Comment imaginer qu'un mégalomane transporté d'exaltation mystique ou idéologique ait pu conceptualiser un monument à sa gloire post mortem en regroupant des milliers de paramètres qu'aucun de ses sujets n'était en mesure de planifier, et qui plus est se prolongeaient dans les domaines du futur ? Comment justifier par un simple raisonnement que des rapports aussi complexes puissent sublimer de leurs manifestations des dates précises sans aucune démonstration de principe ? Enfin, comment ne pas admettre, sans quelques carences neuronales, que ces kyrielles de paramètres ne relèvent pas d'une manifestation intentionnelle. Laquelle se serait fixé pour mission de diffuser en l'espace-temps, une configuration, type examen de passage, ayant pour intention l'évolution de la société humaine.

Intéressons-nous à un indice étonnant concernant la date de naissance de Jésus 7,74367638 années avant notre ère comme nous l'avons précédemment défini. Puis tenons compte de cette période de vie communément répandue de 33 ans que l'histoire prête à Jésus le missionné.

7,74367638 ans + 33 ans = **40,74367638 ans** ÷ par l'ennéade 1,23456789 = **33 ans**.

Ah ! Être athée, voilà bien la plus sereine des innocences ! Nous avons là un justificatif de la symbolique, étant donné que Saint-Pothin à son époque, affirmait aux environs de 140 après JC que le Christ avait subi son martyre à la quarantaine passée. Ce qui ferait que les 40,74 ans seraient justes et les 33 ans déductifs et symboliques.

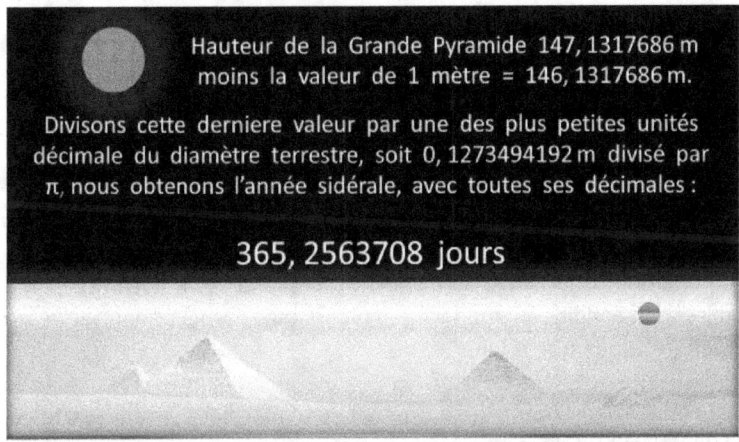

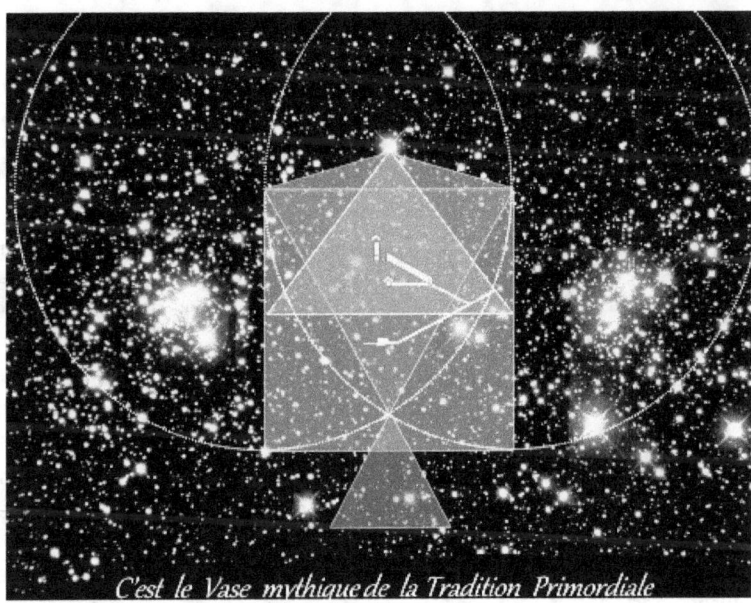

Nous avons vu par ailleurs que si nous glissons vers le bas une surimpression de la Grande Pyramide, son sommet vient se placer sur la

première année de notre ère, la chambre de la Reine se calque sur le départ d'Orion, la base pyramide atteint le centre de la grotte. Voilà beaucoup de choses à cogiter, étant donné que ces exogènes concepteurs réalisateurs étaient des entités vouées à la spiritualité, ils ont fait en sorte que se justifient toutes correspondances à la perfection. Ce qui nous apparaît le plus étonnant en ces enchaînements des nombres et formes, c'est la multiplicité des aspects que souligne cette démarche pour témoigner de la vie du Christ, comme s'il s'agissait d'une référence sur la laquelle nous devons de nouveau méditer. Les tortionnaires romains ne sont plus là, mais par la plus étrange des coïncidences beaucoup des problèmes d'alors sont similaires.

À l'époque sévissait une classe oligarchique pharisienne avec ses collaborateurs sadducéens négociants de Rome. L'autre classe celle des « gentils » était la plèbe du servage traité sans considération.

Nous subissons des épreuves semblables que celles décrites à l'époque du Christ. La seule différence tient à des critères technologiques de consommation. Une classe a le pouvoir du capital, une autre paupérisée et soumise à un conditionnement oligarchique dont l'aspect financier détermine la conduite antidémocratique.

Ce qui revient à dire que souffrir avec une machine à laver et un téléphone portable, c'est tout de même mieux que de souffrir avec simplement une lampe à huile et un battoir. Mais nous avons ton message Jésus, chiffré rien que pour nous les « gentils ». Les financiers cela les fait rire jusqu'à leur mort, mais pas après, non ils ne rient plus après, car l'argent n'a pas d'âme, il ne suit que le corps.

Savoir évaluer les choses avec des mesures différentes que celles que l'on a acquises, savoir considérer que le haut n'est pas le sommet, mais qu'il est le seuil de ce que nous ambitionnons d'atteindre. La vie pétille autour de nous sous les voiles de l'anonymat, sortons de cette tiédeur banalisée pour oser la marche stoïque de notre évolution. Les concepteurs réalisateurs de la Grande Pyramide déconcertent les visiteurs par l'insipidité monolithique de l'œuvre qu'ils offrent à leur regard. Pour beaucoup d'inféodés à la culture contemporaine, cette projection titanesque vers les cieux est emblématique d'une volonté d'asservissement populaire. Mais si nous faisons fi de ces points de vue caricaturaux, il n'y a pas en cet édifice un détail, une surface, un bloc, pas une marche d'escalier qui ne soit un trésor. Pour livrer ses secrets, la pyramide fait moins appel à la sagacité de l'esprit qu'à une démarche intuitive. Les concepteurs ont misé sur l'intelligence humaine pour que les découvreurs y puisent des correspondances universelles, apanage d'un stade d'évolution supérieur. Devons-nous approcher de ce stade où nous faut-il attendre encore ? Nous nous devons d'exercer ce choix au plus vite, aujourd'hui même il est bien tard. Le Graal, le sang et le vin, l'élévation de l'hostie émergent du calice tel un soleil, les 33 ans, la grotte, la croix, la lance, les « 3 » Maries, le cercle, le triangle de 3 fois 360, les racines de 2, de 3, la clé pyramidale, l'angle de 90° de la constellation, les 123 de distance et le total des cent mille, les indices dans le ciel, les jours de l'année, l'équidistance Kheops fin de cycle et les approbations géométriques, la position d'Orion dans le ciel de nuit, voilà un recueil apparent qui fait appel à un décryptage. Le jeu devrait séduire l'esprit, car les gains sont à l'échelle de l'espérance intérieure. Le rejet est injustifiable, non point lorsqu'il éclot du libre arbitre, mais lorsqu'il tourne la page sans examen. Cette attitude de réflexion qui s'élabore sur l'échelle des éventualités est l'outil de l'éveil. L'homme se doit d'être, s'il n'est déjà, car lorsqu'on va au-delà de l'incertitude c'est qu'elle est précédée par la confiance. Certains historiens ou exégètes spécialisés dans l'histoire des premiers âges de notre ère, n'hésitent pas à présumer que le Christ a pu être supplicié sur une croix dite de Saint-André aux branches en formes de X. Cet usage, il est vrai, était relativement fréquent à l'époque romaine et il n'est pas déraisonnable de l'envisager.

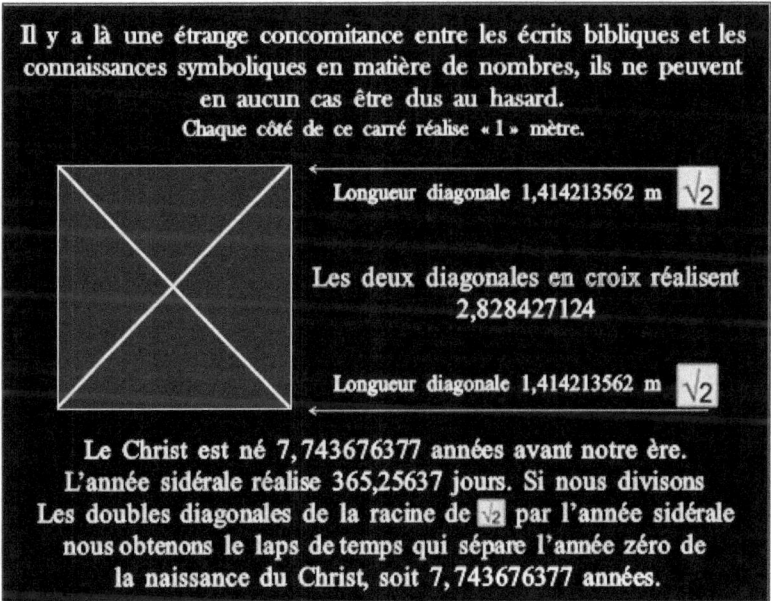

Il y a là une étrange concomitance entre les écrits bibliques et les connaissances symboliques en matière de nombres, ils ne peuvent en aucun cas être dus au hasard.
Chaque côté de ce carré réalise « 1 » mètre.

Longueur diagonale 1,414213562 m $\sqrt{2}$

Les deux diagonales en croix réalisent 2,828427124

Longueur diagonale 1,414213562 m $\sqrt{2}$

Le Christ est né 7,743676377 années avant notre ère. L'année sidérale réalise 365,25637 jours. Si nous divisons Les doubles diagonales de la racine de $\sqrt{2}$ par l'année sidérale nous obtenons le laps de temps qui sépare l'année zéro de la naissance du Christ, soit 7,743676377 années.

Nous retiendrons en ce cas le double symbole que cela peut inspirer. La croix ainsi décrite est évocatrice du croisement des étoiles-cadres d'Orion. Mais elle évoque également les doubles lignes en diagonale de la racine de deux que révèle l'année sidérale ayant trait à la naissance de Jésus. Avec le carré-base, nous pourrions même ajouter les 4 angles numériques de la Grande Pyramide. Souvenons-nous que les « 4 branches du croisement des étoiles-cadre » réalisent 553,3822313 mètres. Si nous avions à les multiplier par les 8 demi-faces de la pyramide = 4 427 05785 m divisé par « 36 » = **122,9738292 m**. Ce nombre représente la distance qui sépare la prise d'altitude d'Orion de la conception du Christ au milieu de l'épaisseur de la couronne. Divisé par la clé chronologique de 0,011785113, cela nous donne **10 434,67544 années**. C'est la distance entre la prise d'altitude d'Orion par rapport à l'année zéro de notre ère. La croix entourée d'un cercle, c'est aussi la lumière et rien ne peut mieux la symboliser que le triangle équilatéral tête inversé, la lumière vient d'en haut. Cette schématique prolonge la croix classique pour nous donner une croix christique, aux proportions tout à fait convenable. Peut-on imaginer qu'une telle allégorie soit représentative du supplice que subit Jésus sur la croix... eh bien oui ! Le carré représente la Terre des épreuves et sa lumière notre raison d'être, lorsque celle-ci est associée à notre conscience en déploiement. Périmètre de ce carré, 4 mètres le début de la connaissance.

Ces affinités avec les écrits évangéliques sont troublantes notamment lorsque la Grande Pyramide est abaissée au niveau du point central de l'épaisseur couronne. Elle représente l'année zéro de notre ère. Nous l'avons fréquemment souligné, sa base alors atteint le centre de la chambre souterraine. Cette dernière par la description qui en est faite est réputée sans aménagement précis, aussi évoque-t-elle davantage une caverne, une grotte, une pièce refuge plutôt qu'un espace fonctionnel. Nous pourrions considérer qu'elle suggère le lieu mythique de l'avènement christique, et le milieu de l'épaisseur de la couronne représenterait le point emblématique de la mort symbolique.

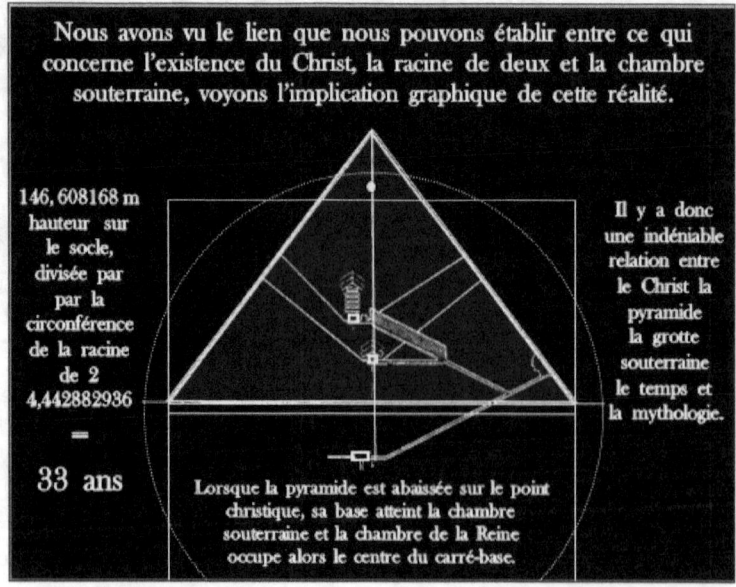

La distance entre les deux serait assimilable au temps parcouru en une vie. N'avons-nous pas pour longueur de temps les 146,608168 m de la hauteur pyramide, lorsque cet espace est divisé par la circonférence de « **la racine de 2** » 4,442882936 nous avons **les 33 ans** arrondie des évangiles synoptiques ? Cela signifie que la tradition n'est qu'une, elle ne se dissèque pas, elle ne se dénature pas, elle ne s'altère pas, elle change seulement d'apparence comme l'on change de vêtement selon les circonstances de la vie. Parvenu à sa trentième année et au terme d'un long séjour en Égypte, Jésus n'ignorait rien de ce que contenait cet étrange monument. Il ne pouvait toutefois risquer de dispenser l'enseignement qu'il avait puisé en ces lieux aux gens du peuple dont il était originaire.

Il était impératif de transmettre les arcanes à ces êtres éveillés qu'étaient les sages gnostiques, dont l'érudition et le ressenti intuitif permettaient l'entendement. Les choses n'ont d'ailleurs aucunement changé de nos jours. Il faut nécessairement des bases de connaissances pour pleinement apprécier un tel message. À titre personnel, si nous n'avions pas eu à déplorer l'état de dégénérescence de cette civilisation et de constater qu'elle entame, sans en être consciente, son processus de survie, ces travaux seraient restés dans l'ombre. Ils seraient seulement accessibles à une élite de connaissances censée les prendre en considération.

Les temps sont venus où un tel message se doit d'être rependu sur les étals des marchés, à la vue de tous, à telle fin que demain aucun être placé devant l'évidence ne puisse dire... « *je ne savais pas... !* » Ce message se doit d'atteindre les états de conscience prédisposés à le recevoir, car ces énonciations pourraient constituer un stimulant spirituel en cette société corrompue qui n'a d'autre ambition que d'imposer au peuple sa prépondérance en matière de dirigisme économique, en stimulant les plus roués au mépris des plus dignes. Il nous fallait un support exemplaire pour se référer de vérités irrécusables. Aujourd'hui nous l'avons. Il nous reste, mes amis, à nous rassembler sur le chemin, non avec des fourches ensanglantées objet de l'oppression, mais avec la digne détermination d'être intrinsèquement autre. « *Si tout cela avait un fond de vérité, ça se saurait... dans les médias, non... ?* » dirait le lampiste que plus rien n'éclaire ! Vivre, c'est effectuer des choix, nous pouvons végéter dans le négationnisme ou transfigurer notre vacuité intérieure vers la lumière d'une réalité pressentie.

Un tel déploiement de témoignages en une seule œuvre réputée humaine laisse l'esprit dans l'expectative. Tout être humain doté de qualités pensantes devrait être bouleversé par ce qui est proposé, mais ce serait hélas, oublier la réalité du monde. Les exogènes qui seraient en mesure de le faire évoluer ne le peuvent pas. Ils sont tenus par un serment universel qui consiste à laisser se développer par elles même les civilisations qu'ils côtoient. Ils savent que s'ils intervenaient dans le processus psychologique de progression, ils modifieraient à jamais les critères d'évolution propre aux états de conscience. Ils ne peuvent qu'évoquer, susciter ou suggérer, dans l'espoir que ceux que l'intuitif interpelle, opteront pour les chemins jalonnés d'indices qu'ils ont esquissés. Parmi ceux-ci, se trouvent en tous premiers lieux ceux que nous exploitons sur le plateau de Gizeh en Égypte. Ces formes concluantes sont une omniprésence de leur omniscience.

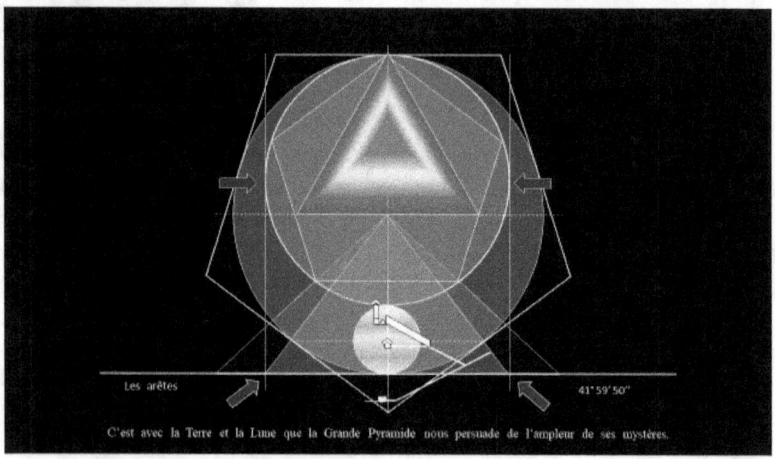

C'est avec la Terre et la Lune que la Grande Pyramide nous persuade de l'ampleur de ses mystères.

Face à cela, de faux adages virevoltent dans les pensées irrésolues. N'entendons-nous pas quelques fois cette trivialité : « *on fait dire ce que l'on veut aux nombres...* ». C'est exact que de tels apophtegmes sont valables en politique, en stratégie dominatrice, en autodéfense, mais c'est absolument faut en mathématique et moins encore dans la recherche de preuves spirituelles, ce serait un non-sens à peine concevable. En matière de recherches hermétiques, les indices de recoupements coïncident ou pas ! S'ils coïncident, c'est que la composition à une signification qu'il faut discerner. Nous retrouvons cette évidence dans « les mandalas », objet de méditation et d'inspiration dans le bouddhisme et le tantrisme. La réalité d'une présence christique au début de notre ère est un fait avéré, mais le côté stupéfiant de l'affaire, c'est que ces révélations sont contenues en la Grande Pyramide. Ce qui est ahurissant, c'est cet anachronisme qui nous conduit à douter de la relation, à moins qu'il nous soit donné d'envisager que le temps est une valeur relative sur laquelle se déplaceraient allègrement, les auteurs de cette dévolution. Voulaient-ils par ce fait marquer l'authenticité de la présence christique dans les âges indiqués ? Où voulait-il souligner qu'il existe une translation possible du temps selon le degré de connaissance auquel on peut prétendre ?

Cette suggestion nous amène à envisager que ces exogènes n'étaient pas sans savoir à quel moment cette information serait livrée à la connaissance du public.

Devons-nous nous en réjouir ? Oui, si nous avons l'intention de prendre ce message au sérieux et de le concevoir comme l'élément fédérateur d'un changement radical de notre mode de vie. Non, si nous voulons persévérer jusqu'à l'ineptie en une attitude d'irresponsabilité collective. Car désormais nous sommes informés qu'il existe une autre voie de salut et que nous serions doublement responsables de ne pas la suivre. Sur un plan spirituel, cette option est tout à fait valable. Etre informé, c'est être à même de choisir. Persévérer sur la voie obtuse de la matérialité rentabilité ou diluer celle-ci en la conscience psychologique, voilà notre ultime dessein.

Méditons sur ce qu'écrivait Voltaire :

« Dans le chaos des superstitions populaires, il y eut une institution qui empêcha l'homme de tomber dans un entier abrutissement, ce fut celle des Mystères ».

Nous ajouterons que si cette superstition est une vérité, tous les êtres peuvent évoluer. Une relation existe entre les rumeurs apocalyptiques de notre époque et le côté obtus de notre incrédulité. Notre seule obsession, notre seule préoccupation, notre seule raison d'être se résument à la puissance que procure l'argent. En raisonnant ainsi, nous instaurons un outrage permanent à l'esprit de créativité, « esprit » que les Anciens Égyptiens soutenaient de leur estime. Nous n'avons plus cette noblesse de cœur qui consistait naguère à faire choix de l'épreuve pour offrir l'espérance à nos enfants. Devant nos problèmes de société, nous sommes un troupeau lénifié, épuisé, nos décisions sont puériles alors qu'il demeure des loups au sang vif qui happent les brebis droguées. Est-ce la volonté de Dieu ou l'incurie humaine ? Si c'est la volonté de Dieu, alors persévérons en notre suicide collectif, mais s'il s'agit du comportement de l'homme, affectons de faire un dernier effort de lucidité pour lui faire envisager que nous sommes des êtres pensants et souffrants, si nous ne sommes plus des êtres agissants.

La rigueur des données numériques

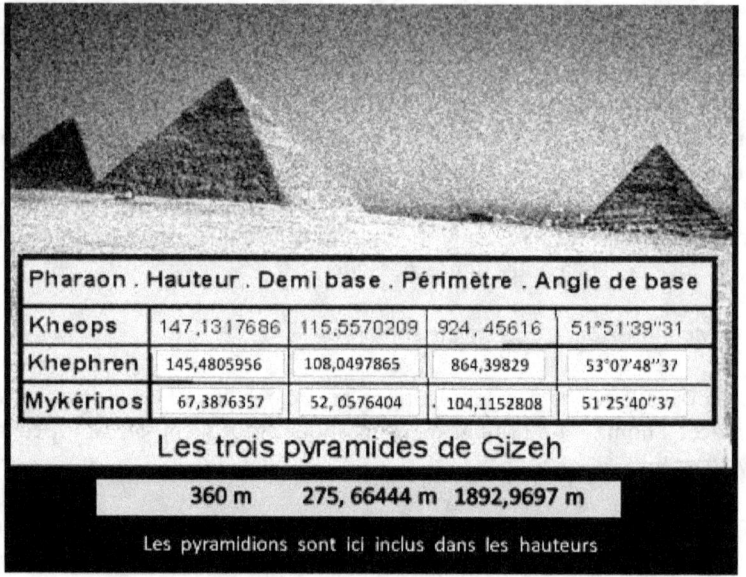

Pharaon	Hauteur	Demi base	Périmètre	Angle de base
Kheops	147,1317686	115,5570209	924,45616	51°51'39"31
Khephren	145,4805956	108,0497865	864,39829	53°07'48"37
Mykérinos	67,3876357	52,0576404	104,1152808	51°25'40"37

Les trois pyramides de Gizeh

360 m   275, 66444 m   1892,9697 m

Les pyramidions sont ici inclus dans les hauteurs

Ainsi exposées les valeurs principales des trois pyramides peuvent servir de référence à nos révélations. Une pluralité de données s'exprime dans la structure et les distances. Leurs complexités ne nous permettent pas toujours de les faire figurer. Soulignons avec une absolue certitude, que le positionnement de chaque élément au sein de ces édifices constitue une référence numérique ou géométrique d'une importance fondamentale et déterminante. En toute première analyse, nous placerons les 360 mètres que réalisent du socle au sommet les trois pyramides de Gizeh. Hélas, les pyramidions que nous incluons en référence ne sont plus visibles depuis longtemps. Nous pouvons cependant déduire leur présence par de simples calculs en leur accordant un soupçon de logique. Le nombre PI, les racines de 2 et de 3 sont à la base des calculs effectués. Les Exogènes concepteurs de ces monuments attachèrent énormément d'importance à les faire figurer au summum de ces édifices, étant en mesure d'affirmer un code universel des valeurs que nous ne sommes pas à même de soupçonner. Notre science expérimentale ayant du mal à concevoir qu'il existe une harmonie cosmologique dissimulée dans les données exploitées, pourtant nous en donnons une preuve patente avec les valeurs attribuées au Soleil à la Terre et à la Lune. À la vue de l'image exposée, nous réalisons que les monuments pyramidaux de Gizeh nous offrent eux aussi, à titre d'exemple, ce que nous tentons de démontrer. A priori une suite de nombres sans liens apparents, peu représentatifs de ces monuments touristiques qui séduisent le visiteur par leur majesté autant que par l'histoire de ce monarque infâme qui sacrifia toute une population pour réaliser son fantasme. Ainsi avait-il élevé un tel monument pour que les dieux, ses pairs, le prennent en considération. Imaginer une histoire aussi débilitante n'est pas digne d'un raisonnement équilibré et y adhérer est pire.

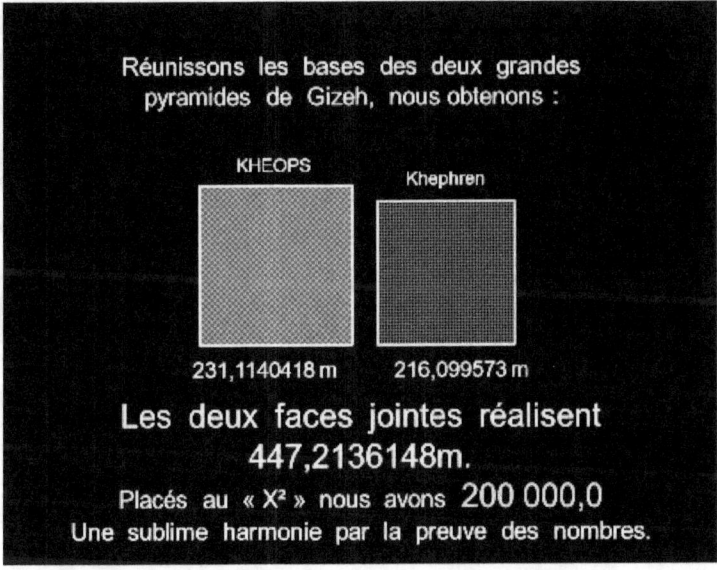

Nous avons là, les deux plus grandes pyramides du site. Il se trouve que la longueur de leur côté diffère notoirement et que leurs dix décimales ne laissent en rien supposer le moindre arrangement.

Alors qu'il suffit comme nous pouvons le constater, de placer au carré leurs deux dimensions pour avoir la surprise de découvrir le type de synchronicité jungienne que nous dépeignons. Contempler une telle unicité de 200 000 en ces édifices c'est aussi souligner la justesse de leurs mensurations. Nous avons là une phase capitale de nos recherches, car elle apporte la preuve incontestable des valeurs numériques que nous avançons depuis une trentaine d'années. Beaucoup de nos lecteurs se sont sans doute étonnés de ces valeurs au micron que nous exposions sans justification concrète. Et bien en fait elles en avaient une, quelque peut subtile certes, mais ô combien satisfaisante pour l'esprit et pour l'évolution de la mentalité humaine. Hauteur, largeur, volume, cavités, nombres de blocs, distances entre monuments, différences de formes, emplacements et raison d'être sur ce plateau, tout en ces pyramides à une valeur déterminée.

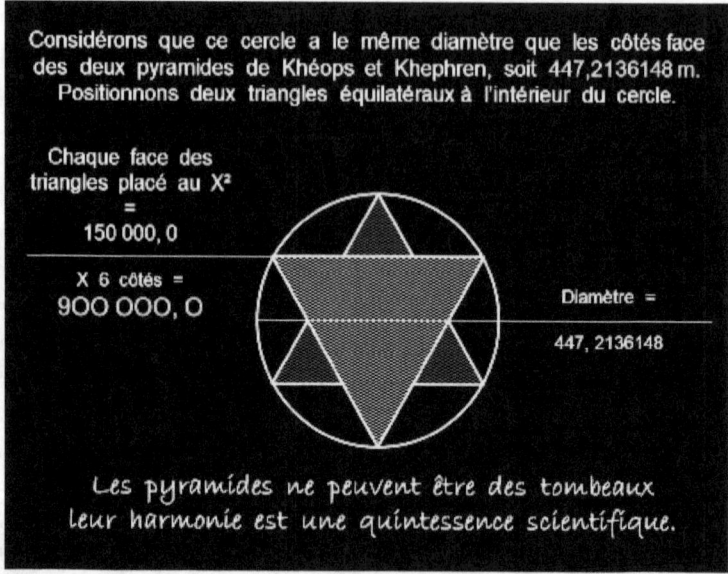

Lorsqu'on est obnubilé par le fait que ce sont des êtres humains qui les ont conceptualisées, il est difficile d'accepter que les normes qui composent ces édifices soient d'une telle perfection. C'est alors très prétentieux de considérer que nous sommes, en tant que terriens, les seuls êtres intelligents de l'univers et de surcroît les seuls altruistes, ce qui est plus que douteux ! Lorsque par déduction nous procédons aux subdivisions et raccordements qui s'imposent, nous constatons avec ces deux carrés la racine de « 5 ».

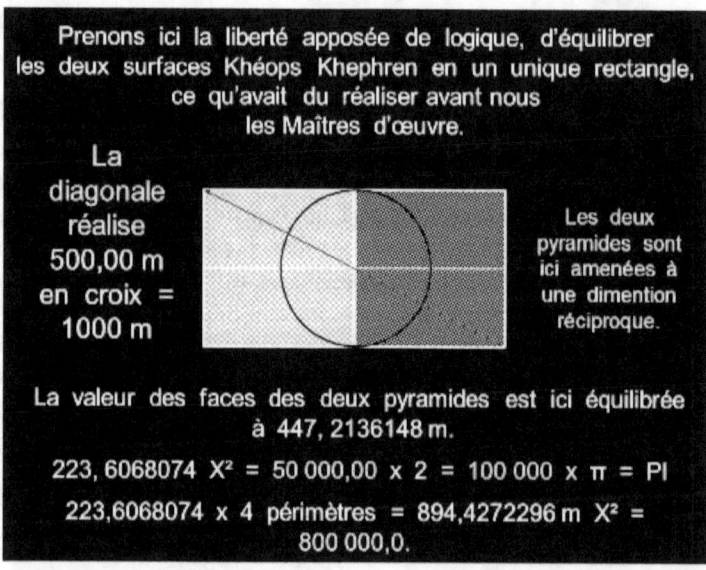

Ces deux diagonales en croix réalisent 1000 m. Elles ont PI pour circonférence. Il y a de quoi méditer sur l'originalité de ces « sacrés » tombeaux de la IVe dynastie ! Si nous sommes des êtres capables de réfléchir, nous ne pouvons qu'être émerveillés par de telles concordances numériques. Poussons la réflexion un peu plus loin, pour évoquer la multitude de synchronicités, d'enchaînements de liens, de jonctions, d'agencements que nous avons pu établir. Alors qu'un seul de ces témoignages aurait pu nous conduire à une déduction intéressante, apte à remettre en question l'enseignement dispensé. En fait ce n'est pas de réflexion dont nous manquons le plus, mais d'honnêteté intellectuelle qui n'est autre qu'un état de la conscience propre à chacun de nous. Veillons à être dignes de notre condition humaine. Attardons-nous un instant sur ce rectangle des bases pyramide pour évaluer son périmètre. Il est égal à six fois 223,6068074 m. Cherchons à établir le total, nous trouvons 1341,640844 m placés au carré 1 800 000 x 2 = **3 600 000** pour découvrir cela avec 10 chiffres de différentes décimales. C'est que les résultats obtenus sont des preuves incontestables.

Si nous ne faisons pas l'effort d'élever cet état de conscience, nous ne pourrons élever nos modes de déduction. Ces trois « tombeaux » d'Égypte sont le symbole psychologique de ce que nous devrions être, par rapport à ce que sommes. Avec ces nombres fabuleux, d'autres formes et d'autres valeurs s'imposent à nous. Elles se joignent au triangle équilatéral au cercle, à la lumière, au soleil, le plus naturellement du monde. Car l'univers cosmologique est ainsi agencé d'une multitude de valeurs numériques, non point communes, mais apparentées à la complexité des systèmes. Les concepteurs réalisateurs de ces œuvres spatiales ont tenu à nous faire remarquer combien nous négligeons ce qui est existant dans notre environnement. Nos enseignants n'affirment-ils pas que les deux disques solaires lunaires, lorsqu'ils se juxtaposent à la perfection au cours d'une éclipse, ne constituent qu'une aimable conjonction ? Sans concevoir un seul instant que les probabilités pour qu'ils aient ainsi diamètre semblable 31 minutes d'arc, compte tenu de ce qu'ils sont l'un et l'autre, est tout à fait extraordinaire. Avec le témoignage d'une telle attitude, comment envisager un seul instant que ce que nous démontrons peut avoir un caractère exceptionnel ? Autrement dit, le fait de banaliser la vie éloigne la pensée des rapprochements qu'elle serait censée faire sur l'organisation du monde, et par le fait même de l'admirable amour qu'elle devrait porter à son créateur, à condition que celui-ci n'ait pas pour nom Darwin.

Serait-ce chose banale que la circonférence d'un cercle multiplié par PI nous donne la racine de trois ? Ce n'est pas impossible, si son diamètre réunit les faces des trois pyramides de Gizeh. Cette adaptation vous fait-elle sourire ? C'est bien, car nous sommes des milliards à regarder cela et ne rien comprendre de ces foutues démonstrations ! C'est pourtant une des plus belles découvertes au monde. Elle corrobore toutes les autres en justifiant la précision des calculs et la perfection des tracés. Mais à l'inverse de cette évidence, les experts orthodoxes spécialisés préfèrent entretenir leur vision des choses. Leur prédominant matérialisme ne saurait bousculer leur **consensuel** quotidien, rien de l'acquis ne doit-être remis en question, c'est cela la science expérimentale.

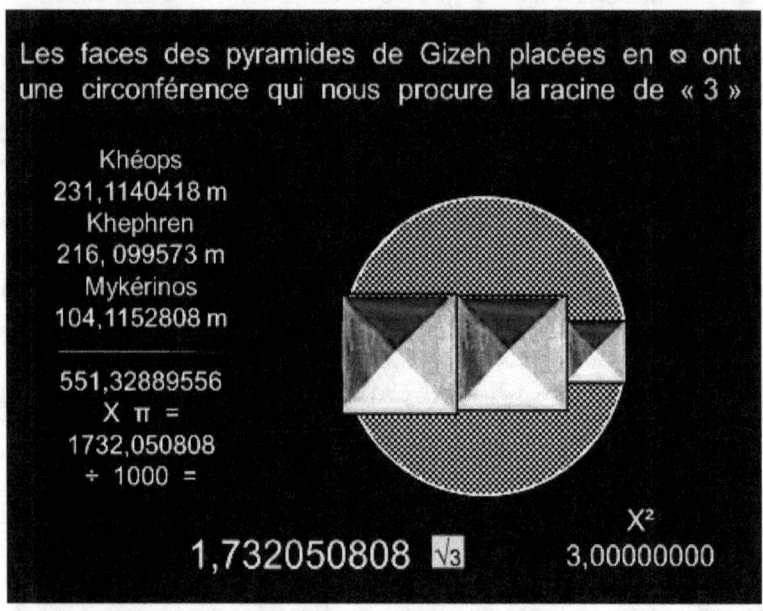

C'est dans les années 1990 que nous avons mis au point après de nombreuses journées de travail l'essentiel de nos travaux de recherches sur les dimensions des pyramides. Dans cette petite chapelle désaffectée où nous vécûmes quatre années, seule en un milieu boisé, nous parvînmes à unir ces courants intuitifs qui réclamaient une certaine disposition de notre état de conscience. Sans le savoir, nous avions disposé notre table de travail à l'endroit même, nous le sûmes plus tard, où se trouvait l'autel lorsque la chapelle était encore en service. C'est une des plus belles découvertes, elle corrobore toutes les autres en justifiant la précision des calculs et l'accommodement des tracés. Cela chers lecteurs, pour vous dire que nous avons rempli en ce lieu des centaines de feuilles et effectué des milliers de calculs pour parvenir à une quasi-certitude, les pyramides de Gizeh avaient des dimensions symboliques. Avait, car il est bien difficile, voire impossible, de percevoir dans l'état actuel des formes, les précisions que nous faisons figurer. Ces calculs auxquels nous nous sommes livrés répondent pour la plupart à des facteurs considérés ésotériques, mot tabou en notre civilisation matérialiste, terme classé puérilement parmi les diableries. Alors même que ces calculs sont les fruits d'une science universelle que notre science expérimentale est loin d'admettre comme une réalité plausible. Nous métrons en dehors de ce dénigrement dulcifié les chercheurs en physique nucléaire, lesquels de nos jours sont loin de penser que tout est rationnel et qu'il suffit d'être diplômé pour prétendre détenir la vérité, comme peuvent l'affirmer « les rivées sur consensus » de la théorie des tombeaux.

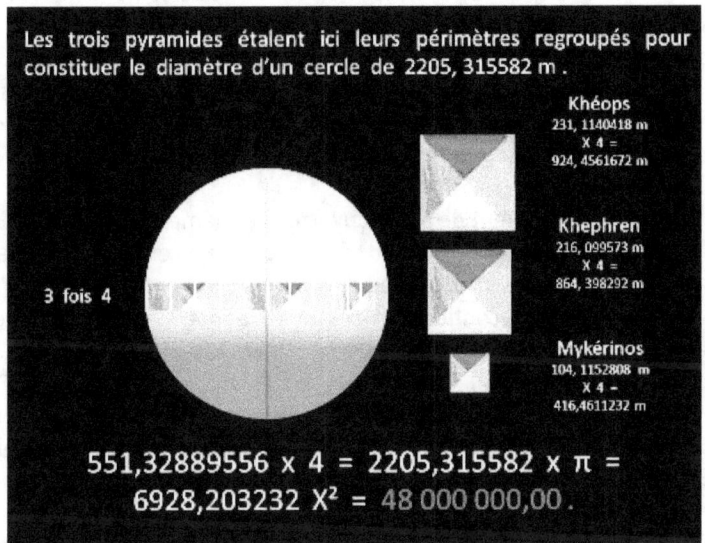

En tant que guides émérites, le tourisme bringuebalant leur fait gagner des fortunes, alors que des égyptologues égyptiens, grands découvreurs de richesses archéologiques, sont ignorés par une machination médiatique inféodée au système corporatif.

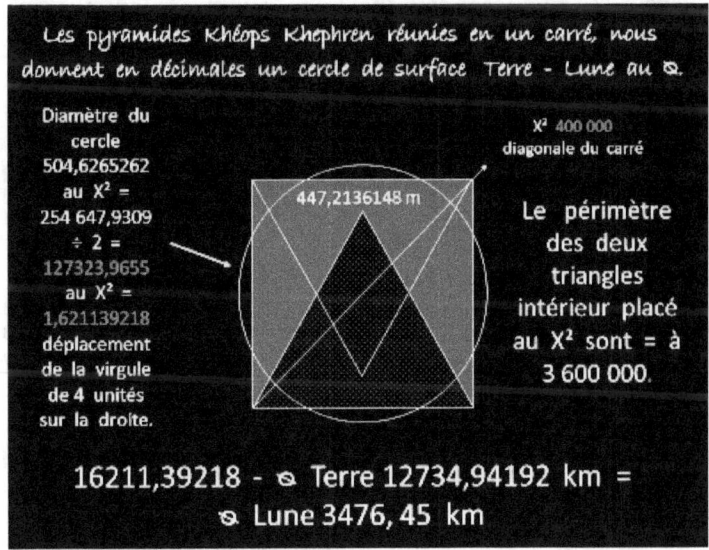

La symbolique hermétique nous a amplement aidés à obtenir ces résultats, mais ce ne fut pas sans calculs, sans références littéraires, sans méditations, sans atermoiements. Ce qui fait que le découvreur s'efface humblement devant la découverte, que représente-t-il à l'échelle humaine, si ce n'est un doigt indiquant le trésor ? Beaucoup d'êtres humains ont œuvré leur vie durant dans des taches sublimes, sans jamais avoir été considérés, nous voulons être parmi ceux-là le reste de notre existence. Ce serait une offense que d'être officiellement reconnu par un monde crapuleux en déliquescence, ce qui prouverait alors l'intérêt Média footballistique de nos travaux ou la bassesse du culte individuel.

Il en va différemment de la découverte elle-même. Ce message que nous divulguons a été réalisé pour tenter de faire progresser cette société en laquelle nous régressons. Ce ne sont pas les découvreurs qui ont une valeur, mais le fabuleux message que contiennent ces monuments. C'est sur lui que nous devons nous pencher pour évoluer.

Un tel message a été mis en place à dessein. Il fut réalisé par des êtres omniscients venus d'un ailleurs inconnu, avec l'intention altruiste d'aider notre société en déviance à concevoir une opinion différente du créé. Ce message était connu des peuples anciens, aussi fut-il des millénaires durant, une source de quintessence pour une minorité qui l'essaima dans l'hermétisme mythologique. Cette référence originelle, nommée « Tradition Primordiale » fut ainsi entretenue d'âge en âge par une élite hiérarchique, afin de faire se perdurer le message initial. Les hiérarques s'imposaient le devoir d'éduquer les populations à une double réalité existentielle, la survie en l'ailleurs et le conditionnement temporel. Nous savons que l'évolution individuelle de chaque être humain est admise et souhaitable, mais il en va tout autrement des sociétés en lesquelles ils vivent. La nôtre est un exemple de déchéance et rien n'est envisagé pour en enrayer son délabrement.

Le postulat de dissolution de mœurs, d'irresponsabilité collective, était-il connu des concepteurs de ces œuvres pyramidales ? Ceux-là se doutaient-ils que dans les âges les technologies allaient supplanter la raison, conduisant à l'irréflexion des gouvernants et à l'amoindrissement du raisonnement populaire ? Se doutaient-ils que pour cette raison la biodiversité serait mise en danger, que la population humaine procréerait en des démesures insanes conduisant à une situation apocalyptique ? Savaient-ils cela ? Dans ce cas il est tout à fait logique qu'ils aient pensé à édifier sous une forme originale « **un message** ».

Celui-ci était prioritairement adressé à des esprits informés afin qu'ils effectuent des rapprochements scientifiques et cherchent à en exposer les principes numériques tout en soulignant le caractère spirituel qui en émanait.

Ces énoncés devraient nous donner à réfléchir sur la volonté qu'on put avoir certaines entités exogènes imprégnées de philanthropie à nous venir en aide. Étant donné qu'un inéluctable impératif universel veut que toute civilisation ait pour devoir de se développer par elle-même, sans aucun apport externe efficient. Ce qui revient à dire qu'a l'opposé de ce qui nous est enseigné, la Terre a connu plusieurs civilisations qui se sont effondrées dans des cataclysmes alors qu'elles atteignaient un seuil avancé de technologie, la dernière d'entre elles il y a 50 000 ans. Ces preuves sont peu révélées par les experts, mais elles existent. L'historicité de ces civilisations disparues était connue des concepteurs de Gizeh. C'est pour cette raison qu'ils entreprirent d'ériger ces constructions énigmatiques afin d'inciter à des dénouements plus dignes de nos capacités mentales. Ainsi, ne rompaient-ils pas avec le pacte universel, consistant à ne pas apporter une aide directe aux civilisations spatiales émergentes. L'enjeu était de supposer que ces découvertes dont nous faisons état allaient engendrer une réforme des consciences. Pari risqué, car il est plus facile de séduire des esprits sensibilisés, que l'ensemble d'une population préoccupée par d'impératives nécessités matérielles.

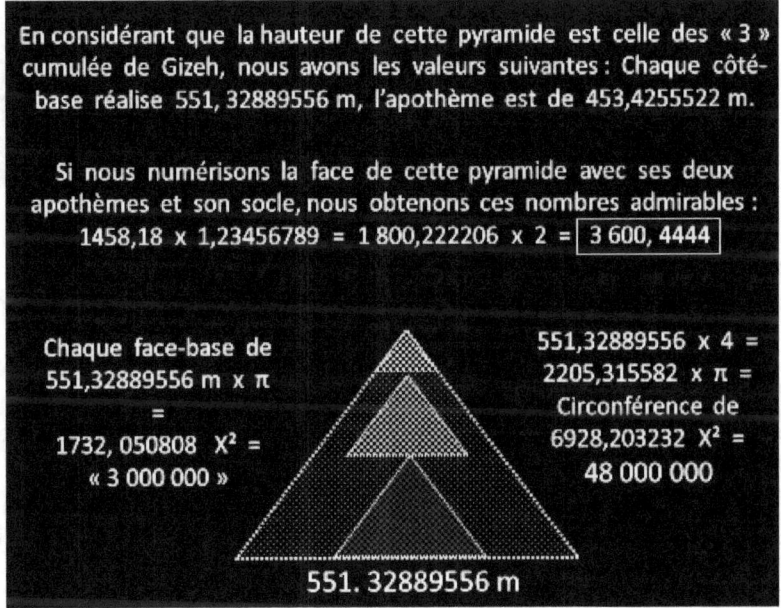

Pour que ces travaux engendrent un résultat positif, il serait nécessaire qu'ils soient pris en considération par des intellectuels, ce qui n'est guère envisageable dans le contexte délétère actuel. Le drame aujourd'hui est que ces philanthropes exogènes ne parviennent pas à réaliser leurs aspirations et qu'une fois encore notre société terrestre revient à l'âge des cavernes. Ce serait d'autant plus cruel que nous avons atteint cette fois le seuil du ressenti, et qu'il aurait suffi d'un amoindrissement de nos addictions au pognon-pouvoir pour réintégrer cette qualité de discernement qui valorisait nos ancêtres égyptiens. Le lien Terre-Ciel est-il de nouveau sur le point d'être rompu ou « le message » sera-t-il pris en considération ?

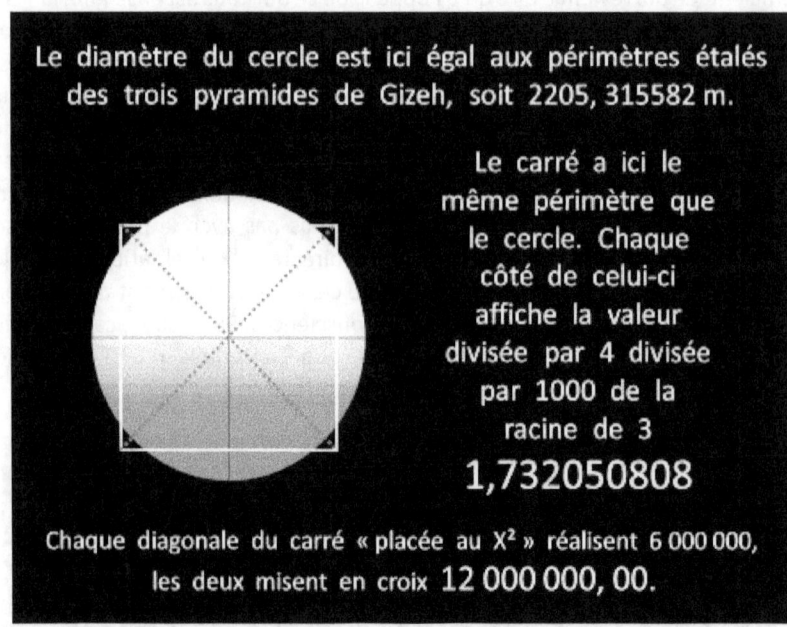

La lumière et le nombre symbolique PI représentent l'espace-temps. Ces trois facteurs sont étroitement unis par effet de synchronicité. Ils nous procurent une pluralité de valeurs ayant un rapport direct avec le temps qui nous est imparti au sein du système solaire. En présence de tel récapitulatif, nous aurions mauvaise grâce à garder une réflexion superficielle. Pour aller plus loin dans le raisonnement, Pi est un point au centre de l'univers où le temps est un éternel présent. Selon la dimension des cercles, l'étendue circonférentielle de l'espace a une valeur différente. Pour bien comprendre la chose en la simplifiant à l'extrême, il nous faut nous imaginer une roue de char à bœufs. La section des barreaux qui touchent le sol a un temps de défilement qui peut être le nôtre, mais si nous remontons le long de l'un de ses barreaux en direction du moyeu, la vitesse de déroulement diminue, pour n'être plus qu'infime au centre de l'essieu. En une analyse qui n'est plus à l'échelle humaine, le temps cesserait de dérouler son œuvre à rapidité identique, le résultat pourrait s'étaler en des milliards d'années quadratiques. Si, tel un petit grillon, les exogènes que nous vénérons ont réussi à remonter l'un de ces leviers du temps, l'effort dispensé pour se maintenir à la verticale du sol est infime, par rapport à celui qu'ils auraient dû fournir au niveau du terrain. Il va de soi qu'une telle description n'est que l'évocation d'une situation physique, mais elle a l'avantage de nous faire comprendre que, sans violer la nature des choses, nous pouvons accéder à des accommodements qui permettent de solutionner des interrogations. Le mode d'acheminement est certes lié à des difficultés technologiques, mais si la question est correctement posée, elle génère une solution théorique, le reste n'est que formulation.

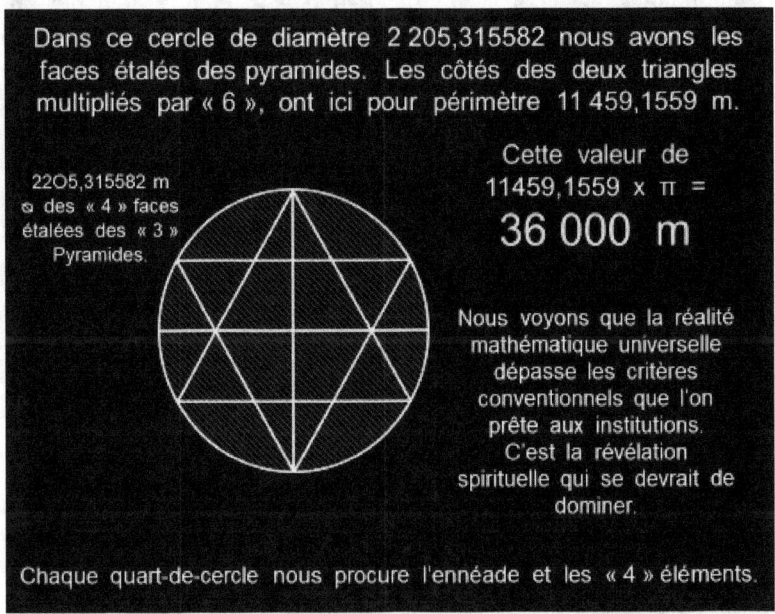

Les « 360° » de notre géophysique ont bien d'autres rapports avec les décimales du « 36 » et ses « 0 », ils représentent une haute valeur symbolique universelle. Lorsque les 36 + 0 apparaissent dans une étude, nous pouvons être certains de leur caractère ésotérique. Ils sont révélés ici par la valeur de l'étoile. Nous avons pu apprécier le lien de synchronicité qu'ont les pyramides avec le Soleil, mais cela est tout aussi évident avec la Terre, la Lune et le nombre clé 1,273239544 diamètre de « 4 ». Les concepteurs de ces monuments pyramidaux ne cessent, aujourd'hui encore, de nous sensibiliser sur les données secrètes de la création. Le Soleil est d'une nature divine, nous pouvons le démontrer avec ce genre de preuve mathématique que l'on ne peut réfuter :

Le côté du triangle équilatéral inscrit dans le Soleil réalise : 1 206 002,091 km.

Si nous divisons 1 206 002,091 km par 100 millions, nous obtenons 0,0120600208 ÷ 2 = 0,0060300104 X^2 = 0,00003636102585 x **24** heures x **60** minutes x **60** secondes = **3,141592653**

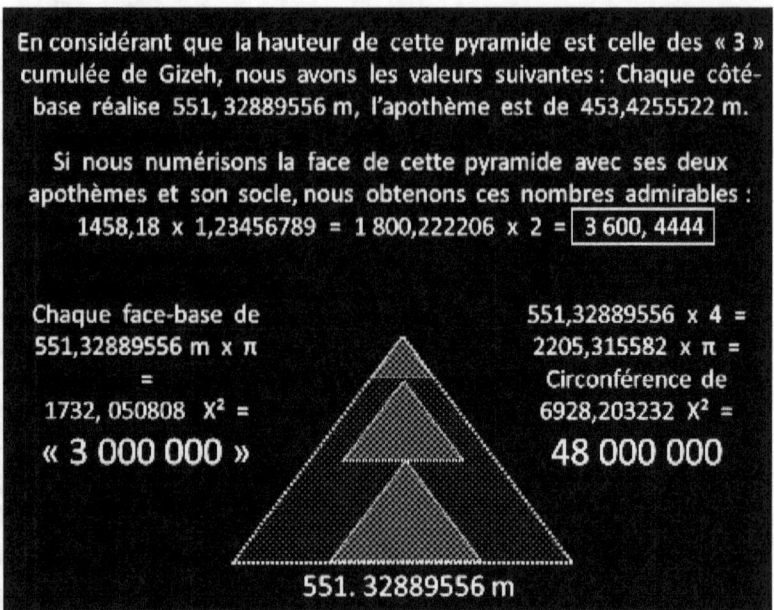

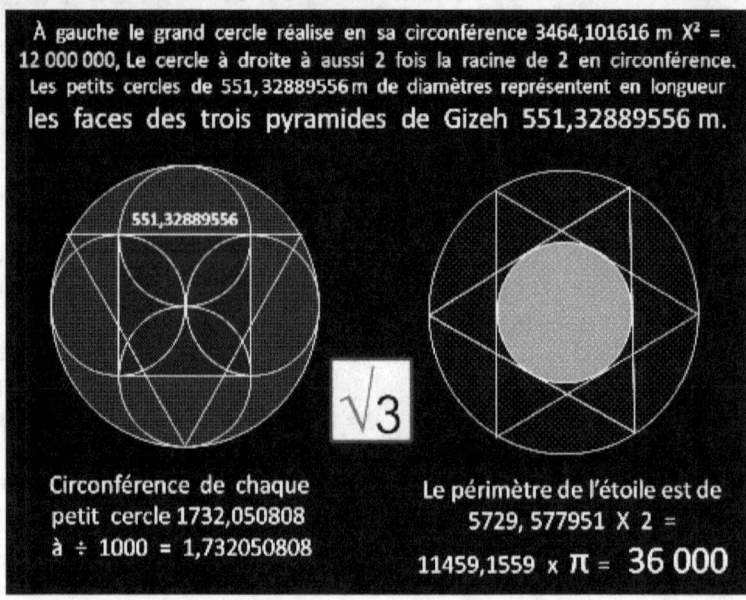

Étonnant non, mais nous aurons l'occasion de voir pourquoi ce nombre 1 206 002,991 est exceptionnel et pourquoi nous le sublimons. La seconde révélation ce sont ces bases des pyramides regroupées qui nous donnent ce fameux nombre de **551,32889556** m, lequel multiplié par PI, nous transmet les décimales de la racine de » 3 ». En ce qui concerne les « 360 m » d'altitude cumulés des pyramides de Gizeh, nous pouvons avoir l'idée de les empiler afin de réaliser un seul monument. Nous avons alors quelques surprises agréables, ce « 36 » encore et toujours qui se manifeste avec le « 4 » de la connaissance. Les nombres universels et le temps, voilà un critère de méditation. Il est à la base de la démarche de réflexion que nous devons avoir pour élever notre conscience vers une autre réalité que l'amphigouri médiatique de conditionnement. Nous sommes sur Terre pour une seule raison, trouvons là ! Cela nous donnera une raison d'être.

L'homme n'est pas seulement physiologique il est aussi conscientisé par la valeur de son raisonnement. Nous avons là, l'un de ces graphiques qui donnent à réfléchir sur ce que sont ces tombeaux qui nous sont inculqués avec obstination et pour lesquels des milliers d'égyptologues sont chaque année diplômés afin qu'à leur tour ils professent les mêmes contradictions inconséquentes. Une simple réflexion sans parti pris devrait déjà nous faire douter, entendu que les facteurs d'agencement se présentent comme des faits incontournables. Comment imaginer que des milliers d'individus compétents s'étant intéressés parfois leur vie durant à ces pyramides n'ait pu songer à une plausibilité plus logique de mise en œuvre de ces monuments que celle qui leur était officiellement inculquée ? Comment ont-ils pu ignorer ces milliers de rapports numériques, géométriques, astronomiques qu'ils avaient sous les yeux sans les prendre en considération ? Hélas, pour ceux extrêmement rares que le doute pouvait titiller, le foudroyant jugement des pairs était un argument important à ne point minorer. Lorsqu'à leur tour ils devenaient « pairs », les honneurs, la réputation, les centaines d'élèves qu'ils avaient instruits de ces « consensus historiques » leur interdisaient toute autre argumentation. Sur les lieux mêmes, certains spécialistes en renoms n'hésitent toujours pas à critiquer sévèrement et souvent de manière odieuse les chercheurs qui suggèrent des adjonctions parfois intéressantes à ces conventions surannées. Ces professionnels, au même titre que beaucoup de chercheurs égarés, sont loin de détenir la vérité sur ces monuments. Alors que l'intervention exogène que nous préconisons serait infiniment plus logique pour l'archéologie égyptienne que la persistance d'une telle aberration. Pourquoi soutenons-nous cette thèse un peu frileuse ? He bien, parce qu'il n'y en a pas d'autre plus raisonnable, étant donné que ces pyramides sont détentrices de milliers de rapports concernant notre environnement stellaire, qu'elles sont des kaléidoscopes géométriques, qu'elles réunissent les nombres les plus judicieux et les plus extraordinaires que nous puissions imaginer.

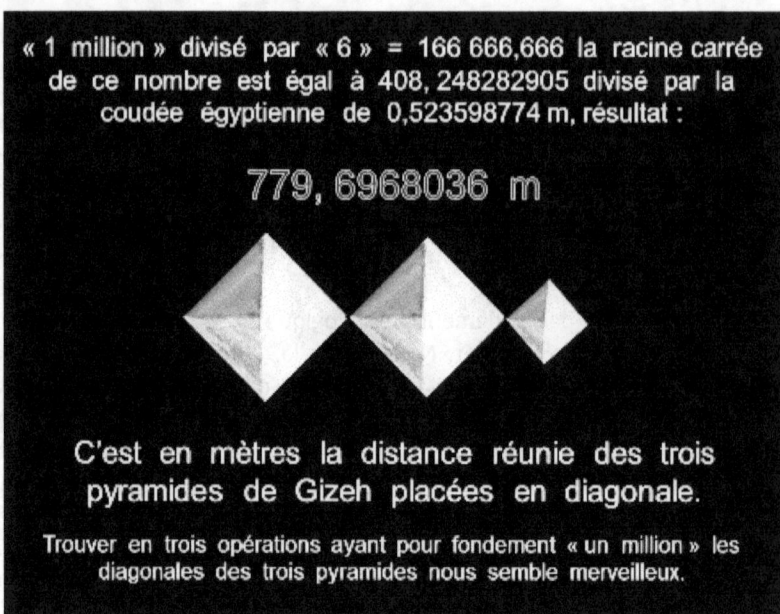

Aucune ethnie humaine, que ce soient celles des anciens Égyptiens ou la nôtre, ne serait suffisamment expérimentée, cultivée et techniquement capable de mettre en œuvre une telle magnificence pour faire en sorte que des milliers de données coïncident à la perfection, affichent des résultats à dix décimales, et surtout qu'un tel pactole se trouve simplement imbriqué dans un amoncellement de pierres. Il est vrai assez modeste, pour que des êtres conditionnés puissent s'imaginer qu'il s'agit d'un tombeau. Nous savons qu'il est commun de dénigrer toute chose incomprise quand on n'a pas les facultés méritantes pour les magnifier. Cette histoire d'ailleurs pourrait adopter une tournure rigolote, lorsque nous devons la situer à l'âge des mammouths, en ce paléolithique où l'homme véhiculait sa moitié par les cheveux. En cette préhistoire où nous Européens avions déjà inventé le tibia pour massue. N'en déplaise à certains, la terre d'Égypte était de loin la plus évoluée, c'est en partit ce qui a motivé le choix de ces exogènes pour placer leur science en ces tas cailloux. Il est nécessaire de préciser que la planète Terre était et demeure pour ces gens de l'espace un bijou. Leur devoir spirituel est impératif, semer mais jamais cultiver, seulement placer çà et là des jalons idéologiques pour éveiller les esprits sans les conditionner. C'est ce qu'ils ont entrepris, nos merveilleux exogènes, car réunir autant de critères déterminants tels que le système solaire avec pour référence Sirius et Orion ne peut être que l'œuvre d'entités spirituelles. Ils se devaient d'apporter leur obole à cette composition cosmogonique. Ils l'ont fait et nous ne sommes pas publiquement capables de le reconnaître.

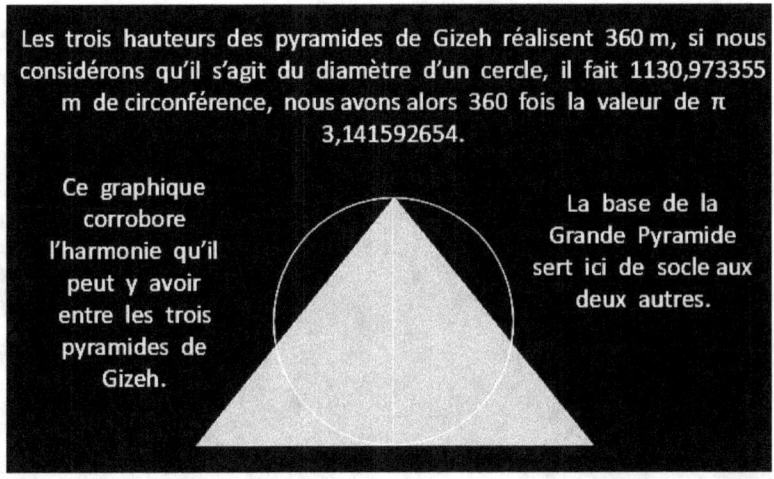

Hélas, on ne peut changer du jour au lendemain certaines aberrations qui ont des décennies de certitude scientistes, des milliers de postes professionnels, des millions d'ouvrages, l'honneur de milliers de gens bernés et des milliers d'autres ahuris de l'avoir enseigné. Alors quoi ? Et bien tout ce monde va attendre quelques décennies en étant chaque jour un peu moins catégorique, pour devenir dubitatif, puis incrédule sur ces soi-disants tombeaux, en finissant par admettre une absolue logique qui a toujours été sienne, les pyramides de Gizeh sont des **réceptacles scientifiques**. Mais cela dans 10 – 20 – 30 – ou 40 ans, car il faut que les convictions meurent et elles ont la vie dure.

Ces nombres ont un langage abstrait d'un ordre philosophique qu'il ne nous est pas permis de négliger. Avec un minimum de réflexion, nous pouvons percevoir combien ces graphismes ont une cohésion numérique qui est à même d'influencer notre pouvoir de déduction pour l'amener à une vision plus élaborée du monde dans lequel nous nous trouvons. Nous pouvons évaluer combien l'agencement de ces formules numériques peut avoir d'influence sur la composition de l'univers, les mises au carré, les racines, les diagonales, voyons-là une thaumaturgie des cercles et des diamètres, de l'ennéade à l'arc-en-ciel.

Nous avons la une étrange numérisation avec la pyramide de Mykérinos.

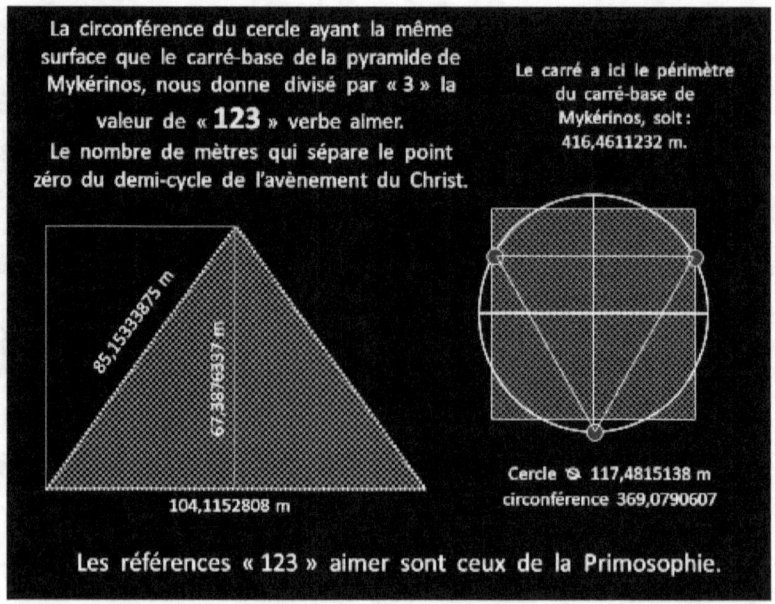

La circonférence du cercle divisée par « 3 » donne « 123 » ce n'est pas tout fait anodin, ce nombre nous rappel la distance en mètres que nous trouvons du départ de la constellation d'Orion à l'avènement du Jésus. La corrélation ne peut être que probable, mais elle est significative, car il s'agit de la partie circonférentielle du triangle équilatéral, représentative du Ciel et de la lumière, ce qu'était censé incarner le Christ.

Image de droite : Révélations des diagonales et des carrés-base des pyramides, elles nous donnent toutes deux la valeur de 4 000 000 millions au carré. S'il y avait un doute sur les exposés des valeurs structurelles, il devrait être résolu par cet étonnant résultat. Ce sont souvent les exposés les plus simples qui nous apparaissent les plus séduisants. C'est le cas des deux grandes pyramides de Gizeh. Le « 4 » et les sept zéros avant le « 3 » sont aussi les éléments d'un langage qu'il est important de connaître. Il se relie à la mythologie et à l'histoire de Gizeh.

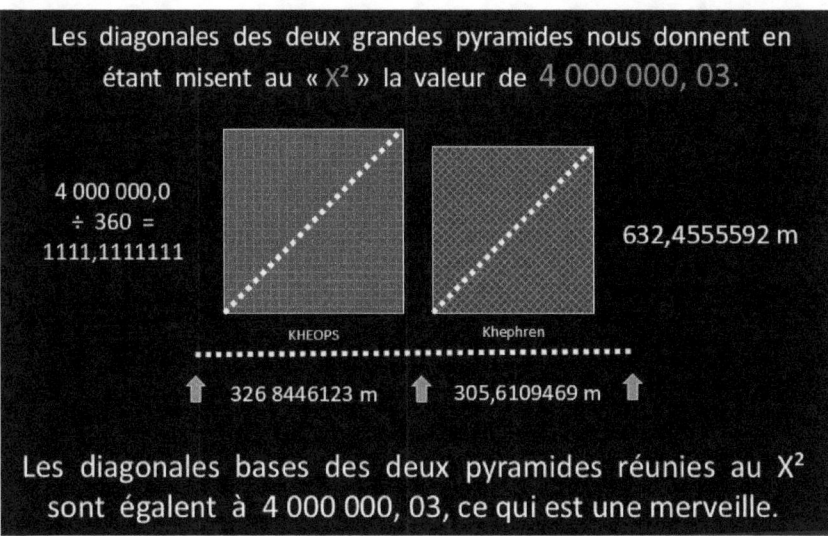

Disposition et distances des monuments

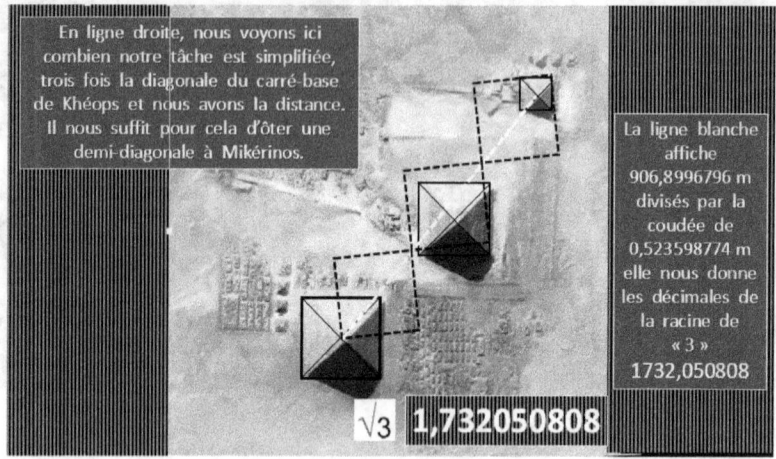

Au-delà du coup d'œil panoramique qui pourrait justifier l'emplacement des pyramides, il nous faut concevoir une disposition plus subtile. Nous avons certes dans les dimensions mentionnées, un excellent aperçu de ces résultats, mais il en est d'autres dont nous devrions tenir compte dans la composition de ces paramètres, ce sont les distances de séparations. Khéops est ici trois fois reportée pour évaluer les intervalles entre les sommets des pyramides. Cela devrait nous donner un espace au sol en passant par les sommets de 1 145,915591 m, ce nombre multiplié par PI nous restitue nôtre fameux **3 600 m**. Ce qui laisse supposer qu'il faudrait définir le point central de ce cercle, lequel pourrait se situer à mi-hauteur du flanc Est de Khephren, sensiblement sur la ligne des sommets Khéops Mykérinos. Il va de soi que le périmètre de 3 600 mètres qui se trouve autour, constitue un espace sacré dont il serait bien de tenir compte pour l'agrément des dieux, plus que pour la rentabilité touristique. Notre innocence, pour ne pas employer un terme plus significatif, nous affranchit de beaucoup de bévues, mais tout à un terme, surtout en matière d'outrage. Ces emplacements sur le terrain répondent à des centaines de critères numériques et géométriques. Ils sont pour la plupart surprenant dans leurs diversités et nous ne pouvons qu'être émerveillés par les concordances et les rapports chiffrés. Nos ordinateurs aujourd'hui auraient du mal à rivaliser avec ceux des anciens Égyptiens spécialistes, comme nous le savons, en élaboration de sépultures.

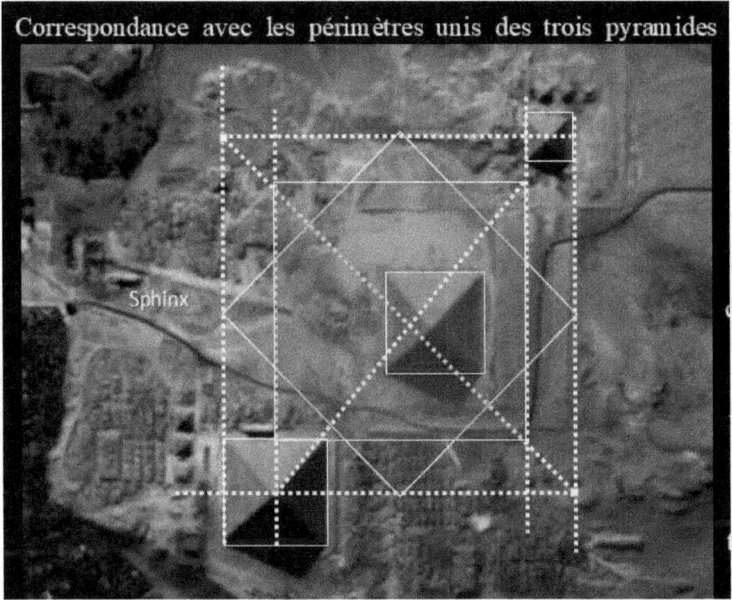

C'est en méditant sur ces représentations que l'on peut se demander comment, nous avons pu admettre pendant des décennies que c'était là des tombeaux sans un soupesons de réflexion déductive plus élaborée. Alors qu'il s'agit d'un message dont la révélation pourrait nous permettre de franchir ce fameux cap de la désespérance, celui-là même qui nous réduit à n'être, que les produits les plus élaborés de la matérialité. Sur cette image les deux grands carrés centraux ont le même périmètre que les trois pyramides, nous constatons qu'ils s'ajustent étrangement aux emplacements des édifices. La croix aux lignages blanc central pourrait nous donner ce point nodal du cercle de 3 600 m dont nous faisions allusion, précisément sur le flanc Est de Khephren.

Versé dans le flot de ces découvertes, le plus troublant c'est cette absence de temps que nous pouvons constater. Parmi ces bizarreries anachroniques nous avons celles du roi Khéops et du Christ, comment peut-il y avoir une relation entre les deux, si ce n'est celle que l'on perçoit lorsqu'on étudie les périodes de temps. Même nombre d'années entre Khéops et le Christ qu'entre le Christ et la fin du demi-cycle. Même nombre d'années entre le départ de la religion hébraïque et le Christ, qu'entrent le Christ et le commencement de la religion musulmane. En élargissant ce domaine, on trouve des relations saisissantes impliquant des dates entre l'altitude actuelle de la grande pyramide et le fait de son pyramidion jadis existant. Les dates ont de surcroît d'étranges correspondances historiques. Ceci nous donne à réfléchir à une notion de temps en lequel nous, peuple de la Terre, serions versés pour accomplir on ne sait quelle mission d'ordre moral dont nous semblons ignorer les fondements. Mais si nous tentons de réfléchir avec ces découvertes informatrices qui nous sont données, le caractère abstrait s'atténue pour nous laisser entrevoir des rapports de synchronicité avec ce que nous pourrions faire ou devrions faire. Le « nous » est ici pris à l'échelle de la civilisation en laquelle nous livrons nos déductions. Le plus beau message qui se trouve au sein des pyramides n'est peut-être pas celui que nous nous plaisons à découvrir composé de chiffres et de formes évocatrices, mais celui d'une invitation à franchir une étape évolutive, symbolisée par la pointe de l'éminence. Ne devons-nous pas pénétrer cet autre espace dimensionnel que relativise le matérialisme infantilisant où nous pataugeons. Ne devons-nous pas pénétrer,

comme le croyaient les Égyptiens, ce sas Terre-Ciel de mise à l'épreuve au cours de notre existence. Nous n'avons plus de sages philosophes capables de souligner l'aberrance en laquelle nous évoluons, par rapport à toutes ces étrangetés cosmiques dont nous devrions prendre conscience pour évoluer. Si nous éclatons notre pyramide, le sommet des apothèmes rencontre les bases des triangles équilatéraux, pour tracer un cercle dont le carré souligne la circonférence. Une telle description est fastidieuse à entendre, mais elle a les accents d'une philo technologie qu'il serait astucieux d'adapter à un art de vivre. Nous devons tendre nos aspirations vers des points névralgiques, là où les réactions ne seront plus celles d'un parcours hésitant. L'harmonie existe, nous devons la chercher pour la pénétrer, pour engager nos idées dans un processus d'évasion. Seuls les nombres et la géométrie peuvent nous apporter cette absolue certitude. Les critères technologiques servant de base scientifique nous prouvent que des rapports d'harmonie existent entre toutes les choses de la création et qu'il est sage de s'en imprégner. Un tel constat relativise ce capharnaüm sociétal en lequel nous vivons où nous devons soutirer les avantages nécessaires à notre verticalité. Vivre c'est avant tout être conscient de sa réalité humaine, vivre ce n'est pas s'assimiler à une vision commune, l'existence a pour chacun d'entre nous des aspirations distinctes et méritoires. Savoir observer, réfléchir nous amène à une autre réalité, cela nous fait franchir une dimension qui ne nous sépare pas de la vie commune, mais qui l'enrichit énormément.

Le Principe Créateur dans la Tradition Primordiale

Si nous divisons le diamètre solaire de 1 392 571, 262 km par le diamètre que nous donne le plus haut sommet de la Lune, soit 3 480,732009 km, nous obtenons multiplié par 100 la circonférence moyenne de la Terre. 40 008 km.

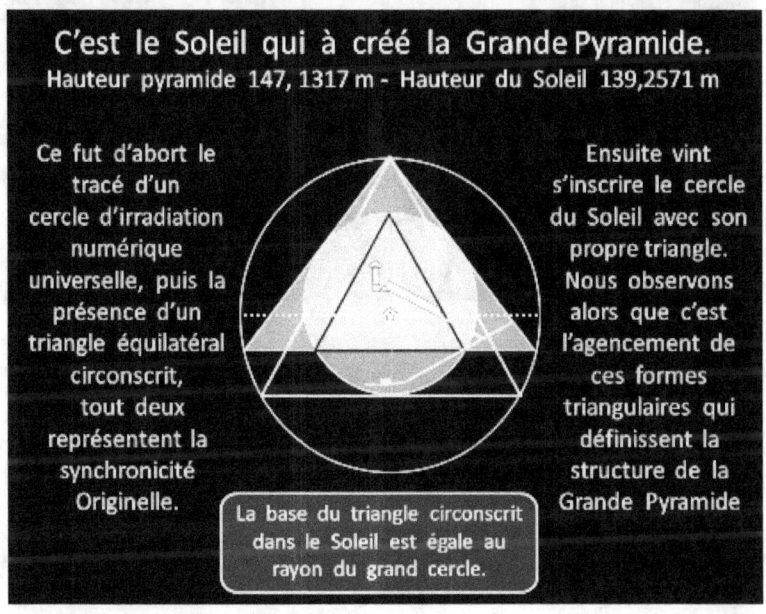

C'est le Soleil qui à créé la Grande Pyramide.
Hauteur pyramide 147, 1317 m - Hauteur du Soleil 139,2571 m

Ce fut d'abord le tracé d'un cercle d'irradiation numérique universelle, puis la présence d'un triangle équilatéral circonscrit, tout deux représentent la synchronicité Originelle.

Ensuite vint s'inscrire le cercle du Soleil avec son propre triangle. Nous observons alors que c'est l'agencement de ces formes triangulaires qui définissent la structure de la Grande Pyramide

La base du triangle circonscrit dans le Soleil est égale au rayon du grand cercle.

Parmi la pluralité de ces démonstrations graphiques, il en est qui retiennent plus particulièrement que d'autres notre attention. Cette illustration le démontre aisément par son naturel. Nous visualisons très bien la face de la Grande Pyramide, laquelle est revêtue de l'architecture intérieure caractéristique qui la détermine. Nous voyons qu'un grand cercle externe englobe ses deux angles et son sommet, alors qu'un triangle équilatéral est circonscrit à l'intérieur de celui-ci. Un autre cercle plus restreint épouse les parois de la pyramide et la base du triangle, il s'agit de la surface du Soleil. Nous remarquons immédiatement que son triangle équilatéral intérieur a pour bas-côté la base de la pyramide. Cette base représente le rayon du grand cercle en passant par le milieu de la chambre de la reine. Une telle concordance de faits dresse la preuve effective des relations syncrétiques que nous cherchons à démontrer, ainsi que le rapport existant entre la Grande pyramide de Gizeh et l'astre du jour.

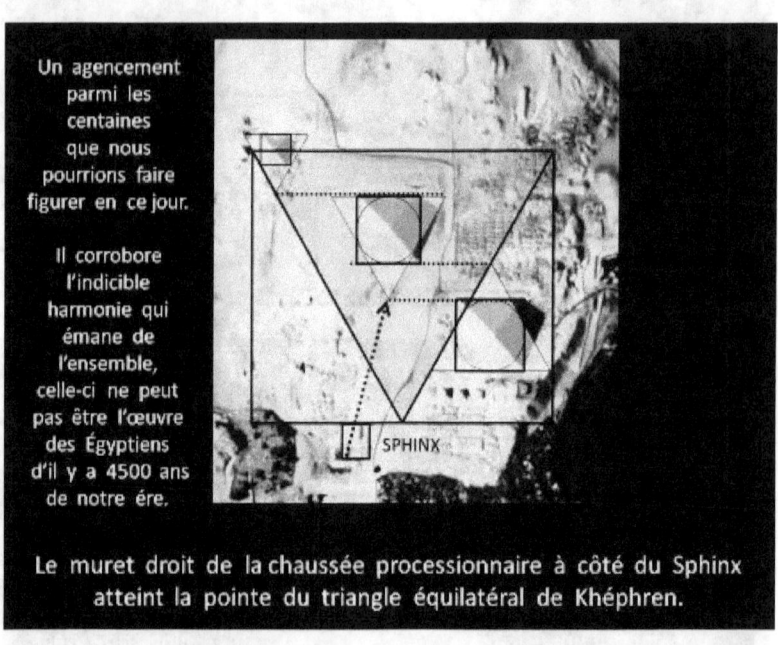

Un agencement parmi les centaines que nous pourrions faire figurer en ce jour.

Il corrobore l'indicible harmonie qui émane de l'ensemble, celle-ci ne peut pas être l'œuvre des Égyptiens d'il y a 4500 ans de notre ère.

Le muret droit de la chaussée processionnaire à côté du Sphinx atteint la pointe du triangle équilatéral de Khéphren.

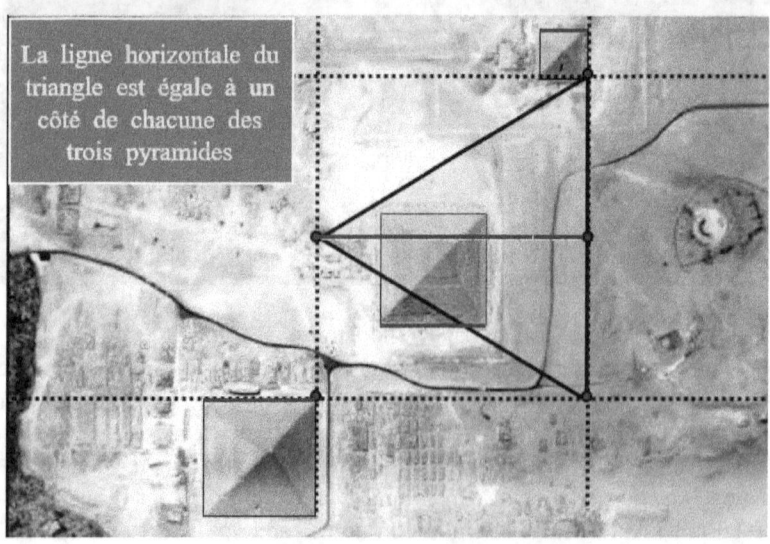

La ligne horizontale du triangle est égale à un côté de chacune des trois pyramides

Les triangles équilatéraux sont souvent des prodiges antipodaux. Nous en avons un exemple avec la hauteur de ce triangle qui est égale à la valeur des trois carrés-base. Son implication sur le terrain est tout aussi singulière et étonnante puisqu'il détermine de ses angles la position sur le site des trois édifices de Gizeh. Cette image ne laisse aucun doute, elle est satellitaire et certifie le génie dans la composition.

Ce genre d'image devrait gommer à jamais le consensus des tombeaux, et nous en avons des centaines toutes plus motivantes les unes que les autres, quel que soit le sujet développé. Cette symphonie triangulaire n'en est-elle pas le témoignage, la chaussée processionnaire étant sur la pointe du triangle, elle est actuellement utilisable par les touristes.

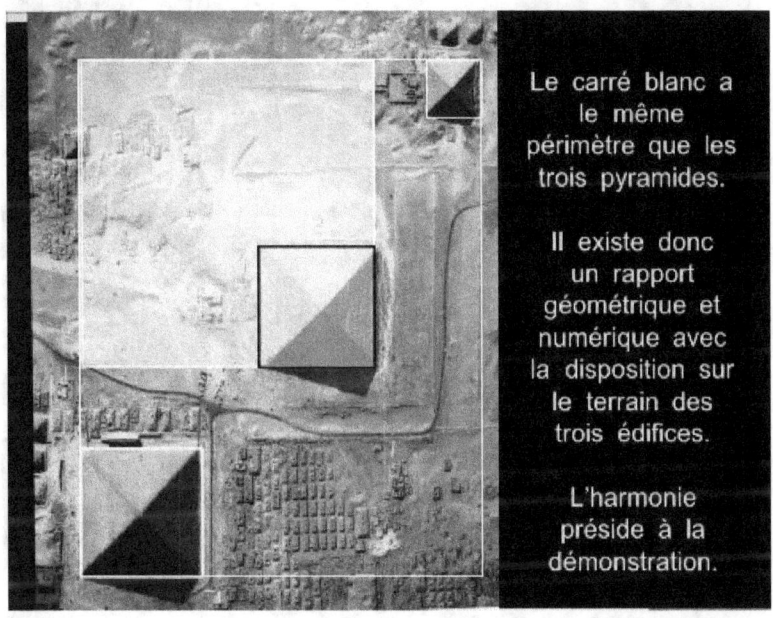

Nous avons un autre exemple avec ce carré. Il a pour particularité d'avoir le même périmètre que les trois monuments. Ce qui est troublant. C'est que sa forme détermine la pyramide de Khephren. Le prolongement de ses lignes engage les deux autres pyramides et crée vers le bas un rectangle d'OR. De tels témoignages d'ordonnance ne peuvent être dus aux anciens Égyptiens et moins encore au hasard qu'il nous faudrait déifier. Certes, nos soi-disant fossoyeurs auraient pu concevoir un agencement, deux peut-être, mais assurément pas des centaines de potentialités. Pour accepter cela, il est nécessaire d'avoir une technicité et des aptitudes neuronales que l'on ne peut envisager sur notre planète. Nous devons donc supposer qu'il en va différemment pour les états de penser de ces Exogènes concepteurs. Il serait salutaire que de tels arguments soient pris en considération pour qu'on puise revoir intégralement les bases historiques, soi-disant immuables des faiseurs d'histoires. Ils ont à jamais chassé de leur vocabulaire les nuances dans le genre « *pour l'instant nous pensons que…* » ce qui serait une attestation d'honnêteté envers la science expérimentale dont ils se réfèrent. Non il faut que ce soit de pierre comme les tombeaux.

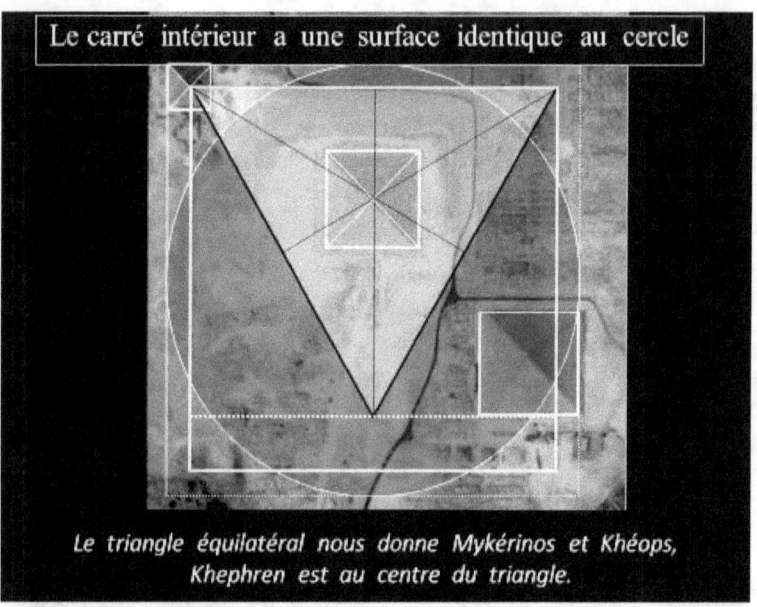

Le triangle équilatéral nous donne Mykérinos et Khéops, Khephren est au centre du triangle.

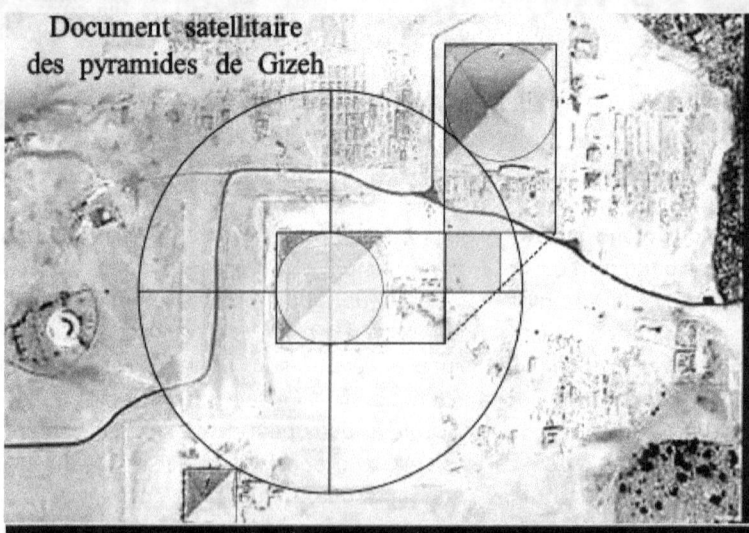

La Lune centre Khephren et Khéops en rectangle d'OR.
La Terre atteint par sa circonférence le cercle de Khéops.

Nous faisons figurer ces documents, afin qu'ils contribuent à faire évoluer notre mode de penser vers des situations psychiques plus enthousiasmantes que celles qui nous sont proposées au quotidien. Si nous nous attardons quelques instants sur les sujets traités, nous comblerons ce vide intérieur que nous procure la situation mondiale de saccage planétaire, pour envisager un autre type d'espérance que l'excès au matérialisme en lequel nous sombrons. Ces réalités exposées sont parmi les plus troublantes énigmes qu'à l'échelle humaine nous soyons aptes à interpréter. Elles prouvent l'authenticité d'un monde parallèle au nôtre, mais aussi, et surtout la prise en considération de ce que nous sommes, par rapport à ce que nous pourrions être.

La Terre et la Lune sont les sujets principes d'exposition de l'imagerie de Gizeh. Le graphisme ici représenté nous donne un aperçu de cette perfection. Nous avons la Terre définie par le plus grand des cercles, alors que la Lune au centre se tient en cercle dans Khephren.

« 2 » **rectangles d'OR** englobent les grandes pyramides. Ils se joignent en un angle, alors que la circonférence de la Terre unit Mykérinos à Khéops.

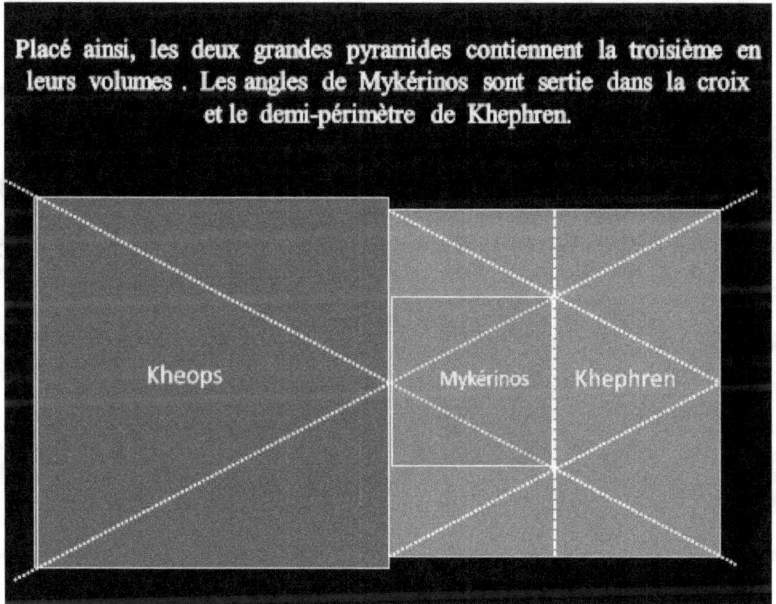

Placé ainsi, les deux grandes pyramides contiennent la troisième en leurs volumes. Les angles de Mykérinos sont sertie dans la croix et le demi-périmètre de Khephren.

Lorsque nous regardons pour la première fois le panorama que nous offrent ces monuments, nous ne saurions imaginer un seul instant de tels agencements et moins encore une disposition symbolique relevant des plus grands mystères. Cependant si nous prenons le temps de nous appesantir sur le sujet, distances et volumes clarifient leurs cotations en nous livrant une ordonnance. Réalisant enfin que ces agencements depuis toujours dissimulés se trouvent aujourd'hui soumis à notre réflexion, cela nous procure une merveilleuse espérance. Nous devons modifier en conséquence notre manière de vivre et incorporer ces révélations à un mode de raisonnement plus élaboré en y incluant la spiritualité, laquelle est dans ce domaine un geyser psychologique de vérités.

Afin de trouver l'ensemble des références numériques nécessaires pour aborder la chronologie, il est bon de se remémorer la rigueur de la schématique originelle. Le mystère occupe alors ses espaces, du calice Graal à l'alchimie solaire. L'esprit de la Grande Pyramide effectue une démarche de synthèse entre son aspect structurel et le pouvoir humain de déduction. Le temps dissipe ses distances, le passé prend les accents du futur et une réalité universelle pénètre les sens. La mythologie est là pour nous rappeler son rôle dans la découverte des mystères. Nous voyons que la surface de Mykérinos à une raison d'être, alors qu'elle se différencie nettement en volume par rapport aux deux autres, sans que cela soit justifiable. L'histoire officielle nous conte que ce Pharaon n'avait plus les moyens de rivaliser avec ses antécédents familiaux. Les raisons exposées ici sont plus convaincantes que ces déductions consensuelles d'une puérilité à peine concevable pour des découvreurs en la matière.

Lorsque l'on se trouve face à des énigmes il est judicieux de chercher à établir des rapports qui pourraient nous conduire à des solutions vraisemblables. Mais si dans le même cas nous choisissons de calquer sur le sujet une situation imaginaire que nous dénommons « consensus » et que par l'autorité que nous détenons dans le genre « émérite », nous faisons en sorte qu'elle soit adoptée par toute une communauté professionnelle, nous estimons que c'est un acte inconvenant et quelque part amoral. Si par la suite une telle convention ne peut souffrir de réforme du fait de sa crédibilité cela devient une malhonnêteté.

Le Principe Créateur dans la Tradition Primordiale

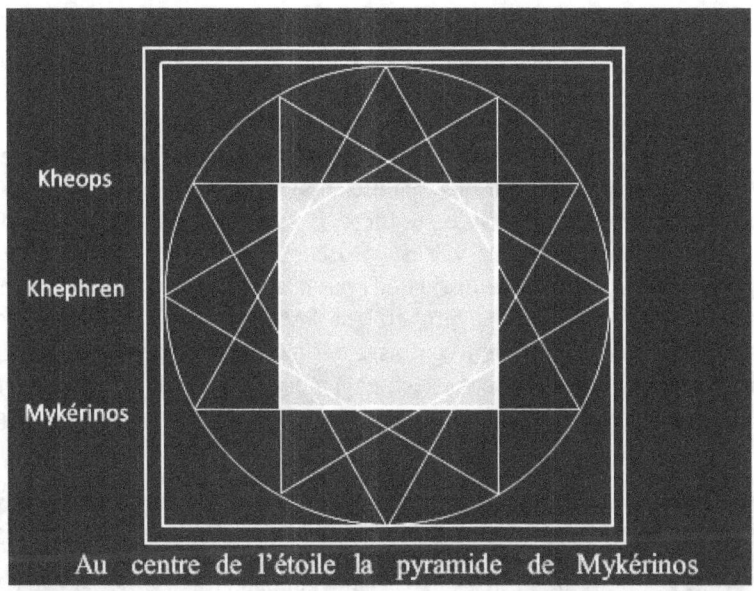

Au centre de l'étoile la pyramide de Mykérinos

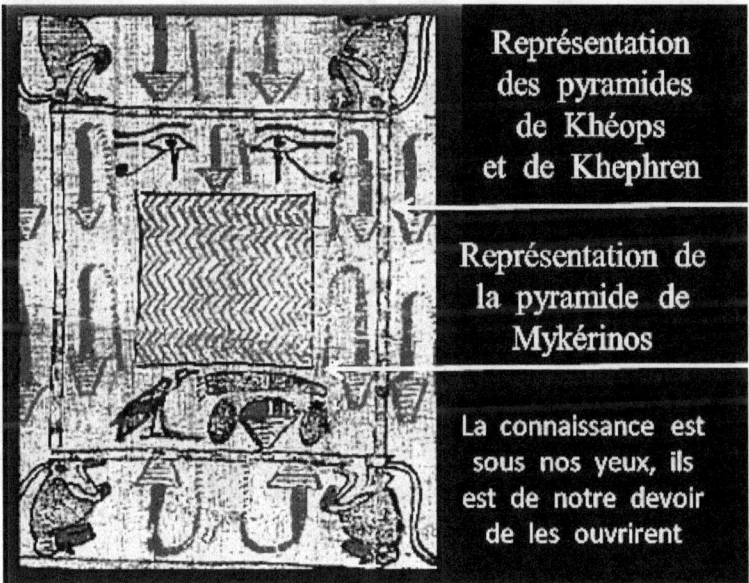

Représentation des pyramides de Khéops et de Khephren

Représentation de la pyramide de Mykérinos

La connaissance est sous nos yeux, ils est de notre devoir de les ouvrirent

Persévérons dans ce modèle avec deux autres dessins semblables car ils sont évocateurs de ce que nous tentons de démontrer. L'un est dû à notre réflexion, l'autre à celles des Égyptiens il y a des millénaires. Cette reproduction comprend quatre triangles équilatéraux incorporés dans un cadre formé par les deux carrés-base que sont Khéops et Khephren vus du ciel. Nous constatons que ces triangles de par leur complétude géométrique, dessinent un carré central aux références volumétriques du carré-base de Mykérinos. Cet agencement est suffisamment explicite pour que la raison admette un tel montage en toute logique. À l'exemple de ce que nous avons vu précédemment la pyramide de Mykérinos n'est donc pas un édifice rapetissé par le manque de moyen de son constructeur, petit-fils de Khéops nous-ditons. Elle est l'œuvre décidée comme telle, par les omniscients Exogènes concepteurs de ces monuments. Pour corroborer cette thèse, il existe une élaboration graphique sur papyrus que l'on peut voir au Musée du Louvre à Paris. Elle est la représentation textuelle du dessin que nous faisons ici figurer. Cela prouve que les initiés de l'ancienne Égypte étaient instruits de cette science venue d'ailleurs et qu'ils éprouvaient parfois le désir de la faire figurer sur des stèles, sans que les profanes puissent effectuer la moindre analogie, s'ils n'étaient pas initiés aux secrets hermétiques de la Tradition Primordiale qui était enseignée au sein des naos.

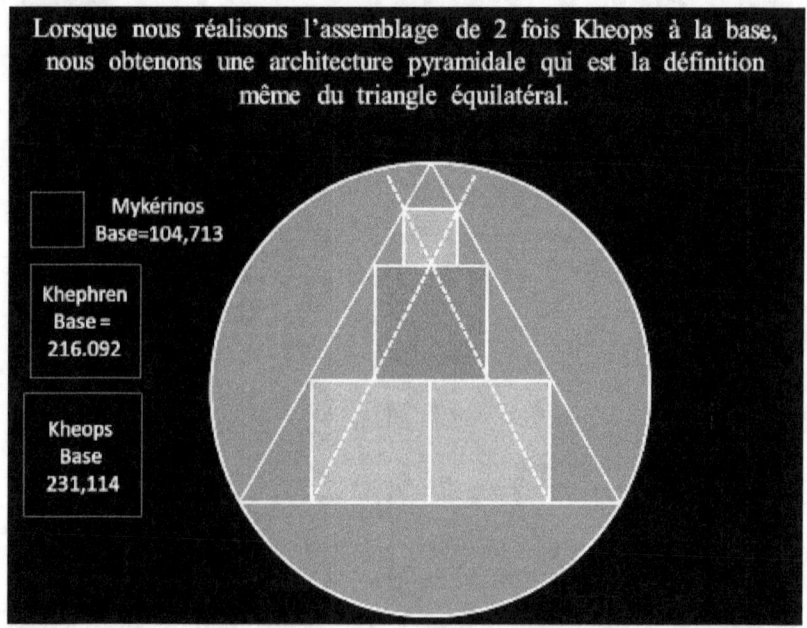

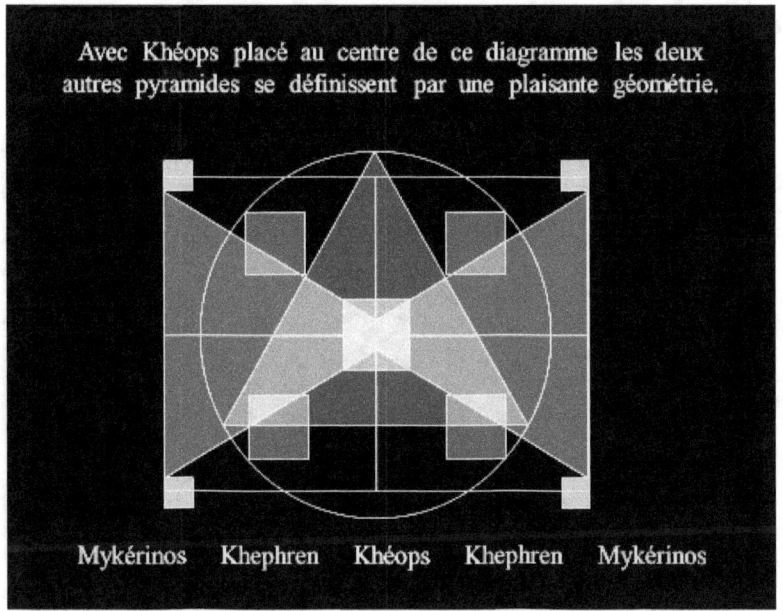

Sans modifier la disposition des pyramides elles-mêmes, nous pouvons admirer leur mandala naturel, un simple rectangle constitué par la pyramide de Mykérinos placée ainsi à chaque angle. Les deux triangles qui en résultent soulignent de leurs pointes la dimension de la pyramide de Khéops, les quatre de Khephren épousent de leurs centres les lignes des triangles. Ce mandala est simple, raffiné et significatif. Nous devons tracer un cercle comprenant deux triangles équilatéraux qui définissent le carré-base de Khéops et une justification de la forme pour Mykérinos. Une telle merveille que l'on ne peut pas différer d'une volonté conceptuelle interpelle le raisonnement. Nous pourrions faire apparaître beaucoup d'autres figurations en rapport avec les pyramides de Gizeh. Leurs symétries offrent des conjonctions surprenantes dignes des ingénieux concepteurs. Un jeu de cube pour enfant ! L'évolution commence ainsi de manière infantile, de la simplicité dans le raisonnement et de l'audace dans la créativité. Un vieil adage consiste à dire que si nous faisons un pas vers le ciel, il en fait deux vers nous. Il ne faut pas que nous considérions que c'est lorsque nous avons un raisonnement semblable à la généralité que nous nous trouvons investis de l'exactitude des faits. La vérité se trouve en soi, même si nous devons de temps à autre la remettre en question. Le drame de notre époque c'est cette information dispensé quotidiennement sans doute légitime, sans contradiction, sans preuve absolue, ainsi nous façonne-t-elle dans un monde qui n'est pas le nôtre, celui qu'ils dénotent comme étant un « complotisme ».

L'imagerie égyptienne

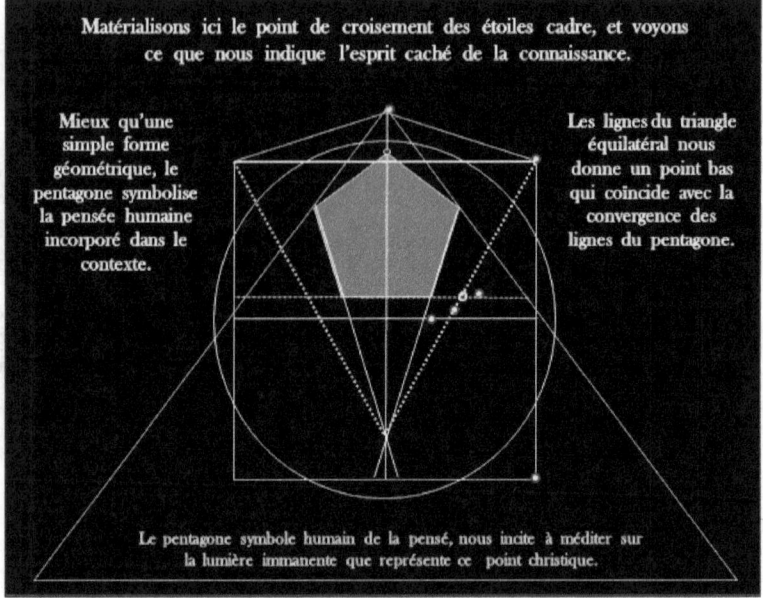

Matérialisons ici le point de croisement des étoiles cadre, et voyons ce que nous indique l'esprit caché de la connaissance.

Mieux qu'une simple forme géométrique, le pentagone symbolise la pensée humaine incorporé dans le contexte.

Les lignes du triangle équilatéral nous donne un point bas qui coïncide avec la convergence des lignes du pentagone.

Le pentagone symbole humain de la pensé, nous incite à méditer sur la lumière immanente que représente ce point christique.

Sans la projection de l'imaginaire et sans l'assistance de la déduction mentale, la création se fige en cet impassibilité que nous procure la vision organique. Notre devoir d'être humain est d'aller au-delà de l'apparence pour convertir la forme sur l'établi du possible. Si nous ne préfigurons pas l'avenir d'une fragrance d'étrangeté, nous ne pouvons vibrer aux agencements de ces figurations schématiques. Il émane de ces compositions un étrange pouvoir de séduction qui ne se limite pas seulement à ce qu'il est naturel d'apprécier. Sa manifestation évoque des critères d'universalité. Analysons la grâce de ce pentagone au sein de la Grande Pyramide, son sommet touche **le point christique**, ses deux versants désignent les apothèmes et sa base repose sur le point de croisement des étoiles-cadres. C'est dans la pluralité de ces détails que devrait se modifier notre conception des choses.

Si la beauté est assimilable à une indicible contemplation, limitons-nous à cela, mais si elle engendre un raisonnement affectif capable d'émouvoir et de dispenser l'amour au-delà d'une pensée fugitive, alors imprégnons-nous de ses capacités. Autrement dit, si ces travaux sont visités en n'éprouvant que curiosité, sans émotion ou réflexion subsidiaire, c'est déjà que nous sommes entrés dans cette zone désertifiée de la cérébralité où rien de ce que nous voyions et entendons ne nous émeut, étant donné que personne ne nous a dit que cela pouvait être émouvant. Craignons alors qu'aucune tentative d'aspiration vers le haut ne puisse extraire la population du bourbier « psycho-instrumental » en laquelle elle se fourvoie. L'individu isolé ne sait plus se distinguer en vertu de ses critères personnels, mais en fonction de ceux qu'on lui a dévolus en lui inculquant un mode de vie télé dépendant. D'images en graphiques, de réflexions en déductions nous devrions pressentir en nous la présence de l'intuitif. Il est là pour révéler notre conscience assoupie. Car c'est d'elle que nous avons le plus urgent besoin pour franchir le mur des ténèbres que nous croyions impénétrable.

Quelles-sont les probabilités pour que cette stèle soit conforme à la structure de la Grande Pyramide, si ce n'est l'esprit de connaissance de la Tradition cachée.

Lorsque nous observons une telle fresque en touriste, généralement peu accoutumés à imaginer autre chose que ce que nous voyons, nous sommes tout de même séduits par la finesse de la représentation. Aussi, est-il naturel de penser que ceux qui ont envisagé ces déesses dos à dos, avaient sans doute de bonnes raisons de le faire. Nous pensons également qu'il serait vain de tenter une interprétation, tant le sujet nous semble complexe et les motivations inconnues. Cela serait omettre que, hormis toutes translations religieuses, les Anciens Égyptiens étaient obnubilés par l'esprit de **la Tradition Primordiale**. Pour eux, elle n'avait pas de meilleure figuration que l'effigie de la Grande Pyramide exprimée dans la rigueur de ses angles. Le thème à l'évidence, est allégorique, il n'a certes pas l'intransigeance de positionnement que l'on peut trouver dans l'inspiration originale, mais pour ces mystiques fervents, l'art siégeait dans l'évocation.

« Prétendre s'instruire de ce qu'ont découvert les autres est bien, mais chercher à découvrir ce que l'on pressent est méritoire, nous devons donc nous y employer pour s'estimer ».

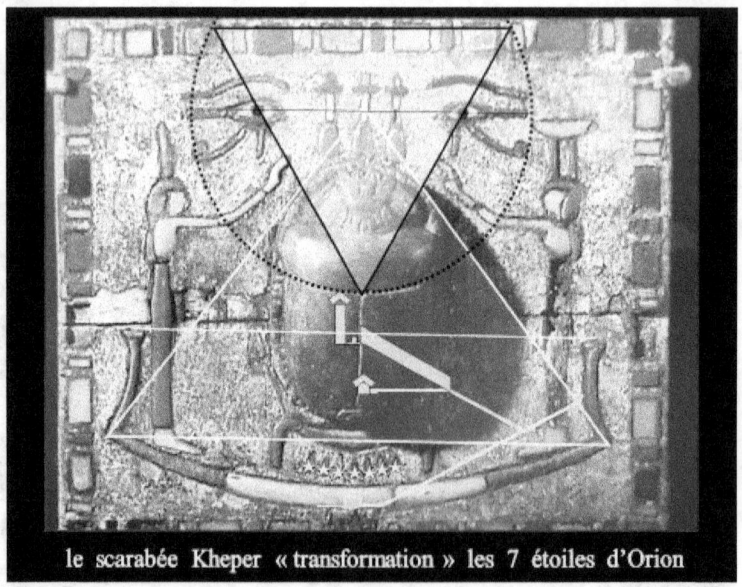

le scarabée Kheper « transformation » les 7 étoiles d'Orion

Nous constatons que l'embarcation a pour base la Grande Pyramide. Nous voyons que ses apothèmes effleurent les côtés membraneux du Khépri divin. Alors que le triangle épouse le regard ainsi que l'extrémité des mains des deux déesses, Isis et Nephtys. Le toit de la chambre du roi désigne la circonférence qui se trouve placée sur l'élytre même du scarabée.

Le Principe Créateur dans la Tradition Primordiale

Étude schématique de la pyramide céleste et du tracé intitulé « 444 »
« Les « 4 » plumes de la lumière immanente – Les « 4 » babouins du dieu Thot inspirateur de connaissance – les « 4 » contenants symbolisant l'âme universelle.

Les « 4 fois 90° » sont donnés par l'œil et la queue des serpents qui incarnent ici les deux demi-cycles de 12 926, 47453 ans.

Le sommet pyramide est déterminé par le contenant germinatif de l'âme universelle. Alors que les regards des « gardiens de la lumière » visent le point de croisement des conduits de la chambre de la Reine.

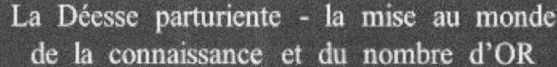

La Déesse parturiente - la mise au monde de la connaissance et du nombre d'OR

En découvrant qu'il existe de telles images, nous aurions envie de crier au prodige avant que de méditer sur la rationalité des choses. En cette figuration se trouve le reflet de notre schématique initial, le carré-base, pyramides réelles et célestes, étoile Sirius. Centre du carré donné par yeux et queues des serpents. Cela s'avère très suggestif avec les sujets mythologiques à ne pas dédaigner. C'est sans doute l'imagerie la plus significative qui soit en matière de restitution des secrets enseignés. Nous avons parmi les figures les trois fois quatre « 444 » nombre du **devoir de connaissance**, les « 4 » babouins de Thot représentent « l'éveille de la conscience », à l'instar du coq, nous savons que cet animal extériorise des consonances abondantes au soleil levant, donc à la lumière montante.

Cette femme au centre accouche de **la connaissance**. La grande pyramide dont la base est aux pieds des dieux, à son sommet au point indien sur son front. Ses bras forment deux triangles équilatéraux alors qu'un autre inversé jaillit des yeux des divinités pour tracer sa mandorle.

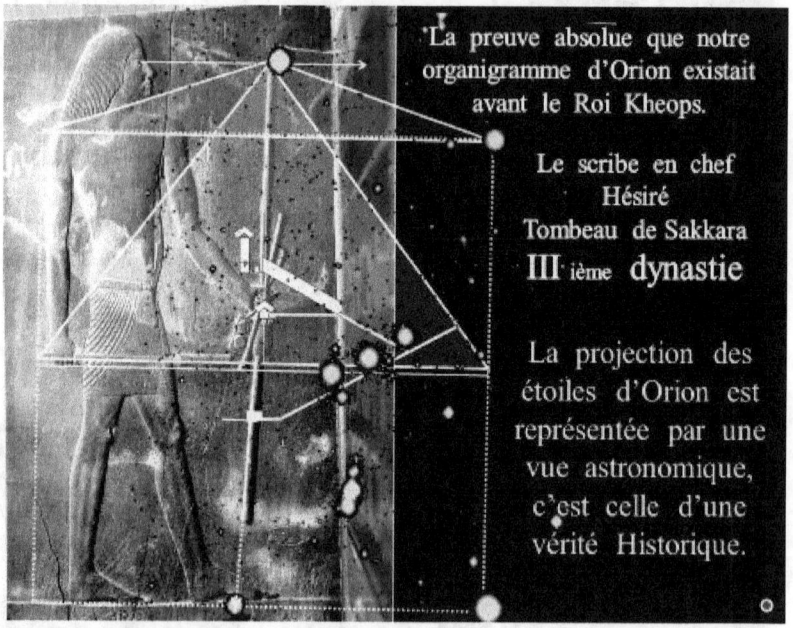

L'architecture placée à l'arrière de la parturiente corrobore la géométrie. Les mains gauches des dieux indiquent le milieu de la pyramide, formant à la hauteur du vagin un rectangle d'OR.

Le Principe Créateur dans la Tradition Primordiale

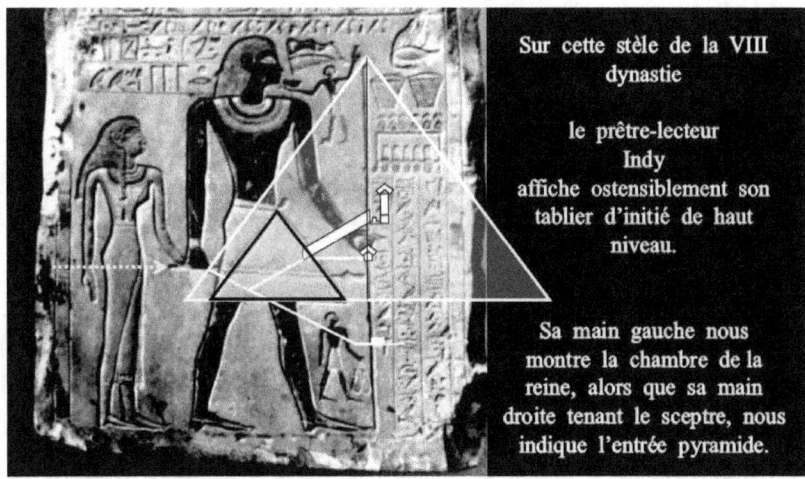

Sur cette stèle de la VIII dynastie

le prêtre-lecteur
Indy
affiche ostensiblement son tablier d'initié de haut niveau.

Sa main gauche nous montre la chambre de la reine, alors que sa main droite tenant le sceptre, nous indique l'entrée pyramide.

Il y a énormément de subtilité en ce bas-relief. Il ne nous suffit pas de le regarder, mais d'interpréter la disposition des sujets et objets composant sa scène. Le tablier que porte le prêtre-lecteur Indy est aux normes de la Grande Pyramide, ce qui est un indice de haute initiation. Le bâton qu'il tient de sa main gauche définit le centre pyramide, mais aussi sa propre démarche initiatique, car le sommet est à la hauteur de sa vision. Les deux prêtres servants y figurant, nous indiquent ce qu'il en est. Le plus élevé d'entre eux tient l'une des 360 cruches prélevées chaque année dans le fleuve Nil, et de son autre main, il invite son maître à boire le contenu numérique de cette coupe réceptrice du premier nombre universel. Le drapeau qui en émerge est celui du parcours de la nuit et du jour, notion de temps. Le second prêtre servant a un rôle opposé, mais tout aussi important. Il gère la vie du couple dans le sens vital des choses. Les deux bras écartés d'Indy nous donnent un carré, lequel, avec les mains distantes de son épouse, se transforme en rectangle d'OR. Réservée aux initiés cette description servait également à traduire une double manière d'être, celle qui était officielle et celle dissimulée au commun, dans un monde où la fonction était valorisée par l'apparence. L'imagerie égyptienne comportait des subtilités de formes qu'il était indispensable de connaître pour s'imprégner de la teneur du texte, l'exemple le plus simple est ici figuré par la hauteur des personnages. Nous voyons que la taille de la femme est inférieure à son époux, mais de beaucoup supérieure aux deux prêtres qui ont l'honneur de figurer sur cette stèle. Le fait que celui du haut soit tourné vers le personnage et l'autre dans le sens inverse à une signification de prédominance. Nous pouvons concevoir là un salmigondis iconographique, mais il avait sa logique et sa raison d'être dans les âges secrets de l'Égypte ancienne. Nous constatons ici que la Grande Pyramide existait avant d'être un tombeau. Peut-être que le scribe en chef l'avait imaginée avec pour origine la constellation d'Orion, puisque celle-là appliquée à celle-ci nous donne la schématique. À l'image du prêtre lecteur récemment étudié, Hésiré a la même attitude, main gauche sur la chambre de la reine, regard au sommet et hauteur de bâton. Son sceptre à main droite indique la base pyramide au lieu d'en indiquer l'entrée, mais la terminaison de son bâton est beaucoup plus expressive. Le fait qu'il soit ainsi penché, son prolongement nous désigne avec précision l'étoile Saïph. Si la logique est absente du raisonnement, tout cela peut passer pour des coïncidences. Il nous faut donc toujours aller plus loin sur les sentiers de la découverte. C'est avec la Terre et la Lune que nous pourrions l'envisager. Cette autre figuration d'un pectoral nous montre combien cela peut être évident. Nous constatons sur ce graphisme qu'Isis et Nephtys maintiennent la Terre et la Lune. Cette dernière se situe entre ce qui devrait être comparable à une ligne équatoriale et la circonférence terrestre. Ce qui est plus évident encore c'est le fait que le rectangle d'OR dont les extrémités de leurs mains soulignent la ligne horizontale se trouve sur le 1/61803 à la base du carré, lequel sert de diamètre à la Lune.

Le Principe Créateur dans la Tradition Primordiale

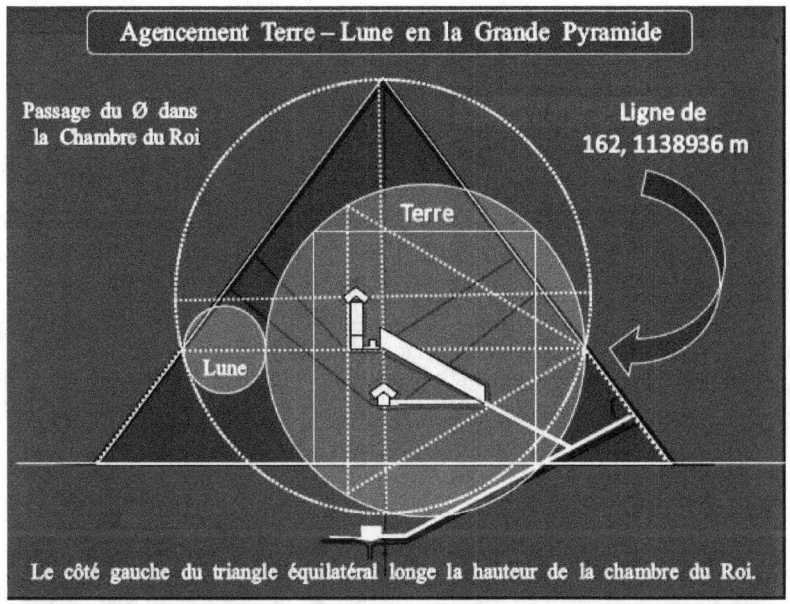

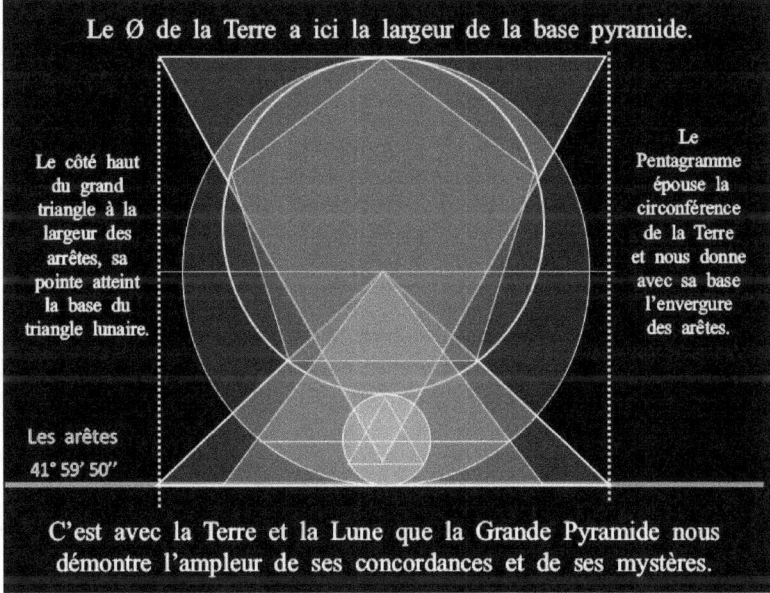

Puisque les anciens Égyptiens étaient instruits des secrets du monde, nous avons tout à apprendre de leur manière d'être et de pouvoir spiritualiser l'existence. Ici le Terre Lune en combinaison d'altitude avec la ligne horizontale des circonférences-apothèmes liées par un cercle d'ajustement. Ce sont ces immuables références qui déclencheront un jour l'élévation de la pensée humaine vers un firmament universel. Nous ne pouvons rester indifférents devant la sublime harmonie de cet ensemble. Quelques textes égyptiens nous content que Khéops faisait rechercher à l'intérieur des temples, des indices relatifs aux secrets de Thot dieu de la connaissance. Ce dernier était réputé être détenteur des critères d'élaboration symbolique de « **mer** » l'essence cosmologique. Nous comprenons que les diamètres Terre-Lune de 162,1138 m de largeur horizontale, ne peuvent pas être plus hauts ou plus bas sur la hauteur pyramide. Cette ligne se trouve à 43,74891646 m de hauteur à partir de la base sur le sol. Ce sont là les valeurs en décimales de la circonférence solaire. Sur ce graphique **un carré définit la base de la Terre**, ce qui est fantastique de précision et de beauté, car il indique aussi la descenderie. Le point de croisement des étoiles-cadre se trouve sur la circonférence du grand cercle, près de la verticale du carré.

L'image à droite nous prouve combien tout ce qui concerne l'aspect structurel est solidaire de l'harmonie générale. Voilà au sein de l'édifice ce qu'il en est à l'altitude de la Terre et de la Lune surplombant du haut le contexte intérieur. S'attarder, ne serait-ce qu'un instant sur cette illustration, c'est s'é-mer-veiller de ce qu'est la Grande Pyramide. Elle nous vient d'un lieu de l'univers où ce « foutu pognon » qui nous conditionne, nous désoriente et nous dissocie est inconnu. D'un lieu où les êtres pensent à la beauté de la nature et à l'évolution de leur conscience avant qu'il ne soit question d'intérêt personnel. *Sans argent ils sont fous… !* Non ils sont des milliers de fois plus intelligents que nous le sommes. C'est pour cela que le concept spirituel en lequel ils évoluent domine leur existence et conditionne leur mode de vie. Il est nécessaire de savoir que ces êtres ont tenté à plusieurs reprises de nous procurer les éléments d'une réflexion auxquels nous n'avons su que sommairement souscrire :

Les entités semi-divines qu'ils nous ont envoyées dans les âges, afin de nous éduquer au contexte spirituel ont été par nous dénigrées, torturées et mises à mort. La raison principale de cette xénophobie c'est que leurs conseils n'étaient en rien adaptés à notre mode de rentabilité ou de prospérité matérielle. Ce qui revient à dire qu'en raison de notre évolution nous ne pouvons vivre de leurs conceptions, à moins de décrypter leur message en le singularisant, en le rendant particulier, ce qu'aujourd'hui nous tentons de faire.

Vivre une situation dégradante, s'en référer et l'appliquer comme étant un devoir de capitaliste convaincu, constitue une déviance que nous devons braver par l'observation et la réflexion. Nous avons aujourd'hui les éléments pour y parvenir. Les plus flagrants d'entre eux sont ces compositions graphiques que nous reproduisons. Elles devraient nous inciter à la méditation. Et si nous considérons que ce qui nous est proposé est valable, cela nous permettra d'évoluer. Nous devons alors concevoir une unité de pensée différente de cet égotisme éhonté, qui ne peut être solidaire de notre état évolutif. Nous devons prendre en considération les souffrances que nous infligeons à la terre, à la nature animale et végétale, à l'atmosphère, aux océans, mais aussi à nos semblables en déshérence. Nous devons prendre en considération ce dénuement de réflexion comportemental que nous minimisions et au-delà, préserver le merveilleux support sur lequel nous évoluons. Pour cela il est impératif de se démunir de tous ces systèmes d'amoindrissement, qu'ils soient médiatiques, économiques ou politiques. En ce troisième millénaire, l'humanité entame une reconversion indispensable. Ira-t-elle à terme, nous l'espérons, avant que nous ne soyons maudits par les plaintes de nos enfants et petits-enfants. Lesquels nous diront « *vous pouviez encore le faire, et vous ne l'avez pas fait, maintenant nous sommes dans ce monde de souffrance et de désespoir à cause d'un égoïsme qui est désormais une lâcheté.* » Face à cela, nous ferons porter cette responsabilité sur les gouvernements en feignant d'ignorer que c'est nous qui les avons élus. Les gouvernants eux-mêmes étant à la solde d'une Puissance incommensurable, celle de la matière brute. Avec le temps, la détermination et l'argent, la Puissance ont versé des milliards de gouttes d'eau dans des centaines de bidons étatiques, cela afin de donner pouvoir au bidon en négligeant leur contenu.

Mais les gouttes un jour d'intempérie se déverseront pour reformer l'océan. Enfin vides, les bidons flotteront au gré des écueils qui les bosselleront de goutte en dégoût. La vie à des cycles à l'échelle de l'inconséquence humaine.

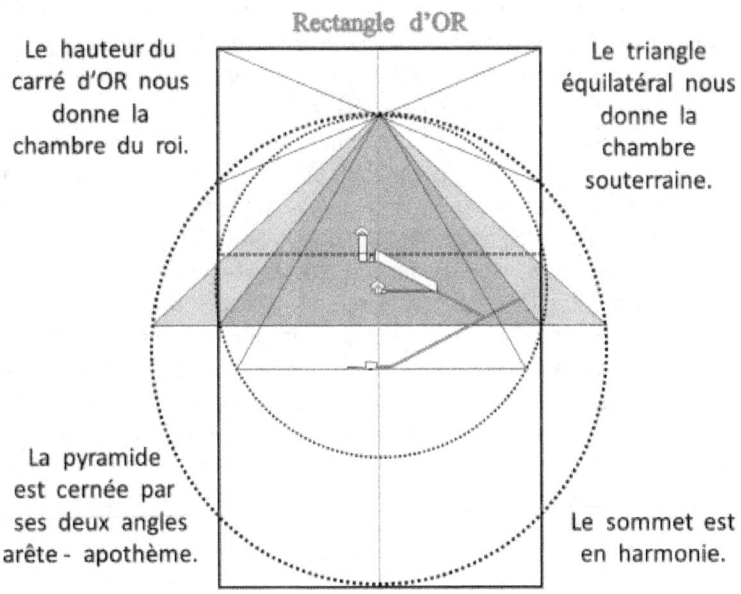

Le hauteur du carré d'OR nous donne la chambre du roi.

Rectangle d'OR

Le triangle équilatéral nous donne la chambre souterraine.

La pyramide est cernée par ses deux angles arête - apothème.

Le sommet est en harmonie.

Une fois encore, nous constatons que l'harmonie des formes ne doit rien au hasard. C'est nous qui ne sommes pas suffisamment avisés pour pouvoir nous enthousiasmer de ces notions universelles. Nous avons ici la Grande Pyramide dans ses deux dimensions de base, celle qui se présente normalement à nous, et celle qui s'étale avec un pivotement de 45°. Le rectangle d'OR qui en exprime la structure externe et en synthèse numérique avec la coudée sacrée. **0,523598774** m multiplier par les « 5 » points d'angles de la pyramide, hauteur et base, cela nous donne : 2,61799 $\sqrt{2}$ = **1,618 03** le nombre d'OR et son harmonie.

Si nous pensons que ces figures géométriques et numériques sont des aberrances dues à des inspirations inintelligibles ou si nous considérons au contraire que cela est homogène, pertinent et cohérent, nous nous trouvons au centre d'une énigme qui provoque l'interrogation. Pourquoi de telles présentations concernant l'évolution possible de notre civilisation, sont-elles considérées par le grand public inférieures au football mondialement représenté tel un exutoire aux demandes pulsionnelles ? Pourquoi un simple petit intellectuel fidèle de Descartes ne s'est-il jamais penché sur la question ? Pourquoi les diplômés « tombeautéistes » émérites ne brandissent-ils pas des preuves contradictoires convaincantes ? Pourquoi bon nombre de mathématiciens, d'égyptologues ou d'astrophysiciens ont-ils été bouleversés par ces révélations, sans que le lendemain ils aient changé d'un iota leurs enseignements. Pourquoi un vieux bonhomme sans importance a-t-il un jour reçu cela en intuition comme des vérités à divulguer dans un monde en souffrance ? Sans doute avait-on oublié que la société en laquelle il vivait avait sombré dans un matérialisme outrancier et que rien de ce qui s'y rattache ne peut être modifié. Pourtant, cette diversité nature parmi laquelle vivent les humains est l'œuvre d'un Principe Créateur et de ce fait elle demeure à portée d'intellection, lorsque celle-ci est capable de relativisé le matérialisme. Faire fi de cette démarche pour se contenter d'une opinion générale est un processus commun, mais il nous éloigne de l'amour, de la beauté, de la spiritualité. En peu de mot, d'une raison de vivre. Beaucoup d'êtres sensibles ne savent pas faire appel à leur intuition. Celle-ci a alors peu d'utilité lorsqu'elle est simplement assimilable à un ressenti. Le pourcentage d'intuition que nous recevons est variable pour chaque individu. Il peut être très faible lorsque nous émergeons de l'animalité, ce qui fait que le confort offert par la kalachnikov est alors supérieur pour améliorer son train de vie. Cependant, si notre intuition est suffisamment présente, nous devons faire en sorte qu'elle pourvoie la conscience, afin que les deux puissent raisonnablement influencer la pensée.

Il existe des êtres démunis peu ou prou de qualités pensantes ou en proie à des souffrances karmiques qu'ils ne savent que rarement dominer. Il en est d'autres dont la conscience n'est pas assez élevée pour vibrer à des sentiments intuitifs. Ils n'en sont généralement pas affectés, car ils pensent que tout ce qui leur pose un problème d'ordre mental, relève d'élucubrations sur lesquelles ils n'ont pas à s'appesantir. Le pire pour le genre humain est sans doute, l'individu démuni de réaction consciente, doté d'un pragmatisme envahisseur, relent de l'instinct animal. Celui-là jouit du pouvoir psychopathologique que lui procure « l'argent », ce qui lui vaut paradoxalement d'être déifier par le paupérisme ambiant. Nous nous devons de vivre avec ces critères existentiels. Ils témoignent de la diversité des mœurs et des aspirations évolutives du genre humain. A l'inverse de cela, nous devons savoir que rien n'est immuable, que la prise de conscience peut se révéler en chacun de nous, quel que soit notre indice évolutif. C'est en rompant mentalement avec ce qui nous est commun que l'on découvre une vérité plus appropriée à nos aspirations. Le mobile de ces représentations que nous faisons figurer, c'est d'ouvrir en la nature des choses une porte sur l'inconnu.

Le paysage alors est inattendu, mais il est plus conforme à ce que nous serions capables d'être par rapport à ce que nous sommes. Pour celui qui ne sait lire, une écriture étrangère est toujours abstraite, les signes ne se rapportent pas aux choses, ils ne parlent qu'à ceux qui s'en inspirent. Il nous faut donc franchir certaines limites imposées par l'accoutumance pour découvrir un monde constitué de ses souverains principes. Ils sont numériques et géométriques. Nous en avons un exemple avec la quadrature du Soleil. Elle nous offre la coudée ésotérique égyptienne de 0,523598774 m. C'est là qu'Akhenaton serait à même de bouleverser l'histoire officielle. Ce Pharaon à l'anatomie atrophiée, adorateur de l'Astre du jour, était à n'en point douter, un grand initié. Sa logique voulait que venant du Soleil, une coudée multipliée par « 6 » pouvant donner un cercle juste à n'importe quel bâton, ne risquait nullement d'être quelconque. C'est aussi ce que nous pensons. Des donnés toutes simples, celle-là même qui ont rapport à l'ennéade nous procure la Terre, la Lune et le Soleil, ou encore cet autre avec le 360 universel. Comment considérer cela comme des normalités, surtout si nous sommes astrophysiciens.

360 ÷ 0,523598774 = 687,5493563 x 3,141592653 = 2160 x 12 mois = 25 920 ans le cycle.

La coudée ésotérique égyptienne a été offerte il y a 12 500 ans au peuple du Nil pour la construction de ces monuments sacrés. Elle a été ensuite ignorée du peuple et seulement connue des initiés d'un niveau supérieur. Elle était différente de la coudée pyramidale que de quelques dixièmes de millimètres, mais sa spécificité a fait la différence au cours des âges. L'immense honneur que l'on doit accorder au peuple égyptien, c'est d'avoir été choisi pour être les héritiers d'une science universelle capable de traverser les âges. Alors qu'à la même époque, dans cette Europe pré cartésienne qu'était la nôtre, les hommes traînaient encore leurs femmes par les cheveux, ce qui fut pour elles ne leur en déplaisent, leur premier véhicule personnel gratuit.

L'ennéade égyptienne 1, 2 – 3 -4 -5 -6 -7 -8 -9
1,23456789
÷ par la clé pyramidale
Ø de 4
1,273239544 = 0, 969627354
x 2 = 1,939254708 racine =
1,392571258 x 1 000 000 = Le Ø du SOLEIL

X 114, 591559 Ø de 360 =
141, 4710592 X 360 =
La circonférence
TERRE – LUNE
50 929, 58131 km.

Ce graphique ci-dessous est une apothéose au sens étymologique du terme. Les trois nombres que nous faisons figurer représentent un pactole à peine concevable à l'échelle humaine. Pour les assujettis aux accoutumances de notre civilisation, c'est une turlupinade impénétrable digne des gourous du mysticisme. Mais pour les initiés, ce sont là les 72 ans d'un degré de lumière, les 360 du cercle et les 12 signes du Zodiaque. La somme de ces nombres totalise « 444 », c'est aussi ce que représentent les deux pyramides réelles et virtuelles que nous faisons figurer dans notre schématique. Il y a des siècles, un bouclier chamanique était peint avec ce nombre placé en évidence que dominaient le Soleil et la Lune. Ce qui prouve l'illumination par l'intuition. Prétendre qu'une étoile hexagonale soit virtuellement inscrite sur la surface du Soleil et qu'elle comporte des références numériques à caractère universel pourrait être l'œuvre d'illuminés dans le sens le plus lumineux du terme. C'est bien là notre problème, pour sauver notre planète en péril, nous nous devons de changer d'orbite évolutive. C'est-à-dire de façons de penser et d'être. Plutôt que de rendre un culte aveugle à notre enseignement, nous devrions le doter de nos propres suggestions afin qu'il nous exprime sa véritable identité. Car, être informé de telles « coïncidences » favorise l'approche d'une spiritualité, unique sauvegarde du monde actuel.

« Ce graphisme et l'un des documents le plus importants qui soient au monde ! »

Un graphisme dont aucun média jamais n'a évoqué la teneur. Il répondrait à une formule qu'Einstein Albert lui-même n'aurait pas imaginée. « *Plus important au monde* » prétend ce texte, alors qu'ils existent des milliers de traités qui maintiennent la paix ou qui engagent les nations, et cela est notoirement plus sérieux que cette mâchouille étoilée aux prétentions obscures. Étant donné que la sottise provoque toujours la réflexion, tentons donc d'éclaircir le sujet : avoir des réflexes impulsifs envers les choses que l'on ignore nous dépossède de l'évaluation, donc du raisonnement. Cette étoile à six branches, à six annotations qui nous donnent cinq évaluations. Ces arcanes constituent un algorithme intemporel issu de la nuit des temps. Leurs projections vont de la valeur numérique du Soleil à ceux de nos deux astres support de l'humanité. Trouver cela ordinaire, usité ou futile rend compte d'un état psychologique fangeux. Mais ce qui est plus alarmant ce serait de le considérer sans prépondérance, sans prestige, sans considération et pour conclure tout à fait quelconque. Nous verserions alors dans une phase d'anéantissement psychologique dont nulle ressource ne pourrait nous extraire. Ce graphisme n'est rien moins qu'un éloge à la création, une exhortation à la croyance en Dieu. Il a été spécialement mis au point pour les êtres terrestres que nous sommes. Il est représentatif de notre environnement spatial et ne s'adresse qu'à nous, habitants de la Terre. Le point d'interrogation est de savoir si ce n'est pas trop tôt ou trop tard. Si le matérialisme en lequel nous sombrons ne demeure pas le seul critère d'espérance en lequel nous rendons une dévotion ? Si les banques ne sont pas devenues les lieux de culte d'antan, avec leurs ex-voto et leurs amères doléances. Si c'est le cas, nous sommes irrémédiablement condamnés, question de temps, car l'argent corrompt tout ce qu'il côtoie, infléchit les jugements et ôte toute lucidité à la personne humaine. Si le monde est conduit par l'argent il ne peut l'être par le discernement. Nous avons un besoin urgent d'entendement et d'honnêteté intellectuelle pour enrayer notre chute vers le néant que rien d'autre n'endiguera. Nous devons franchir ce cap tragique de l'irresponsabilité collective, prendre conscience de nous-mêmes, nullement en un nombrilisme exaltant, mais en une disposition d'esprit responsable de ses actes. Nous devons accéder à une réflexion mondialiste, à une identité dépendante de notre environnement et de son équilibre. Le monde se meurt par défaut de nous-mêmes, alors qu'un pouvoir cognitif supérieur attend une émergence à la réalité d'aujourd'hui. Face à une ambiance grégaire irréfléchie, devenons des êtres responsables et dignes de notre qualité humaine.

Cette étoile dans le Soleil définit le grand cycle de 25 920 ans en lequel nous sommes engagés depuis la reprise d'altitude d'Orion il y a 12 500 ans. Les nombres qui composent ce cycle sont par logique d'interprétation les « 72 ans » de rétrogradation par rapport au passage de « 1 degré », les « 360° » définissant le cercle du cycle et les « 12 » signes du zodiaque illustrant de ses constellations notre environnement stellaire. Cela correspond parfaitement au périmètre des deux triangles équilatéraux qui forme l'étoile « 72 360 12 ou 7 236 012 km ».

Mais ce n'est pas tout, les célestes entités qui ont tracé cette étoile ont confié aux anciens Égyptiens la fameuse coudée ésotérique de « 0,523598774 m » dont la racine carrée nous donne le nombre que nous retrouvons dans le Soleil, **lequel nous octroie la Terre et la Lune**. Si ce nombre, chers lecteurs, n'est pas plus important pour vous que les problèmes professionnels du moment, alors reprenez votre sac de doute, la côte va être rude jusqu'au sommet. Cette absence de clairvoyance est la preuve que nous sommes sur un chemin embrumé, qui nous dissimule la direction dont naguère nous avons fait choix.

Celle d'un mieux-être inclus dans un esprit de liberté avec le savoir pour évolution. Le savoir est devenu une technologie au service du pouvoir. La liberté est désormais une illusion et le mieux-être se distille dans l'acceptation de ce qui nous est octroyé. Cela nous ramène à une autre considération :

Georges Vermard

Psychothérapie de la question christique

L'analyse pourrait être simple : pourquoi effectuer un récapitulatif sur les révélations christiques que nous avons déjà vues et appréciées ?

Les doctes en l'évènement considèrent qu'aux environs de l'an zéro de notre ère, s'est déroulé un évènement qui a conditionné notre civilisation occidentale, moins par son stimulus civique que par ses conséquences mentales et historiques sur les sociétés européennes. Au cours des siècles des spiritualistes ont façonné une idéologie religieuse aux tendances dogmatiques qui se réfère à des faits présumés historiques où les bons et les méchants tiennent des rôles de circonstance. Mais au-delà de l'histoire instituée se discerne une révélation, qui ne peut être que le sentiment intuitif du réel.

Des êtres « illuminés » dans le bon sens du terme, ayant suscité des empathies publiques, ayant été inspirés d'une philosophie spirituelle, ayant été suppliciés par le pouvoir de l'époque et ayant succombé pour leur idéologie, sont si nombreux que nous ne pourrions les énumérer. Si Jésus le Nazaréen n'était que l'un de ses êtres inspirés qui ont bonifié l'histoire, il n'y aurait pas deux millénaires de réminiscences. Ses péripéties n'auraient laissé qu'étincelles dans le foyer des âges et les générations suivantes en auraient beaucoup édulcoré les exploits. En ce qui concerne le Christos biblique, il n'en est rien, son nom subsiste et se perpétue plus que les souvenances de ses prescriptions ou de ses faits présumés.

Le Christ est un contexte historique, une identité mystique, un sentiment confus, un pleur dans la souffrance, une présence dans le silence. Tenter de le définir autrement, c'est s'engager dans les annales historiques aux corrélations humaines qui n'ont d'authenticité que ce que nous procure la conviction. Si nous nous attachons aux faits en épurant les descriptions comportementales toujours suspectes d'irréalisme, le Christ est un être survenu d'un ailleurs indéfini, car seul l'ailleurs a le pouvoir de perdurer dans le monde éphémère des vivants. Cet ailleurs peut avoir deux sources d'accomplissement, la première est divine, c'est la plus crédible, la seconde est spatiale temporelle. Cette dernière est affiliée au monde divin par d'omniscients critères d'intelligence que ne possèdent pas les entités humaines. Quelle que soit la source conceptuelle, le Christ est une manifestation spirituelle physiologiquement incarnée dans la substance tangible où nous vivons. Nous devons admettre que son âme avait les indices de cet accomplissement. Si cela n'avait été le cas, sa nature apparente aurait été suspectée et il n'aurait pu remplir son rôle d'émissaire ou dans le sens opposé, il aurait eu à subir des allants de déification, lesquels se seraient avérés inadaptés à sa condition humaine.

La spiritualité a pour première condition « la foi » qui n'est autre qu'un aspect du doute inséré dans la certitude. Cette « foi » demande à être enrichie d'analogies, de compréhension et de justifications. C'est précisément l'office qui devait être assigné au Christ. En cette époque perturbée, la Judée était soumise à des critères de domination, certes fort distincts en apparence, mais comparables à notre civilisation. Un aspect relatif de bien-être, de justice sociale, de pouvoir sécuritaire, alors qu'il en allait tout autrement. La gouvernance était étrangère et oligarchique, la justice était pratiquée selon les instances de l'hiératisme cultuel et on avait un mépris affiché pour la plèbe hétérogène, leurs vies étaient sans espérance spirituelle, le judaïsme dominant instaurait lois et religion sans déontologie équitable. De façon générale toutes les populations allogènes étaient évincées des appartenances religieuses. La première des missions christiques, fut de générer parmi les gens du peuple un espoir spirituel non subjectif, émanent d'un ailleurs régenté par le « père de toutes choses » où les êtres de convictions et ceux de nature dédaignable auraient ses indulgences patriarcales et parfois ses préférences.

La seconde mission christique était beaucoup plus complexe. Elle avait trait aux révélations ésotériques qui étaient enseignées dans l'Égypte des grands hiérarques. Le dessein était de raviver la clairvoyance des initiés et d'ajouter à leurs connaissances des données qui constituaient des preuves manifestes de leur foi et de leur espérance. Cela concernait les officines suspectées des communautés esséniennes et nazaréennes, lesquelles étaient déjà fortement imprégnées de Pythagorisme. Les arcanes de l'Égypte étaient appréciés, car aucun de ses membres élitistes n'ignorait qu'elles remontaient à la Tradition primordiale et qu'elles avaient instruit des générations de prêtres. Jésus qui avait été conduit en Égypte par ses précepteurs esséniens à l'âge de 16 ou 17 ans possédait une remarquable compétence en matière de symbolisme hermétique. Les figurations géométriques, les agencements, les formules algorithmiques lui étaient familiers. Il savait aussi réifier les concepts spirituels et employer la métaphore pour faire accepter ses idées. De sa présence même émanait un charisme séducteur qui laissait entendre à la raison une indéniable vérité. Une thaumaturgie de bon aloi apprise en Égypte contribuait à la transmission de son prosélytisme. À cette époque, les façons de procéder aux tâches journalières variaient peu d'une ethnie à l'autre, la manière d'être n'influençait guère le comportement. Pour être de fait compris de tous, il fallait être à l'aise dans la prononciation des langues tribales. Les problèmes qu'a pu connaître le Christ étaient ethniquement semblables à que ceux que nous connaissons aujourd'hui, avec cette énorme différence que sont les technologies. Elles ont réduit la pensée humaine dans les domaines de l'individualisme, du discernement, du libéralisme cognitif, ainsi que dans les manières de séduire et de convaincre. Il est possible d'exhorter ou d'argumenter au cours de conférences, mais ce n'est alors plus le même publique émanant du tout horizon. Ceux d'entre nous qui prétendent à la parousie, c'est-à-dire au retour du Christ prônant la gloire du père au gré des avenues et des bouches de métro, n'ont plus le sens de la réalité. Cette quête s'effectue déjà, mais d'une tout autre manière que celle que nous venons de dépeindre. Le seuil du raisonnable est aujourd'hui dépassé. Il n'est plus possible d'informer les peuples de la voie que l'humanité devrait suivre « *La liberté de la presse n'est assurée que par ceux qui la possèdent* » disait A, Liebling. Et nous ne la possédons pas. Aussi nous faut-il lancer le message aux quatre vents de la sagesse pour que celui-ci atteigne les êtres sensibilisés que nous estimons. Cela n'a rien de métapsychique. Ces informations que nous faisons figurer ce sont celles dont se servaient jadis les grands initiés des temps que nous décrivons. Ces illustrations nous informent de la vérité christique. Nous nous devons de les approfondir pour en saisir toute la subtilité. Elles affirment sans ambiguïté la réalité spirituelle de Messie, mais aussi la relativité du temps. Elles soulignent de leurs valeurs mathématiques ce que nous devons différencier sur un plan universel. Il est nécessaire de se remémorer les cheminements qui nous ont amenés à ces déductions. C'est pourquoi nous devons revoir les données de bases, telles que le départ du cycle d'Orion, le transcodage herméneutique des années, la valeur figurative des nombres et des signes. Ce sont là les sentes christiques et les sentes ne sont pas des autoroutes !

Un vieil adage prétend que tous les chemins mènent à Rome. Peut-être, mais tous ne mènent pas à l'acceptation du Christ. Pour que cela soit, il est nécessaire de considérer deux critères de réflexion. L'un est conditionné par l'intuitif, l'autre par le raisonnement. Le premier de ces deux critères est généré par l'intuition, elle agit sur la conscience, plus ou moins selon le degré acquis d'élévation spirituelle. Ces influences sont dues aux nombres vécus de réincarnations et en lesquels l'état de conscience s'est graduellement développé, contrecarrant les impulsions qui poussent à dominer ses semblables en faisant fructifier son pactole comme étant l'unique valeur existentielle.

Ce raisonnement simpliste est ainsi résumé : « *S'il n'y a qu'une vie, autant bien la vivre sans avoir de largesses, pour jouir pleinement du temps qui nous est imparti.* » Cette façon de penser, Cro-Magnon l'avait à l'identique. Ce qui diffère aujourd'hui c'est la cravate à la place des dents d'ourses. Notre cerveau même n'a pas évolué depuis cette époque d'un centimètre cube. Il serait donc uniquement question de **notre conscience**.

Si nous sommes dotés d'un état de penser, celui-ci se devrait de tempérer nos désirs. Mais seul il en est totalement incapable. Notre système cérébral va infailliblement dans le sens de la valorisation corps esprit qu'il défend avec célérité. Et c'est bien normal. Notre mort venue le cerveau est putrescible et son rôle en cours de vie est de protéger au mieux de ses possibilités l'aspect corporel au détriment de tous autres impératifs d'ordre familial, communautaire, ethnique ou patriotique. Lorsque ce cerveau est jugé élémentaire, le comportement qu'il affiche paraît objectivement odieux à la communauté. Mais si le cerveau a développé en cours de vie ses qualités mentales, il aura été à même d'apprendre qu'il est nécessaire d'agir autrement. Dès lors, il lui faut tenir compte des lois, des coutumes, du respect des personnalités, du jugement des gens de piété, des assujettis au moralisme et à tout autre critère qui seraient susceptibles d'enrailler sa vêture. C'est ainsi que des neurologues expliquent le comportement d'un être qui serait démuni du moindre apport de conscience et qui pourrait par ses facultés de mimétisme sociétal, donner à penser que c'est tout le contraire. La communauté humaine est ainsi trompée par de fieffées crapules qui occupent des postes valorisants sans un brin de conscience qui tempérerait leurs agissements, si ce n'est l'instinct roué de leurs méninges qui les poussent parfois à limiter leurs actions en fonction des conséquences. C'est généralement au cours des guerres que se manifeste le vrai visage de ces fripouilles ainsi dépeintes. Ils ont alors aucune retenue pour laisser se manifester leur tempérament. À l'opposé de telle entité assez commune en nos sociétés, les êtres qui sont dotés de conscience ont un comportement différent. Si cette conscience existe avec un faible indice, elle ne tiendra compte que des facteurs qu'elle jugera importants. Si cette conscience est plus développée, elle effectuera une alliance de principe avec l'esprit, car le cerveau a de par sa physiologie réceptive des dispositions à être assujetti à des ordonnances spirituelles, même si celles-ci ne sont pas effectives. Le cerveau n'est qu'une boîte à outils qui rêve d'un bon ouvrier qui valoriserait ses possibilités et contribuerait à faire de lui une âme particulière. Ce thème mériterait un développement auquel nous ne pouvons-nous livrer, mais il a une particularité merveilleuse sur le plan évolutif.

La première quête que nous nous devons donc d'instruire, c'est la raison d'être et non pas celle d'être sans raison. Ce cheminement est souvent empreint de solitude, de réflexions, d'hésitations. Il oblige à se cultiver, à s'attentionner et s'émouvoir. Ainsi développe-t-il un aspect cognitif qui influence les réflexes et conditionne l'émergence du soi, du fait que cela incite la conscience à se manifester et à préparer pour chacun de nous une salutaire hiérogamie.

Une telle métamorphose est loin d'être celle que peut envisager une majorité de la population, phagocytée qu'elle est par un matérialisme accablant qui ne suggère aucun mode d'élévation. L'individu se détache de lui-même pour pénétrer une identité médias-conductrice qui régit ces reflex et le place dans un contexte pléthorique réducteur de sa personnalité. Il faudrait donc laisser s'exprimer l'intuitif quand il s'adresse à la conscience pour réguler un comportement mental souvent à la recherche de lui-même. L'idéal c'est que cette « conscience » parvienne à influencer l'esprit sans le dominer, elle ne peut le faire, que si les ondes intuitives exercent en elle un rôle éminent. Il y a donc des personnes qui agissent en fonction de ce seul ressenti, lequel devient éducateur de la fonction cérébrale. Nous ne pouvons être solidaires de ce comportement, du fait que les qualités déductives de l'esprit sont minimisées. Il est donc indispensable de conserver une logique compensatrice des tendances. Nous venons de survoler l'influence que peut avoir l'intuition sur la conscience et celle-ci sur l'intellect, voyons le cas d'un manque partiel ou total d'emprise de cet ordre sur des sujets considérés par notre société comme étant parfaitement normaux.

Il est des êtres sensibles, intelligents, non démunis de curiosité qui n'ont jamais eu d'indulgence en ce qui concerne les évocations à caractère spirituelles. En général ils ne dissocient pas ce terme du contexte religieux, lequel n'a jamais évoqué pour eux les vertus que certains lui prêtent. Pour ces individus, les motifs idéologiques qu'exposent ces congrégations sont purement imaginaires, rien de contrôlable et de déterminant, en un mot rien de satisfaisant pour un esprit cultivé. Quant à l'intuitif qui véhiculerait cette option il n'a rien de discursif et son essence même implique une adhésion idéelle qui est purement théorique.

Nous conseillons à ce type de penseurs de chercher à pénétrer les matières que nous exposons. Le secret de la symbolique consiste à montrer plusieurs conceptions des choses. Selon les capacités que nous développons, certaines s'évaporent en des abysses enténébrés, mais d'autres se synthétisent en des formules éblouissantes de vérité. Il est vrai qu'une telle démarche satisfait l'esprit avant de convaincre le cœur, mais elle adopte un caractère transcendantal qui suppléait à la vision intuitive. Si nous sommes logiques, la preuve est là flagrante, éprouvante, car souvent elle contrecarre des années de cynique désinvolture. La révélation sait effacer les tourments, on peut prouver désormais qu'il existe un principe agissant, procréateur de l'univers en lequel nous évoluons. Ce **Principe Créateur** est soucieux de l'évolution des êtres par eux-mêmes, c'est ainsi qu'il a placé des indices d'approbation en fonction des transformations psychiques de chacun. Les nombres, la géométrie, l'astronomie sont les principaux facteurs de révélations scientifiques, ils sont aussi à la base de la création et de la vie. Au-delà de notre science expérimentale, abordons celle qui est universelle, c'est un passeport spirituel pour les paradigmes de la conviction. Ces monuments dont il est question passaient jusque-là pour des tombeaux, mais les moribonds consensus dont les égyptologues orthodoxes les ont affublés n'hantent plus ses caveaux que pour les esprits simples.

Avec une autre approche de ces édifices, le Christ nous revient sous une forme inattendue, celle de la preuve de son existence. S'il était apparu de la sorte il y a plus de 2000 ans, seuls les lettrés de haute connaissance auraient pu bénéficier de ce pactole initiatique tel que nous le présentons. La sotériologie que nous exposons aujourd'hui, ne pouvait être perceptible au commun des mortels, non point que certains initiés fussent mentalement déficients et incapable d'envisager ainsi le gnosticisme, mais tout simplement par manque de références communes. De nos jours, les normes scientifiques largement répandues font que l'on peut établir des rapports avec les astres, les distances, les datations, alors que les connaissances de l'époque étaient essentiellement diffusées par le verbe sans démonstrations probantes. Cependant, c'est ce genre de révélation que du employer le Christ pour sensibiliser les foules qui entouraient sa personne, il agrémentait ses prédications de paraboles et autres métaphores pour que ses révélations soient mieux pressenties. Aujourd'hui, nous nous devons d'agir autrement, en nous servant des implicites références qu'il nous a laissées par le fait même de sa venue au monde. Ce n'est donc pas une prédication qu'il nous adresse, c'est une démonstration de vérité que l'on se doit de puiser dans la réflexion, dans l'étude, dans la comparaison. Admirons ce qu'était la pyramide en l'an « 1 » d'Orion.

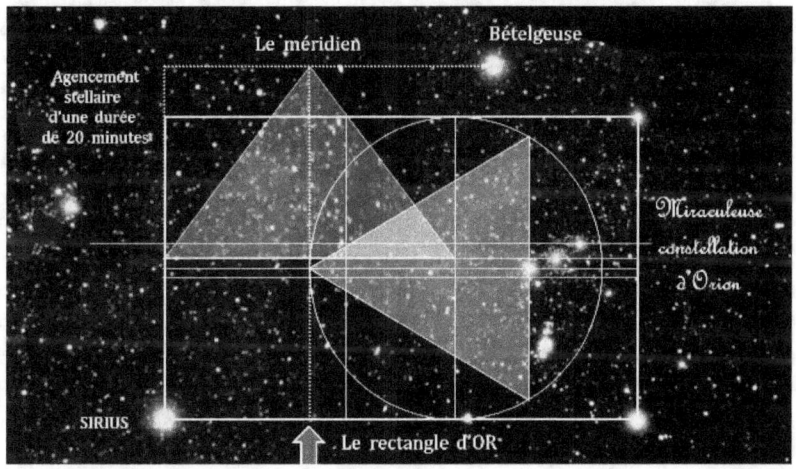

Nous comprenons que la constellation d'Orion joue un rôle irrécusable dans la chronologie du cycle précessionnel, mais aussi dans l'histoire christique, nous la faisons figurer ici son point le plus bas sur l'horizon de Gizeh, il y a 12 434,73897 ans de notre année 2 000 du troisième millénaire. Nous voyons que pendant 20 minutes tout était équilibré sur l'horizon du plateau, les 90° d'Orion, l'étoile Sirius avec son temps propre atteignant le carré-base, la verticale du méridien avec le gnomon, le glissement de la Grande Pyramide, le magnifique rectangle d'OR, ainsi que le triangle équilatéral sur l'étoile Al Nitak. Quelques instants après ce cliché, la constellation s'élevait de nouveau dans le ciel pour reprendre un cycle de 25 852,94906 ans, celui de la précession des équinoxes. Ce qui est tout aussi intéressant, c'est qu'en l'an zéro de notre ère, à la supposée naissance du Christ, la constellation d'Orion affichait une position semblable de 90° sur la ligne horizontale dans le ciel de nuit.

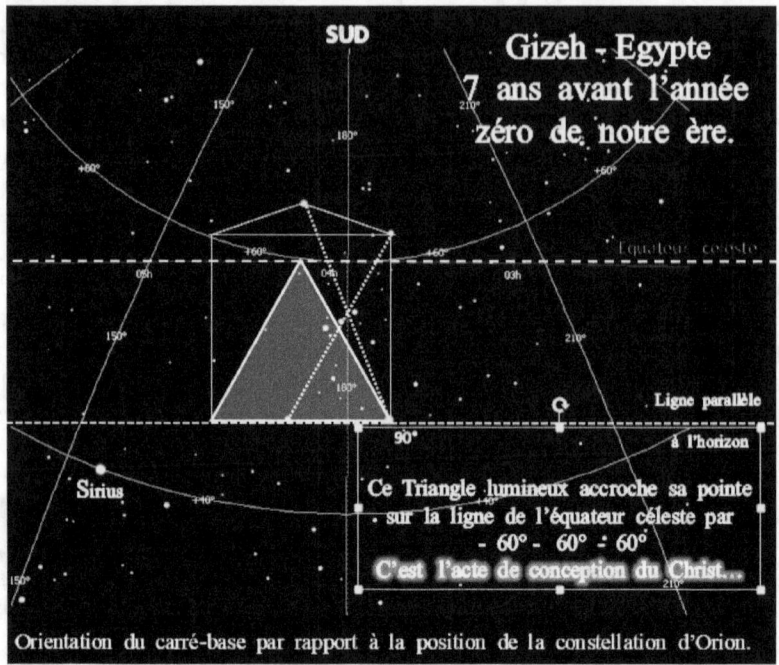

Orientation du carré-base par rapport à la position de la constellation d'Orion.

L'étoile Sirius nous le voyons est plus basse qu'elle n'était en moins 10 434,73897 avant notre ère. Le merveilleux, c'est que le carré repose sur l'horizon et que la hauteur du triangle atteint la ligne de l'équateur céleste. Nous en concluons que la venue au monde du Christ était inscrite dans les étoiles et traduisible en tant que phénomène d'exception. Les relevés actuels ne nécessitent pas des calculs astronomiques, il suffit pour cela de consulter un logiciel traitant de la disposition des étoiles au cours des âges pour constater qu'il en est bien ainsi.

Ce qui devrait également retenir notre attention ce sont les extraordinaires correspondances avec les datations actuelles. Si nous prenons pour référence la date de départ de la constellation et la nôtre de l'an 2000, nous avons pour résultat chiffré :

Le demi-cycle de 12 926,47453 années lesquelles correspondent multipliés par 0,011785113 à 152,339963 m. Ce qui revient à dire qu'en l'an 2 000 de notre ère il restait 491,7355565 années pour terminer le demi-cycle, ou 12 926,47453 moins 491,7355565 années nous étions à 12 434,73897

années du départ de la constellation ou à 146,5448039 m. Pour atteindre exactement la hauteur de la Grande Pyramide sur son socle à 146,608168 m, il nous manquerait donc 0,0633641 m ou 5,376622184 années. Ce qui voudrait dire qu'en l'année 12 440,11559 après le départ d'Orion nous avons atteint en mètres la hauteur sur le socle de la Grande Pyramide, soit en 2005, 37 après nôtre an 2 000. Ou alors il nous faudrait envisager que **le cycle moyen** est évalué à **25 863,7023 années** ce qui est tout à fait envisageable. En ce cas nous aurions atteint en l'an 2 000 de notre ère en valeurs métriques la hauteur de la Grande Pyramide sur son socle, ce qui est un clin d'œil fantastique de la part des concepteurs de tant de merveilles. La référence rappelons-le, est le niveau à Gizeh de la constellation d'Orion, c'est son point le plus bas sur l'Horizon.

Avec la prise de connaissance des documents que nous faisons figurer, nous serions tentés de dire que la foi zélatrice d'hier n'est plus la référence convaincante pour suivre une voie spirituelle. Mais à l'inverse de ce résonnement, ces preuves peuvent êtres dérangeantes et certains individus s'en détournent comme s'ils elles appartenaient à un monde différent du leur. Cependant si nous savons observer ce qui nous entoure et chercher par défiance à interpréter « le ridicule », il prend souvent un caractère inattendu propre à enthousiasmer l'esprit. Sur ce vitrail à Villefranche-sur-Saône, la mandorle devient pyramide, les mains deviennent « 3 et 4 » et la boule devient Terre. La pyramide triangle « 3 » sa base carré « 4 », le « 3 » en haut signifie multiplier, le « 4 » en bas signifie divisé. Le symbole π est symbolisé par la circonférence terrestre et la croix par son diamètre.

« 3 » x π = 9,424777961 « 4 » ÷ π = 1,273239544 Total 10,6980175 x 2 = **21,396035**

Pôles ☿ **12 713,54593** + 21,396035 = **12 734,94192** km ☿ moyen + 21,396035 =

Équateur **12 756,32794** km.

L'histoire christique n'est pas, comme certains le pensent, une sorte d'adaptation légendaire érigée à l'intention d'une population sensibilisée par l'illusionnisme. L'histoire christique à un fondement occulte qui s'appuie sur les arcanes d'un hermétisme traditionnel, que seuls les grands inspirés de la gnose originelle étaient à même de déchiffrer. Les définitions numériques, géométriques et astronomiques que nous donnons sont autant de preuves irrécusables du phénomène christique. Il s'avère que l'on découvre parfois une concordance analogique avec une datation de caractère évènementielle. Les coïncidences existent, nous ne pouvons les niés, mais regrouper des dizaines de faits étranges sur des périodes de temps concordants, assistés d'un cortège de nombres parfaitement adaptés. Il est alors logique d'admettre qu'une relation demeure entre les datations que nous faisons figurer et les découvertes effectuées. Si pour des esprits sagaces les agencements sont évidents, la venue sur Terre d'un être d'exception dans les périodes de temps cités l'est tout autant, et cela change la conception que nous pouvons avoir de l'existence. La vie a désormais un socle philosophique qui rend la vie matérielle moins terre à terre.

L'hermétisme traditionnel prend une valeur d'interprétation que l'on n'a pas tendance à lui prêter naturellement. Un mystère demeure, tout à fait étrange et inexplicable, la référence permanente aux pyramides de Gizeh. Ce mystère n'est pas seulement attaché à la symbolique que recèlent ces monuments, mais au décalage chronologique stupéfiant entre la construction de ces édifices et la venue au monde du Christ. Cela suscite deux réactions opposées, la première est de loin la plus spontanée par les maîtres-penseurs de notre époque : *« si on prétend que sa venue au monde était prévue dans le concept figuratif, des milliers d'années avant l'avènement, c'est que tout cela est un gros bluff ! »*

La seconde est plus encline à estimer l'intérêt des découvertes que d'évincer le tout en une réaction inconsidérée. La venue sur Terre du Christ n'est pas un évènement banal ou anodin, non seulement il se devait d'influencer son époque, mais beaucoup d'autres au cours des âges. Que nous faut-il donc envisager pour ne pas être en désaccord avec les faits présentés ?

Nous l'avons écrit, les pyramides de Gizeh n'ont pas été conceptualisées par des individus terrestres, mais par des êtres venus d'un ailleurs indéfinissable. La construction par contre, a bien été réalisée par des êtres humains sous les directives de ses omniscientes entités. Nous savons que leur savoir ne peut être comparé au nôtre et même le temps en lequel ils vivent, ce qui pourrait expliquer bien des choses. Le Christ qui était-il d'ailleurs ? Un être d'exception, c'est certain, mais que nous est-il possible d'ajouter sans pénétrer dans les domaines de l'hypothèse ! L'existence recèle des mystères infinis, alors, que ceux qui dirigent notre monde en dégénérescence n'en voit qu'un :

« le pognon » qui permet de chosifier tous les désirs, sauf le plus important « *la clairvoyance du créé* », celle-là même qui nous permet d'être intime avec ces gens de l'ailleurs, pour qui nous sommes d'éphémères entités prometteuses. Tenter de faire passer un message aux êtres humains d'aujourd'hui n'est pas une sinécure et moins encore un agrément, car les critères de disséminations sont tels que les sujets traités n'ont plus le pouvoir de fixer l'attention. Nous sommes rentrés dans une ère de suspicion, de méfiance ou chaque découverte divulguée fait l'objet de doute et d'ambiguïté.

Il fut un temps que nous avons connue où les idées, quelles qu'elles soient, étaient par curiosité examinée et si le motif en valait la peine approfondit. On n'hésitait aucunement à contredire, contester ou même à conspuer. À l'inverse de cette attitude, on pouvait généreusement apprécier, approuver et même souscrire à ce qui aurait pu paraître des illusions. À l'heure de notre civilisation « média commercialisé », les réactions ont bien changé. Le monde en lequel nous vivons est pavé de doutes et d'incertitudes. Si nous cherchons à en percevoir les raisons, il nous faut réfléchir à une logique qui animait les grandes civilisations d'alors, cela se résumait ainsi :

Toute avancée technologique ou sociétale doit être accompagnée d'une philosophie d'adaptation afin de limiter les déviations, dues à l'usage malavisé des acquis.

L'aspect ontologique n'est pas à négliger, il est essentiel d'analyser le comportement d'une civilisation en fonction des assujettissements dont elle peut être victime.

Il en résulte une première constatation, c'est que l'être humain peut s'adapter à des impératifs de toutes espèces, à une seule condition, qu'il est le temps de les assimiler et de les dominer. Si les technologies envahissent son univers existentiel sans qu'il exploite des mesures d'adaptations, ce sont les technologies qui auront raison de ses modes de réflexions. Elles dirigeront sa vie par des injonctions directionnelles et il n'aura plus les moyens psychologiques de les contrer.

Avec les années et les générations, des techniques telles que l'aviation et l'automobile se sont progressivement imposées à nous, ces procédés de déplacements ne bouleversaient que nos modes de vie ce qui les rendait non seulement admissibles, mais le plus souvent nécessaires. Il en va différemment aujourd'hui des technologies avant-gardistes. En matière numérique, les innovations cumulent de mois en mois à des cadences que ne peuvent assimiler les experts. Il en résulte une sorte de détachement qui consiste à consommer plus, plutôt que d'adapter ses besoins aux nécessités du moment. Le plus inquiétant, c'est lorsque l'exhaustive informatique aux prodigieuses commodités devient l'élément vital de notre personnalité, il est logique qu'avec le temps nous en devenions tributaires. Les facultés de discernements qui sont encore les nôtres s'amenuiseront progressivement de génération en génération pour n'être plus dans quelques décennies que des capacités de substitutions sans capacités déductives. Ce qui émergera de nos systèmes informatiques dotés de notre numéro identitaire sera assimilable à notre réflexion, car nous n'aurons plus les aptitudes nécessaires pour en douter et moins encore pour en contester la teneur. Les risques avant-coureurs de cette situation se font déjà sentir, il serait toutefois grotesque d'en faire débat, du fait que nous sommes aujourd'hui conscients des avantages que ces addictifs procurent plutôt que des menaces qu'ils recèlent.

Nous pourrions tenter d'évoquer quelques-uns de ces troubles avant-coureurs, que le business ignore par vocation de rentabilité. A priori une plus large extension des dénuements médiatique, ce qui fait que l'on aura tous tendance à penser pareillement, si le mot pensée a encore un sens. Pour cela : *Ouah, faudra que les excits supportent grave au foot et puis que rappe dur sur l'homo télé de son album, pour que la pub le mat au net.* Ce n'est pas très compréhensible pour un public arriérés, mais déjà les très jeunes dont la boîte baigne sur la touche y parviennent. En ce qui concerne le téléphone portable, cette source de merveilles est ni plus ni moins le vade-mecum de nos temps modernes. Mais, d'un seul coup d'un seul, la culture n'est plus nécessaire, il suffit de glisser un doigt sur la touche pour en savoir plus que l'érudit du coin. À quoi bon, se souvenir de tas de choses, le monde est dans le gousset du jadis et dans le cosmique du futur.

La question que nous devrions nous poser c'est la pertinence de cette boîte qui pourrait demain être celle de Pandore. Altération de la mémoire, absence d'opinion, déductions appauvries, focalisation des facultés cérébrales, bouleversement de la sensibilité, amoindrissement généralisé des reflex psychiques.

Demain, ce sera le lézard de l'aborigène et sa façon d'être grignoté qui s'avérera plus important que les mises en boîte. Allonger la liste ne nous permettrait pas de mieux comprendre les désagréments, auxquels l'humanité doit s'attendre dans les générations suivantes, elle sera tributaire de ce que nous pouvons définir comme une involution psychique. Ce qui signifie qu'elle aura en pourcentage de nuisibilité les fameux 20/80, à cela près, que le plus fort pourcentage sera celui que nous décrivons, dont les obsessions se font déjà ressentir. Est-ce du pessimisme ? Nous le souhaiterions pour l'humanité ! Ce n'est hélas que du réalisme.

Nous ne pouvons que difficilement nous imaginer ce que sera demain la robotique. Mais ce qui est certain, c'est qu'elle va avoir une influence sur la psychologie humaine alanguie. Le déclin de nos facultés mentales sera inversement proportionnel à l'évolution de cette robotique. Les spécialistes en la matière prônent le raisonnement compensateur. Mais où le trouverions-nous ? Le raisonnement est inexistant face à la rentabilité quand elle est associée à l'esprit de domination. Nous vivons aujourd'hui, malgré les constatations qui viennent d'être faites, une ère extatique des technologies, celles qui nous avantagent sans trop nous contraindre. Mais pour certains observateurs les premiers signes sont là. Cela fait que tout ce qui ne rentre pas dans le domaine médiatique ne peut être présumé fiable ou digne d'intérêt par un public conditionné incapable de déductions. Après ce constat, la question que l'on est naturellement amené à se poser est : Comment est-ce possible que l'humanité soit aujourd'hui consciente de cela, et ne puisse réagir ?

Il nous faut prendre conscience que notre civilisation est totalement soumise au profit. Elle n'est plus à même, comme ont pu l'envisager d'autres civilisations, d'équilibrer matérialité et sociabilité, ce n'est au contraire, qu'obsession de gain et de rentabilité, elle l'expose en brandissant le terme de « croissance », cette aberration de l'esprit de conquête. Ce ne saurait s'octroyer des inspirations prophétiques que de prédire qu'une telle situation ne peut perdurer. Les bases de la vie fluctuent avec le temps, mais leur point de stabilité est à l'opposé de ses options déraisonnables. Il a pour évolution la diversité, la tolérance, la modération ce qui a pour conséquence l'indulgence, le partage, l'indépendance source d'évolution et d'équité. Les grands initiés, peu nombreux en ce monde, n'ont aucune haine envers les meneurs de jeu, car ils savent que le moment venu tout se résolvent. Il y a un temps pour la contamination et un autre pour la désinfection. Un temps pour la densité, un autre pour l'épuration. Un ciel pour les nuages et un autre pour le soleil. Il nous faut connaître le **mal** pour apprécier le **bien**, c'est ce que nous précise la primosophie avec pour l'un et l'autre le « 69 », le yin et le yang de la tradition. La pensée doit précéder l'action, ce sont ces deux intentions qui ont le pouvoir de réitérer « la raison de vivre ». Seulement voilà, cette dernière détient dans les profondeurs de ces exigences, la détermination qui n'a aujourd'hui que des inhibiteurs. Si nous ne comprenons pas qu'il est indispensable de cultiver **la spiritualité** pour évoluer, nous sommes à terme irrémédiablement condamnés en tant que civilisation planétaire. Car seule la spiritualité peut effectuer une coalision efficace pour sauver cette planète en tourment. Rien de réaliste ne peut subvenir à souhait pour nous tirer d'affaire. Imaginons une prise de conscience généralisée. Mais d'où nous viendrait-elle ? Des gouvernants ? non. Ils sont obnubilés par leur position sociale et le pouvoir que cela leur donne, c'est de l'égotisme infantile qui ne recèle aucune morale. Du peuple ? Non. Il n'a ni l'homogénéité, ni la volonté d'action, en ayant pour vérité seulement ce qu'il est dit aux actualités, cela dans un pourcentage inquiétant et chaque jour grandissant. D'un homme lucide et sage ? Non. Les médias n'en feraient qu'une bouchée de ridicule, il deviendrait un gag pour la communauté et toute autre forme de télécommunication serait inefficace. D'une catastrophe planétaire cataclysmique ? Oui mais il sera alors trop tard pour agir et la peur domine toujours la volonté.

Il n'y a donc de péremptoire que **la spiritualité**, car elle aurait le mérite d'unir à une échelle qui ne serait pas seulement celle de Jacob, les biens terrestres et universels. La spiritualité actuelle a désormais des preuves concrètes irréfutables, elle peut enfin se détacher de l'aspect religieux pour se nourrir d'une discipline intérieure. Mais les religions seront toujours un support nécessaire pour énormément d'êtres humains et c'est bien qu'il en soit ainsi. Comme nous avons tenté de l'expliquer, les religions sont des témoignages de faits, d'actions, d'exposés que nous n'avons aucune raison de contredire ou de critiquer. Pour la raison très simple qu'il ne nous est pas permis de contester des faits qui se veulent historiques, sans que nous ayons des allégations les concernant. C'est là le principe de la foi et il est tout aussi valable que celui de la preuve. Au-delà se situent les gnostiques des trois religions concernés, les témoignages qui animent leurs certitudes sont réels, mais ils sont réservés à une élite et ne peuvent tenir le rôle de confluence universel que nous souhaitons pour l'humanité. Cela étant, nous nous refusons d'émettre la moindre critique sur ce sujet, ce serait considérer que le point de vue que nous défendons est supérieur au raisonnement ou à l'intuition de ces personnes. La sincérité de chaque être dépend de lui-même ce serait placer son ego au fait de toutes perceptions ce qui serait doctoral et prétentieux. En résumé, les personnes adhérant à des religions ont déjà un avantage sur les non-croyants, c'est d'avoir une vision des choses plus analytique que celui qui ne croit en rien, si ce n'est en cette matière évolutionniste darwinienne qu'il n'a jamais tenté de définir. L'aurait-il fait, que très rapidement il en serait venu à un vide inexprimable, car la matière est par définition énergie sans consistance si ce n'est par l'ordonnance d'un concept qui nous en donne le semblant.

Si nous tentons de raisonner au-delà de ce qui nous est enseigné avec la science expérimentale, nous nous éloignions précisément de la matière commune pour envisager un univers beaucoup plus éthéré qu'il n'apparaît. Il serait même excessif de se focaliser sur le matérialisme ambiant, alors qu'il existe un réalisme universel plus complexe dont nous serions en partie dépendants. Sujet passionnant non dénué d'hypothèses, rappelons que l'hypothèse est un ressenti en lequel il est malaisé de définir les fondements.

Ce qui voudrait dire qu'un oiseau à des pattes, mais tant que nous ne l'avons pas vu se poser on ne sait si elles lui servent. Une foule de choses sont de cet ordre dissimulé au profond de la matière et nous ne devons pas nous fermer à ces critères, ceux-ci contiennent des références instructives déterminantes. Ce qui a pour conséquence qu'en proclamant haut et fort être athée, la personne qui émet cette opinion élimine quantité de contenances didactiques aptes à la faire évoluer. Nous pensons qu'il serait plus sage d'affirmer que l'on ne croit pas en Dieu, bien que l'on espère en quelques mystères susceptibles de nous y faire croire. La conjecture ne serait plus un préjugé, elle laisserait la place au discernement si d'aventure il se présentait, alors que dans l'affirmation, on présente des limites qu'il est souvent pénible de constater sans un apriorisme blâmable.

Pour une information plus étendue, il serait bon que l'on prenne pour exemple ce que représentent en matière d'hermétisme les religions dans leurs phases natives et secrètes. Il est commun de critiquer celles-ci pour les lacunes qu'elles représentent, en omettant que les religions sont des fondements idéologiques, représentés par des êtres humains qui n'ont pas forcément les vertus représentatives que l'on attend d'eux. S'il est une chose que nous devons différencier, c'est les religieux des religions, à l'image de la diversité populaire, il est des prêtres exemplaires et d'autres qui sont immoraux si ce n'est diabolique dans le sens le plus absolu du terme. Toutes les époques ont connu de telles bifurcations et plus catégoriquement la nôtre. Selon les circonstances personnelles, sociétales ou historiques, les états de conscience se dénudent et révèlent les tendances qui sont les leurs.

Dans le décryptage historique de ces religions, nous évoquerons les phénomènes ésotériques qui les ont déterminés plutôt que les tendances ethnologiques d'influences. Il est un constat évident, les trois cultes géographiquement les plus étendus ont la même origine. Nous allons tenter de voir comment et pourquoi ! Pour cela, il importe de considérer qu'à la base de chaque discipline, se trouvent des choix ethniques, idéologiques et occultes, nous verrons que ces choix les différencient sans les dissocier. Si l'on s'octroie le recul nécessaire pour en juger, les religions ont été prescrites aux spiritualistes à certaines périodes de l'histoire afin de baigner en un fondamentalisme identique les sensibilités qui leur étaient communes.

Georges Vermard

Origines des trois religions

Il ne fait de doute que l'Inde est source des religions, étant donné que l'on ne doit pas confondre la nature de celles-ci, avec la Tradition Primordiale, héritage de connaissance laissé par les exogènes aux Égyptiens il y a 12 500 ans de notre ère.

Les religions sont des inspirations populaires, quant à la connaissance elle est sélective, les deux cependant ont la même finalité : éveiller l'esprit aux domaines spirituels.

Il n'est pas déraisonnable de faire remonter l'esprit des religions actuel à environ 40 000 années de notre ère. En Inde, il demeure des traces dravidiennes souvent dénigrées, car elles ne coïncident pas avec les organigrammes chronologiques de l'ethnologie de la paléontologie et plus encore de l'archéologie, tel qu'aujourd'hui celles-ci nous servent d'enseignements. Il est habituel de discréditer des documents qui ne conviennent pas à un consensus établi, sans se donner la peine d'expliquer pourquoi ces textes existent et dans quel objectif. L'argumentation qui les définit comme étant un ramassis d'hallucinations mythologique n'a guère pour argumentation que cet insultant mépris qui affecte tout ce qui n'est pas issu de cette science essence de toutes vertus. Les ouvrages tels que le Mahabharata ou le Ramayana sont des recueils de textes qui décrivent des civilisations aux procédés très avancées, il est utile de souligner que de tels documents existaient bien avant que notre civilisation atteigne l'âge de l'arbalète. Les détails figuratifs donnés par ces écrits pouvaient encore passer au début du XXe siècle pour des fantasmagories, alors que les avancées actuelles prouvent concrètement que de telles technologies équipent les armées modernes, sans pour autant qu'il s'effectue un rapport de genre. Notre propos n'est donc pas de décrire ces situations, mais de les prendre à témoin pour que l'on puisse évaluer des qualités d'esprit antérieures toutes aussi évoluées que les nôtres. Il en allait de même des courants spirituels qui avaient déjà une inclination monothéiste affirmée, probablement procurés par des voyageurs spatiaux. Bien plus tard, ce fut sur ces bases cognitives que l'on peut imaginer la présence de personnages entreprenants, désirant porter au loin un courant d'idée générateur d'espérances. Voyons là certaines souches indiennes fuyant en se justifiant de quelques périls de classes. Il est osé, mais non improbable, de les associer à ces Amorrites qui gagnèrent la Mésopotamie et dont Abraham sans doute était issu. Les dates voisines 3 000 à 2 500 avant J-C, une partie de ces migrants quittèrent ensuite la Babylonie pour gagner d'autres régions dont l'Égypte réputée plus tolérante sur le plan des convictions.

L'histoire de ces gens qu'il nous convient de dépeindre commence ici, ils formèrent des communautés respectueuses des idéologies égyptiennes, mais non soumises à leurs applications religieuses. Il était commun de dire qu'ils ne créaient aucun problème, se soumettaient aux lois, ils étaient donc assimilés à la société des nilotes, tout en conservant un monothéisme religieux particulier. Deux ou trois secteurs leur auraient été réservés sur les berges du Nil dont Éléphantine. Pour exemple, l'une de ces fractions était adoratrice du Soleil, elle fut nommée plus tard par les Grecs « gymnosophistes ». Ceux-là vivaient nus et proches de la nature, leur origine était réputée indienne. Bien qu'il soit audacieux d'émettre une origine native pour ces minorités hébraïques au sein du peuple égyptien, beaucoup de recoupements nous incitent à l'envisager. Nous ne pouvons établir des corrélations certaines, mais leur nombre amplifiant avec les années, ils furent employés sur des chantiers de construction, jamais cependant en tant qu'esclaves, comme il est habituel de l'entendre. Certains extraits bibliques sont évocateurs : *ils lui répondirent » nous sommes la descendance d'Abraham et de personne nous n'avons jamais été esclaves.* » (Jean, 8-14/ -33). Une telle absence de déontologie supposée n'était pas dans les mœurs égyptiennes, les textes bibliques le prouvent surabondamment, « *Nous étions si bien en Égypte* » Nombre 11/18. « *Bénie soit l'Égypte* » (Isaï19/23), « *tu n'auras point en abomination l'égyptien, car tu as été étranger dans son pays* » Deutéronome, XXIII/8.

Nous pouvons donc considérer que l'hébraïsme qui est un terme polysémique a pris formation et argument en terre d'Égypte, même si nous devons admettre qu'il s'est manifesté ailleurs, en Nubie notamment. Des mutations sociétales s'exercèrent naturellement en ses diverses communautés sémitiques avec le Judaïsme, elles restèrent toutefois limitées du fait de la croyance distinctive en un monothéisme fondamental. Les Égyptiens eux-mêmes avaient une idéologie religieuse particulière, il ne s'agissait pas comme on se plaît à la dire couramment d'un polythéisme mythologique, mais d'un **hénothéisme**, ce qui rendait conciliable le monothéisme des Hébreux. Cette pluralité des dieux égyptiens était admissible pour les gens du peuple, préoccupés qu'ils étaient à ce que leurs dieux ou déesses protègent maisonnées et alentours, alors qu'un dieu unique ne pouvait offrir cette intimité. Il en allait différemment pour les initiés aux traditions qui admettaient un principe supérieur dominant, sans toutefois minimiser ces entités secondaires à la présence évocatrice. Le culte d'Amon « le caché » est un exemple signifiant, le monothéisme était discret.

Revenons à ces Hébreux que l'on pourrait désormais appeler Juifs, bien que l'on ne puisse pas les considérer comme étant une ethnie, leurs regroupements, leurs particularités, leurs croyances, leurs pratiques cultuelles les distinguaient de la population égyptienne. Ils ne pouvaient donc qu'exceptionnellement accéder à des niveaux supérieurs de la hiérarchie, les cas supposés furent rarissimes, mais il est notoire qu'une représentation était officiellement admise à la cour royale. Leur communauté dont les effectifs croisaient avec le temps était employée à des travaux d'intérêt général, restaurations de temples, de canaux, d'édifices publics. Ils étaient considérés comme des étrangers, certes, mais payés en conséquence, normalement alimentés et loger dans des habitations décentes. Là encore la bible se plaît à le formuler, « *Que ne sommes-nous morts de la main de Yahvé dans le pays d'Égypte, quand nous étions assis près des chaudrons de viande, quand nous mangions du pain à satiété.* » (Exode, 16/3). Cette cohabitation était donc pacifique et plutôt rassérénante pour les Hébreux qui avaient dû connaître en leur migration des situations plus préoccupantes.

Au fil de l'histoire, les choses cependant allaient prendre une connotation différente. Pour cela, nous devons décrire succinctement une période de temps de la 18e dynastie aux environs de 1350 av. J.-C. où le roi Akhénaton, Amenhotep IV prit le pouvoir. Le nom même de celui-ci indique sa dévotion à un dieu unique dont la représentation symbolique était le Soleil. Il vécut officiellement 33 ans, fut marié à l'une des plus belles femmes de son époque Néfertiti, qui lui donna des enfants affligés de problèmes physiologiques. Lui-même était affublé d'une morphologie particulière probablement due à un atavisme dégénératif. Selon les représentations que nous pouvons en avoir sur les fresques, le crâne d'Akhénaton apparaît démesuré. Certains de nos contemporains ne manquent pas d'établir une analogie avec des représentations de type exogène qu'il nous est difficile de crédibiliser sans preuve. Nous noterons que psychiquement cet être confirma au cours de son règne être nanti d'une forme discursive de pensée tout à fait particulière. C'est là que l'imagination pourrait se substituer à l'histoire officielle, pour redonner de la cohérence à toute une phase historique qui est loin d'être intelligible. Cela rendrait acceptable le départ d'Égypte des Hébreux et les tourments qui furent les leurs, voyons les faits :

AKHÉNATON, le roi adorateur d'un Soleil numérique avait peut-être en tant que visionnaire et grand initié d'excellentes raisons pour tenter de fonder avant la lettre le monothéisme.

Akhénaton fut ce pharaon hors normes qui osa rompre avec la tendance traditionnelle qui consistait à vénérer le divin panthéon d'Amon. Il n'hésita pas à reconvertir celui-ci en la symbolique d'un dieu unique à l'effigie du Soleil. À la suite de quoi, nous pouvons prendre acte pour la première fois d'une tentative de monothéisme en terre d'Égypte. Ce constat nous pousse à envisager que les communautés juives qui depuis longtemps pratiquaient ce culte dont les origines comme nous le supposons étaient issues de l'Inde ne purent rester indifférentes à cette prise de conscience monarchique. Il se peut que des contacts furent entrepris et il n'est alors pas insane de le penser, une élite sémitique entoura pharaon de ses conseils et assistance. Ses nouvelles conceptions furent sans doute facilitées par la décision du roi d'installer sa gouvernance en ce lieu semi-désertique qu'était El Amarna. Tout un contexte s'harmonisa autour de ce couple étrange qu'était le roi et son épouse, la cité adopta une culture particulière qui alla jusqu'à influencer les arts et le mode de vie. Nous voyons ici l'une des stèles consacrées au couple royal. Lorsque la Grande Pyramide, sans doute vénérée, est superposée au dessin, nous remarquons que son sommet atteint le centre du Soleil, alors que sa base se situe sous les pieds du couple.

Le doigt de l'enfant indique merveilleusement bien la ligne verticale des équinoxes.

Lorsqu'en l'année historique de 1 333 av. J.C, le pharaon Akhénaton cessa de vivre, il s'en suivit un bouleversement considérable. La religion polythéiste qui se résumait en l'adoration des dieux de la Genèse mythologique refit aussitôt son apparition. La prêtrise de haut niveau se trouva devant un problème de première importance, le culte d'Amon (le caché) se devait de refaire surface afin de calmer les effervescences. En dehors des courants dissidents, tout laisse penser que cette haute prêtrise avait reçu pour consigne de préparer l'avènement du monothéisme, « les temps nouveaux » que ces grands initiés étaient à même de présager se trouvaient sur le point de se réaliser. La complexité polythéiste ne pouvait perdurer dans les âges futurs, beaucoup de signes l'indiquaient et les intrusions allogènes le confirmaient. Il fallait donc tenter l'aventure monothéiste avec l'avènement pharaon, c'était là le moindre risque pour tester la réaction populaire. C'est pourquoi cette extraordinaire tentative avait été élaborée avec Akhénaton, dans les conditions les plus satisfaisantes d'adaptation afin de tester auprès du peuple cette bouleversante reconversion des pratiques cultuelles. Hélas, les millénaires avaient résolument chevillé en l'esprit populaire l'amour des dieux, la population avait accepté cette dévote bizarrerie du fait qu'elle émanait de Pharaon, pour eux, une telle anomalie devait-être tolérable le temps d'un règne. Mais maintenant qu'Akhénaton était dans le sillage d'Anubis, le culte d'Amon redevenait inaltérable et l'Égypte entière se devait de retrouver sa sérénité. Un problème cependant qui n'existait pas avant que ne s'impose ce royaume du dieu unique prenait naissance, les juifs qui avaient été dans l'agrément du roi devenaient des étrangers insoumis et potentiellement dangereux dans leurs convictions.

 À ce stade des évènements, tout laisse supposer que le peuple hébreu se trouvait à un virage de son histoire. Il n'était aucunement question pour eux d'adopter cette religion polythéiste qu'ils proscrivaient, aussi étaient-ils sages de prendre une décision avant que les Égyptiens ne décident de leur sort. Il est fort possible que la grande prêtrise avec laquelle les initiés étaient paradoxalement en bonne relation, les aient conseillés en ce domaine, ceci, afin de réduire les risques conflictuels qu'une telle situation laisse présumer. C'est à notre avis ce qui se passa, plusieurs grands prêtres égyptiens furent désignés pour accompagner cette migration vers des pays réputés plus accommodants, il est probable que parmi cette délégation se trouvait un responsable grand initié du nom de Moïse. Une telle appellation ne pouvait-être qu'un diminutif ou un sobriquet relié à un acte, tel que l'homme qui nous à « sauvé des eaux » entendons qui menaçait de les anéantir et peut être de les noyer. Cette hypothèse étant plus logique que celle attachée à Sargon enfant roi de Sumer sauvée des eaux de l'Euphrate par Aqqi et dont une version des écrits fut retrouvée à El Amarna avec des textes Hittites. Ce qui expliquerait évidemment beaucoup de choses. Afin d'éviter un bain de sang et de préserver leur autonomie, les 12 tributs sémitiques installés depuis des siècles en Égypte envisagèrent donc d'abandonner leur pays d'accueil et de gagner des terres lointaines. Il nous apparaît plus opportun que ce départ se soit effectué après la disparition d'Akhénaton et non pas comme il est dit, sous le règne de Mérenptah quelque 130 années plus tard. Ce qui n'exclut pas le fait que d'autres résidents moins nombreux aient entrepris de quitter l'Égypte à cette époque, ils auraient été confondus avec cette relégation générale que nous mentionnons, laquelle aurait pu s'étaler jusque sous Horemheb aux environs de 1240 av. JC. Ces détails que nous donnons sont importants, ils conditionnent beaucoup d'évènements résultants de ces faits. Il nous importe maintenant de faire figurer quelques précisions pour que nous puissions comprendre, comment ont pu s'effectuer les fondements de cette religion.

Les Juifs qui avaient été fait prisonniers en 586 av. J.-C. par Nabuchodonosor et déportés à Babylone, furent libérés par Cyrus en 539 av J.C, ils retournèrent donc en Palestine. Mais tous les textes religieux ayant trait à la fuite d'Égypte avaient été détruits lors du conflit avec les Babyloniens, ce n'est qu'à leurs retours que des leaders tels qu'Esdras le scribe ou plus tard Néhémie entreprirent vers moins 300 de réécrire une partie du Pentateuque. Ceci conformément aux écrits censés avoir été retrouvés une centaine d'années plus tôt sous Josias en moins 630 avant notre ère. On peut supposer les difficultés qu'eurent ces exégètes à reconstituer les bribes de phrases qui pouvaient leur rester à l'esprit, ce qui expliquerait l'incohérence, si ce n'est le non-sens de certaines descriptions. Mais attention, celles-ci comportent tout un encodage qui justifierait cette inconduite épistolaire en la plaçant dans le domaine de l'Hermétisme un des plus intéressants qui soit.

La religion hébraïque

Selon les textes, la population juive se serait donc rassemblée avec l'intention de quitter le pays d'Égypte pour gagner des terres d'accueil plus hospitalières. Si nous feuilletons la bible et portons notre regard sur un passage du Pentateuque, nous lisons dans les « Nombres » verset 2/32, sur le recensement des fils d'Israël résident en Égypte, qu'une évaluation est pratiquée, c'est celle des hommes appartenant aux 12 tribus, le total de ces guerriers éventuels est ainsi chiffré **603 550** guerriers. Il serait logique d'accompagner ces guerriers d'épouses et rectifier le nombre d'émigrants d'un double énoncé, soit 1 207 100. Ces personnes avaient également des enfants, il était même commun à cette époque d'en avoir quatre ou cinq du fait de la mortalité excessive. Mais soyons raisonnable et multiplions seulement notre nombre par deux 2 414 200 êtres humains. Pour ne pas rendre ridiculise les choses, nous ferons abstraction des parents ou grands-parents. En simplifiant, comment imaginer qu'une telle foule ne puisse pas être accompagnée dans ce périple par autant d'animaux de toutes espèces, détenteurs de lait, de viandes et de vêtements. Nous parvenons ainsi très rapidement aux nombres faramineux de huit ou dix millions d'éléments vivants en errance dans des contrées semi-désertiques et pratiquement dépourvu d'eau. Et là, il n'est nul besoin d'un grand développement pour comprendre que c'est une aberration avant d'être une éventualité. Si nous tenons compte des difficultés qu'allait affronter cette périlleuse entreprise aux frontières du désert arabique, ce n'est tout bonnement pas envisageable. Le Sinaï même à cette époque était semi-désertique, une population aussi importante parcourant de tels lieux pendant quarante années, ce ne peut qu'être un récit allégorique. Il nous faut donc envisager les choses différemment et revenir à ce que nous disions : ce récit légendaire est codé. Nous n'avons aucunement l'intention de fournir des données qui pourraient alimenter ce dessein, mais prouver que cela existe, que c'est d'une logique avérée ayant pour origine la Tradition Primordiale dont l'Égypte était héritière et dont les juifs ont en parti hérité. Il est en effet tout à fait probable que l'élite initiatique juive qui assistait Akhénaton était instruite de ces révélations, une coutume ancestrale tenait à ce que les secrets soient révélés aux plus méritants de génération en génération. Le fait que les Hébreux aient quitté l'Égypte pour la Palestine leur a permis d'appliquer une religion en partie issue de ce pactole, notamment en ce qui concerne l'aspect numérique. Avec des attachements symboliques tels que l'étoile hexagonale sur leurs bannières, les 7 étoiles d'Orion sur le chandelier pour ne mentionner que les plus évidents.

Une question subsidiaire vient à l'esprit, pourquoi de telles révélations aurait-elles pour origine l'espace céleste alors qu'elles pourraient être issues de sources ancestrales ? Pour plusieurs raisons, les principales étant que ses entités enseignantes il y a plus de 12 000 ans étaient missionnées, elles possédaient des facultés omniscientes et hautement spirituelles. Leurs pouvoirs de médiumnité leur faisaient connaître notre civilisation mieux qu'elle ne fût connue par les contemporains de cette époque. Ses Exogènes s'impliquèrent à enseigner aux Égyptiens d'alors un ésotérisme de caractère universel qui devait leur servir de base de raisonnement sur énormément de sujets. Aujourd'hui cet enseignement est loin de s'édulcorer, le temps est venu au contraire d'envisager des révélations, mais aussi de dénoncer des processus ou paradoxalement les moins évolués sont gouvernant. Il est un fait établit que ceux qui n'ont guère de conscience ont toujours triomphé dans la rationalité surtout lorsqu'elle est instrumental.

Mais revenons à nos hébreux, il va de soi que les hiérarques égyptiens étant instruit de ce que nous venons d'évoquer, nous devons admettre qu'il était alors légitime, lorsqu'ils estimaient un aspirant au sein de la quête spirituelle, de lui communiquer les rudiments de connaissances dont ils avaient hérité. C'était là le grand dessein des Exogènes pouvoirs rehaussés l'humanité par les efforts qu'elle pratiquerait pour découvrir en les nombres et la géométrie les voies de la spiritualité. C'est ainsi que nous avons à notre époque deux courants juifs opposés, le sionisme voué corps et âmes au rationalisme, lequel les contraint à rivaliser de pouvoir et les héritiers religieux fidèles à la connaissance antique, persévérant avec un admirable courage à rendre hommage au Principe Créateur en critiquant véhémentement leurs confrères de leurs choix erronés.

Il y a un instant nous avons fait mention de ce nombre de guerriers composant les 12 tribus juives, lesquels étant sur le point de quitter la terre d'Égypte. Avec cet exemple, nous allons pouvoir évaluer combien la cryptologie était importante dans le sens de la signification.

Souvenons-nous de la circonférence terrestre, elle affiche exactement 40 007,8333 km. Multiplions par les 12 tribus d'Israël la valeur de ce nombre, nous obtenons 480 094. Nous avons là en alignement chiffré : 123 456. Additionnons cette belle valeur à nos 480 094, nous obtenons le nombre de guerriers : 603 550, lesquels étaient symboliquement les représentants de la fameuse diaspora juive, illustrée on ne peut plus logiquement par la circonférence terrestre, c'était là leur raison de prospérer.

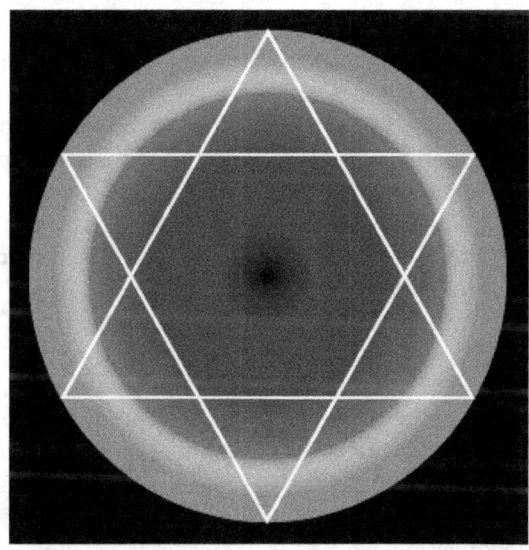

Les trois religions ont des ramifications de ce type, elles nous lient au divin, alors que nous passons notre temps à nous entretuer à l'aide d'idéologies à court terme, toujours corrompu par la diversité morale des adhérents. C'est pourquoi les exogènes ont dissimulé leurs apports afin que celui-ci soit une chance de perdurer et venir en aide à des centaines de générations. Si nous nous permettons aujourd'hui de révéler certaines choses par eux emmurés, c'est que les temps de lutter contre la matière argentifère est venu. Ce temps n'aura pas la brutalité d'une tragédie, mais l'aménité d'un silence séduisant la pensée. Nous venons de voir des phases de l'histoire des Hébreux, voyons maintenant ce que signifie l'étoile à six branches qui se trouve sur leur drapeau, elle empreinte au grand cycle de 25 920 ans l'essentiel de ses valeurs, c'est un symbole solaire, celui qui était à l'origine d'Atoum-Ré, autrement dit « la lumière » représentative de Dieu. Les nombres suivants sont directement significatifs des valeurs que l'on peut attribuer au grand cycle de 25 920 ans, celui-là même que nous avons étudié précédemment et qui se trouve inscrit dans la verticalité des pyramides réelle/virtuelle. Rappelons que c'est Orion qui nous en trace la schématique par son élévation et sa perte d'altitude. Trois nombres sont donc représentatifs de cette manifestation : Le « 72 », car il est notoire que 72 ans nous donnent « 1° » d'arc. Le « 360° », car il représente le cercle, et le « 12 », car le cycle se compose de douze signes zodiacaux. Si nous réunissons ses trois nombres en un seul, nous avons **7 236 012** que nous placerons en kilomètres.

L'étoile hexagonale qui se trouve inscrite dans les normes du Soleil avec un diamètre de 1 392 571,262 km a un périmètre qui réalise exactement 7 236 012 km soit dans l'ordre les 72-360-12 du grand cycle. C'est précisément cette étoile à six branches qui figurent sur le drapeau israélien aujourd'hui, plus couramment appelée étoile de David. Il va de soi que ce symbole initiatique n'était pas spécialement désigné pour figurer sur l'étendard israélien, car il avait été choisi au retour d'Égypte pour l'affection que lui portaient les grands initiés. Il ne devait figurer sur les fanions que 1000 ans plus tard et évoquer ce culte akhénatonnien aujourd'hui oublié ou méprisé par la méconnaissance. Mais attention, la sincérité religieuse de tradition est mille fois plus forte que les bombes nucléaires du pouvoir financier. Nous en voulons pour preuve que la racine carrée de 7236012 nous procure la coudée sacrée de l'Égypte antique de 0,523598774, laquelle a construit tous les temples de culte ésotérique qui donnèrent aux juifs les bases de la Kabbale.

Dans la forme de connaissance que nous venons d'évoquer se trouve la source essentielle des trois religions. C'est pourquoi nous avons insisté sur ce caractère, certes, non historique, mais beaucoup plus vraisemblable que l'histoire qui nous est enseigné. Akhénaton était missionné dans sa tentative de créer un monothéisme, il n'a pas réussi, mais les Hébreux, ses assistants y sont parvenus. L'Exode biblique à l'époque de Méneptah fils de Ramsès II ne regroupait qu'une faible quantité de Juifs résidents qui furent effectivement chassés et poursuivis, mais ce fut pour des larcins commis dans les temples. Cela n'avait pas le même caractère que l'acte historique qui eut lieu un siècle plutôt. Ces confusions peuvent être parfaitement comprises du fait qu'au retour de Babylone plus rien n'existait et que la mémoire humaine n'était pas encore celle de nos ordinateurs. Le Soleil est là, c'est la plus belle représentativité de DIEU, son nombre est lumière, nous pouvons tous désormais le calculer. Là où nous sommes appelés notre mort venue, les banques sont dissoutes, l'argent n'a plus cours, seule notre conscience serre de passeport pour le pays de la vérité.

La Gnose chrétienne

Nous avons déjà étudié les ramifications que nous pouvions faire entre l'avènement du Christ et la Tradition Primordiale, nous nous limiterons à rappeler les connexions suggestives en matière d'analogie avec le message initial. Souvenons-nous que nous avons évalué en mètre les deux points de séparations constituées, l'un par le départ de la constellation d'Orion, l'autre par la naissance du Christ. Nous totalisons 122,9745352 m, ce nombre nous le constatons n'a pas à notre connaissance grand intérêt, le nombre **123** m très proches serait beaucoup plus plaisant aux conventions de notre esprit.

Seulement voilà, si nous procédons à la suppression de la valeur 122,9745352 en l'ôtant de 123, nous obtenons la misérable différence de 0,02546479, cela ne nous interpelle aucunement, si ce n'est qu'en divisant ce nombre par deux nous obtenons 0,01273239544 lequel résultat placé au X^2 nous donne en enlevants les zéros et en replaçant la virgule, toutes les décimales des diamètres réunis de la Terre et de la Lune, soit **16 211,38936 km**. Récapitulons, c'est avec la distance départ Orion avènement du Christ, que nous découvrons avec le 123 supposé, les valeurs numériques des deux astres qui nous sont le plus communs. Il faut n'être guère éveillé pour trouver cela normal ; le 123 est à lui seul une référence mystique, c'est en déchiffrant son code caché qu'il nous procure cette réalité symbolique. Voyons cette autre merveille !

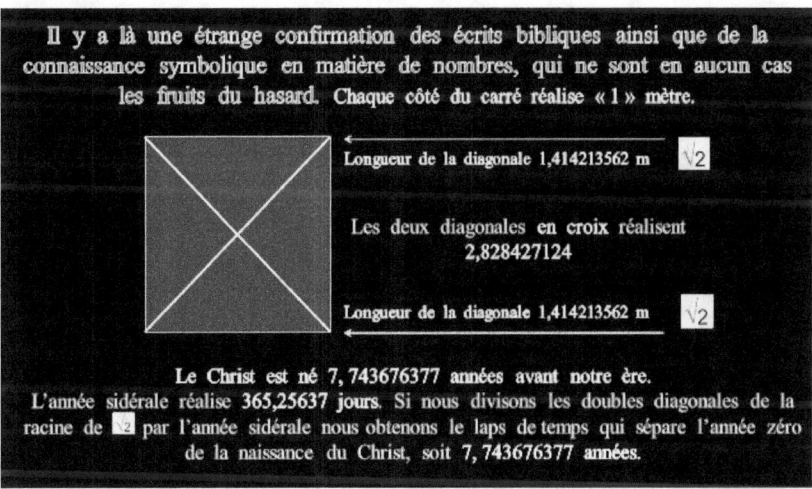

Il y a là une étrange confirmation des écrits bibliques ainsi que de la connaissance symbolique en matière de nombres, qui ne sont en aucun cas les fruits du hasard. Chaque côté du carré réalise « 1 » mètre.

Longueur de la diagonale 1,414213562 m √2

Les deux diagonales en croix réalisent 2,828427124

Longueur de la diagonale 1,414213562 m √2

Le Christ est né 7, 743676377 années avant notre ère.
L'année sidérale réalise 365,25637 jours. Si nous divisons les doubles diagonales de la racine de √2 par l'année sidérale nous obtenons le laps de temps qui sépare l'année zéro de la naissance du Christ, soit 7, 743676377 années.

Une pluralité de paramètre de ce type s'impose à notre analyse, avec des correspondances qui contraignent au raisonnement, le Christ n'a pu être la cible innocente de coïncidences numériques, géométriques et astronomiques telles que nous le constatons. Si ses évènements se sont passés, c'est qu'ils avaient une profonde raison d'être. Ils s'inscrivent dans le temps, dans le ciel, dans les supports terrestres, comme si ces définitions avaient un rapport avec sa venue. À sa naissance la constellation se place droite sur l'horizon et tout un contexte géométrique en souligne les définitions cosmiques, ligne équatoriale, point des étoiles-cadre, emplacement de Sirius, projection inversée de la Grande Pyramide, alignement des 3-4-5, et validation de la schématique. Le ciel semblait donc se réjouir lui aussi de l'évènement. Nous pouvons en apporter une preuve numérique qui pourrait être mise en comparaison avec les 630 550 guerriers sémitiques du livre des Nombres. Ce qui signifie que les dates de l'histoire ont entre elles des correspondances, elles nous montrent clairement que ces faits ont été pensés et déterminés dans l'intention de nous aider à comprendre et à évoluer. Voyons les ramifications entre Akhénaton le Soleil et le Christ, la formule mathématique est la suivante :

Diamètre du Soleil affiche 1 392 571,262 km, divisons ce nombre par l'année en laquelle Akhénaton a terminé son cycle de vie, soit **1333 av J-C**, cela nous donne, 10 44,68961 années, si nous multiplions cette valeur par la clé chronologique de 0,011785113 nous obtenons **12,31178512**. Multiplié par 10 nous avons les 123 mètres de la verticalité pyramide, qui s'épart la reprise d'Orion de la venue au monde de Jésus. Et de surcroît ce qui est époustouflant, **la suite toute décimale de la clé chronologique**. Invoquer la coïncidence, c'est donner preuves de deux carences psychologiques la stupidité ou avec un neurone de plus la malhonnêteté.

Nous pourrions aller jusqu'à imaginer une subtilité dans la date de décès d'Akhénaton, elle est si proche de celle que nous évoquons, que nous comprenons pourquoi les égyptologues n'en auraient pas tenu compte. Si celle-ci a eu lieu en **1332,864883** x 0,011785113(la clé) = 15,70796326 x 2 ÷ 10 = **3,141592653** le nombre PI. Akhénaton aurait-il voulu par la date de sa mort nous indiquer ce qu'a été sa vie. L'annonce de Jésus, la clé chronologique, le nombre PI, ces opérations ne sont aucunement dues au hasard, elles affirment la légitimité semi-divine de ces visionnaires des temps passés. Car les nombres ne peuvent pas se placer ainsi en évidence, s'il n'existe pas un principe numérique dans le principe existentiel.

Le Principe Créateur dans la Tradition Primordiale

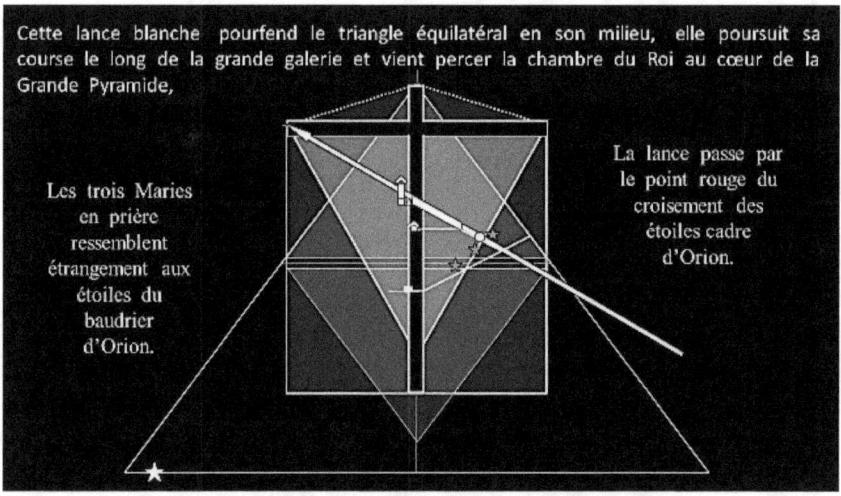

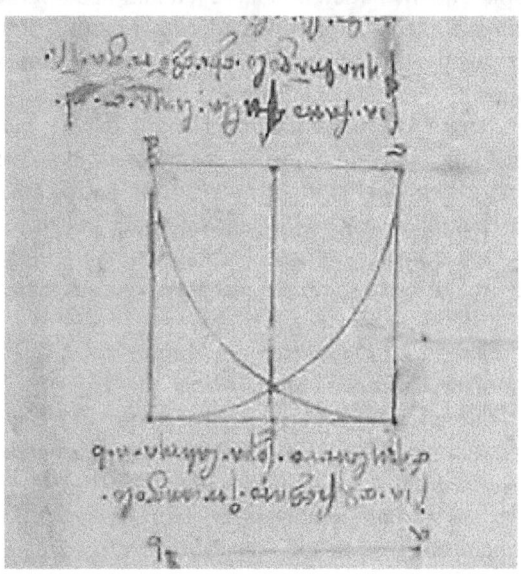

Nous avons cette croix occupant le carré-bas de la Grande Pyramide avec ce triangle équilatéral qui est fendu en son milieu par le coup de lance romaine. Ce trait fend le cœur de la chambre du roi, longe la grande galerie, passe par le point précis des étoiles-cadre et reforme la croix de Saint-André avec l'angle pyramide et la descenderie.

Le Christ a donc laissé un message qui va beaucoup plus loin que celui qui nous est généralement dispensé, il est ésotérique et s'adresse à nos facultés pensantes. Nous pouvons être persuadés que des intelligences supérieures ont été interpellées à tel moment de leur existence par cette recherche hors norme. Léonard de Vinci fait partie de ceux-là, avec ses tableaux représentant la scène ou le nombre d'OR. Ce petit dessin que nous faisons figurer est sans doute le témoignage d'un ressenti concernant le tracé schématique d'Orion dans le carré-base de la Grande Pyramide. Les normes inspirées de l'intuitif sont là !

L'Islam et son prophète Mahomet

Mahomet en son temps avait formellement reconnu ces deux prophètes qu'ont été Abraham et Jésus. À la fin de sa vie, il affirmait clore les envoyés de Dieu, c'était lui le dernier prophète. Cela fait près de 1400 que de telles paroles furent prononcées et nous devons bien reconnaître que Mahomet avait raison. Au-delà de la couronne que nous avons mentionnée de deux fois 630 ans ou il se place au sommet, l'involution populaire n'a fait qu'altérer les croyances en se focalisant sur la rentabilité matière au détriment de la spiritualité. En effet, il ne s'est pas présenté d'autres prophètes et nous ne voyons pas comment un quatrième pourrait se manifester dans nos conditions actuelles de vie, nous pensons l'avoir démontré, c'est totalement impossible. Ce qui peut et doit se produire c'est une prise de conscience générale en vertu de preuves incontestables. Ce sera alors la grande séparation entre ceux qui adhéreront par **logique et intuition** à ces critères fondamentaux et ceux qui repousseront ces évidences par égotisme, tenant à confirmer leur supériorité sur cette piétaille inférieure que nous sommes incapables de nous affirmer dans la vie.

Dans le Coran, sourate 74, verset 30 ; (sourate 74, verset 30 citations 19 = **123**) l'Archange Gabriel s'adresse en ces termes au prophète « ***19 sont chargés d'y veiller...*** » Nombre que l'on pourrait estimer quelconque parmi tant d'autres, ce serait manquer de réflexion. Atoum **Dieu des dieux** en sa création réalise les « 10 » premiers des nombres, les dieux de la Genèse Égyptienne viennent ensuite, ils sont au nombre « 9 », donc 10 + 9 = **19.** C'est là le début simple et logique de la création. Les 9 chiffres constituent tous les nombres et par le 10, Allah en donne l'exemple. Si un nombre, marquant le début de toute chose, était en mesure d'être cité, ce serait le « **19** ». Citer le 10 c'est malheureusement hotté le 9, citer le 9 c'est oublier le premier nombre, le **19** lie les chiffres aux nombres, c'est l'aspect de la logique universelle. « **19** » **constitue l'ensemble des textes coraniques.** « **19** » est le nombre symbolique de la cryptographie. Si nous multiplions le nombre « 19 » par PI 3,141592653 nous obtenons 59,69026042 ÷ 0,523598774 **la coudée ésotérique sacrée de l'Égypte ancienne,** nous réalisons **114.** Il y a **114** sourates dans le Coran. Attribuer ces corrélations numériques au hasard ne peut être que sottise ou malhonnêteté. Le sceau divin réside en ces nombres puisque 114 ÷

0,523598774 = 217,7239628 ÷ **19** = 11,45911559 x **10** = **114**,11559 x PI = **360** le cercle de lumière.

Le nom « **d'Allah** » apparaît **2698** fois dans le coran. Ce nombre à l'image des autres n'a a priori aucune signification, nous allons démontrer qu'il est si merveilleux, qu'il devrait à lui seul provoquer une réflexion fondamentale. La Grande Pyramide a pour hauteur sur son socle 146,608168 m, est-il nécessaire de rappeler qu'elle est sur Terre le réceptacle scientifique universel. Si nous divisons cette valeur par « **10** » nous obtenons 14,6608168, plaçons ce nombre en attente et reprenons notre **2698** pour le diviser par le « **9** » ennéade, nous obtenons 299,777777777. Il est fréquent en hermétisme de multiplier le premier résultat par 1000, nous avons alors 299 777,777777, il nous faut remarquer que nous venons d'utiliser le « **10** » et le « **9** » ou le « **19** ». Reprenons maintenant les valeurs décimales de la pyramide soit 14,608168 et additionnons-les à ce total : **299 792,386**. Nous obtenons **la vitesse de la lumière 299 792,458 km/s** avec une différence d'exactement 0,072 m. Mais ce qui est assurément miraculeux, c'est de s'informer sur la latitude de la Grande Pyramide que nous formulons en cette exposée. Son sommet (base du pyramidion) est à latitude 29,9792458, si nous poussons la virgule de « 4 » unités, nous avons 299 792,458 km/s. La longitude est de 31,134219 ou 311 342,19 le diamètre du Soleil divisé par ce nombre nous donne 4,472799726 x^2 = 20,00593739 nous avons ici un aspect de la lumière du Soleil au sommet de la pyramide révélé par les 2698 fois le nom d'Allah dans le coran.

Comment Mahomet à son époque pouvait-il être instruit de ces nombres à neuf décimales, si ce n'est par les conseils d'une manifestation divine ?

Pour le quidam soupçonneux qui est persuadé que l'on peut faire dire n'importe quoi aux nombres, ce genre d'exposé ne va nullement le porté à réflexion, la méfiance animale n'est pas très éloignée, elle est encore présente en lui et influe sur tout examen de conscience pour le protéger des grands bouleversements qu'il ne saurait contrôler. Mais pour l'homme réfléchi, la vitesse de la lumière a une dimension ésotérique. C'est elle qui définit le temps, exprime l'espace, génère la vie et détermine en ce principe ses références. La vitesse est une valeur numérique, la lumière est une révélation spécifique, ce sont là les supports représentatifs de la spiritualité. La Grande Pyramide est ce que nous savons, les deux cumulent ici leurs valeurs pour nous satisfaire par des preuves irréfutables. Elles nous sont données aujourd'hui pour que tous les croyants du monde oublient leurs divergences afin d'entrés en opposition contre ce matérialisme orchestré qui conditionne les peuples en tentant de les priver d'un raisonnement individuel lequel les unirait à leur conscience.

Revenons aux chiffres et voyageons un court instant dans la Primosophie. Prenons les 100 premiers nombres, en lesquels se trouvent les « 25 » **nombres**

premiers admettant que le « 1 = A » ils nous donnent en français le plus beau carré numérique qui soit.

En Primosophie le mot « ALLAH » réalise A=1 - L=31 - L=31 - 1=A - H=17 = 81 **racine carré de « 9 »**. 81 x les chiffres 1 , 2 -3 – 4 – 5 – 6 – 7 – 8 – 9 = 100 moins 81 = **19**. Les chiffres alignés représentent 1+3+1+3+1+1+1+7 = 18 inverse de 81. Cinq » 1 » composent le nom divin, cela nous amène aux cinq points de la Grande Pyramide.

N'oublions pas que celle-ci est à l'origine de la Tradition Primordiale, elle est donc omniprésente dans le contexte des trois religions de filiation abrahamique. La Grande Pyramide est constituée de nombres et son essence spirituelle est une philosophie. Cette valeur demande réflexion, elle s'associe pour faire de la religion musulmane un exemple identique aux deux autres religions. La preuve en est ici donnée avec la schématique :

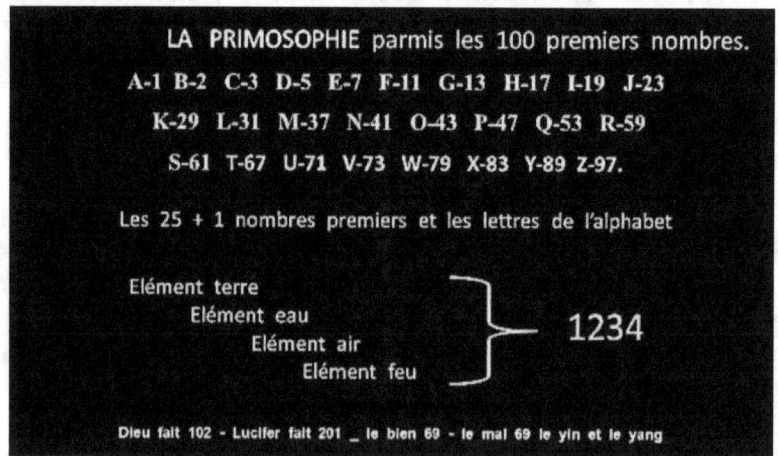

Cette Enluminure mozarabe date de l'ère des conquêtes religieuses.

Nous constatons que l'esprit de la Tradition Primordiale avait quelques cohérences avec les représentativités de l'époque.

Le carré-base de la schématique, le linteau ne réalise pas 144° mais 120° ce qui est également un nombre sacré, les personnages représentent les « 7 » étoiles d'Orion. Le plus grand d'entre eux désigne du doigt l'étoile Bételgeuse, de part et d'autre les oiseaux indiquent qu'il faut se tourner vers l'espace céleste pour comprendre cette allégorie. Dans le carré, deux compartiments dépeignent le paradis et l'enfer. Mais ce qui est le plus flagrant en matière de représentation c'est le point d'intersection des étoiles-cadre à l'endroit précis où se croisent les têtes des deux chiens, lesquels ont pour signification la « **fidélité** » à la tradition cachée que véhicule la spiritualité.

L'examen attentif de cette illustration ne laisse aucun doute sur ce que nous décrivons et approuvons. La facture est déjà celle de l'alchimie qui se présentera en Europe de façon populaire dans l'iconographie religieuse à partir du XVe siècle. Nous retrouvons en cette imagerie la constellation d'Orion, la Grande Pyramide, les nombres et la géométrie, toute une panoplie de caractère hermétique, qu'il est indispensable de faire figurer pour satisfaire à l'esprit de Tradition. C'est également ce qui nous permet sur le plan hermétique de considérer l'Islam à l'égal des deux autres religions et de voir que les trois ainsi spiritualisés ont une manifestation divine.

Georges Vermard

Le bien, le mal et la Primosophie

La Primosophie que nous avons souvent évoquée a le mérite d'être connue. Ceci, afin que nous puissions mieux comprendre certains aspects de l'hermétisme, émergeant du domaine des coïncidences. C'est pourquoi les mots du vocabulaire prennent une signification chiffrée, digne d'intérêt.

Deux expressions sont souvent confondues, alors qu'elles sont moralement diamétralement opposées, ce sont les termes de **Satan** et de **Lucifer**.

Le mot « sata » signifiait en ancien égyptien « serpent des ténèbres » il était quelques fois représenté émergent d'un trou ou d'une cavité. Charles Baudelaire disait de lui : « *la meilleure ruse de Satan est de faire croire qu'il n'existe pas !* » Excellente définition, car il n'est pas un produit divin, mais **un produit humain**. C'est le comportement de l'individu qui lui donne naissance, lorsque celui-ci par intérêt égotiste se démunit de son état de conscience pour faire de sa vie une épuisette de rentabilité au détriment des autres, Satan n'est nullement absent.

Afin de prendre conscience, le terme « Satan » se nourrit des pensées malsaines. Cela peut engendrer un paradoxe, car à partir de cet instant il nous faut comprendre que « Lucifer le missionné » n'intervient plus auprès de ce type d'êtres humains pour leur donner des épreuves d'évolution à la mesure de ce qu'ils sont capables de maîtriser. Lucifer laisse désormais à ces opportunistes la responsabilité de leurs actes, afin que le jugement venu, celui-ci soit sans appel. N'avons-nous jamais remarqué que les plus fieffées canailles se tirent toujours d'affaire ? Ils ne sont que rarement condamnés, jouissent de privilèges, côtoient les gouvernances, les non-lieux semblent fait pour eux, la loterie même se plaît a les pouvoirs et la société les honores. La mort venue, ayant fait fi leur vie durant de toutes considérations morales, ils devront répondre de leurs actes. Le réputé « enfer » est une image, ce ne sera pas leur punition, mais il s'avérerait, à ce que nous savons, de beaucoup préférable. La justice divine ne connaît que les actes de nos consciences, lesquelles sont les accroissements de l'âme.

On peut déceler ses êtres inféodés à Satan par leur absence de moralité, mais aussi physiquement par leur dynamisme, leur réponse à tout, leur chance insolente, leur facilité de conquêtes ou de ressources financières, ils n'ont plus Lucifer pour les éprouver, ils ont Satan pour les soulager. Ce qui fait que dans la pensée des plus simples s'effectue le résonnement suivant : *si Dieu existait, il les punirait !* Ce sera le cas, mais dans l'intemporalité et nullement de la manière qu'on le suppose. Ces circonstances énigmatiques deviennent une épreuve pour les gens de bien, il est alors nécessaire que la foi soit dominante. La puissance sur Terre n'adhère pas à la raison et moins encore à la logique lorsque les plus crapuleux sont honorés et protégés. Si nous sommes conscients que Lucifer est missionné, nous comprenons pourquoi il se doit de prendre du recul avec ces êtres dépourvus d'évolution. Il n'a plus à les tester, à les éprouver par des expériences karmiques, il sait ce qu'ils sont et ce qu'ils méritent leur mort venue, cela ne relève aucunement de sa mission, mais d'un pouvoir sentencié. S'imaginer un seul instant que ce type d'individu puisse-être ce que nous décrivons et que la mort venue, il ne soit tenu compte de leurs agissements, ce serait gravement outrager le principe divin et la justice évolutive.

Lucifer est une entité divine au service de Dieu, c'était pour les anciens l'étoile du matin brillante à l'aurore naissante, et comme Vénus celle du soir gage d'espérance avant les ténèbres. Avec le temps, le rôle de vérifieur qui par Dieu lui fut dévolu à fait assimiler celui-ci à Satan, ce qui prouve notre méconnaissance des choses spirituelles. Mais on doit admettre que la mission qui est sienne puisse être mal interprétée et que par défaut de raisonnement ou d'acceptation il puisse être identifié à cette puissance maléfique. Il est commun d'appeler les choses qui nous déplaise « mal » et leur contraire « bien », gardons donc à l'esprit ses deux définitions. Cela pour dire que si le mal n'existait pas nous n'aurions aucune notion du bien. Si nous nous émerveillons devant une coupelle de fruit aux reflets ensoleillé et aux couleurs gourmandes, c'est que nous avons connu autre chose et que notre mental en établit aussitôt la comparaison. Il en est ainsi de toute phase de comportement en notre vie, car le bien-mal est une distance sur laquelle ses deux termes se trouvent placés aux extrémités, ce qui les sépare l'un de l'autre c'est notre appréciation. L'évaluation qui en résulte a une quantité de termes qui vont du « *ce n'est pas si mal...au...ce n'est pas si bien* » une infinité d'appréciations occupe la distance. Et si nous réfléchissons un instant à la chose, notre existence entière est tributaire de ce type d'analyse. Or la création native ne peut qu'être bonne, car nous en somme issu, tout le reste est soumis à interprétation, en situation de ce que nous estimons être, de notre culture et de notre conditionnement. Cet immense travail de renouveau en toutes choses a été confié à une entité spirituelle, Lucifer « 201 » en primosophie. Ce n'est donc en rien la présence du mal, Lucifer est le principe d'évaluation psychique, suffisamment éprouvant parfois pour nous faire douter dans l'épreuve. Ce qui fait que Lucifer par la voie des nombres nous signifie son rôle en la matière et en l'organisation de celle-ci. Il ne peut pas être Dieu, il est son émanation, son inverse sur le plan focal, tel l'œil qui par le point focal retourne la vision de l'image pour la présenter au cerveau. Ce qui fait qu'en Primosophie DIEU réalise « **102** » et Lucifer « **201** ». Une telle singularité devrait nous donner à réfléchir, ses deux termes qui remontent en la nuit des temps s'allient numériquement pour nous définir une situation comparable à une instance philosophique qui consisterait à voir, non une opposition, mais une version animée de la création. Entendons par là une indépendance évolutive sur les bases d'une créativité, qui dépend d'une réalité pensante en évolution.

Dans l'antiquité, Lucifer était souvent tenu pour être DIEU à qui l'on attribuait un caractère humain, sentencieux, doctrinaire, on se devait d'éviter son courroux. Cet état de penser était caricatural, Dieu est transcendant et Lucifer immanent, ce dernier est missionné, c'est à ce titre que nous avons affaire à lui et que nous devons le concevoir comme indispensable à notre évolution. Notre psychologie n'est pas faite d'impassibilité, elle est modulable en vertu des épreuves qu'elle affronte et des choix qu'elle effectue.

Voilà que Lucifer nous donne en divisions de sa valeur le nombre le **36 000** lequel était dissimulé dans le périmètre de l'étoile hexagonale inscrite sur la face du Soleil, c'est **un miracle** digne de la mission spirituelle qui est la sienne. Le fait que nous parvenions au cycle de **25 920 ans en est un autre**. Le 36 000 c'est celui qui englobe l'univers galactique de ses milliards, c'est celui qui fascine le regard, qui pénètre l'âme, qui atteste de la création dans sa subtilité. C'est celui que l'intellect examine sans avoir besoin de vibrer, c'est celui pour lequel la conscience vibre sans avoir besoin d'examiner. C'est ainsi que le discursif et l'intuitif s'observent sans avoir nécessité à se disjoindre sur le tableau noir de l'exécutif.

Lucifer nous le voyons, ne se contente pas d'attirer notre attention sur l'étoile du Soleil, mais sur le diamètre de celui-ci. Sa mise au carré nous donne **48 000** 166, en vertu de ce nombre interrogeons-nous sur ce qu'il serait utile de comprendre. Glissons les trois zéros de cette valeur pour qu'il se trouve entre le 4 et le 8 cela nous donne **40 008**, en kilomètres c'est la circonférence exacte de la Terre. Ainsi pourrait-il y avoir une relation entre la lumière symbolisée par le Soleil et nous êtres humains sur cette biosphère numérique en quête de réponses. Nous avons avec le **201** une approche de la racine de « 3 » tout à fait correcte, diamètre du Soleil 1 392 751,262 divisé par 201 = 6928,215234 divisé par le « 4 000 » de connaissance = 1,73205 racine de trois à zéro huit millièmes. Le **96 000** 332 de la diagonale affichée additionnée au carré de **48 000** nous donne le **144 000** de la tradition abrahamique. Si nous accordons un intérêt aux relevés du graphisme suivant, nous sommes subjugués par les correspondances, et cela nous fait comprendre combien Lucifer est plus proche de Dieu que du diable. De telles révélations devraient constituer un socle de méditations subversives, propre à remettre en cause nos définitions subjectives de la vie. Et il est grand temps que cela soit, car il n'y a rien d'autre que les nombres pour nous permettre de connaître les fondements réels de la vie. Ces valeurs nous donnent le pouvoir d'évoluer différemment, elles ne sont plus une abstraction à laquelle on se soumet par obligeance, mais une réalité qui nous exauce de sa légitimité. Apprêtons à défricher ce clin d'œil luciférien qui corrobore ce que nous avançons :

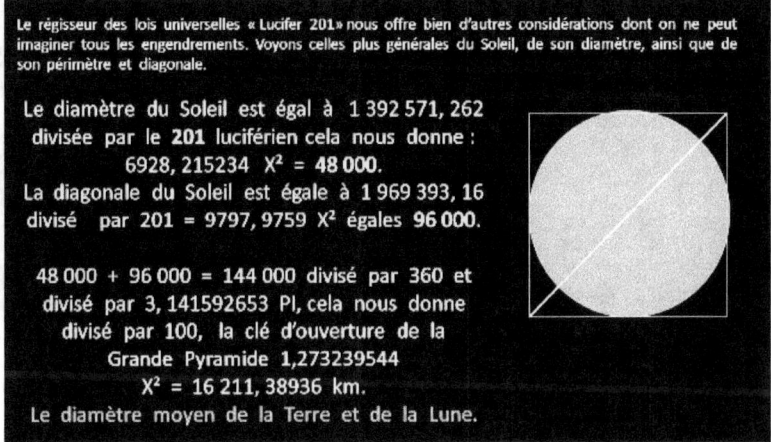

Le régisseur des lois universelles « Lucifer 201» nous offre bien d'autres considérations dont on ne peut imaginer tous les engendrements. Voyons celles plus générales du Soleil, de son diamètre, ainsi que de son périmètre et diagonale.

Le diamètre du Soleil est égal à 1 392 571, 262 divisée par le **201** luciférien cela nous donne : 6928, 215234 X^2 = 48 000.
La diagonale du Soleil est égale à 1 969 393, 16 divisé par 201 = 9797, 9759 X^2 égales 96 000.

48 000 + 96 000 = 144 000 divisé par 360 et divisé par 3, 141592653 PI, cela nous donne divisé par 100, la clé d'ouverture de la Grande Pyramide 1,273239544 X^2 = 16 211, 38936 km.
Le diamètre moyen de la Terre et de la Lune.

Ces preuves que vous avez vu se manifester tout au long de ces pages, sont assimilables à une prise de conscience. Si la spiritualité ne prend pas demain la place qu'occupe aujourd'hui « l'argent roi », notre civilisation sera irrémédiablement défaite. Car tous les maux dont nous souffrons dépendent de la puissance mal utilisée de l'argent, la démographie, la biologie, la réduction des nuisances, la justice sociale, les coordinations étatiques, la tempérance technologique. Si ces réformes ne peuvent être envisagées en urgence, la Terre s'ébrouera de ses miasmes et une fois encore, dans quelques myriades de milliers d'années une autre civilisation connaîtra à un stade semblable d'évolution la même problématique aliénante. Elle aura de nouveau ses prophètes, ses gens de biens qui tenteront de lui inculquer les lois spirituelles de l'univers, mais elle aura aussi ses profiteurs détracteurs à l'égo surdimensionné. Nos visiteurs spatiaux qui nous observent depuis de longues années expliqueront de nouveau cette nécessaire évolution de l'homme par lui-même. Ils déploieront encore les critères souhaitables des réformes qu'ils seraient nécessaire d'effectuer. Ils répéteront qu'en tant que civilisations exogènes plus évoluée, ils ne peuvent nullement intervenir pour modifier notre psychologie, cela serait violer le code universel lequel assigne les civilisations à déduire par elles-mêmes les remèdes aux inconséquences de la vie. Ils réitéreront également que c'est en mariant les taux de consciences aux facultés intellectuelles que les solutions se présenteront. Le cortex cervical se putréfie après la mort, mais la conscience demeure éternellement, c'est son taux d'élévation qu'il nous appartient de faire évoluer et nous ne pouvons le faire que sur cette Terre dite des épreuves. Pour cela il est indispensable de faire fusionner la philosophie à la technologie et la raison d'être à la Spiritualité.

Nous sauverons notre conception des choses d'un désastre universelle et la joie de vivre se rependra sur la plus enviable des planètes que nous sommes en usage de mériter.

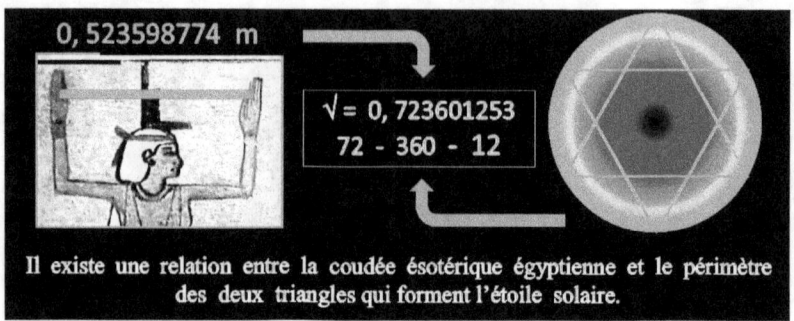

Il existe une relation entre la coudée ésotérique égyptienne et le périmètre des deux triangles qui forment l'étoile solaire.

Les Égyptiens étaient initiés à un mode de vie qui aurait dû leur permettre d'accéder à une société parfaite, mais les désagréments auxquels ils durent faire face eurent raison de leur détermination, invasions, exterminations, occupations et de bien pénibles tourments. Il y eut aussi cet apport inattendu de la roue, car la roue a pour première signification le terme engrenages, engrenages engendre mécanique, mécanique engendre expansion, expansion engendre consommation ce qui mène à commercialisation et de ce fait à l'avidité. Car le commerce extensionnel à peu avoir avec l'échange artisanal. La décadence hiératique fut alors dominante avant que nul procédé ne puisse la vêtir d'une apparence raisonnable. Tous ces facteurs enrayèrent le processus évolutif de base, l'élite même en fut altérée. Malgré cela, il s'édifia une ferveur collective, l'Égypte en ce domaine était un exemple, contrairement à beaucoup de sociétés qui altérèrent le message initial, en perpétrant des sacrifices et en édifiant des procédés doctrinaux. L'Égypte tenta de préserver cette Tradition Primordiale et ne chercha pas à la vulgarisé. Elle eut cependant à subir des incursions allogènes aux pratiques impitoyables, qui eurent pour conséquences une dénaturation rapide de l'hermétisme. Les connaissances accumulées se dispensèrent aux files des invasions et de l'intérêt des nouveaux gouvernants. La nécropole de Gizeh où se trouvent les monuments pyramidaux s'enveloppa d'un lourd silence qui semblait contenir en ses murailles le secret des âges. Des siècles durant on n'évoqua plus du tout la présence de ces édifices, dans la crainte sans doute d'éveiller quelques mythiques entités qui auraient fait resurgirent des convictions délaissées d'un passé que l'on ne concevait plus.

Mais aujourd'hui les paupières de pierres de ces monuments se sont dessillées, leur regard évalue ce qu'est devenue la société humaine de nos temps rembrunis. C'est ainsi que resurgit furtivement le message millénaire des Exogènes, constitué de nombres, de géométrie et d'astronomie. Ceux parmi nous dont la conscience est connectée à l'intellect entrevoient immédiatement la valeur du message et l'incidence que celui-ci pourrait avoir sur notre civilisation en errance philosophique.

Hélas, l'homme qui se veut intellectuel et maître de son destin a le plus souvent un mode de raisonnement différent doublé d'une conscience déficiente ou fugitive. Pour lui, il serait désobligeant de lier cette conscience aux capacités cérébrales, de crainte que celle-ci s'oppose à l'opportunité lucrative constituant naturelle de la vie. Il doit tout à son aisance financière, le respect, la crainte, l'admiration de sa personne, sans quoi il ne serait qu'un vieil homme sans regard admiratif. Pour cet être que nous esquissons, la conscience est un frein à l'existence, laquelle n'a d'utilité que pour ces individus aux méninges amoindries, qui se nourrissent d'illusions. En toute intimité il vous avouera que cette absence de conscience permet de supplanter quiconque, sans mode de déférences ou de vertus suranné. Il ajoutera que la rationalité doit dominer tout état de pensée, qu'il n'y a qu'une vie et qu'en ce monde l'art consiste à contourner les lois, afin qu'elles vous protègent sans vous nuire. Il ajoutera sans doute avec un sourire distrait que la conscience a une utilité, lorsque l'on place sa main sur le cœur, elle serre à leurrer ceux qui vous croient.

Cette manière d'être et de penser concerne une partie non négligeable de la population mondiale, avec cette différence notoire, que rares sont ceux qui ont les possibilités de s'enrichir. Il nous faut savoir que le nombre d'âmes récemment sorties de l'animalité est de beaucoup supérieur à la moyenne approuvable, cela étant dû à l'excès démographique. Certes, ces êtres sont en évolutions, comme chacun de nous avons pu l'être en d'autres temps. Aussi est-il juste de se faire à l'idée que lorsque l'on a perdu griffes et dents, nos méandres cérébraux nous font très vite comprendre qu'il existe une autre arme spécifiquement humaine « le pognon » et que celui-ci les remplace avantageusement. Après la période semi-animalière, au cours des premières réincarnations la cognition est si faible et l'instinct si vif que dans les phases premières de la vie, la conscience ne se présente pas à l'esprit. Ce qui a pour effet qu'au cours des décisions et des actions, elle n'intervient que très modérément, si ce n'est pas du tout, c'est pour cela que la kalachnikov est pratique, elle est sans reproches ou émotivité. Une gamme au-dessus des primes réactions, il y a l'esprit, il peut vous faire leader politique ou dealer de hachich, dans les deux cas l'absence de conscience est tout aussi évidente, mais moins voyante.

Si la conscience n'a jamais été trouvée sous le scalpel d'un chirurgien, le cerveau est la boîte à malice des psychiatres, le bon et le mauvais s'y côtoie. Ce n'est pas comme cela que ça se passe, mais c'est comme cela qu'il nous est conseillé d'y croire. La vie pourrait donc être toute autre chose, quel que soit le poste que nous occupons dans l'existence.

La plus grosse erreur de jugement que nous puissions envisager, c'est d'imaginer que l'état de conscience est proportionnel au rang que nous occupons dans la société. C'est le plus souvent l'inverse, car nous sommes réincarnés pour une unique raison, développer cet état de conscience qu'il nous est impossible de dimensionner en une seule vie. Une telle injustice ne peut être attribuée au Principe Créateur, entre le fait d'être fils d'un roi du pétrole et une jeune femme décharnée laissant échapper de ses bras son enfant par manque d'eau, il y a une légère différence. En une vie, ce fait ne peut être que justice, mais il ne m'est pas permis de dire pourquoi, si ce n'est de préciser que le rôle impératif des êtres humains que nous sommes est de venir en aide à cette femme. C'est donc pour de telles raisons que nous devons naître en des conditions dissemblables, pour affronter des épreuves diversifiées, mais complémentaires à notre évolution. Les conditions sociales en lesquelles nous évoluons ont donc peu d'importance en l'absolu, seul est pris en compte notre façon d'agir face aux difficultés que le divin Lucifer place sur notre chemin, le plus souvent en fonction de ce qui nous reste à parcourir. Aucun être humain n'est méprisable, le fait d'avoir eu le mérite de s'extraire de l'animalité est stoïque, dès lors nous sommes exhortées à braver la condition humaine. Chacun d'entre nous est appelé à faire un parcours d'épreuves identiques, le barreau de l'échelle sur lequel nous nous trouvons est notre niveau de conscience, ce qui fait que nous avons tous une élévation différente et que le plus souvent ce sont là que se créent nos véritables antinomies.

Il est une logique universelle qu'il serait bon d'accepter, nous devons **nous mériter nous-mêmes**, pour rendre hommage à notre créateur, non parce qu'il nous l'impose, mais par libre choix. Admettre cela, c'est admettre que nous devons élever notre état de conscience pour atteindre ce résultat par amour. Doit-on agir par résolution et se forcer à aimer ? Ce serait une sottise, par contre, en étudiant certaines formes d'accès à la spiritualité, en méditant, en tentant de s'élever au-dessus de ce matérialisme destructeur, nous parviendrons à la compréhension. Si nous allons au-delà, nous aborderons l'amour du créé, c'est l'image que le Principe Créateur désire nous donner de lui-même. Nous ne pouvons pas aimer celui-ci en tant que personnes physiques, ce serait déraisonnable, mais nous pouvons aimer sa création. Si on ne voit que la main de celui qui nous donne, il serait stupide de remercier la main, car elle n'est que l'outil de la pensée, mais nous pouvons aimer sans connaître et supposer sans voir. L'amour ne doit pas être une obligation, mais une inspiration, le Principe Créateur ne doit pas être un émir que l'on craint, mais un tout universel en lequel on pressant la sublimité. Ce tout est un état d'exaltation que nous devons pénétrer par désir et ce désir ne peut venir que de la réflexion lorsqu'elle est associée à la conscience. C'est ce que nous proposons en ces pages, il n'est pas question de la foi du charbonnier, il est question de la logique de l'inspiré. Si vous êtes, cher lecteur, le seul être que cette lecture aura convaincu et aider en ce monde, nous remercions les inspirations divines pour cela. Ne mépriser pas votre vie sur Terre, surtout si elle est difficile, c'est qu'elle est sublime en l'absolue, car vous réglez sur cette Terre la note de frais que vous avez oublié de payé dans la précédente incarnation. Beau, laid, gros, maigre, noir, blanc, malade ou bien portant, ministre ou clochard, il y a une logique en toute incarnation, car au-delà du principe corporel, la justice est absolue et nous nous devons d'évoluer par nous-mêmes. L'ascension est scabreuse et les sentes qui y conduisent souvent dissimulées par de déviants phénomènes. Aussi est-il important de se désaltérer aux sources cachées et apporter une réflexion à l'O d'où on extrait le 360, c'est ce que le divin attend de nous. Les options qui nous sont offertes jalonnent le parcours, elles ont parfois le caractère de l'illusion, mais l'illusion est l'essence travestie de la vie. Ce qui est figuré en cet ouvrage est une réalité universelle !

Conclusion

Sans que nous en soyons informés, nous allons devoir aborder une époque de profonds bouleversements, ceux-là seront singulièrement diversifiés et iront de l'aspect le plus perturbant aux constatations les plus surprenantes, chacun d'entre nous sera concerné par ces phénoménalités. Leurs engeances subversives nous pousseront à envisager le devenir de notre condition humaine, c'est alors que des choix philologiques s'imposeront à la réalité historique lorsqu'enfin elle se déjouera de ces consensus récurrents.

En des termes plus simples, le temps sera venu ou nous devrons savoir pourquoi le Soleil, la Terre et la Lune en trois lignes de calculs élémentaires affichent des effets de synchronicité du fait de leur prépondérance en la vie humaine. La chose ne contredira pas d'un Big Bang les hypothèses scientifiques, mais cela ne saurait expliquer comment des nombres de dix décimales tiennent au sein de ces engendrements indéterminés, et dont il serait primordial de découvrir la vocation. Que le Soleil ait la grandiloquente primauté de se dessiner une étoile avec pour décimales les trois nombres universels les plus représentatifs de tous les temps, est la preuve d'une malice que jusque-là nous ne n'aurions su lui prêter. Que la coudée égyptienne imite cette excentricité par sa racine carrée afin de construire les temples les plus symboliques des bords du Nil, était tout aussi imprévisible. D'autant qu'en se multipliant par les six jours de labeur qu'eu Dieu à faire le monde, cette coudée nous procure le nombre PI. Nous comprenons que les tombes-autistes les plus fervents ne sauraient supporter ces intolérables révélations qui vont jusqu'à compromettre leur savoir diplômé. Cela d'ailleurs va bien au-delà, mais nous aurons la décence de feindre l'acquiescement, ces enseignements servent encore à façonner des penseurs inconditionnels à cette tâche, avec accent bien sûr !

Soyons sérieux. La science nucléaire tien pour véridique que la relativité générale est la science du tout et que la conscience émotionnelle joue un rôle déterminent dans l'approche de la vérité. Nous devons chaleureusement féliciter cette fraction de la science qui a su franchir par la recherche les barrières inamovibles de l'acquis conventionnel.

Cela signifie que nous pouvons nous rapprocher de la connaissance par les voies du savoir, ce qui était inimaginable il y a un demi-siècle. **La conscience** a donc un rôle puisqu'elle peut aller jusqu'à influencer la matière ou plus exactement ce que nous imaginions être la matière. En fait, celle-ci se compose de réseaux d'onde d'une miniature extrême aux capacités étonnantes, ayant un incroyable pouvoir relationnel et cosmogonique. La matière dense que la vie de chaque jour nous inspire, n'existe pas ou plutôt cette densité que nous constatons, n'est pas dû à un effet classique de pesanteur, mais à des réseaux d'ondes gravitationnelles. Avec une absence de concrétisation du phénomène matière nous rallions le principe de spiritualité, lequel ne peut être dissocié de l'aspect comportemental des photons, ceux-ci sont à leur convenance potentiellement s'en être tout en étant. Il nous faut donc relativiser la perception que nous avons de ces substances atomiques que nous pensions bien définies et invariables, alors que la théorie quantique nous démontre une autonomie vagabonde aux dérèglements fantasmatiques. Les révélations scientifiques d'aujourd'hui expliquent en partie les insolites corrélations que nous pouvons constater dans ces pages, avec les nombres, les dates, la position des étoiles et tant d'autres assimilations. Aussi est-il nécessaire de procéder à une orientation de nos appétences, afin de tenter de pénétrer l'ésotérisme de ces entités cosmogoniques qui nous décochent des appels d'évolution. Cela, en raison de l'infantilisme des puissances égotiques qui nous dirigent dominées par l'argent, lequel est à la base de la plupart des maux qui nous affectent. Nous sommes parvenues à une phase de révélation qui devrait nous inciter à modifier nos comportements, nos problèmes de société ont pour résolution les découvertes qui sont proposées à notre entendement, et cela ne peut être sans conséquence. En ces temps interlopes, il nous est offert, semble-t-il, de faire un choix, celui de continuer innocemment notre descente aux enfers ou de manifester notre volonté psychothérapeutique d'évolution.

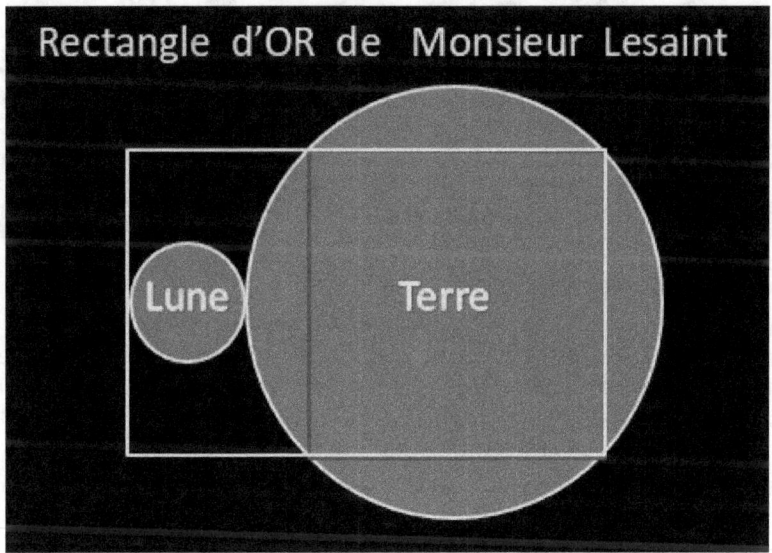

Si la vie enfin esquisse un sourire, pourquoi ne pas le lui rendre ?

Les conférences, les ouvrages, le site internet d'Horizon 444 ou Pyramide.com nous ont permis de sensibiliser des lecteurs sur l'importance de ces travaux.

Nous faisons figurer ici un organigramme de l'un d'eux très évocateur de la synthèse Terre-Lune et du nombre d'OR.

Bravo, Éric Lesaint, pour ce magnifique exemple de pureté, lequel est un encouragement pour beaucoup d'entre nous, demain sera la révélation spirituelle. Il en est de même pour Quentin Leplat dont nous admirons les découvertes et les rapports d'idées.

Persévérer à enseigner que ces pyramides sont des sépulcres est une obsession psychologique grave, car elle sustente la menterie généralisée en laquelle nous sombrons.

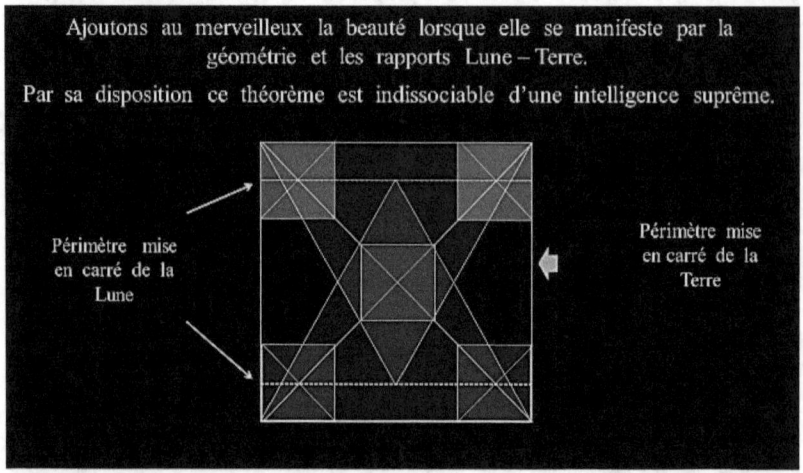

Ses quelques images soulignent, s'il en était besoin, la pluralité des agencements qu'il est possible d'envisager avec la disposition des pyramides de Gizeh, nous avons la preuve manifeste d'une intellection cognitive issue de **la Tradition Primordiale**, doublée du fait que celle-ci date du paléolithique lorsque eu lieu le départ en altitude de la constellation d'Orion. Imaginer d'autres solutions consisterait à croire que les Égyptiens de l'époque étaient capables de telles prouesses, ce qui ne serait guère raisonnable. Ou alors, que d'omniscientes entités rescapées d'un séisme apocalyptique, se seraient regroupés pour laisser à l'humanité future la preuve de leur génie sociétal. Si c'était le cas, ceux-ci n'auraient pas dissimulé leur savoir en mille conceptions cachées que seule une recherche laborieuse serait à même de reconditionner. Une troisième hypothèse consisterait à suggérer que de médiumniques hiérarques furent investis d'une spirituelle révélation à connotation scientifique, afin d'ériger en ce lieu les principes d'une science universelle. Ce serait prêter à la vocation humaine des possibilités qu'elle ne peut envisager, car elle se doit d'évoluer par elle-même, pour elle-même. Demeure l'hypothèse la plus logique que seule, celui qui ne « *croit qu'en ce qu'il voit* » ne peut envisager, un apport exogène à l'époque ou la constellation d'Orion était à son déclin le plus bas sur l'horizon. Ce qui constituait **un point** dans le cycle de 25 920 ans, il y a de cela plus de 12 000 ans de notre ère. Ces entités extraterrestres suivent notre évolution, mais selon une loi universelle à laquelle nous n'avons pas encore accès, elles ne peuvent intervenir pour corriger nos comportements, elles ont toutefois pour tolérance certaines subtilités dont nous faisons figurer ici les aperçus.

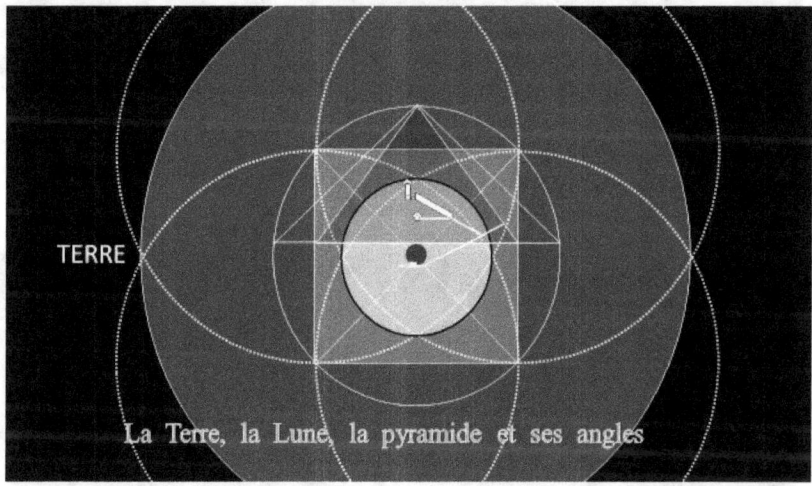

La Terre, la Lune, la pyramide et ses angles

Nous nous devons de rester quelques instants en méditation sur ces graphiques, avant que d'admettre qu'il existe une réalité parallèle à notre conception élémentaire de la vie. Cette conception élémentaire matérialise une légitime incrédulité, mais l'ésotérisme des réalités numériques nous invite à une réflexion plus élaborée, laquelle engage une raison de vivre.

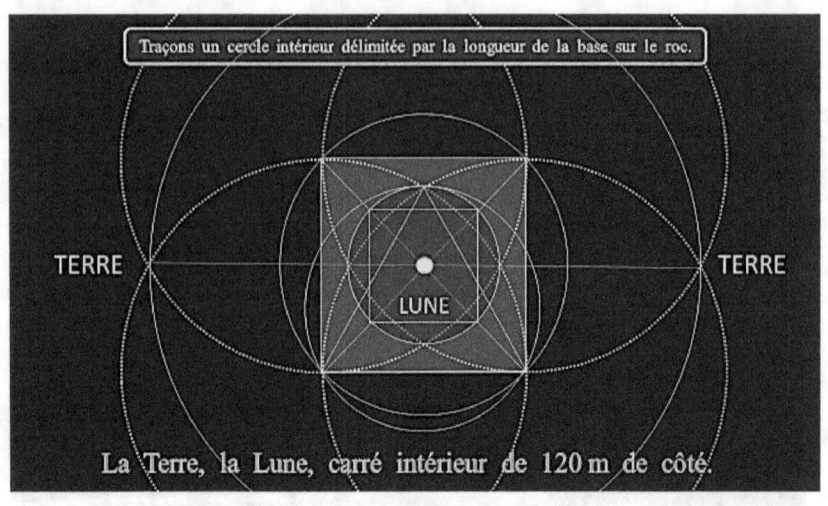

La Terre, la Lune, carré intérieur de 120 m de côté.

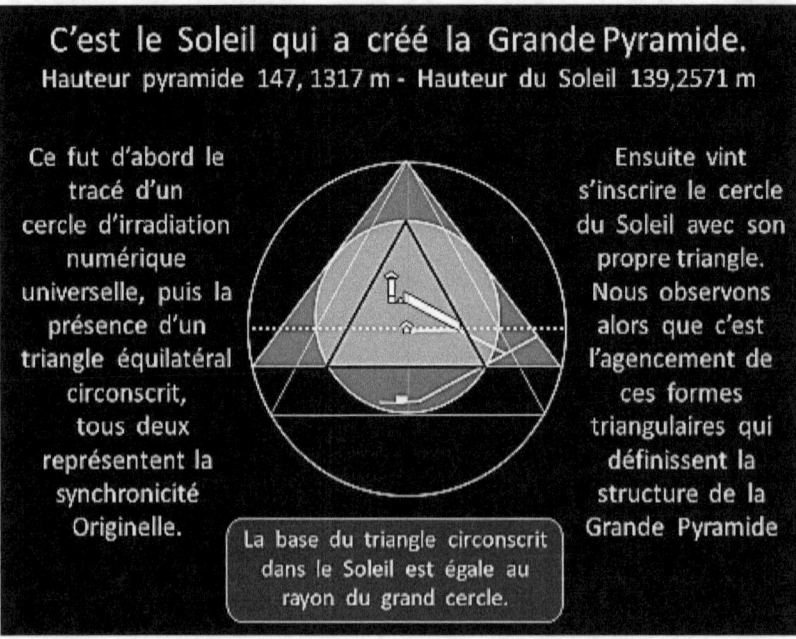

C'est le Soleil qui a créé la Grande Pyramide.
Hauteur pyramide 147, 1317 m - Hauteur du Soleil 139,2571 m

Ce fut d'abord le tracé d'un cercle d'irradiation numérique universelle, puis la présence d'un triangle équilatéral circonscrit, tous deux représentent la synchronicité Originelle.

Ensuite vint s'inscrire le cercle du Soleil avec son propre triangle. Nous observons alors que c'est l'agencement de ces formes triangulaires qui définissent la structure de la Grande Pyramide

La base du triangle circonscrit dans le Soleil est égale au rayon du grand cercle.

Le Principe Créateur dans la Tradition Primordiale

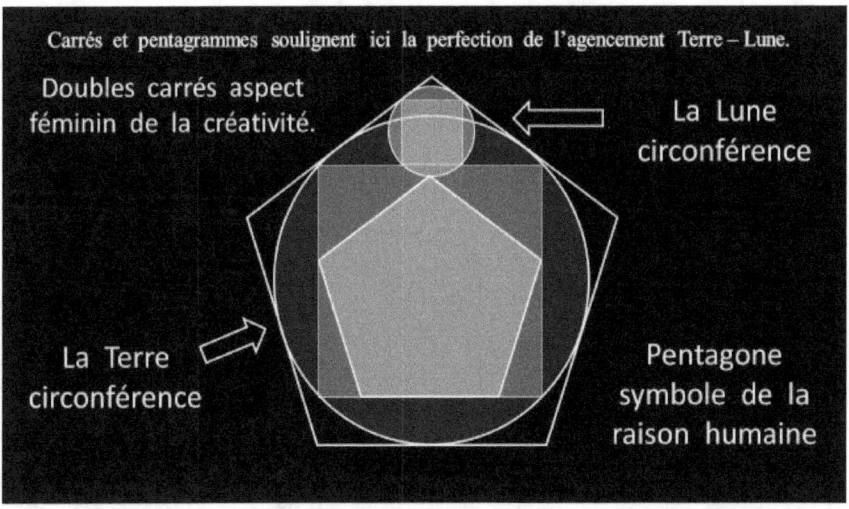

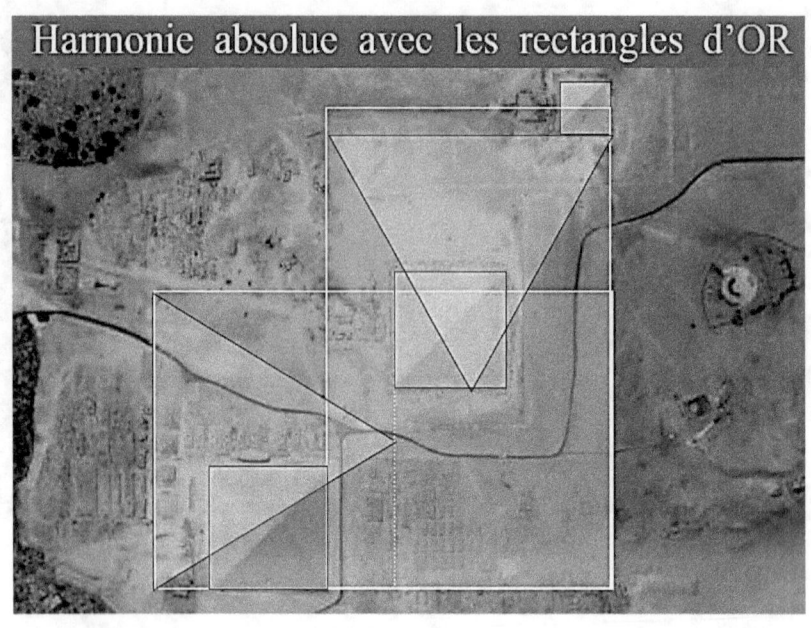

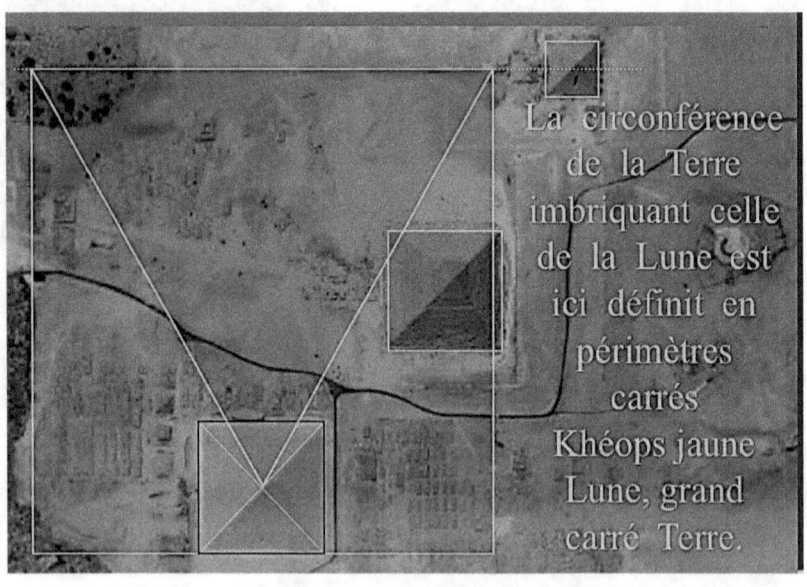

Le Principe Créateur dans la Tradition Primordiale

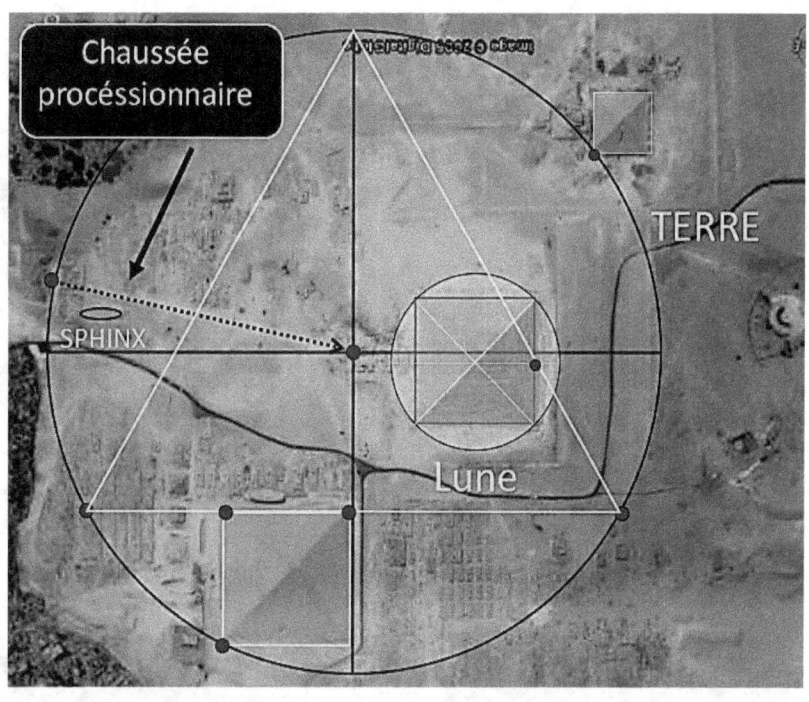

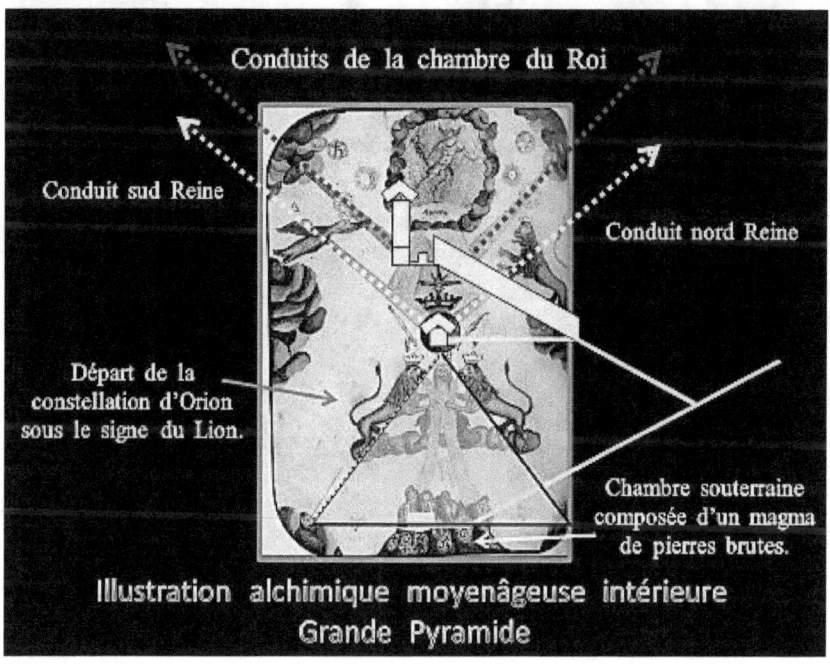

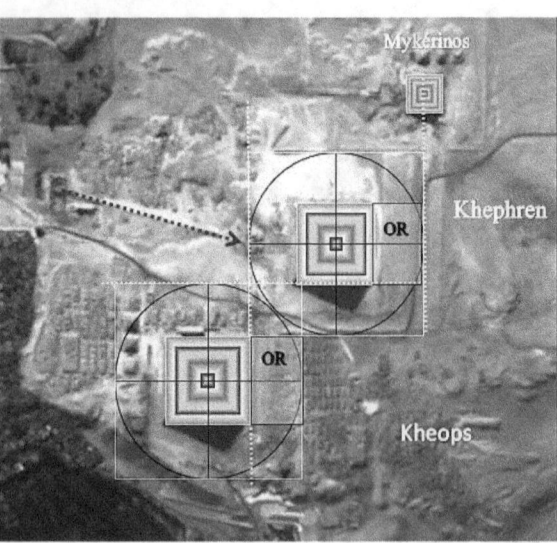

Les deux cercles d'OR Kheops - Khephren engendre des carrés, lesquels engendrent des rectangles d'OR à la mesure de leurs rapports d'harmonie avec Mykérinos.

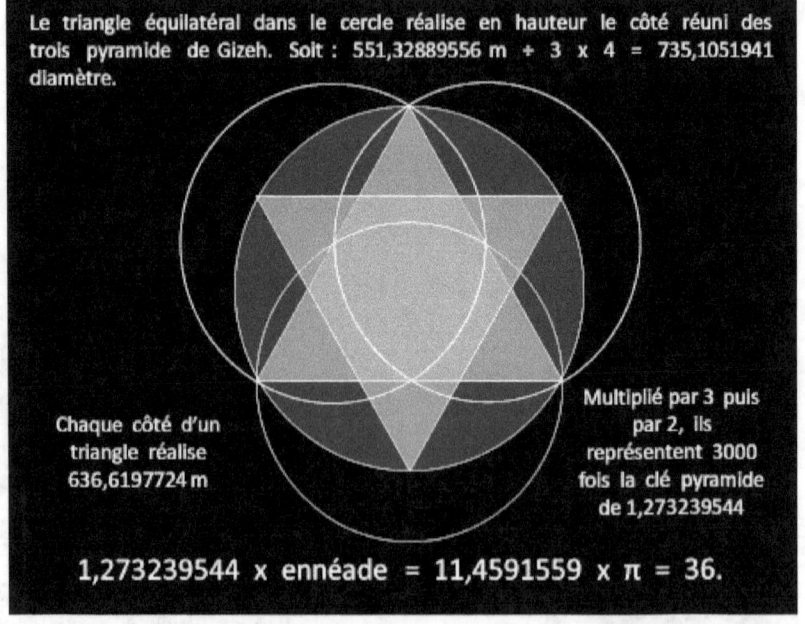

Le triangle équilatéral dans le cercle réalise en hauteur le côté réuni des trois pyramide de Gizeh. Soit : 551,32889556 m ÷ 3 x 4 = 735,1051941 diamètre.

Chaque côté d'un triangle réalise 636,6197724 m

Multiplié par 3 puis par 2, ils représentent 3000 fois la clé pyramide de 1,273239544

1,273239544 x ennéade = 11,4591559 x π = 36.

Le Principe Créateur dans la Tradition Primordiale

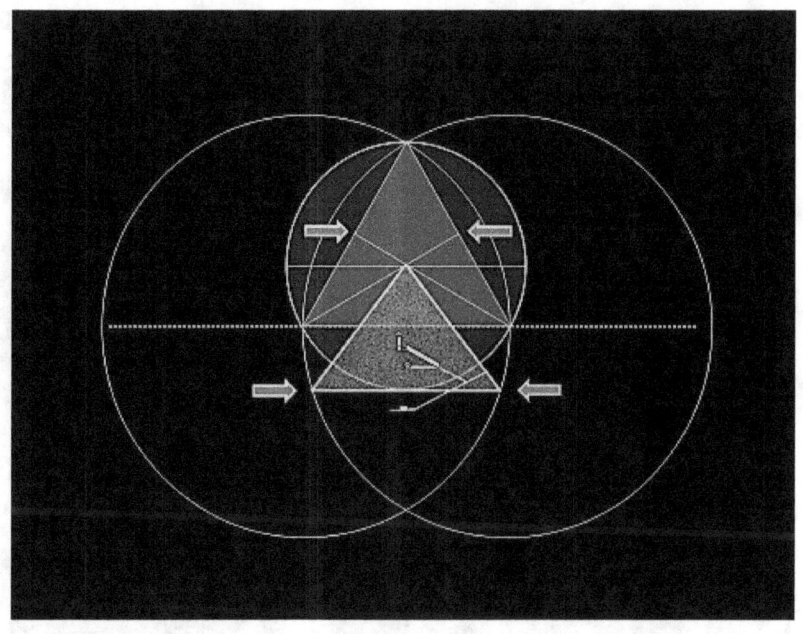

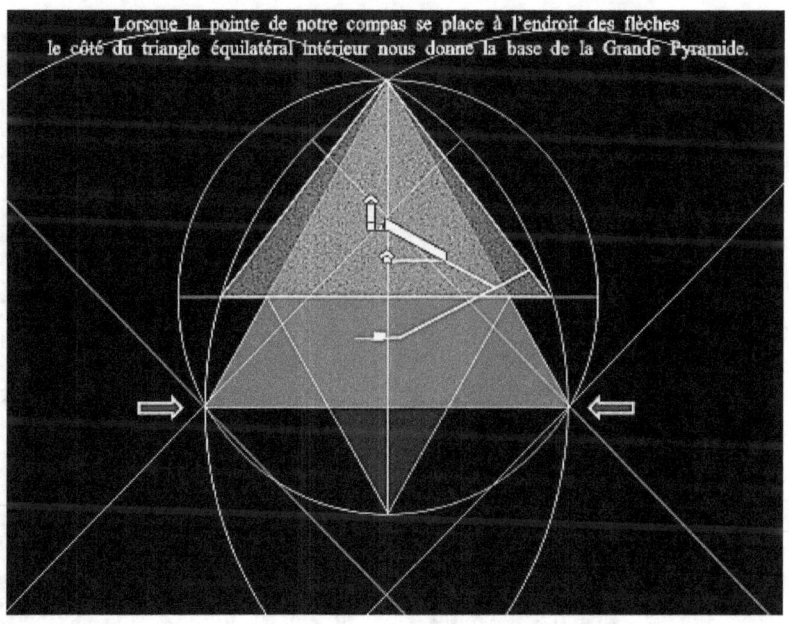

Lorsque la pointe de notre compas se place à l'endroit des flèches le côté du triangle équilatéral intérieur nous donne la base de la Grande Pyramide.

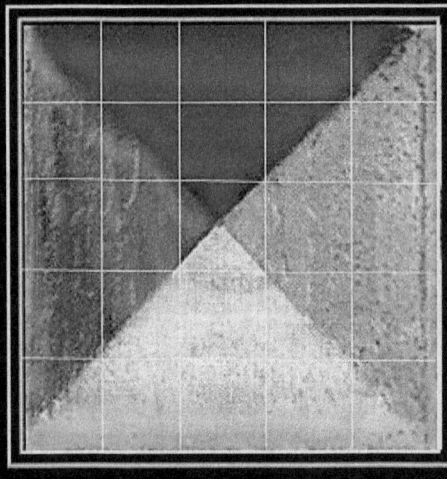

La Grande Pyramide vue du ciel

La chaussée pourtour avait une largeur symbolique de 4, 44282936 m,

$$\sqrt{2} \times \pi$$

la base affichait ainsi 240 m.

25 carrés virtuels composaient sa surface

Le Soleil à créé la Grande Pyramide pour qu'elle informe la Terre de ses références symboliques.

La base du triangle solaire est égale au rayon du grand cercle

La racine carrée du rayon de circonférence de π x 1111111,111 révèle le Soleil en son Ø

$\sqrt{}$ 3, 141592653 ÷ 2 = 1, 570796327
= 1, 253314137 X 1111111,1111
= 1 392 571, 263

Le SOLEIL

La lumière, le Temps et le Nombre π.

Le côté du triangle équilatéral inscrit dans le Soleil : 1 206 002,091 km.

En cette démonstration, la recherche de PI n'intervient à aucun moment.

Si nous divisons 1 206 002, 091 par 100 millions, nous obtenons
0,0120600208 ÷ 2 = 0,0060300104 X^2 = 0, 00003636102585

x 24 heures x 60 minutes x 60 secondes =
3, 141592653

> Harmonie astronomique
> Harmonie géométrique
> Harmonie numérique
> Tout est harmonie.
>
> Le Ø du Soleil, moins les circonférences moyennes de la Lune et de la Terre :
>
> 1 392 571, 262 km moins Terre - Lune 50929, 58172 km
>
> $= 1\ 341\ 641, 68\ X^2\ 1,80000 \times 2 = \boxed{3,60000}$

Nous retrouvons d'une manière concrète la fameuse synchronicité de Jung qu'il nous est maintenant possible d'étendre aux fonctions psychiques avec les subtilités des accords procurés. Il nous reste à traiter de la logique de ses engendrements. Elle confirme deux choses, ces filiations procréatrices génèrent en notre système cérébral une disposition aux déductions symétriques et analogiques et ce qu'il est indispensable de prendre en considération, ce sont les cohérences symboliques qui résultent de ces merveilleuses cognations. Nous découvrons ainsi des liaisons numériques de dix décimales, lesquelles nous dévoilent des affinités avec des espaces marginaux que nous n'aurions su imaginer. Si nous éludons la superficialité, nous pénétrons un néologisme de synchronologies dont les racines ont un caractère universel.

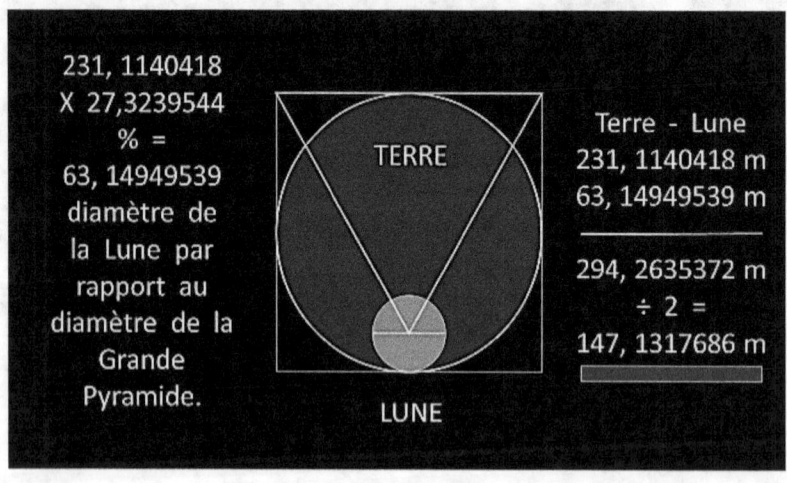

Le Principe Créateur dans la Tradition Primordiale

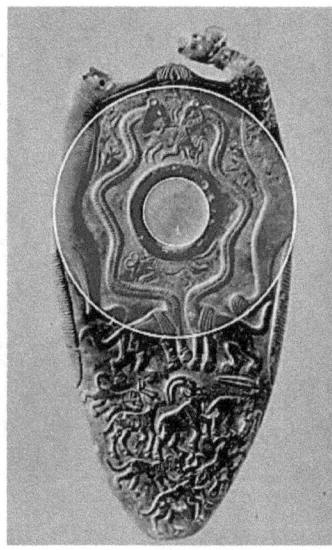

Époque prédynastique

Cette palette en schiste date de l'époque officiellement la plus reculée de l'Égypte antique.

Il va de soi que le cercle central est une invitation à une quelconque activité cérébrale, en l'occurrence le rapport entre ce cercle et la largeur de la palette.
Cela nous donne la Lune et la Terre aux exactes proportions.

La durée de temps que met la Terre en son trajet quotidien autour de son axe polaire est de 23h, 56 en une période synodique moyenne de 24 h.
En tenant compte d'une valeur approchante, que représente la demi-évaluation de la $\sqrt{3}$ nous avons pour ces 24h :

Si nous considérons que la Terre a dans les âges un temps journalier moyen de 24,05626121, une telle différence est tout à fait acceptable dans les cycles du temps, nous avons alors en seconde :
86 602, 54035/S en un jour X^2 = 7 500 000 000

0,8660254035 × π = 2,720699038 ÷ 1,732050808
= 1,570796322 × 2 = 3, 141592653.

86 602,54035 + 17 320,50808 = 103 923, 0484
X² = 1,08 ÷ 3 = 3 600 000 000.

Le spirituel « 60 » en primosophie est symbolisé par le triangle équilatéral (géométrie) et le (nombre) 17 320,50808

Le temporel est symbolisé par le cercle (géométrie) et le (nombre) 86 602,54035.

86 602, 54035 × 17 320, 50808 = 1 500 000 000.

Le Temporel multiplié par le spirituel multiplié
par deux, nous donne le 3 et les 9 zéros ennéade.
Temporel plus spirituel au carré nous donne « 108 »
Le Temporel moins le spirituel est égale à 69 282,03227
alors que Temporel plus spirituel réalisent 103 923,0484
ces deux totaux réunis réalisent 173205,0807
le Temps a disparu
Par déduction, l'au-delà absorbe numériquement le Temps.

Le Principe Créateur dans la Tradition Primordiale

Les faces des pyramides de Gizeh placées en ☉ ont une circonférence qui nous procure la racine de « 3 »

Khéops, la base
231,1140418 m
Khephren, la base
216, 099573 m
Mykérinos, la base
104,1152808 m

551,32889556
X π ÷ 1000 =
1,732050808

86 602, 54035 secondes en un jour ÷ 5 = 1 7320, 50 808 les secondes d'un jour de 24 h ÷ 10 000 nous donnent la racine de $\sqrt{3}$

1,732050808.

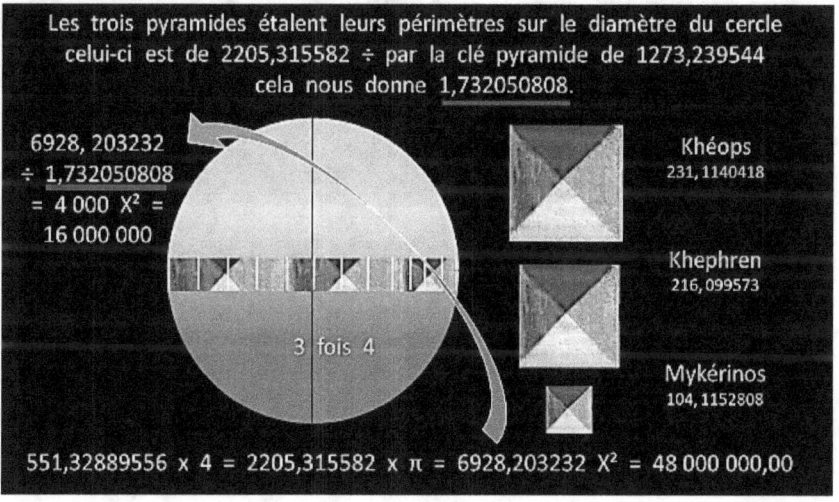

Les trois pyramides étalent leurs périmètres sur le diamètre du cercle celui-ci est de 2205,315582 ÷ par la clé pyramide de 1273,239544 cela nous donne 1,732050808.

6928, 203232
÷ 1,732050808
= 4 000 X² =
16 000 000

3 fois 4

Khéops
231, 1140418

Khephren
216, 099573

Mykérinos
104, 1152808

551,32889556 x 4 = 2205,315582 x π = 6928,203232 X² = 48 000 000,00

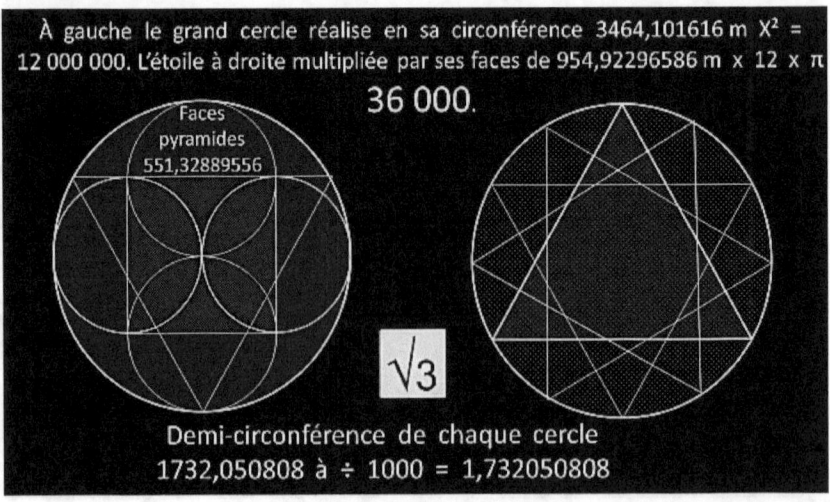

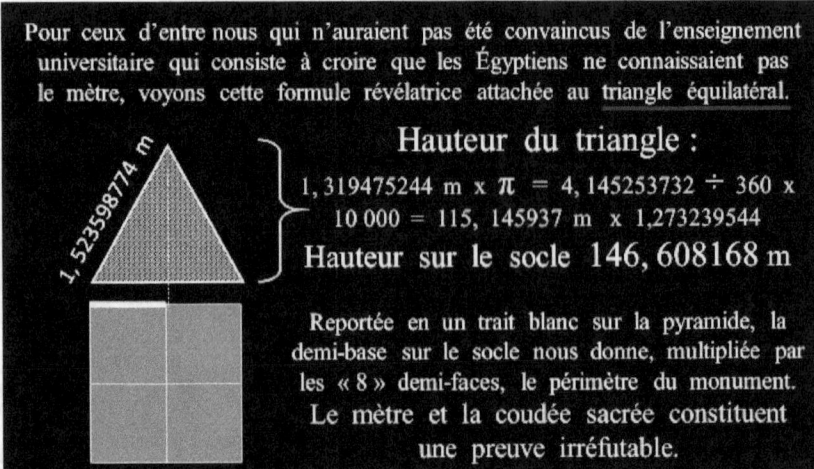

Le Principe Créateur dans la Tradition Primordiale

√ = 0, 723601253
72 - 360 - 12
hauteur du triangle
1 044 428, 444

L'authentique référence numérique se trouve avec 1 044 428, 444 divisée par la clé chronologique de 0,011785113 X^2 = 7,853981604 x 4 = 3, 141592653.

SOLEIL

Il existe donc une relation entre la coudée ésotérique égyptienne, le périmètre des deux triangles circonscrits dans l'étoile solaire, le nombre PI et la clé chronologique. Cette clé permet sur la verticale pyramide de convertir la valeur des mètres en années du demi-cycle.

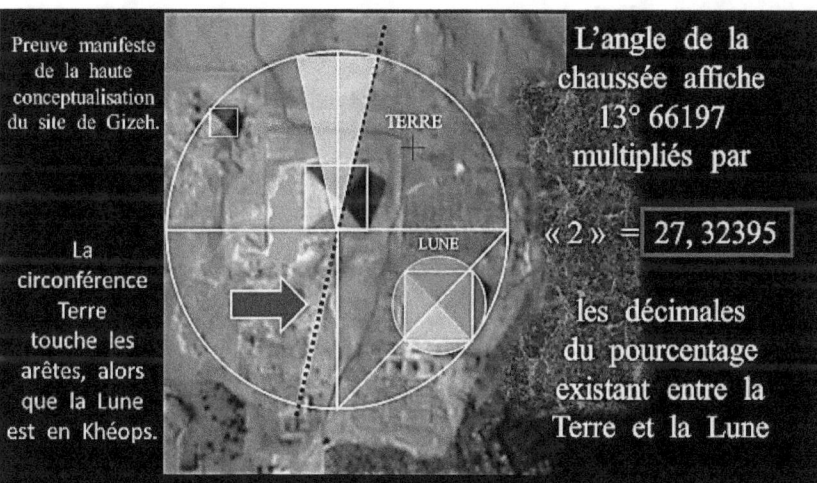

Preuve manifeste de la haute conceptualisation du site de Gizeh.

La circonférence Terre touche les arêtes, alors que la Lune est en Khéops.

L'angle de la chaussée affiche 13° 66197 multipliés par « 2 » = 27, 32395 les décimales du pourcentage existant entre la Terre et la Lune

Si nous considérons le diamètre de la Terre à un indice de 12 723, 58709 km nous avons en circonférence 39 972, 32773 km.
299, 792 458 km/s x 4 = 1199,169832 km/s ou en km 39 972, 32773 km ÷ 1, 199169832 km = 33 333, 333333. Nous obtenons 111, 0342437 km par degrés de 360° en circonférence Terre, ce qui nous donne une demi-minute sexagésimale de 925,285364. Ce serait en mètres le périmètre de la pyramide dans le fruit du socle de 0,1392571262 le Soleil. 115,6606705 pour 115 696278. Un point à 0, 0356075 - 0, 103649626 ÷ 2 = 0,0518248 l'angle. L'angle authentique est de 51, 82044936 avec le fruit-socle.

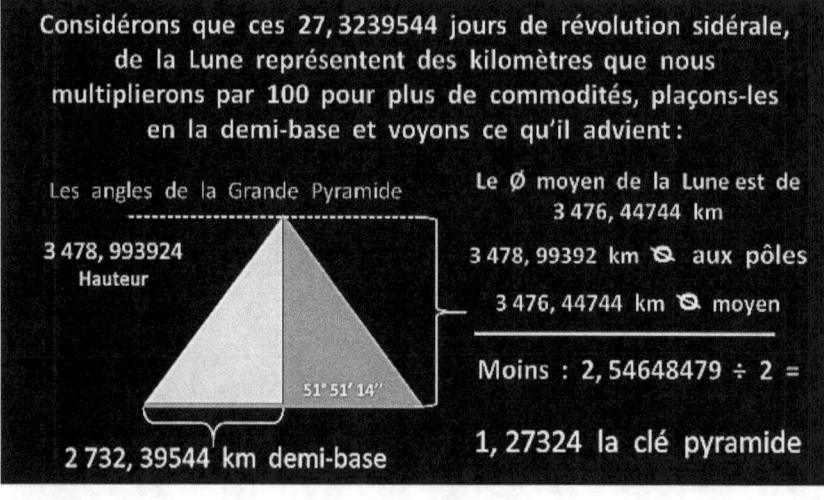

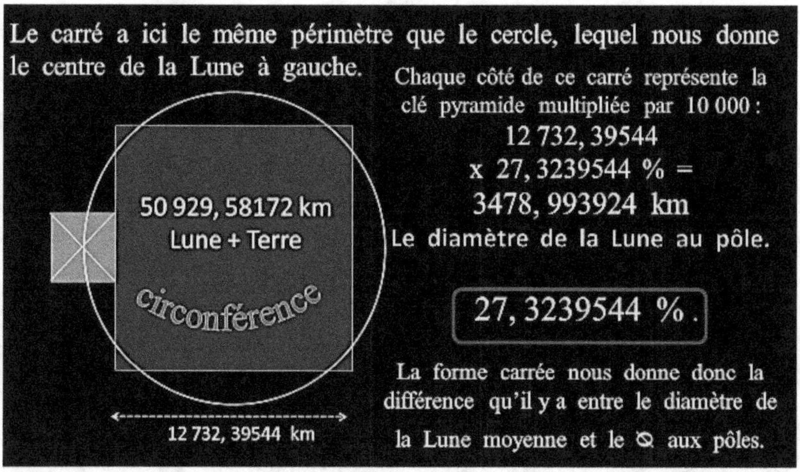
Le carré a ici le même périmètre que le cercle, lequel nous donne le centre de la Lune à gauche.
Chaque côté de ce carré représente la clé pyramide multipliée par 10 000 :
12 732, 39544
x 27, 3239544 % =
3478, 993924 km
Le diamètre de la Lune au pôle.
50 929, 58172 km
Lune + Terre
circonférence
27, 3239544 %.
La forme carrée nous donne donc la différence qu'il y a entre le diamètre de la Lune moyenne et le Ø aux pôles.
12 732, 39544 km

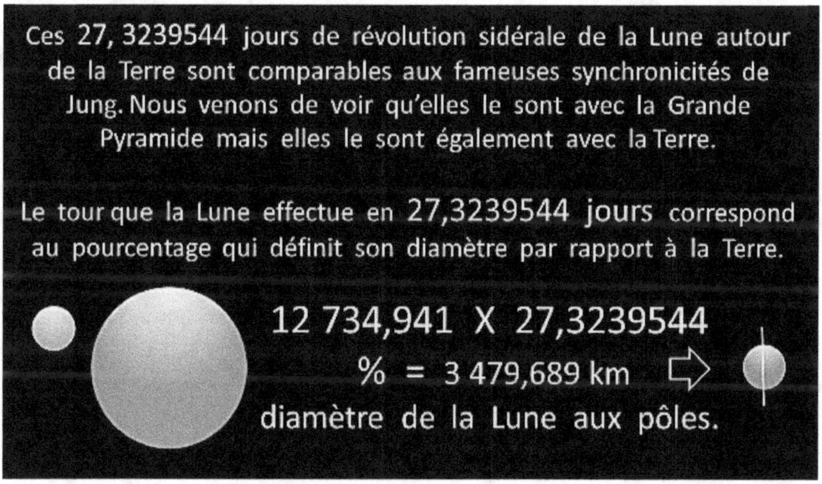
Ces 27, 3239544 jours de révolution sidérale de la Lune autour de la Terre sont comparables aux fameuses synchronicités de Jung. Nous venons de voir qu'elles le sont avec la Grande Pyramide mais elles le sont également avec la Terre.
Le tour que la Lune effectue en 27,3239544 jours correspond au pourcentage qui définit son diamètre par rapport à la Terre.
12 734,941 X 27,3239544 % = 3 479,689 km
diamètre de la Lune aux pôles.

> La valeur de π 3, 141592653 moins 0, 523598774 =
> Phi 2,617993878 √2 = 1,618021593
> + 0,00001234567 = 1, 6180339
> ou la racine de 5 + 1 ÷ 2
>
> Avec nos recherches et révélations, nous avons là un aperçu de ce que sont les effets de synchronicités imaginés jadis par Jung, celles-ci sont exclusivement numériques, mais nous devons savoir qu'elles s'étendent à la nature des choses.

Ami lecteur, merci d'avoir parcouru ces quelques pages. Nous vivons dans un monde interlope fait de consensus et de menteries, mais nous venons d'ouvrir une porte pour que vous puissiez changer d'univers. Demeurez toutefois les pieds sur Terre, car la rationalité aura désormais une autre apparence, elle saura vous indiquer ce qui convient à l'élévation de votre état de conscience.

Cette discipline n'est révélée qu'aux êtres en état d'élévation, les sujets humains qui la représentent sont peu nombreux de par le monde. Lorsque les derniers détenteurs de ces privilèges auront quitté notre civilisation, elle implosera par ces miasmes et corruptions. La seule chose qui pourrait enrayer ce processus serait un regain de spiritualité, celle-ci étant à la base de la réalité humaine. Nous sommes sur Terre pour une unique raison que nous semblons ne pas connaître, élevée au cours de notre séjour en ce lieu terrestre, notre état de conscience. C'est la seule monnaie qui compte en l'ailleurs et cet ailleurs est plus près de nous que nous ne le somme de la vie.

Déjà parus

www.omnia-veritas.com

www.ingramcontent.com/pod-product-compliance
Lightning Source LLC
Chambersburg PA
CBHW071941220426
43662CB00009B/941